Daniel Barben

Theorietechnik und Politik bei Niklas Luhmann

AF155035

Daniel Barben

Theorietechnik und Politik bei Niklas Luhmann

Grenzen einer universalen Theorie
der modernen Gesellschaft

Westdeutscher Verlag

Die Deutsche Bibliothek – CIP-Einheitsaufnahme

Barben, Daniel:
Theorietechnik und Politik bei Niklas Luhmann: Grenzen
einer universalen Theorie der modernen Gesellschaft /
Daniel Barben. – Opladen: Westdt. Verl., 1996
   Zugl.: Potsdam, Univ., Diss., 1995

Alle Rechte vorbehalten
© 1996 Westdeutscher Verlag GmbH, Opladen

Der Westdeutsche Verlag ist ein Unternehmen der Bertelsmann Fachinformation.

Das Werk einschließlich aller seiner Teile ist urheberrechtlich
geschützt. Jede Verwertung außerhalb der engen Grenzen des
Urheberrechtsgesetzes ist ohne Zustimmung des Verlags unzuläs-
sig und strafbar. Das gilt insbesondere für Vervielfältigungen,
Übersetzungen, Mikroverfilmungen und die Einspeicherung und
Verarbeitung in elektronischen Systemen.

Umschlaggestaltung: Horst Dieter Bürkle, Darmstadt

Gedruckt auf säurefreiem Papier

ISBN 978-3-531-12926-6   ISBN 978-3-322-96386-4 (eBook)
DOI 10.1007/978-3-322-96386-4

Vorwort

Die vorliegende Arbeit wurde an der neugegründeten Wirtschafts- und Sozialwissenschaftlichen Fakultät der Universität Potsdam als erste Dissertation im Winter 1995 eingereicht und mit der Disputation im Sommer 1995 verteidigt. Bedanken möchte ich mich sehr herzlich bei folgenden Personen: meinen beiden Gutachtern Heinz Kleger und Peter Wagner für ihre zahlreichen Anregungen und kritischen Hinweise; Petra Dobner für den Vorschlag, die Arbeit zu Luhmann wiederaufzunehmen, und die hilfreiche Kritik zweier Fassungen der Arbeit; meinen WZB-Kollegen Alfons Bora und Lutz Marz für die eingehende Lektüre und Diskussion einer ersten Fassung; Martin Vöhringer für die dramaturgische Prüfung des Probevortrags in letzter Minute sowie Meinolf Dierkes für die vielfache Unterstützung, die er diesem Vorhaben zukommen ließ.

Inhalt

1. Einleitung

1.1 Problemhintergrund und allgemeine Problematik

Die Welt und ihre Gesellschaften befinden sich in einem epochalen Umbruch. Wenn man nicht der jüngst noch euphorisch vertretenen Meinung ist, daß dieser das Ende der Geschichte markiert und allgemein gute Aussichten in sich trägt, steht er vielmehr für eine Vielfalt krisenartiger Prozesse, deren Verlauf und Zusammenwirken allerdings noch weitgehend offen und unklar sind. Besteht in der ersten Sicht das Neue vor allem in der Ausdehnung ganz bestimmter, hauptsächlich positiv bewerteter Tendenzen der alten, untergegangenen Weltordnung, so kann in der zweiten erst im Ausgang der Umbruchphase die Beschaffenheit der neuen Weltordnung übersehen und bewertet werden. Ist letztere Auffassung heute dominant, bleibt sie doch unbestimmt darin, welche neuen Formen und Modi gesellschaftlicher und ökologischer Reproduktion notwendig, wünschenswert oder realisierbar sind, und es gilt als noch nicht ausgemacht, inwiefern vorhandene destruktive Tendenzen überwunden werden können. Ist von »Krisen« die Rede, sind sie systematisch danach zu unterscheiden, ob sie einen Aspekt von als normal etablierten Prozessen und Strukturen darstellen, als ihre Bewegungsform fungieren, oder ob sie ein Moment des Umbruchs signalisieren, als ein Durchgangsstadium zu neuen Formen der Reproduktion - mit wiederum eigenen Instabilitäten, Störungen, negativen oder unkontrollierbaren Effekten - wirken.

Es fällt auf, daß trotz der Vielfältigkeit und teilweise großen Reichweite von Krisen die vorherrschenden Reproduktionsformen eine erstaunliche Persistenz besitzen und daß trotz der in weite Bevölkerungsteile vorgedrungenen Wahrnehmung auch prekärer Problemlagen ihnen noch verblüffend gelassen und nachsichtig begegnet wird. Das wirft die Frage auf, wie dieses widersprüchliche Ineinander von Stabilität und Krise, Reproduktion und Instabilität, wie die damit verknüpften Paradoxien zwischen Einsicht in Notwendigkeiten und Ignoranz in Haltungen und Praxis, zwischen vorhandenem Wissen und Arten, es zu leugnen oder ihm zuwiderzuhandeln, zu erklären sind.

Wissenschaftliche Ansätze und Theorien sind in diese vielschichtige Problemlage auf vielfältige Weise eingelassen. Sie fungieren als Momente der Verursachung wie der Lösung, des Erkennens und Verkennens, und haben Anteil an ihren Widersprüchen und Blockierungen. Insofern gibt es auch keine »unschuldige« Sozialwissenschaft. Können Sozialwissenschaften zwar als autonom in der Setzung ihrer methodischen Standards und der Entwicklung ihrer Begriffe bezeichnet werden, so vermögen sie diese Eigengesetzlichkeit doch immer nur in der Weise zu bewerkstelligen, als sie immer schon mehr oder weniger integraler Bestandteil der Gesellschaft sind, in der sie entwickelt und betrieben werden. In der Folge sind sie, sei es bewußt oder unbewußt, stärker oder schwächer, mit bestimmten Akteuren, Institutionen oder Projekten verknüpft, beispielsweise ihnen verpflichtet oder zugetan. Sozialwissenschaftliche Theorien sind Instanzen gesellschaftlicher Beobachtung, und gehen mitunter auch in den Fundus gesellschaftlich verwandter Interpretationsmuster ein. Sie sind somit keine »freischwebende«, wenn auch vielleicht, trotz - und manchmal vielleicht sogar wegen - ihrer Einbindung in spezifische Institutionen und Netzwerke, »losgelöste« oder »abgehobene« Beobachter. Wenn die Verfechter wissenschaftlicher Ansätze diese bzw. sich selbst beobachten oder umgekehrt beobachtet werden, steht die Fähigkeit zur Selbstreflexion, zur Reflexion soziohistorischer Kontextierungen und praxeologischer Wirksamkeiten auf dem Spiel.

Der thematische Horizont der folgenden Arbeit umschließt einen Spannungsbogen, der von wissenschaftssystematischen und wissenschaftspraktischen bis zu gesellschaftspolitischen und ökologischen Fragestellungen reicht. Sie widmet sich Niklas Luhmanns Werk. Dieses ist wie wenige heutzutage darauf ausgerichtet, den Horizont der genannten Problemstellungen auszufüllen. Die Textur moderner Zeit findet in ihr etwa in der Form einen Niederschlag, daß grundbegrifflich der Unwahrscheinlichkeit wie der Normalität »sozialer Ordnung« Rechnung zu tragen versucht wird, und ein geschärftes Beobachtungsinstrumentarium gegenüber den großen, mitunter menschheitsbedrohenden Krisen in Anschlag gebracht wird. Faszination wie Herausforderung von Luhmanns Theorie resultieren dabei insbesondere aus dem Ansatz einer universalen Sozialtheorie, die für sich beansprucht, mit besonderen Fähigkeiten zur Selbstreflexion ausgestattet zu sein. Das breite Spektrum von Themen und die Art und Weise, wie Luhmann sie soziologischer Aufklärung unterwirft, ist eine Ursache seiner großen Resonanz. Diese ist allerdings dissonant. Markante Eckpunkte sind: ergebene Gefolgschaft, vehemente Gegnerschaft, punktuell beliebige Aufnahme, bewußte Ignoranz der Theorie. Demgegenüber soll hier eine Position quer dazu entfaltet werden.

Ins Zentrum gerückt und auf ihre Leistungsfähigkeit untersucht wird Luhmanns theoretische Produktionsweise. Nicht in Form der Darstellung, Analyse und kritischen Würdigung seines Gesamtwerks, sondern lediglich seiner Theorieanlage und Verfahren der Erkenntnisproduktion mitsamt ihren Folgen in einigen zentralen Bereichen und Hinsichten. Aus der kritischen Beobachtung, und nicht aus einer eigenen, unkritisch vorausgesetzten Theorie, sollen Stärken und Schwächen sowie Lücken abgeleitet werden. Ohne die Unterstellung eines richtigen Standpunkts auszukommen, ist natürlich ein schwieriges Unterfangen und eine Gratwanderung. Das anvisierte Vorgehen hat sich so an zwei Fronten abzuarbeiten: einerseits zu versuchen, die Unhinterfragtheiten von Luhmanns Theorie nicht zu teilen und ihm dadurch blinde Gefolgschaft zu leisten; andererseits Luhmanns Theorie nicht einfach durch eine andere, unhinterfragt geltende zu ersetzen.

Eine Universaltheorie zu untersuchen, trifft auf die Schwierigkeit, ihre Grundlegung und Ausgestaltung sowohl im Hinblick auf verschiedene Ebenen als auch auf unterschiedliche Bereiche analysieren zu müssen. Mit der Ausdehnung der in den Einzugsbereich der Theorie fallenden Realobjekte wachsen die Anforderungen an die Abstraktions- und Konkretionsleistungen der Erkenntnismethodologie bzw. der theoretischen Begrifflichkeit. Die Vielzahl der Erkenntnisobjekte verstärkt das theoretische Problem, mit ihren Beziehungen in der gesellschaftlichen und geschichtlichen Realität umgehen zu können, d. h. in ihrer theoretischen Konstitution zu berücksichtigen.

Sozialwissenschaftliche Theorie und Praxis ist immer auch historisch und sozial bestimmt. Diese Einsicht läßt sich in zwei Richtungen entfalten. In ihrer Eigenschaft als Wissenschaft müssen sich sozialwissenschaftliche Theorien und Ansätze zu bestimmten theoretischen und methodologischen Traditionen positiv oder negativ verhalten. Dabei konstituieren sie - anhand bestimmter Gegenstandsverständnisse, Problemsichten, -bearbeitungsweisen etc. - einen bestimmten Wirklichkeitszugriff und ordnen sich - mehr oder weniger explizit - in das je gegebene System der Wissenschaften und ihrer Disziplinen ein. In ihrer Eigenschaft als institutionalisierter Sonderbereich in der Gesellschaft gibt es zwischen sozialwissenschaftlichem Handlungsfeld und seinem »Milieu« eine Reihe wechselseitiger Beziehungen und Wirkungen: So intervenieren sozialwissenschaftliche Theorien und Ansätze in Vergesellschaftungspraktiken - sei es als Aufklärung über die Bedingungen von oder als Anleitung zu bestimmtem gesellschaftlichem Handeln, sei es als Beitrag zur Strukturierung der Wahrnehmung, Bewertung und Erfahrungsverarbeitung sozialer Realität oder als Konzepte ihrer tätigen Umgestaltung -, wie sie umgekehrt durch die Kontexte ihrer gesellschaftlichen Einbettung und Nutzung mit beeinflußt werden. So haben sie - abhängig von ihrer konzeptionellen wie praktischen Wirkungsmächtigkeit, von den Kontexten und Weisen ihrer Verwendung - Teil an der Reproduktion bzw. Veränderung gesellschaftlicher Verhältnisse und Beziehungen, Praktiken und Akteure.

Kernmomente für die Unterscheidung und Einschätzung sozialwissenschaftlicher Ansätze und Theorien sind die Gesichtspunkte, wie in ihnen das Verhältnis zwischen Theorie und Empirie gestaltet ist, wie sich verstehende Rekonstruktion, reflexive Distanzierung und kognitive Befangenheit gegenüber sozialen Grundformen des Denkens und Handelns zueinander verhalten und inwiefern dabei Denkmöglichkeiten und Handlungsoptionen über die bereits gegebenen hinaus erschlossen bzw. angepeilt werden. Zentrale Aspekte im Ringen um Legitimität als Wissenschaft wie bezüglich des gesellschaftlichen Status sind wissenschaftliche Adäquatheit und gesellschaftlicher Nutzen. Negativ kann sich dies beispielsweise in Vorwürfen sozial-historischer oder ethnozentrischer Befangenheit, praktischer Irrelevanz oder Willfährigkeit gegenüber gesellschaftlichen Mächten, mangelnder oder übertriebener Wissenschaftlichkeit ausdrücken.

Unter dem Gesichtspunkt, wie sozialwissenschaftliche Ansätze sich in und zu gesellschaftlichen Verhältnissen und Mächten positionieren, könnte man ihr Politisches bestimmen. Sozialwissenschaften besitzen notwendigerweise einen politischen Aspekt, da sie nie nur Abbild gesellschaftlicher Komplexität sein können - und auch dies natürlich nur beschränkt -, sondern immer auch sich verhalten müssen zu gesellschaftlichen Differenzierungslinien und Antagonismen. Erforderlich ist folglich, mag ihnen das bewußt sein oder auch nicht, Standpunkte innerhalb des sozialen Raums einzunehmen, von da aus Perspektiven auf das gesellschaftliche Leben zu entwerfen, Haltungen und Verhaltensweisen gegenüber sich selbst, anderen sowie den gesellschaftlichen oder natürlichen Umwelten nahezulegen, vorzuschlagen oder zu verwerfen. Daraus ergeben sich als Anforderungen an die Theorie, sowohl gesellschaftliches Leben abbilden als auch reflektieren zu können, soweit als möglich zu versuchen, Objektivität in der Weise zu erlangen, daß Vereinseitigungen vermieden werden.

Für die programmatische Orientierung der Analyse derartiger Überlagerungen und Durchdringungen von Theoretischem und Politischem steht der Titel Theorietechnik und Politik. So wie die Charakteristika, die Grenzen und die Beziehungen zwischen beiden Dimensionen unvermeidlicherweise schillernd und fließend sind, so sind sie auch notwendig umkämpft. So stehen immer wieder die Fragen nach den Bedingungen, Möglichkeiten und Grenzen von Theorie - wie von Politik - zur Debatte und Disposition. Die Problematik von Theorietechnik und Politik kann und soll nur einen sehr spezifischen Ausschnitt des Zusammenhangs von wissenschaftlichen und politischen Denk- und Praxisformen erfassen. Der Begriff der Theorietechnik bezeichnet die Art und Weise, mit der bestimmte Begriffe und methodologische Verfahren zu einem Netzwerk theoretischer Produktion verknüpft werden, wodurch darüber entschieden wird, wie theoretische Aussagen generiert werden bzw. wie die Artikulationsmuster theoretisch möglicher Aussagen konstituiert werden. Eine Theorietechnik zu analysieren, führt zur Freilegung der strategischen Anlage, des Dispositivs einer Theorie wie der Grundmechanismen und hauptsächlichen Wirkungen des Funktionierens ihres begrifflich-methodologischen Sets. Gerade ein universaltheoretischer Komplex erfordert, mehrere Ebenen und Bereiche ins Visier zu nehmen. »Theorietechnik und Politik« bezeichnet eine Schnittstelle, wo es zu analysieren gilt, was das Politische an wissenschaftlichen Ansätzen und Theorien ist oder welche Politik sie befördern; sowie umgekehrt, welche Theorien - ob wissenschaftlich legitimiert oder auch nicht - bestimmten Politiken zugrunde liegen oder welche Wahrnehmungen und politischen Orientierungen durch sie organisiert werden. Das heißt, daß Wissenschaftliches und Politisches sich überlagern und durchdringen, was in der epistemologischen Konsequenz bedeutet, daß ihre Kategorien und Praktiken mehrdimensional bestimmt, also auch feldspezifische Bedeutungen mehrfach artikuliert sein können.

Luhmann gegenüber ergibt das als Fragen etwa, inwiefern er nicht nur ein höchst ambitionierter sozialwissenschaftlicher Theoretiker, sondern auch ein politischer Intellektueller ist. Oder inwieweit seine Theorien nicht nur explizit bzw. gemäß bestimmten Intentionen, sondern auch unbewußt oder qua Implikationen politisch sind. Ferner, in welcher Form sein soziologischer Entwurf einem bestimmten Projekt der modernen Gesellschaft assistiert, oder seine Bestimmung und Beschreibung politischer Problematiken in der modernen Gesellschaft selbst die Formulierung von theoretischen Grundkonstruktionen und -begriffen durchdringt.

In welcher Perspektive der Aneignung und Kritik - die dann auch selektive Weiterführung ermöglicht - und in welcher thematischen Fokussierung und Abfolge das weitverzweigte und vielschichtige Luhmannsche Werk in dieser Arbeit erschlossen wird, soll nun im einzelnen dargestellt werden.

1.2   Einzelproblematiken und Vorgehen

In der Entfaltung der folgenden vier Themenfelder und ihrer Hauptfragestellungen werden die einzelnen Problematiken wie die Knotenpunkte ihrer analytischen Vernetzung erarbeitet. Die erste Leitfrage betrifft die Verfahren der Konstruktion eines universalen, mehrere Disziplinen übergreifenden Theoriegebäudes - am Beispiel neuerer Entwicklungen in der Systemtheorie, an die Luhmann anknüpft (vgl. Kap. 2). Die zweite fragt analog nach Bedingungen der Möglichkeit und Verfahren der Hervorbringung eines universalen Theoriegebäudes, doch nun eingeschränkt auf den Bereich des Sozialen - anhand des Luhmannschen Theoriekomplexes (vgl. Kap. 3). Dabei werden neben theorietechnischen Beobachtungen auch solche hinsichtlich politischer Implikationen der Grundbegrifflichkeit gerade auch in ihren abstraktesten Bestimmungen angestellt. Drittens wird nicht nur der Referenzrahmen weiter eingeschränkt und spezifiziert - auf die Theorie der modernen Gesellschaft -, sondern damit auch der Nachweis besonderer politischer Akzentuierungen in Luhmanns Theoriekomplex verstärkt (vgl. Kap. 4). Dies anhand der Positionierung sozialwissenschaftlicher Beobachtung in und gegenüber dieser Gesellschaftsform, der Identifizierung ihrer Grundstrukturen und -charakteristika sowie der Bestimmung politischer Paradigmen, die der modernen Gesellschaft zur Verfügung stehen. Der vierte, am stärksten von allen in die Zukunft gerichtete Problembereich betrifft die Frage, wie in Luhmanns Theorie die moderne Gesellschaft in ihrer natürlichen Umwelt situiert wird und sich orientiert, inwieweit sie ökologische Probleme wahrnehmen und bearbeiten kann, und in welcher Richtung sie diesbezüglich politische Veränderungsperspektiven mobilisieren kann oder sollte (vgl. Kap. 5).

Nun die einzelnen Punkte etwas ausführlicher:

1. Das Ziel, ein zu einem universalen Wissensgebäude vernetztes, in seinem Zusammenhang wie in seinen Einzelteilen konsistentes Theorieprojekt hervorzubringen, rückt Fragen ins Zentrum wie die nach dem Verhältnis von Spezifikation und Generalisierung, der Bestimmung von Begriffen, ihrem Geltungsbereich und der Möglichkeit ihrer Ausdehnung über den Ursprungskontext hinaus. Wissenschaftliches Arbeiten ist von Grund auf durch eine, aus einer doppelten formalen Beziehung entspringende, epistemologische Spannung gekennzeichnet, nämlich der Beziehung auf einen spezifischen Objektbereich einerseits und einen mehreren Objektbereichen übergeordneten, diese mehr oder weniger explizit integrierenden Zusammenhang andererseits. In welcher Form diese doppelte Beziehung präsent ist oder thematisiert wird, ist nicht vorgegeben. Sie hängt vom spezifischen Projektcharakter der Problemstellungen ab. Deren Komplexität und realer Vernetzungszusammenhang zwingt nun immer wieder dazu, sowohl auf Spezifik als auch auf Generalisierung orientierte Untersuchungen anzustellen. Das erfordert mithin nicht nur, die Grenzen eines Objektfeldes oder einer Disziplin zu überschreiten, innerdisziplinäre wie auch interdisziplinäre Rezeption und Kommunikation anzustrengen, sondern auch, die Problematik von Spezifikation und Generalisierung in ihren verschiedenen Aspekten methodologisch zu reflektieren und zu operationalisieren. Die genannten Problematiken sind nun aber nicht nur theoretischer Natur, sondern enthalten auch Momente, die als politisch bedeutsame Implikationen sich geltend machen und mit entsprechenden analytischen Unterscheidungen zu erschließen sind.

Systemtheorien stellen besondere wie prominente Versuche dar, Einheit wie Spezifik von Objekten, Disziplinen und interdisziplinären Zusammenschlüssen zu konzeptualisieren (vgl. 2.). Die Art und Weise, in der Fragen nach der Spezifik wissenschaftlicher Objekte, der Einheit von Objektfeldern, Disziplinen oder interdisziplinären Theorieansätzen gestellt werden - sowie die darauf gegebenen Antworten -, unterliegen der Auseinandersetzung und historischen Veränderung. Tritt Systemtheorie als Projekt auf, interveniert sie in allen genannten Hinsichten in wissenschaftliche Felder und strukturiert diese, abhängig vom Interventionspotential wie von den Resonanzbedingungen, um. Die Problematik von Spezifikation und Generalisierung - bzw. von Gegenstandsspezifik und ihrer Übergeneralisierung -, ist in der Beobachtung des Projektcharakters systemtheoretischer Ansätze herauszuarbeiten. Da umgekehrt natürlich auch Systemtheorien Einflüssen und Veränderungen unterliegen, die aus den Milieus, in denen sie existieren und wirken, entspringen - Milieus, die wissenschaftlicher und nichtwissenschaftlicher Natur sind -, sind hier auch, allerdings nur ansatzweise oder punktuell, Wechselbeziehungen mit diesen zu berücksichtigen.

Das erste historisch erfolgreiche, unter dem Namen »allgemeine Systemtheorie« auftretende Projekt, auf das Luhmann sich bezieht, ist Bertalanffys Programm einer »General Systems Theory« (vgl. 2.1.1). Allgemeine Systemtheorie zielt auf einen interdisziplinären Theoriezusammenhang, in dem und durch den zugleich disziplinäre Forschungen angestoßen werden sollen. Von den nachfolgenden Formen allgemeiner Systemtheorie - Theorie der Selbstorganisation, Katastrophentheorie, Chaostheorie - schenkt Luhmann jedoch nur der erstgenannten, allerdings interdisziplinär verankerten, Beachtung. Diese Entwicklungsstufe allgemeiner Systemtheorie zeichnet sich nicht nur durch Kontinuitäten und Diskontinuitäten zur vorangegangenen, sondern auch durch vielfältige innere Divergenzen und Widersprüche aus (vgl. 2.1.2). In einem weiteren Schritt kommt die aus der Biologie stammende Theorie der Autopoiesis dazu. Wird gerade auch sie mit dem Anspruch, einen Paradigmenwechsel darzustellen bzw. einzuleiten, vorgetragen, so ist dies natürlich zu überprüfen und nicht tel quel zu glauben. Jenseits dieser unterstellten Gemeinsamkeit trifft man dann auf beträchtliche Unterschiede in den jeweiligen Begriffsbestimmungen und im veranschlagten Geltungsbereich, in den theoretischen Ausrichtungen und im Verständnis des Sozialen (vgl. 2.2.1). Dabei hat man es mit natur- wie mit sozialwissenschaftlichen Objektbereichen zu tun, die unter Umständen sowohl von Naturwissenschaftlern als auch von Sozialwissenschaftlern behandelt werden - was praktisch heißt, daß sich abhängig von der jeweiligen fachwissenschaftlichen Verortung, den verwandten Theorietechniken und den über den wissenschaftlichen Bereich hinausgehenden Perspektiven sehr verschiedene Verhältnisse von Spezifikation und Generalisierung, und damit ganz unterschiedlich gelagerte Bedeutungskonstellationen, feststellen lassen.

Vor dem Hintergrund von Ansatzpunkten und Konstruktionsweisen einer allgemeinen Systemtheorie bzw. von bereichsspezifischen Systemtheorien wird die Besonderheit von Luhmanns Theoriestrategie herausgearbeitet - vornehmlich im Hinblick auf begriffliche Verknüpfungen und Artikulationsmuster in der Biologie und hinsichtlich unterschiedlicher Bestimmungen und Perspektivierungen des Sozialen bzw. Gesellschaftlichen (vgl. 2.2.2). Die Besonderheiten einer Theorie erschließen sich ja nicht nur aus ihr selbst, sondern auch aus den Kontexten, an die sie anknüpft oder von denen sie sich absetzt, um sich einen eigenen Raum zu schaffen. Durch eine solche Betrachtungsweise werden einfache Klarheiten über »die« Systemtheorie oder »die« Theorien der Autopoiesis, Selbstreferenz oder Selbstorganisation hinfällig. Das verbietet es dann auch, Auffassungen über diese einfach auf Luhmann zurückzuprojizieren; zugleich verliert Luhmanns öfters geäußerte Beteuerung eines einfachen Anschlusses an die neuere allgemeine Systemtheorie bzw. die Autopoiesistheorie die unterstellte Selbstverständlichkeit.

2. Will man Luhmanns Werk erschließen, hat man es zunächst mit einer doppelten Schwierigkeit, einem sachlich wie zeitlich bedingten Rezeptionsproblem zu tun (vgl. 3.1). Zum einen hat Luhmann ein thematisch beachtlich breit angelegtes Werk hervorgebracht, das Analysen zu Verwaltung und Recht, Organisation und Macht, Politik und Wirtschaft, Wissenschaft und Liebe, Religion und Kunst, psychischen Systemen und sozialen Systemen, Gesellschaftstheorie und allgemeiner Systemtheorie, ökologischer Kommunikation und Risikosoziologie

und anderem mehr enthält. In diesen Untersuchungen ist ein doppeltes analytisches Gliederungsproblem enthalten, einmal, wie diese Bereiche, Dimensionen und Ebenen in ihrer Binnenstruktur gedacht werden, und dann, wie sie einander zugeordnet und wechselseitig relationiert werden. In diesen Untersuchungen und insbesondere bei den Versuchen, Einzeluntersuchungen synthetisch zu aggregieren, das in ihnen angereicherte verallgemeinerte Begriffsinstrumentarium in eine integrale Theorie zu überführen, stellt sich auf vielfältige Weise das Problem von Spezifikation und Generalisierung.

Zum anderen ist das im Verlauf von mittlerweile dreißig Jahren hervorgebrachte Werk vielschichtig, von Neuorientierungen und Umakzentuierungen gekennzeichnet. Dabei fällt auf, daß Luhmann über Brüche, Widersprüche oder Verschiebungen in der Theorieentwicklung keine oder kaum Rechenschaft ablegt, sie nicht in der Form von theoretischen Berichtigungen seiner Begrifflichkeit und Methodologie reflektiert. Frappierend ist, daß dies nicht einmal in dem Fall des bisher größten Generalisierungsschrittes, der Niederschrift einer allgemeinen Theorie sozialer Systeme, geschieht - für die Luhmann beansprucht, einen grundlegenden Paradigmenwechsel vollzogen zu haben.

So bleibt es dem Leser überlassen, sich in dem weitschweifigen und vielschichtigen, theoretisch heterogenen und begrifflich zunehmend angereicherten, insgesamt schillernden Gelände der Luhmannschen Schriften zurechtzufinden. Und so wird es zu einer Aufgabe des Theoriebeobachters und Kritikers, eine Landkarte des Luhmannschen Schreibens zu skizzieren, die sich von der von ihm selbst vorgezeichneten abheben kann; theoretische Orientierungen zu liefern, auf welche Weise man an einem derart komplexen Gebilde ansetzen kann, um es reflektiert anzueignen; Kriterien als Maßstäbe der Kritik zu entwickeln, die vereinseitigende Urteile vermeiden helfen, so daß weder Luhmann ergebene Folgschaft geleistet, noch sein Werk in Bausch und Bogen verworfen wird. Die angeführten Probleme der Aneignung von Luhmanns Theorie betreffen nun die verschiedenen Dimensionen der Problematik Theorietechnik und Politik.

In der vorliegenden Arbeit werde ich nicht versuchen, Luhmann auf alle Gebiete zu folgen, auf denen er tätig ist. Gleichwohl möchte ich die Grundlage für eine umfassende Kritik legen. Dazu ist zunächst erforderlich, sich auf die Anlage der Luhmannschen Theoriebildung und ihre Begrifflichkeit zu konzentrieren. So sind Luhmanns strategische Konstruktion der Anlage und seine Bewegungen in ihr zu beobachten. Dazu gehören die Abgrenzung und Relationierung der Gegenstandsbereiche und Analyseebenen - wobei die Analyseebenen auch nach ihrem Generalisierungsgrad und die theoretisch-methodologischen Konzeptionalisierungen nach ihrem Wirkungsgrad unterschieden werden können. Für eine theorietechnische Beurteilung ist notwendig zu berücksichtigen, welche Konzepte Luhmann im Hinblick auf welche Fragen auf welche Weise einführt, und für welchen Bereich er ihre Geltung veranschlagt. So soll die Einführung und Begründung, Konsistenz und Reichweite von Begriffen geprüft, ihre Verknüpfung, Widersprüchlichkeit oder wechselseitige Verstärkung herausgearbeitet werden. Soll meine Lektüre und Kritik von Luhmanns Texten möglichst voraussetzungslos sein, so gerade mit dem Ziel, Luhmanns theoretische Voraussetzungen nachvollziehbar zu machen und der Kritik willkürliche Voraussetzungen zu nehmen. Die Grundlegung der Theorie zu beobachten, heißt nach den Modi und den Stellen ihrer Begründung, also auch ihren Schwachstellen, zu fragen.

Diese Perspektive einer Analyse der diskursiven Konstitution von Luhmanns Text unterlegt diesem keinen anderen Text, an dem er gemessen wird. Denn damit würden möglicherweise nicht so sehr die Lücken in Luhmanns Text als die Unhinterfragtheiten des Vergleichstextes hervortreten. So verfahrend kann man die Aporien der sogenannt ideologiekritischen Methode, die schon weiß, was Sache ist, umgehen. Allerdings erlaubt Luhmanns Anspruch auf soziologische Fachuniversalität - mit anderen Worten der Anspruch, eine sozialwissenschaftliche Universaltheorie zu formulieren -, seine theoretischen Texte auch mit ihr fremden Textfragmenten zu kontrastieren, mögen dessen Aussagen nun mehr dem sozialwissenschaftlichen Theoriebestand oder dem Bereich von Alltagserfahrungen entspringen. Mit einem solchen Verfahren kann man vermeiden, sich zu sehr an Luhmanns Terrain und Vorgaben zu binden, seinen methodologischen Verfahren der Gegenstandskonstitution und -erfassung sowie dem begrifflichen Artikulationsnetzwerk mit seinen auch lebenspraktisch relevanten Bedeutungseffekten zu unterstellen.

In der Analyse von Luhmanns Grundlegung und Ansatz einer soziologischen Universaltheorie sind deren Eckpfeiler und Determinanten - zuvörderst die Orientierung und der Anschluß an allgemeine Systemtheorie, dann die Ausarbeitung und Verknüpfung von Systemtheorie, Kommunikationstheorie und Evolutionstheorie - differenzierend auseinanderzulegen (vgl. 3.2). Denn nur so kann man zu einem differenzierten Urteil gelangen, die verschiedenen Probleme und ihre Ursachen voneinander trennen. Des weiteren können - in der Folge modifiziert durch alle Theoriebereiche hindurch - einerseits prinzipielle Erkenntnisschranken der Theorie und praxeologische Beschränkungen bestimmt werden wie andererseits auch Möglichkeiten formuliert werden, an Luhmanns Werk anzuknüpfen bzw. von ihm zu lernen.

An verschiedenen Stellen in der theoretischen Rekonstruktion stößt man nicht nur auf einen antagonistischen Charakterzug einzelner theoretischer Interventionen Luhmanns, sondern auch weiter Teile der operativen Grundlegung und diskursiven Ausgestaltung der Theorie. An die *Problematik begrifflicher Verhältnisse in der Theorie* grenzt so eine *Problematik der Verhältnisse theoretischer Kommunikation*. Denn einerseits sind in die spezifische Textur einer Theorie Prozesse und Ergebnisse theoretischer Kommunikation eingegangen und da gewissermaßen geronnen, und andererseits entscheidet die epistemologische Spezifik einer Theorie auch über die Möglichkeiten und Chancen theoretischer und perspektivisch konsensueller Diskussion mit. Dies ist zwar ein allgemein gültiger Sachverhalt. Doch bei Luhmann fällt nicht nur die Schärfe negativer

Frontstellungen, sondern auch die mitunter brachiale Weise der positiven Aneignung von Theorieelementen auf.

3. In der Rekonstruktion der strategischen Anlage und der Grundbegrifflichkeit werden - als einer Dimension der Problematik Theorietechnik und Politik - politische Konnotationen und politische Implikationen aufgewiesen. Dadurch schon ist gezeigt, daß die Vorstellung der Abgeschlossenheit des Theorieraums eine imaginäre ist, statt dessen in den theoretischen Raum eine politische Bedeutungsdimension eingezogen ist und die Grenzen dieses Raums immer wieder durch oder auf ein politisches Projekt hin durchbrochen werden. Bereits die politischen Implikationen und Konnotationen signalisieren, daß das Ringen um Begriffe selbst in den abstraktesten Bereichen nicht bloß Spiegelfechtereien und Wortklaubereien sind, sondern daß Wissenschaft und Theorie selbst vielmehr einen »Kampfplatz« (Kant) darstellen. Dies nicht nur in dem Sinne, daß bestimmte Theorien gegenüber anderen Theorien Raum greifen und sich behaupten müssen, sondern vor allem aufgrund der Tatsache ihrer je unterschiedlichen Positionierung in den gesellschaftlichen Verhältnissen und den damit verbundenen Funktionen bei deren Reproduktion. Hieraus erschließen sich weitere Dimensionen und Aspekte der Problematik Theorietechnik und Politik.

Luhmanns sozialwissenschaftlicher Theoriekomplex enthält neben einer universalistischen, sozial-historisch verallgemeinerten Generalisierungsstufe - wie alle Sozialwissenschaft mit Aktualitätsanspruch - auch einen Theorieansatz einer besonderen, der modernen Gesellschaft (vgl. 4.1). Auf dieser Ebene kann Sozialwissenschaft gar nicht anders, als sich in einem widersprüchlich determinierten Feld, in einem Feld divergierender oder gegenläufiger Kräfte, zu bewegen. Sie wird formuliert in dem Spannungsfeld, Theorie *über* die Gesellschaft oder Ideologie *der* Gesellschaft zu sein. Die beiden Seiten dieses Verhältnisses können allenfalls analytisch als zwei Seiten voneinander getrennt werden, in der Realität treten sie statt in der Form eines exklusiven Entweder-Oder mehr als Mischung eines Mehr oder Weniger auf. Da Wahrnehmen und Erkennen immer auch Deuten und Bewerten ist - eine Grundeinsicht gegen naturalistische oder objektivistische Erkenntnistheorien, die die sich einem erkenntnistheoretischen Konstruktivismus zurechnenden Theorien eint -, muß sich gerade eine konstruktivistische Theorie wie die Luhmannsche, die das Konzept einer Beobachtung zweiter Ordnung an einem bestimmten Punkt der Theorieentwicklung in ihre Grundlagen eingebaut hat, fragen lassen, wie sie selbst nicht einfach nur Theorie ist, sondern selbst in die Konstruktion der gesellschaftlichen Realität eingreift - bzw. die Wahrnehmung gesellschaftlicher Realität als einer ganz bestimmten mit organisiert. Zu welcher der beiden Seiten - mehr die Theorie über eine Gesellschaft oder ihre Ideologie darzustellen, mehr zu ihrem Erkennen oder ihrem Verkennen beizutragen - eine Theorie mehr neigt, erschließt sich in der Folge aus ihren spezifischen Einsätzen in den Kämpfen um Wirklichkeitsvorstellungen. In anderer Formulierung kann man diese Problematik des Zusammenhangs von Theorietechnik und Politik auch als Spannungsverhältnis beschreiben, in dem theoretische Positionen - Positionen im Medium der Theorie - zwischen einer *Repräsentation* von bestimmten gesellschaftlichen Politiken und der *Zuarbeit* zu bestimmten politischen Positionen schwanken.

Mit diesen Ausführungen ist klar und begründet, daß ein Kritikmodus an Luhmann, der auf Ressentiments, sarkastische oder zynische Ausfälle, die sich in seinen Texten finden, abzielt, zu kurz greift. Sich über derartige Bemerkungen Luhmanns aufzuregen - haben sie nun einen dominant politisch-gesellschaftlichen oder theoretisch-wissenschaftlichen Bezugspunkt - reicht weder in theoretischer noch in politischer Hinsicht aus.[1] Darin sich erschöpfende Kritik greift auf doppelte Weise zu kurz: Erstens ist mit der Zurückweisung von Ressentiments oder Invektiven die Theorie - sei es, daß diese etwa als amoralisch oder antihumanistisch denunziert wird - weder widerlegt, noch hinreichend kritisiert. Zweitens erschöpft sich die politische Akzentuierung der Theorie nicht in solchen Äußerungen. Die Besonderheit der Theorie, ihre mitunter antagonistischen Charakterzüge wie ihre politische Dimensionierung, liegt tiefer und kann in einem solchen Modus der Kritik gar nicht erschlossen werden.

Demgegenüber hilft die skizzierte Problematik der Verbindung von Theorietechnik und Politik - also das Ensemble von Fragen nach dem Zusammenhang von Politik der theoretischen Position im Medium allgemeiner sozialwissenschaftlicher Theorie, nach dem Verhältnis von Theorie der modernen Gesellschaft und spezifischen gesellschaftlichen Politiken - weiter. Das Potential dieser Problematik ist sowohl notwendig als auch hinreichend komplex, um eine differenzierte wie begründete, generell ansetzende wie in der Tiefenstruktur treffende Kritik formulieren zu können. Denn sie eröffnet einen *theoretischen* Zugang zur Analyse der *Politik in der Theorie;* und darüber hinaus erlaubt sie einen *politischen* Zugang zur Analyse der Wirksamkeit der *Theorie* in der tatsächlichen Politik. In der Perspektive können sowohl die unterschiedlichen Strategien und operativen Verfahren in den verschiedenen Dimensionen von Theoretischem und Politischem als auch die Art und Weise, in der sie miteinander verknüpft werden oder interferieren, herausgearbeitet werden.

Die strategische Anlage der Theorie der modernen Gesellschaft besitzt ihren Angelpunkt im Konzept funktionaler Differenzierung. Darin liegt die Hauptspezifik von Luhmanns Ansatz ihrer Theorisierung (vgl. 4.1.1). »Funktionaler Differenzierung« schreibt Luhmann den Status zu, eine adäquate Bezeichnung einerseits für die theoretische Bestimmung der Grundstruktur der modernen Gesellschaft und andererseits für das Identitätsprinzip dieses Gesellschaftstyps, die Grundform ihrer Selbstvergewisserung, zu sein (vgl. 4.1.3). Ein und derselbe Begriff steht also auf beiden Seiten des Verhältnisses von »Theorie über die Gesellschaft« und »Ideologie der Gesellschaft« - oder in Luhmanns Worten: des

---

1   Als Beispiele für Texte Luhmanns, die in dieser Hinsicht besonders auffällig geworden sind, vgl. 1986 und 1988a.

Verhältnisses von »Theorie der Gesellschaft« und »Semantik der Selbstbeschreibung der Gesellschaft«. Ohne die Strategien, die diese Überbrückung der Differenz, ihre kurzschließende Gleichsetzung bewerkstelligen, hier schon weiter anzudeuten, dürfte klar sein, daß diese Operation der Anstrengung bedarf.

Die Theorieproblematik der modernen Gesellschaft grenzt so nicht nur an die Problematik ihrer Legitimierung, sondern auch an die ihrer Projektion in die Zukunft. Gebündelt und ausgearbeitet werden diese verschiedenartigen Aufgaben im Programm soziologischer Aufklärung (vgl. 4.1.2). Dieses stellt das spezifische Projekt des Intellektuellen Luhmann dar - ein intellektuelles Projekt, das theorietechnische wie politische Perspektiven der Beschreibung bzw. der Handlungsorientierung der modernen Gesellschaft entwirft und miteinander verknüpft. Die spezifische Leistungsfähigkeit und innere Widersprüchlichkeit von Luhmanns Programmatik soziologischer Aufklärung werden dargestellt und deren Wirkungsweise exemplarisch und eingehend am Wirtschaftssystem der modernen Gesellschaft vorgeführt (vgl. 4.2). Schließlich werde ich zeigen, wie die Theorisierung und Projektion der modernen alias funktional differenzierten Gesellschaft deren Zukunftshorizont und Politikmöglichkeiten perspektivisch anordnet (vgl. 4.3).

Eine Verbindung von Luhmanns universaltheoretischem Ansatz und seiner Theorie der modernen Gesellschaft wird dadurch aufgewiesen, daß »funktionale Differenzierung« als *regulierendes Resultat* vorgestellt wird. Gegenüber der modernen Gesellschaft fungiert der Begriff der funktionalen Differenzierung nicht nur als diskursorganisierendes Zentrum ihrer Theorisierung, sondern auch im Hinblick auf Perspektiven und Möglichkeiten politischen oder gesellschaftsverändernden Handelns. Durch die Art der theoretischen Bestimmung und Artikulation der Charakteristika der modernen Gesellschaft, der Anordnung und Gliederung ihrer Subsysteme bzw. ihres institutionellen Instanzenspiels, wird zum einen weitgehend darüber verfügt, welche Handlungs- und Politikoptionen in und gegenüber den dadurch festgelegten systemischen Funktionsweisen es überhaupt gibt; und zum anderen werden dadurch die Grundformen des gesellschaftlichen Naturverhältnisses, der Einbettung der modernen Gesellschaft in umfassendere ökologische Zusammenhänge prädisponiert (vgl. 5.).

4. Die aus Luhmanns Konzept funktionaler Differenzierung resultierenden Prognosen für die ökologische Reproduktionsfähigkeit der modernen Gesellschaft, ja für die globale Überlebensfähigkeit der Menschheit, sind düster. Diesbezügliche Diagnosen werden vor dem Hintergrund verallgemeinerter Risikokonstellationen, die für das gegenwärtige Entwicklungsstadium der Moderne sowohl charakteristisch als auch nicht hintergehbar sind, getroffen (vgl. 5.1). Daraus ergeben sich neben den allgemein politischen auch die Optionen ökologischer Politik, wobei allerdings die im Kontext von Ökologie und Risiko feststellbaren Verschränkungen von Theorietechnik und Politik auf verschiedene

Theorisierungslinien zurückgehen, die demnach nicht deckungsgleiche und einander teilweise widersprechende Problematiken darstellen.

So wird anhand einer ersten, »ökologische Kommunikation« genannten Problematik deutlich, inwiefern Theorieanlage und Grundbegrifflichkeit darüber entscheiden, auf welche Weise einerseits ökologische Probleme wahrnehmbar sind und andererseits deren gesellschaftliche Wahrnehmung wahrgenommen und beschrieben wird (vgl. 5.2.1). Hierbei kann Luhmanns soziologische Aufklärung dahingehend in actu beobachtet werden, inwieweit sie zum einen über die Gefährdung übergreifender Naturzusammenhänge bzw. die ökologische Selbstgefährdung der modernen Gesellschaft aufklärt, über ein kritisches Beobachtungs- und kreatives Veränderungspotential verfügt oder kognitive Bornierungen gegenüber den ökologischen Problemlagen und praktische Destruktionsmechanismen legitimiert. Im Hinblick auf die gesellschaftlichen Institutionen und Akteure, ihre politischen Beziehungen und Auseinandersetzungen kann eingesehen werden, inwiefern und auf welche Weise die Problematik ökologische Kommunikation den Standpunkt »funktionaler Differenzierung« befördert und umgekehrt sich zu Positionen neuer sozialer Bewegungen verhält.

Weder Luhmanns allgemeine, universalistisch ansetzende Theorie sozialer Systeme noch seine Theorie der modernen, in Form autopoietischer Funktionssysteme ausdifferenzierten Gesellschaft determinieren eineindeutig die ökologische Paradigmatik in Theorie und Politik. Damit meine ich, daß innerhalb des Luhmannschen Theorieansatzes die Problematik ökologische Kommunikation zum einen nicht die einzig mögliche ist, und zum anderen, daß in ihrer Ausformulierung, innerhalb eines gewissen Rahmens, auch andere Akzentsetzungen prinzipiell möglich sind. Die Beurteilung dessen, wieso aus einem Horizont von Denkmöglichkeiten bestimmte statt anderer Möglichkeiten gewählt und theoretisch wie politisch artikuliert werden, ergibt weitere Aufschlüsse zum Thema Theorietechnik und Politik.

Gegenüber der »ökologischen Kommunikation« wird in einer zweiten, risikosoziologischen Problematik der Fokus verschoben auf eine Form der Beobachtung gesellschaftlicher Kommunikationen um ökologische Gefährdungen (wie auch anders gelagerte Risiken), die nicht von vornherein bestimmte Standpunkte für richtig und andere für illegitim erklärt, sondern sich von den verschiedenen Konfliktpositionen zu distanzieren, eben diese kritisch zu beobachten bemüht (vgl. 5.2.2). In diesem reflexiveren Beobachtungsmodus werden beide Konfliktparteien sowohl als notwendig beschränkt als auch als den Problemen gegenüber unangemessen aufgewiesen. Dabei wird die Differenz von Risiko und Gefahr als Dreh- und Angelpunkt der ganzen Risikokommunikation und -politik bestimmt. Bescheidet sich die Problematik ökologische Kommunikation mit der kommunikativen Logik funktionssystemspezifisch gegebener, binärer Codierungen, so wird im risikosoziologischen Ansatz immerhin die Notwendigkeit eines neuen, auf die mitunter dramatischen Risikolagen zugeschnittenen Kommunikationsmediums formuliert.

Da die risikosoziologische Problematik als Entscheidungsproblematik artikuliert wird, die Leitunterscheidung von Risiko und Gefahr je nach Zurechenbarkeit von Gefährdungen oder Schäden auf Entscheidungen bestimmt wird, werden die Grundlagen und Kriterien, nach denen Entscheidungen getroffen werden, entscheidend. Wenn Entscheidungen es mit möglichen Schäden zu tun haben, wird im Falle und Zeitpunkt des Schadenseintritts wichtig, ob man dies in der Entscheidungssituation wußte oder hätte wissen können, und in der Entscheidungssituation selbst wird bedeutsam, was man wissen kann oder zur antizipativen Vermeidung von Schäden wissen sollte. Die Problematik der Wissensgrundlagen ist folglich grundlegend für mit Risiken befaßte Entscheidungsprobleme - was im weiteren verknüpft und verstärkt wird durch die Frage der Verantwortbarkeit von Entscheidungen und der Verantwortlichkeit für Gefährdungen oder Schäden.

Von Risiken zu sprechen und sie zum universalen Signum und zur Kernproblematik der modernen Gesellschaft zu erheben, bedeutet in der Tat, daß Problemlagen mit Unsicherheiten und Ambivalenzen beschlagen sind, vorhandenes Wissen als widersprüchlich sich darstellt, Ursache-Wirkungs-Ketten in ganz verschiedene Richtungen laufen können, Vorteile und Nachteile ganz unterschiedlich ausprägbar sind und folglich konträr bewertet werden können - auf jeden Fall Bewertungen vorgenommen und Entscheidungen getroffen werden müssen. Mit der Generalisierung von Risiken geht die Generalisierung der Wissensgrundlagen zu Nichtwissen einher. Das ergibt als dritte Problematik die einer »Ökologie des Nichtwissens«, wo Nichtwissen zum Grundmedium von Erkenntnissen, Entscheidungen und Handlungen wird (vgl. 5.2.3). Auch diese Problematik ist auf ihre theorietechnische Konsistenz hin zu beobachten, und deren politische Implikationen sind zu beurteilen. Außerdem lagert sich an das Theorem einer Ökologie des Nichtwissens ein politisches Projekt an, das vorzustellen ist: eine politische Kultur nichtüberzeugter Verständigung, die ohne Rekurs auf höhere, verpflichtende Werte auskommen und sich gerade dadurch auszeichnen soll.

Endet die hier vorgestellte Entfaltung von Problematiken in dem Paradox, daß eine universalistische Wissenstechnik in einem Paradigma universalen Nichtwissens gipfelt, so soll dieser Befund Ausgangspunkt abschließender Bewertungen von Luhmanns Theorie und zusammenfassender Beobachtungen über die Möglichkeiten von Politik in der modernen Gesellschaft sein (vgl. Kap. 6).

2. Systemtheorie als Universaltheorie

Die *eine* Systemtheorie gibt es nicht. Verschiedene Traditionslinien, Methodologien und Begrifflichkeiten, Referenzebenen und Anspruchsniveaus werden unter diesem Namen zusammengefaßt. Allerdings sind nicht alle Ansätze, in denen System ein zentraler Begriff ist, deswegen schon »Systemtheorien«. Hier interessieren Systemtheorien vor allem in der Form von Universaltheorien, zum einen als allgemeine, inter- oder transdisziplinär generalisierte, zum anderen als spezifischer ansetzende, für ein Objektfeld oder eine Disziplin veranschlagte theoretische Ansätze.

Die Grundidee von Systemtheorie als interdisziplinärem Projekt ist, die in einzelnen Disziplinen hervorgebrachten Konzepte über methodische Generalisierungen in eine *»allgemeine* Systemtheorie« als einer Metatheorie einzubringen. Diese soll umgekehrt als ein Fundus von Konzepten fungieren, durch deren Import einzelne Fachdisziplinen systemtheoretisch erschlossen oder angereichert werden. Der strategische Zweck einer solchen Anlage ist, unterschiedliche Disziplinen oder Gegenstandsbereiche durch - möglicherweise wechselseitige - Übernahme von Konzepten miteinander zu verbinden und ferner eine Ausdehnungsstruktur zur weiteren Vernetzung von Disziplinen oder Gebieten bereitzustellen. Eine allgemeine Systemtheorie existiert weniger als fertige Größe denn als Projekt. In der Rezeption kann man weder von dem, was als allgemeine Systemtheorie gilt, auf die einzelnen Systemtheorien rückschließen, noch von diesen aus ein generelles Urteil über »die Systemtheorie« erlangen. Der Zugriff auf eine einzelne Systemtheorie oder die Konstruktion ihres Zusammenhangs - soll er analytisch-rekonstruktiv vorgehen und deren innere Logik erfassen - gestaltet sich um so schwieriger, je komplexer sie jeweils ist. Dabei hat man es auch mit dem komplexen Sachverhalt zu tun, daß Systemtheorie, wenn sie als disziplinär ambitioniertes Projekt verfolgt wird, vorfindbare Begriffsnetze, methodologische Verfahrensweisen, Grenzziehungen und Zusammenhangskonstruktionen von bzw. zwischen wissenschaftlichen Disziplinen oder Feldern zur Disposition stellt sowie umgestaltet.

Daß in einer universal ansetzenden Theorie Begriffe von einem Bereich in einen anderen übertragen werden, ist notwendig. Überhaupt ist der Transfer von Begriffen als bewußt vorgenommener oder naturwüchsiger Vorgang verbreitet - wahrscheinlich viel mehr, als man spontan denkt. Angesichts dessen greift der Vorwurf an Systemtheoretiker, bewußt Begriffe zu übertragen und diese dabei zu transformieren, ins Leere. Eine ursprüngliche Unversehrtheit und Exklusivität, insbesondere von sozial- und naturwissenschaftlichen Begriffen, zu fordern, verkennt die mögliche Produktivität von Begriffsübertragungen. Deren Problematik sehe ich dagegen vielmehr in der Art und Weise, wie sie jeweils vorgenommen und begründet werden; für den Transfer von Methoden gilt ähnliches (vgl. Mayntz 1991 und, in einer erweiterten Fassung, Mayntz 1992; Müller 1992).

In der kritischen Beobachtung der hier zur Verhandlung stehenden Theorieansätze geht es also zunächst um zweierlei: die Konstitution der Gegenstände selbst sowie die Artikulationsmuster ihrer Verknüpfung. Oder mit anderen Worten darum, auf welche Probleme hin welche Fragen gestellt werden und welche Antworten und Konzepte man mit welcher Geltung findet.

2.1 Zur Entwicklung »Allgemeiner Systemtheorie«

Diejenigen Projektlinien allgemeiner Systemtheorie, in deren Tradition Luhmann sich selbst stellt, sollen im folgenden ansatzweise vorgestellt werden. Neben Bertalanffys General Systems Theory sind dies Theorien der Selbstorganisation sowie Autopoiesistheorien. Damit ist eine selektive Auswahl, nicht das ganze Spektrum transdisziplinär relevanter Ansätze von Systemtheorie bezeichnet. Neben der Einordnung in den theoriegeschichtlichen Kontext geht es systematisch um unterschiedliche Konstruktionsweisen universalistischer Theorie. Da Luhmanns Ansatz einer allgemeinen Theorie sozialer Systeme insbesondere auf die aus dem biologischen Bereich stammende Autopoiesistheorie rekurriert, sind einerseits die sozialwissenschaftlich relevanten Perspektiven und Implikationen, wie sie in den Texten der Nichtsoziologen abgelesen werden können, und andererseits die Strategien, mit denen Soziologen an die naturwissenschaftlichen Theorien anknüpfen und von dort Konzepte für ihre sozialwissenschaftliche Arbeit beziehen, zu entwirren.

Ein Untersuchungsergebnis ist in der Folge, daß dieselben Worte oft ganz unterschiedliche Begriffe darstellen, in Biologie wie Soziologie grundlegend verschiedene Strategien der Begriffsübertragung und -verknüpfung vorkommen, und damit sehr differente Konzeptionalisierungen einer Theorie autopoietischer Sozialsysteme möglich sind.

2.1.1 Bertalanffys Programm einer General Systems Theory

Unter der Formel »Einheit der Wissenschaft« wurde in den 1950er Jahren eine allgemeine Systemtheorie als interdisziplinäres Projekt proklamiert. Paradigmatisch dafür sind die Beiträge von Ludwig von Bertalanffy, dessen General Systems Theory deshalb in den Hauptmomenten vorgestellt werden soll.[2] Dabei

---

2 Siehe auch Rapoport 1968, gleichfalls Begründer der »General Systems Theory«, der zu dem Zeitpunkt allerdings schon im Rückblick schreiben und so distinkter zwischen verschiedenen Ansätzen unterscheiden kann; ebenso Bertalanffy 1971.

werden sowohl die Grundlegung als auch die Begründung dieses Projekts ersichtlich.

Als Gründe für eine allgemeine Systemtheorie führt Bertalanffy an: Erstens eine in den Wissenschaften festzustellende Tendenz zu analytischer Auflösung und damit einhergehend ein Verlust an Konzepten, mit denen die Einheit des Gesamtzusammenhangs gedacht werden könne (vgl. Bertalanffy 1956, 6). Zweitens beklagt er - und dies ist die Hauptfront seiner Interventionen - das Ungenügen einer in der Physik und ihren Konzepten begründeten wissenschaftlichen Einheit. Drittens beeindrucke in verschiedenen wissenschaftlichen Feldern die Tatsache ähnlicher allgemeiner Gesichtspunkte (vgl. ebd., 1). Von einer allgemein systemtheoretischen Vereinheitlichungskonstruktion erhofft sich Bertalanffy sowohl konzeptionelle Klärungen als auch wechselseitige Befruchtungen in den verschiedenen Feldern (vgl. ebd., 2).

Der Haupteinwand gegen die Stiftung von Einheit unter Anleitung der Physik besteht darin, organisches Leben nicht begreifen zu können. Physikalische Systemkonzeptionen wie die Thermodynamik beschränkten sich auf geschlossene Systeme, wohingegen lebende Organismen offene Systeme seien, gebunden an und abhängig von ihrer Umwelt (vgl. ebd., 1, 3). Die Frontstellung wird durch die Behauptung entgegengesetzter Grundprobleme in Physik und Biologie gestützt, wobei die eine »highly successful in developing the theory of unorganized or disorganized complexity« (ebd., 2), die andere bei der Behandlung von Problemen »organisierter Komplexität« sei. Sinnfällig macht Bertalanffy dies in der Entgegensetzung des »law of dissipation in physics and the law of evolution in biology« (ebd., 4), wobei das erste gemäß dem zweiten Hauptsatz der Thermodynamik »toward states of maximum disorder and levelling down of differences«, also zur Entropie strebe, das zweite »towards higher order, heterogeneity, and organization.« (Ebd.) Sei für jenen Bereich das »principle of equifinality« gültig, wonach »the final state is unequivocally determined by the initial conditions« (ebd.), so nicht in offenen Systemen; gingen jenem Bereich »notions of teleology and directiveness« (ebd., 6) abhanden, so nicht diesem: Sowohl bei lebenden Organismen wie bei menschlichen Gesellschaften seien Prozesse wie »adaptiveness, purposiveness, goal-seeking and the like« (ebd.) am Werke (vgl. ebd., 7). In einem weiteren Schritt behauptet Bertalanffy, »that energy is the currency of physics« (ebd., 5), wogegen mit »information« (ebd.) als alternativer Währung biologische Phänomene besser erfaßt werden könnten. »Feedback arrangements« (ebd.) - als Anordnungen und prozessuale Verknüpfungen von Informationen - werden nun nicht nur an modernen Technologien, sondern auch an biologischen Phänomenen, wie etwa der Homöostase, aufgewiesen.

Die »Communication Theory« (ebd.) alias Kybernetik, aus der diese Begriffe entnommen sind, stellt eines der Felder allgemeiner Systemtheorie dar. Ihre verallgemeinerten Begriffe der Information und Rückkopplung konstituieren ein

»Querschnittsparadigma« für die verschiedensten Disziplinen, das das Hauptaugenmerk auf Fragen der organisationellen Gliederung und Steuerung legt.[3]

Als »unifying principle« identifiziert Bertalanffy, »that we find organization on all levels« (ebd., 8). Zur Problematik jeder Währung gehört: Man kann vieles damit kaufen, in der Gleichsetzung mit der neuen Währungseinheit werden aber spezifische Differenzen eingeebnet.[4] Ein Mix verallgemeinerter Eigenschaften resultiert, von deren Zuschreibung auf spezifische Phänomene theoretische Kurzschlüsse zu erwarten sind. Verstärkt wird dies durch semantisch problematische Interferenzen wie bei der vermengenden Artikulation von »Organismus« und »Gesellschaft«: »Characteristics of organization, that of a living organism or a society, are notions like those of wholeness, growth, differentiation, hierarchical order, dominance, control, competition, and so forth.« (Ebd., 7)

Auf der Abstraktionsebene allgemeiner Systemtheorie geht es um die Bestimmung von Merkmalen von Systemen im allgemeinen. Bertalanffys Systembegriff ist denkbar einfach definiert als »complexes of elements standing in interaction.« (Ebd., 2) Kriterien des Vorkommens allgemeiner Systemeigenschaften sind einmal »the appearance of structural similarities or isomorphies in different fields«, dann »correspondences in the principles which govern the behavior of entities that are intrinsically, widely different.« (Ebd., 1) Die Bestimmung von Isomorphien, einem Hauptproblem allgemeiner Systemtheorie, bleibt auch im Hinweis auf notwendige mathematische Hilfsmittel unklar. Desiderat bleibt, daß »a unitary conception of the world may be based [...] on the isomorphy of laws in different fields« (ebd., 8). Zusammenfassend lauten Bertalanffys Zielvorstellungen allgemeiner Systemtheorie:

»(a) There is a general tendency towards integration in the various sciences, natural and social.
(b) Such integration seems to be centered in a general theory of systems.
(c) Such theory may be an important means for aiming at exact theory in the non-physical fields of science.
(d) Developing unifying principles running 'vertically' through the universes of the individual sciences, this theory brings us nearer to the goal of the unity of science.
(e) This can lead to a much-needed integration in scientific education.« (Ebd., 2)

Die Veranstaltung »allgemeine Systemtheorie« dient nun aber nicht nur der Vereinigung der scientific community und der Befruchtung ihrer Konzepte, sondern etwa auch Sozialwissenschaftlern bzw. Sozialtechnologen, insofern richtig ist, »that we know and control physical forces only too well, biological forces tolerably well, and social forces not at all« (ebd., 10), und falls nicht nur befunden wird, daß »what is lacking [...] is the knowledge of the laws of human society«, sondern auch »consequently a sociological technology.« (Ebd.)

---

3 Vgl. als Begründungstext der Kybernetik Wiener 1948.
4 Als Kritik der Übergeneralisierung von Informations- und Kommunikationstheorie ist in diesem Kontext aufschlußreich: Köck 1987.

Eine auffallende Kontinuität zwischen Bertalanffys General Systems Theory, Theorien der Selbstorganisation wie auch Autopoiesis besteht im Interesse an Fragen der »Organisation« von Systemen, findet sich im Stellenwert des Problems »organisierter Komplexität«.

Im wissenschaftsgeschichtlichen Rückblick fungiert »Selbstorganisation« gemeinhin als »übergeordnete Kennzeichnung« (Krohn u. a. 1987, 441) für »Autopoiesis«, »Synergetik« oder »Konstruktivismus« (vgl. Paslack/Knost 1990; Mocek 1990; Krohn/Küppers 1992; Willke 1993). Innerhalb dieser Tradition wird die Entwicklung gerne als »umfassender Paradigmenwechsel in den Wissenschaften«, als »wissenschaftliche Revolution« (Krohn u. a. 1987, 441) abgebildet. Gleichwohl wird zuweilen gefragt, ob es denn überhaupt »ein zusammenfassendes übergeordnetes Beschreibungsmuster für die intuitiv als ›revolutionär‹ gekennzeichneten Phänomene gibt« und ob nicht sogar »ihre Grundvorstellungen [...] alt« (ebd., 442) sind.

In Selbstorganisationstheorien werden Systeme als energetisch und materiell offen und operational geschlossen definiert. Dadurch, daß die Systeme nicht mehr »als komplexe Reaktionsmaschinen für Umweltreize konzipiert« werden, »spielen in der neuen Systemtheorie rekursive Funktionen eine entscheidende Rolle: die Reaktion wird zum neuen Reiz - die Wirkung zur Ursache.« (Ebd., 446f.) Quellen von Selbstorganisationskonzepten sind demnach (vgl. ebd., 447f.): a) Heinz von Foersters Arbeit »On Self-Organizing Systems and their Environment« (1960) - auf dessen da formuliertes Prinzip »Order from Noise« auch Luhmann rekurriert. Vorläufer dieses Entwicklungsstrangs sind Wieners und Ashbys Kybernetik, Shannons Informationstheorie, Turings und von Neumanns Automatentheorie sowie von Bertalanffys allgemeine Systemtheorie. b) Das Problem der Entstehung von Ordnung aus Unordnung thematisierte Ilya Prigogine im Zusammenhang einer irreversiblen Thermodynamik seit Mitte der 1940er Jahre und präsentierte mit der Arbeit »Thermodynamic Theory of Structure, Stability and Fluctuation« (Glansdorff/Prigogine 1971) seine Theorie dissipativer Strukturen. c) In seinen Arbeiten zur molekularen Selbstorganisation ging es Manfred Eigen um den Nachweis der Entstehung und Stabilisierung biologischer Information (vgl. Eigen 1971). Dabei zeigte er, daß evolutionstheoretische Konzepte sich auch weit unterhalb der Ebene der Organismen anwenden und damit ihrerseits auf die Prinzipien der chemischen Reaktionskinetik beziehen lassen. Dem folgte in »The Hypercycle« (Eigen/Schuster 1979) ein exaktes Modell der präbiotischen Evolution. d) Eine weitere Quelle stellt die Theorie des Lasers dar, die Hermann Haken Anfang der 1960er Jahre auszuarbeiten begann und die in der Folge in eine Theorie der Synergetik überführt wurde (vgl. Haken/Graham 1971). e) In der Ökologie wurden seit Mitte der 1960er Jahre neue Modellvorstellungen der Stabilität von Ökosystemen jenseits des Gleichgewichts entwickelt (vgl. etwa Odum 1971).

Die Entwicklung von Selbstorganisationstheorien stellt sich unter dem Gesichtspunkt der Problematik von Generalisierung und Spezifikation folgendermaßen dar. In einer ersten, bis zum Beginn der 1970er Jahre dauernden Phase kam es zur Bildung von Theoriekernen und Modellvorstellungen in verschiedenen Disziplinen, wobei sie in der Problem- und Theorietradition der entsprechenden Forschungsfelder standen.

In einer zweiten, etwa bis 1975 reichenden Phase wurden die Ähnlichkeit der benutzten Gleichungen und die Analogie der Konzepte entdeckt, so daß begonnen wurde, einen gemeinsamen epistemischen Inhalt bzw. gemeinsam geltende Prinzipien zu vermuten, worüber dann ganz unterschiedliche Forschungsprogramme aus einer Vielzahl von Disziplinen miteinander verbunden werden konnten. Der gegenseitige Wahrnehmungsprozeß war teilweise institutionell angelegt wie in dem von von Foerster initiierten »Biological Computer Laboratory« in Urbana (Illinois), wo unter anderem Physiker (von Foerster), Systemtheoretiker (Løfgren), Philosophen (Günther), Kybernetiker (Ashby), Biologen (Maturana) zusammenarbeiteten. In der Folge wurde die Generalisierung von Fragestellungen, Begriffen und methodischen Verfahren in der Perspektive feldübergreifender Homologien angebahnt. »Entstehung von Ordnung« wurde nun von einem Spezialproblem am Rande verschiedener Gebiete zu einem zentralen Problem in den verschiedensten Kontexten; dafür sollte eine neue allgemeine Theorie entwickelt werden. Dieses als übergreifend veranschlagte Problem verdankt sich einem strategischen, folgenreichen Eingriff: Denn es wird nicht bloß ein in verschiedenen Feldern schon *Gegebenes* entdeckt, sondern als epistemisch verbindendes Moment wird etwas *Neues* konstituiert.

In der Folge sind nun für eine dritte, etwa bis 1980 reichende Phase Strategien zur Globalisierung der Konzepte, mit denen ihre Übertragbarkeit bzw. Allgemeingültigkeit gezeigt werden sollte, charakteristisch. Allerdings wurde die Übertragung meist nur auf einer metaphorischen Ebene vorgenommen. So sollte in Hakens »Erfolgsgeheimnisse der Natur« (1981) das Konzept der Synergetik Phänomene der biologischen Evolution, der Ontogenese, der Ökonomie, der Politikwissenschaft und der Wissenschaftsentwicklung integrieren. Eigen dehnte sein Interesse - in »Das Spiel - Naturgesetze steuern den Zufall« (1975) - auf Probleme der Ökologie, der Ökonomie und der Ästhetik aus. Und auch Prigogines »Vom Sein zum Werden« (1979) verband Beispiele aus der Ökologie, der Ökonomie und der Biologie. Allerdings zeigen die einzelnen Wissenschaftler dieser Entwicklung gegenüber unterschiedliche Haltungen: Skeptisch äußert sich Eigen, da die Gesellschaft zwar »ein dynamisches System«, aber deshalb noch »nicht geeignet« sei, um »das Selbstorganisationsverhalten an sich - und das ist die Physik der Selbstorganisation - zu untersuchen« (zit. in Krohn u. a. 1987, 456). Von Foerster hingegen interpretiert diese Entwicklung als »Anschluß an die cognitive sciences« (ebd., 455) und gibt ihr damit eine zusätzliche, erkenntnistheoretische Wendung. So zeigt sich also der eine skeptisch gegenüber dem, was er selber mit produziert, und der andere postuliert offensiv »neue ontologische und erkenntnistheoretische Grundlagen« (ebd., 456). Schließlich gibt es auch Modellierungsversuche, in der Weise zu generalisieren, daß »die Prinzipien der Selbstorganisation an die Besonderheiten der Fachgebiete angeknüpft werden.« (Ebd.)

Die globalisierende Expansion war insgesamt mit einer Popularisierungskampagne verbunden. Eine Gefahr sehe ich dabei in der gleichsam unkontrollierten Übergeneralisierung von Konzepten. Mit dem Durchbrechen interner epistemologischer Beschränkungen werden Räume für das Eindringen von Ideologien aus der gesellschaftlichen Umwelt und die Kultivierung »spontaner Philosophien der Wissenschaftler« (Althusser 1985) geöffnet. Im Kontext von Selbstorganisationstheorien stellt der sogenannte Spiritualismus eine solche Tendenz dar, in der Lage, verschiedene Akteure und Strömungen - etwa naturwissenschaftliche, ökologische und feministische - zusammenzubinden.[5] Als Formeln der Popularisierung von Selbstorganisationstheorien wie des Ausdrucks von Protestbewegungen fungierten so »Dialog mit der Natur«, »Selbststeuerung statt Fremdsteuerung«, »Koevolution statt Krieg«. Ein anderer Kontext, in dem Selbstorganisationskonzepte wirkungsmächtig wurden, sind Unternehmen bzw. Organisationen (vgl. Ulrich/Probst 1984). Anlaß für eine Umorientierung von Managementkonzepten waren Erfahrungen von Grenzen des Musters von Befehl und Gehorsam, Einsichten in die Unmöglichkeit, an der Spitze der Hierarchie über das ganze für bestimmte Entscheidungen notwendige Wissen zu verfügen.[6] Von daher sollte das traditionelle »Organisieren von oben« gestützt werden durch eine »Selbstorganisation von unten«.[7] Im Konzept der Selbstorganisation sind nun zwei gegenläufige Bedeutungsaspekte miteinander verbunden: den »spontanen Prozessen der Ordnungsbildung« wird mit dem Ansatz begegnet, sie konstruktiv, insbesondere zu »Eigenverantwortlichkeit«, anzuleiten.[8]

---

5 Zur Konstitution des Spiritualismus vgl. Nemitz 1986.

6 »In der bisherigen Managementwissenschaft stand Organisieren als konstitutiver Prozeß des substantiellen Gestaltens im Vordergrund des Interesses. Dadurch wurden zwei Aspekte ausgeblendet: symbolisches Gestalten (im Sinne von Sinnvermittlung, Handlungslegitimation, Motivationsmobilisierung, Implementieren von Innovationen usw.) einerseits und spontane Prozesse der Ordnungsbildung (Selbstorganisation) andererseits.« (Schmidt 1987a, 54)

7 »Organisieren und Selbstorganisation sind komplementäre und sich reflexiv beeinflussende Prozesse in sozialen Systemen. Beide zusammen charakterisieren das Funktionieren institutionaler Systeme.« (Probst/Scheuss 1984, 487)

8 »Der radikalkonstruktivistisch orientierte Manager soll neuartige Perspektiven und Sinnzusammenhänge vermitteln, also - im Sinne H. von Foersters - Handlungsmöglichkeiten eröffnen, in denen neue Wirklichkeiten erfunden werden können. Wegen der Selbstorganisations-Komponente in sozialen Systemen kann es dabei nicht um eine Schaffung sozialer Wirklichkeiten durch bewußte Manipulation gehen. Manager können aber Kontexte für Wirklichkeitskonstruktionen schaffen, vor allem durch neue Interpretationsrahmen für Handlungen.« (Schmidt 1987a, 56f.)

In einer vierten, nicht abgeschlossenen Phase wird verstärkt die fachwissenschaftliche Diskussion über die Angemessenheit der generalisierten Konzepte in besonderen Theoriekontexten geführt. Im folgenden geht es darum, unter den einleitend genannten Gesichtspunkten die Bestimmung und Generalisierung von Autopoiesisbegriffen in den 1980er Jahren darzustellen, um anschließend Luhmanns systemtheoretischen Ansatz und seine Formulierung einer sozialwissenschaftlichen Theorie selbstreferentieller bzw. autopoietischer Systeme zu untersuchen.

2.2   Zur Theorie autopoietischer Systeme

Wie das Bertalanffy-Programm allgemeiner Systemtheorie erhielt auch die Autopoiesistheorie wesentliche Anstöße aus der Biologie (vgl. auch die Beiträge in Zeleny 1980 und 1981). Im Hinblick auf den Geltungsbereich allgemeiner Systemtheorie ist ihre Reichweite dadurch eingeschränkt, daß autopoietische Systeme nur eine Teilmenge der möglichen Systemtypen bilden - gibt es doch auch allopoietische Systeme. Bereits in ihrem biologischen Ursprungsbereich ist die Begrifflichkeit heterogen gestaltet. Diese wird nun nur insoweit vorgestellt, als es für die hier geführte Diskussion um unterschiedliche Konstruktionsweisen allgemeiner Systemtheorie bzw. daran anknüpfende Sozialwissenschaft relevant ist.

2.2.1   Positionen und Perspektiven von Biologen

Bei den biologischen Vertretern einer Theorie autopoietischer Systeme ist in erster Linie der Geltungsbereich des Autopoiesisbegriffs umstritten. Damit hängen unterschiedliche Auffassungen seiner Generalisierung bzw. Kombination mit angrenzenden Begriffen zusammen.

2.2.1.1   Positionen in der Biologie

Als Begründer der Theorie autopoietischer Systeme in der Biologie gelten die Neurobiologen Humberto Maturana und Francisco Varela. Durch empirische Forschung abgesichert, sehen sie den Begriff der Autopoiesis[9] für Zellsysteme,

---

9   »Es gibt eine Klasse von Systemen, bei der jedes Element als eine zusammengesetzte Einheit (System), als ein Netzwerk der Produktionen von Bestandteilen definiert ist, die a) durch ihre Interaktionen rekursiv das Netzwerk der Produktionen bilden und verwirklichen, das sie selbst produziert hat; b) die Grenzen des Netzwerks als Bestandteile konstituieren, die an seiner Konstitution und Realisierung teilnehmen;

Nerven- und Immunsysteme, wobei erstere paradigmatischen Charakter erhalten haben (vgl. Varela 1987, 123ff.). Sein Geltungsanspruch wird aber weit darüber hinaus veranschlagt. Er soll einen Schlüssel für ein neues »Verständnis der Mannigfaltigkeit wie der Einzigartigkeit des Lebens« liefern, indem er »erneut in differenzierter Weise das Verständnis der Fortpflanzung, der Evolution und kognitiver Phänomene zur Debatte« (ebd., 119) stellt.

Charakteristisch für autopoietische Systeme ist, daß sie »struktur-spezifizierte Systeme« (Maturana 1987, 95) sind. So legt ihre Struktur fest, welche Zustände für sie möglich sind, welche strukturellen Veränderungen sie durchmachen können - wobei der Komplementärbegriff der Organisation die Grenze bezeichnet, bei deren Überschreiten sie ihre »Identität« als Einheit einer »Klasse«, als spezifischer »Organisationstyp« - verlieren. Da ihre Struktur auch das »Medium« determiniert, in dem sie operieren,[10] wird die systemtheoretische Grundunterscheidung zwischen der »Geschlossenheit« und »Offenheit« von Systemen nicht mehr als Typendifferenz verwandt wie bei Bertalanffy - als Unterscheidung zwischen physikalischen und biologischen Systemen -, sondern als ein für die Systemkonstitution notwendiges Kombinationsverhältnis. So sind autopoietische Systeme im Hinblick auf ihre »Zustände« »operational geschlossen« - andernfalls befinden sie sich in einem Zustand der Auflösung - und im Hinblick auf ihre »Bestandteile« - die qualitativ ganz unterschiedlich sein können, solange sie das Netzwerk ihrer Reproduktion nicht beeinträchtigen - »materiell und energetisch offen«.

Maturanas Theorie zeichnet sich durch die Verbindung von Fragen der *Organisation von Lebewesen* mit Fragen der *Wahrnehmung* und der *Erkenntnis* aus (vgl. Maturana 1982 und 1988). Dabei geht es darum, wie biologische Systeme wahrnehmen und erkennen, und wie sie von theoretischen Beobachtern wahrgenommen und erkannt werden sollen. Allerdings wird in seiner »Biologie der Kognition« nicht nur die funktionale Organisation von Kognition analog zur funktionalen Organisation biologischer Systeme beschrieben, sondern vor allem »Autopoiesis« mit »Kognition« gleichgesetzt.[11] Sein Konzept des »Beob-

---

und c) das Netzwerk als eine zusammengesetzte Einheit in dem Raum konstituieren und realisieren, in dem es existiert.« (Maturana 1987, 94)

10 Was nicht ausschließen soll, daß auch die Medien in ihrer Zustandsdynamik operational unabhängige Systeme sind. Angemessenes Verhalten oder Überleben erfordert so »strukturelle Kopplung« mit der Umwelt.

11 »Wenn alles, was in einem lebenden System stattfindet, durch dessen Struktur spezifiziert ist, und wenn ein lebendes System sich nur in Zuständen der Autopoiese befinden kann, weil es sonst zerfiele [...], dann ist das Phänomen der Kognition, das dem Beobachter als erfolgreiches Verhalten in einem Medium erscheint, in Wirklichkeit die Realisierung der Autopoiese des lebenden Systems in diesem Medium. Für ein lebendes System bedeutet Leben Kognition, und sein kognitiver Bereich ist deckungsgleich mit dem Bereich seiner autopoietisch möglichen Zustände. Das Vorhandensein eines Nervensystems in einem Organismus schafft nicht das Phänomen der

achters« unterscheidet nun strikt zwischen der inneren operationalen Logik von Systemen und von außen kommenden Bestimmungen oder Zuschreibungen. Konstituieren jene »Selbstbeobachtungen«, so diese »Fremdbeobachtungen« - wobei sie natürlich im Operationsfeld des Beobachters als »Selbstbeschreibungen« fungieren. Daraus schließt Maturana für den Status von Erkenntnissen, daß »eine Beschreibung in konstitutiver Weise nicht eine Beschreibung von *Etwas* [ist], sondern ein Verhalten in einem konsensuellen Bereich, in dem die Beschreibungen nur Operationen innerhalb des konsensuellen Bereichs konnotieren.« (Maturana 1987, 110)

Gegen die mangelnde Unterscheidung von »Autopoiesis« und »Kognition« bei Maturana interveniert der Neurophysiologe Gerhard Roth. Für ihn steht auf dem Spiel, »die spezifischen Leistungen des Gehirns als eines kognitiven Systems« (Roth 1987, 262) verstehen zu können. Zentrales Unterscheidungskriterium ist für ihn die divergierende Variabilität von Zuständen.[12] Das harte Argument für ihre prinzipielle Unterscheidung ist die unterschiedliche Rolle von »Autopoiesis« und »Kognition« im Lebensprozeß selbst.[13] Eine wichtige epistemologische Konsequenz der Überlegung, daß Kognition »*nicht* auf derselben ontologischen Ebene wie die Autopoiese« verbleibt, ist evolutionstheoretischer Natur: Das Gehirn hat sich »mit der zunehmenden Komplizierung und Differenzierung der eigenen Selbstreferentialität [...] im Laufe der Evolution aus der autopoietischen Organisation seines Organismus« herausgehoben und ist »zu etwas (relativ) Eigenständigem« (ebd.) geworden. In der Folge verwirft Roth

---

Kognition, sondern erweitert den kognitiven Bereich des Organismus, indem es dessen Bereich autopoietisch möglicher Zustände ausdehnt.« (Maturana 1987, 100f.)

12 Während »die Komponenten selbstherstellender und selbsterhaltender Systeme [...] hinsichtlich der Freiheitsgrade der Zustände [...] sehr stark beschränkt« sind, ist die »Variationsmöglichkeit der neuronalen Erregungszustände [...] ein grundlegendes Funktionsprinzip des Nervensystems.« (Ebd., 266) Für jene ist »die biochemische Interaktion der Komponenten in aller Regel hochspezifisch und invariant«, da »hinsichtlich der grundlegenden Stoffwechselprozesse (Glykolyse, Citrat-Zyklus, Endoxidation usw.) die meisten Lebewesen sich sehr ähnlich sind und diese Prozesse in Zeiträumen von vielen hundert Millionen Jahren sich nicht oder kaum geändert haben.« (Ebd., 264) Kognition dagegen wird »gerade durch die Unspezifität und Variabilität der Zustände der Nervenzellen ermöglicht.« (Ebd., 269) Je höher die Variabilität dieser Zustände, desto »höher die kognitive Leistungsfähigkeit des Nervensystems« (ebd.).

13 »Es ist ja das Charakteristikum der kognitiven Tätigkeit des Gehirns, daß sie, wenn nur auf irgendeine Weise die Fortexistenz des Organismus gesichert ist, von der Verpflichtung zur Überlebensförderung entbunden ist. Die Autonomie des Gehirns ist ganz wesentlich eine Freisetzung von der Existenzerhaltung: das Gehirn kann sich immer mehr mit Dingen beschäftigen, die nur sehr indirekt oder überhaupt nichts mit Überleben zu tun haben [...] Dies gerade ist die Grundlage der spezifischen Leistung menschlicher Kognition, nämlich Konstitution von Wirklichkeit und damit die Möglichkeit, Handlungs-*Planung* zu betreiben, d. h. etwas zu tun, was *noch* keinen Nutzen für den Organismus hat.« (Ebd., 270)

auch Maturanas Gleichsetzung von »Strukturdeterminiertheit« und »operationaler Geschlossenheit«.[14] Demnach zeichnen sich autopoietische Systeme durch »Selbstherstellung« und »Selbsterhaltung«, kognitiv-neuronale Systeme lediglich durch »Selbstreferenz« aus. Alle diese Mechanismen sind »selbstbezüglich«, doch nur die der »Autopoiesis« reproduzieren den Organismus materiell. Das Gehirn ist zwar als kognitiver Apparat für das Operieren des Organismus notwendig, doch in seiner organischen Bedingtheit von diesem abhängig.

Trotz dieser Differenzen und einiger Unklarheiten verwenden die erwähnten Biologen einen eingeschränkten Begriff von Autopoiesis. Seine Übertragung in nichtbiologische Bereiche bezeichnen sie als »Kategorienfehler« (Varela 1987, 121). Selbstreferenz oder Autonomie[15] sind nun diejenigen Begriffe, die bei der angestrebten theoretischen Ausdehnung den Schlüsselbegriff Autopoiesis ergänzen sollen.

2.2.1.2   Perspektiven auf das Soziale

Für Maturana ist beim Versuch, einen konzeptionellen Zugang zu sozialen Systemen zu erlangen, deren Verbindung zur biologischen Grundlage von Leben entscheidend. So komplettiert er die »Biologie der Kognition« mit einer »Biologie der Sozialität« (Maturana 1987a, 287). Vorstellungen eines »grundlegenden Widerspruchs zwischen dem Sozialen und dem Individuellen« werden als »Illusionen, die sich unserer Art der Beschreibung verdanken« (ebd.) zurückgewiesen. Demgegenüber betont er die Verschränkung von notwendig sozialer Lebensweise der Menschen und ihrer spezifisch biologischen Konstitution, die jene bedingt. Dadurch gelingt es ihm, den oft unterstellten Gegensatz zwischen der Natur des Menschen und seiner gesellschaftlichen Existenzweise zugunsten

---

14 Organismen sind materiell-energetisch gegenüber der Umwelt offen und »deshalb nicht im strengen Sinn ›operational abgeschlossen‹.« (Ebd., 282) »Die Autonomie des autopoietischen Organismus« beruht demnach »auf der Fähigkeit, eine komplexe Struktur gegen externe und interne Störungen und Fluktuationen [...] aufrechtzuerhalten« (ebd.). Folglich kann man autopoietische Systeme nicht als »materiell-energetisch abgeschlossen«, sondern nur als »organisationell geschlossen« charakterisieren. Die Zustände kognitiver Systeme hingegen sind »vom System selbst frei steuerbar; der Bereich möglicher Zustandssequenzen unterliegt keinerlei physikalisch-chemischer Stabilitätsbeschränkung, weil sich das System - als kognitives System - gar nicht physikalisch-chemisch erhalten muß.« (Ebd.)

15 So ist für Varela Autonomie der verallgemeinerte, den Begriff der Autopoiesis umfassende, nicht mit ihm synonyme, Begriff. Zum Sonderfall wird »Autopoiesis« durch rigide Produktionsbeziehungen, zum Allgemeinfall »Autonomie« durch die Flexibilität von Interaktionsbeziehungen. Zu seiner dichotomischen, spiritualistisch artikulierten Unterscheidung von Autonomie und Allonomie vgl. ebd., 129. Zur populärwissenschaftlich »spiritualistischen« Aufbereitung von »Autopoiesis« vgl. auch Maturana/Varela 1987.

des Gedankens der menschlichen Natur als gesellschaftlicher zu unterlaufen.[16] Die geschichtlich auftretenden Sozialformen, die Individuen als »ungesellschaftliche« oder sich bekämpfende einander entgegenstellen, widersprechen nicht dem biologschen Prinzip, sondern sind jeweils mögliche gesellschaftliche Realisierungsweisen. Solche Widersprüche faßt Maturana nun - dem kognitivistischen Akzent seiner Theorie entsprechend - als wesentlich durch Wahrnehmung, Kultur oder Ethik bedingt.[17]

Maturana denkt soziale Systeme von den Individuen her. So sind es die Aktionen von Individuen, die soziale Systeme generieren, die wiederum als Netzwerk-Medium auf die Individuen zurückwirken. Zudem werden soziale Systeme als Kollektivverbände bestimmt und an die Bedingungen der Reproduktion von Individuen als Lebewesen gebunden.[18] Die Spezifik menschlicher Sozialsysteme sieht er im besonderen Status der Sprache, die er wesentlich bewußtseinstheoretisch versteht,[19] und von Liebe, die er zum menschlichen Charaktermal und Sozialkitt schlechthin generalisiert.[20] In diesem Kontext ist die kategoriale Anordnung weitgehend polar, nur rudimentär ausgearbeitet und vereinseitigend: Liebe vs. Zwang, Kooperation vs. Wettbewerb.[21]

---

16 »Das menschliche Wesen ist grundsätzlich sozial. Außerhalb des Sozialen gibt es nichts Menschliches. Und auch das genetische Material des Menschen bestimmt das Menschliche nicht, sondern bereitet lediglich den Boden dafür, daß etwas vermenschlicht werden kann.« (Ebd., 299)

17 »Soziale Probleme sind stets kulturelle Probleme, weil sie mit den Welten zu tun haben, die wir im Zusammenleben mit anderen aufbauen. Deshalb fällt auch die Lösung jedes beliebigen sozialen Problems in den Bereich der Ethik« (ebd., 301).

18 »In jedem Fall, in dem die Mitglieder einer Menge lebender Systeme durch ihre Verhaltensweisen ein Netzwerk von Interaktionen ausbilden, das für sie wie ein Medium wirkt, in dem sie sich als Lebewesen verwirklichen und in dem sie dementsprechend auch ihre Organisation und Angepaßtheit aufrechterhalten, haben wir es mit einem sozialen System zu tun.« (Ebd., 292)

19 So sei »der zentrale Aspekt der Sprache [...] die Möglichkeit der Reflexion und des Selbstbewußtseins«; so erlaube die Sprache, »die Welt [...] bewußt an[zu]nehmen oder ab[zu]lehnen« (ebd., 298).

20 »Im menschlichen Bereich ist das Zustandekommen von Gemeinschaftlichkeit der Faktor, der spontan zur Rekurrenz von Interaktionen führt, d. h., es ist die Liebe in irgendeiner ihrer Dimensionen. Ohne Liebe gibt es keine menschliche Sozialisation, und jede Gesellschaft, in der die Liebe erlischt, zerfällt. Diese Bedingung streng biologischer Natur bestimmte als grundlegende Größe in der Evolution der Hominiden den Verlauf der menschlichen sozialen Drift, die zur Entwicklung der Sprache und im Zusammenhang damit in kooperativen und nicht in Wettbewerbsformen zum Ursprung der Ausprägung der typischen menschlichen Intelligenz wurde.« (Ebd., 296f.)

21 »Sozial sein schließt immer ein, mit anderen zusammenzugehen; und aus freien Stücken geht man nur mit dem zusammen, den man liebt. Soziales Verhalten basiert auf Kooperation, nicht auf Kampf. Wettbewerb ist wesentlich asozial, weil er die Negation des anderen bedeutet.« (Ebd., 300) Allerdings ist »Liebe« nicht ein immer Glei-

Bei den biologischen Autopoiesistheoretikern kann man zuweilen das Postulat einer *Ableitungssequenz* zwischen Biologischem und Sozialem feststellen. So wenn Roth den Nachweis wünscht, »wie biologische Systeme kognitive Systeme, und wie kognitive Systeme soziale Systeme *hervorbringen*« (Roth 1987a, 397; Hervorhebung D. B.), wobei die einzelnen Schritte jeweils »einen *Wechsel der Phänomen-Ebene*« (ebd.) implizieren. In der Folge wird jene Sequenz als »Hierarchie selbstreferentieller Systeme« (ebd., 398) gefaßt. Dabei fungiert der Begriff der Selbstreferenz als Klammer zwischen den verschiedenen Ebenen und Systemtypen, um in einem sowohl theoretische Generalisierung zu befördern als auch Differenzierung und Gradualisierung zu ermöglichen - was für den Begriff der Autopoiesis verneint wird.[22]

2.2.2 Positionen und Perspektiven von Soziologen

Da der biologische Begriff der Autopoiesis - wie jeder andere Begriff auch - nicht einfach vorgibt, wie er sozialwissenschaftlich zu generalisieren ist, sind verschiedene Arten und Weisen, dies zu tun, möglich. Im folgenden unterscheide ich zwischen zwei grundlegend verschiedenen Strategien der Übertragung von der Biologie in die Soziologie.

Die eine knüpft direkt an die biologischen Begriffsbestimmungen, ihren materialen Bedeutungsgehalt an. Beim Versuch, konzeptionell zu einer Theorie autopoietischer sozialer Systeme aufzusteigen, fungiert die Theorie autopoietischer biologischer Systeme als epistemologische Richtschnur. So werden die biologischen Begriffe nur dann zur Übertragung in ein anderes Feld freigegeben, wenn auch in diesem dieselben als essentiell erachteten Bedeutungsaspekte vorliegen. Andernfalls wird nach verwandten, angrenzenden Begriffen gesucht, die eine Ausdehnung bzw. Generalisierung ermöglichen. Diese Argumentationslinie nenne ich »Aufbau«-Strategie.

Bei der anderen Strategie wird die Begrifflichkeit autopoietischer Systeme formal und abstrakt aus der Biologie übernommen, um sie dann in sozialwissenschaftliches Terrain einzuarbeiten. So wird der Ansatz zurückgewiesen, die Theorie sozialer Systeme auf der Theorie autopoietischer biologischer Systeme aufzubauen. Dadurch entfallen komplizierte Vermittlungsschritte, wozu auch die Klärung von Fragen der Isomorphie zwischen den Ebenen gehört. Die analytische Unterscheidung emergenter Ebenen des Seins und ihre Abtrennung als theoretische Bezugsebenen sind hier die Grundlage, der Ausgangspunkt der

---

ches und Gutes, kann »Kooperation« durch »asoziale« Determinanten bestimmt werden, ist »Wettbewerb« nicht einfach gleich Verdrängungs- oder Vernichtungswettbewerb etc.

22 »Selbstreferentialität und Autonomie sind nicht notwendig Alles-oder-nichts-Zustände, d. h. sie können abgestuft vorhanden sein und während der Entwicklung des Systems zu- und abnehmen.« (Ebd., 400)

begrifflichen Arbeit. In diesem Vorgehen der terminologischen Übertragung kann dieselbe Begrifflichkeit in verschiedenen Bereichen mit ebenso verschiedenen Bedeutungen auftauchen - so daß sich also unter denselben Worten ganz unterschiedliche Begriffe verbergen können. Diese Argumentationslinie, deren Hauptvertreter Luhmann ist, nenne ich deshalb »Analogisierungs«-Strategie.

2.2.2.1 »Aufbau«-Strategie

Die »Aufbau«-Strategie verwirft Luhmann als völlig unzureichend bzw. falsch.[23] Ihre verschachtelt aufbauende Begriffsreihe ist »Organismus - Gehirn/Kognition - Sozialität«. Hejl, soziologischer Verfechter einer »Theorie selbstreferentieller Systeme« (vgl. Hejl 1982), führt die entscheidenden systemtheoretischen Begriffe im Kontext *lebender Systeme* vor: »Selbstorganisation/Selbsterzeugung«, »Selbsterhaltung« und »Selbstreferenz« (vgl. Hejl 1987, 306ff.). Anschließend wird geprüft, sie als Ausgangspunkt und Matrize verwendend, ob sie als soziologische Begriffe übernommen werden können. Der Befund des Verfahrens begrifflicher *Abbildung* oder *Spiegelung* ist, wenig überraschend, negativ.[24] Das heißt in der Konsequenz, das *Wort* Autopoiesis als *Begriff* nur an *einer* Stelle vorkommen zu lassen.

Beim Versuch, auf anderem Weg zu einem Begriff sozialer Systeme zu kommen, fragt Hejl nach dem »Verhältnis von Biologie und sozialer Lebensweise im Falle des Menschen«, den Unterschied zu tierischer Lebensweise darin bestimmend, daß der Mensch aufgrund seines Gehirnwachstums sich »*auf Anpassung spezialisiert* habe.« (Ebd., 313) Wenn diese in der »*Zunahme und Komplexifizierung der internen Möglichkeiten zur Erzeugung neuer Realitäten*« (ebd., 314) gesehen wird, ist gerade ihre Artikulation als »Anpassungsspezialisierung« merkwürdig, da damit die Kontinuität zur tierischen Lebensweise betont und die Schöpfungsgewalt, Veränderungsfähigkeit und Vielfältigkeit historisch-gesellschaftlicher Lebensweisen von Menschen nicht zum Ausdruck gebracht wird.[25]

---

23 »The term ›autopoiesis‹ has been invented to define life. Its origin is clearly biological. Its extension to other fields has been discussed, but rather unsuccessfully and on the wrong premises.« (1986a, 172)

24 Sind soziale Systeme selbstorganisierend? Nein, da »der Hauptunterschied in der *Spezifität und Spontaneität* liegt, »mit der sich physikalisch-chemische Systeme bilden« (ebd., 322). Sind sie selbsterhaltend? Nein, da sie die sie konstituierenden lebenden Systeme nicht erzeugen (vgl. ebd., 323). Sind sie selbstreferentiell? Nein, insofern soziale Systeme anders geschlossen, d. h. »offener« sind als neuronale Netzwerke (vgl. ebd., 325).

25 Auch drängen die in »Anpassung« mitschwingenden *evolutions*theoretischen Konnotationen die Anforderung zurück, die spezifischen Formen, Mechanismen und Muster menschlicher Geschichte kategorial in einem eigenständigen Theoriefeld zu entfalten.

Eine Eigentümlichkeit »radikal konstruktivistischer« Herangehensweise erweist sich nun darin, wie »Gesellschaft« als spezifisch menschlicher Lebenszusammenhang konstruiert wird. Aus dem Umstand, daß durch die »Evolution größerer Gehirnkapazität [...] die Erzeugung der *aktuellen* Umwelt [...] der Systeme zunehmend kontingent wurde« (ebd.), wird ein *Widerspruch* konstruiert, aus dessen Auflösung Gesellschaft entspringt: Das »Gehirnwachstum als solches« sei eine »*Gefahr* für die betroffenen Systeme« (ebd., 315). Zugleich bedeute es »einen potentiellen *Vorteil* für ein lebendes System.« (Ebd.) »Die Antwort auf dieses Problem war meiner Meinung nach die ›Erfindung‹ von Gesellschaft.« (Ebd.) Diese rein abstrakt konstruierte Anordnung ist sozialwissenschaftlich befremdlich vor allem dadurch, *daß* und *wie* vom einzelnen Organismus und seinem Gehirn aus gedacht wird: Die kognitiven Möglichkeiten des Gehirns werden unabhängig von der gesellschaftlich-historischen *Lebensweise* der Individuen betrachtet, d. h. bloß *kognitiv-apparativ*; die Organismen geraten nur als *einzelne* in den Blick; Gesellschaft erscheint als ein Effekt, der von Natur aus unsozialen Individuen naturnotwendig irgendwie zukommt. So bleibt das theorieimmanent wichtige Desiderat offen, den *entwicklungsgeschichtlichen Zusammenhang* zwischen menschlicher Gehirnentwicklung und der »Erfindung von Gesellschaft« denken zu können. Dazu wäre zu zeigen, wie in der menschlichen Geschichte Möglichkeiten zunehmender Kontingenz überhaupt erst hervorgebracht werden, inwieweit und mit welchen Konsequenzen sie realisiert werden. In der Folge könnte auch das Anpassungskonzept reartikuliert, die individualistischen Prämissen überwunden und die kognitivistische Grundausrichtung beseitigt werden.

Des weiteren leitet Hejl aus den primär kognitiv gedachten Aktivitäten von Individuen »soziale Bereiche« her, die als partielle, physiologisch repräsentierte Parallelisierungen zwischen miteinander interagierenden selbstreferentiellen Systemen beschrieben werden, und ferner »soziale Systeme«, die durch das zusätzliche Moment unterschieden werden, daß sie als gleichsam fixierte Bezugspunkte von Interaktionen fungieren (vgl. ebd., 317ff.). Soziale Systeme, als Interaktionssysteme, werden so durch »Synreferentialität« charakterisiert (ebd., 327), mit den Individuen als »›Schnittpunkten‹ oder ›Berührungspunkten‹« (ebd., 321).

Festzuhalten ist: Die Strategie verschachtelnden Aufbaus bewirkt eine Methodologie begrifflichen Abbildens - mit der Folge, daß die Begriffsbestimmungen vornehmlich an die Physiologie rückgebunden werden. Der Nutzen davon kann darin liegen, Bedingungszusammenhänge zwischen menschlichem Sozialleben und seinen organischen Grundlagen zu thematisieren. Für soziologische Theoriebildung insgesamt ist diese methodologische Strategie jedoch hemmend, da sie den Zugang zur Analyse sozialer und historischer Formen und Institutionen sowie des Handelns in ihnen behindert oder gar blockiert. Es handelt sich bei ihr also um ein epistemologisches Hindernis, eine Sackgasse. Auch immanent für den Versuch, auf diese Weise eine allgemein systemtheoretische Perspektive auszufüllen oder eine Theorie sozialer Systeme zu entfalten.

2.2.2.2 »Analogisierungs«-Strategie

Luhmann wirft Hejl vor, die Aufgabe der Anwendung des Autopoiesiskonzepts auf den Bereich sozialer Systeme prinzipiell zu verfehlen und »nur zu einer neuartigen Begründung für den individualistischen Ansatz in der Soziologie« (1982a, 368, Fn. 12) zu kommen. Entgegen der »Aufbau«-Strategie löst sein konzeptioneller Vorschlag den Autopoiesisbegriff von der privilegierten Referenz auf »organisches Leben«. »Autopoiesis« wird zum generalisierten Prinzip der Systembildung.[26] So braucht Luhmann nicht, wie die vom biologischen Autopoiesiskonzept als theoretischem Primat ausgehenden Theoretiker, mühsam und in kleinen Schritten weitere Geltungsbereiche für die Theorie zu erringen; statt dessen kann er bereits nach wenigen Operationen von einer »allgemeinen Theorie selbstreferentieller autopoietischer Systeme« sprechen.

Der Raum einer allgemeinen Theorie autopoietischer Systeme wird nun folgendermaßen strukturiert: durch eine »general theory of self-referential autopoietic systems and a more concrete level at which we may distinguish living systems (cells, brains, organisms, etc.), psychic systems and social systems (societies, organizations, interactions) as different kinds of autopoietic systems« (1986a, 173). Mithilfe des Begriffs der selbstreferentiellen Schließung werden die unterschiedlichen Ebenen und Typen von Systemen strikt voneinander geschieden.[27]

Ein wichtiger Effekt der Ausdehnung des Geltungsbereichs des Autopoiesisbegriffs liegt in der formalen Generalisierung des Begriffs der Produktion zu einer Konstellation, wo »*einige*, aber *nicht alle* Ursachen, die zum Bewirken bestimmter Wirkungen nötig sind, unter Kontrolle durch ein System eingesetzt werden können.« (1984, 40) Wo im biologischen Kontext noch von materiellenergetischen Austauschbeziehungen die Rede war, stehen nun, den materialen biologischen Bedeutungsgehalt metaphorisierend, Beziehungen der Kontrolle. Mit dieser Bedeutungsverschiebung hängen, wie gezeigt werden wird, eine Reihe strategischer theoriekonstruktiver Entscheidungen Luhmanns zusammen.

---

26 »However, if we abstract from life and define autopoiesis as a general form of system-building using self-referential closure, we would have to admit that there are non-living autopoietic systems, different modes of autopoietic reproduction, and general principles of autopoietic organization which materialize as life, but also in other modes of circularity and self-reproduction.« (1986a, 172)

27 »The concept of autopoietic closure itself requires this theoretical decision, and leads to a sharp distinction between *meaning* and *life* as different kinds of autopoietic organization; and meaning-using systems again have to be distinguished according to whether they use *consciousness* or *communication* as modes of meaning-based reproduction.« (Ebd.)

3. Luhmanns Systemtheorie als soziologische Universaltheorie

3.1 Stufen der Theorieentwicklung und -reflexion

3.1.1 Zur Theorieentwicklung

Luhmann, Jurist mit anwaltlicher und amtlicher Praxiserfahrung als Oberregierungsrat im niedersächsischen Kultusministerium, wurde Ende der 1950er Jahre mit verwaltungswissenschaftlichen Aufsätzen publizistisch tätig. Der erste Durchbruch in der Soziologie gelang ihm 1964 mit dem Buch »Funktionen und Folgen formaler Organisation«. Den Untersuchungsschwerpunkt bildete längere Zeit die Organisationssoziologie; daneben lief eine Serie von Aufsätzen zur funktionalistischen Systemtheorie an. Die Ebene soziologischer Gesellschaftstheorie betrat Luhmann Ende der 1960er Jahre. In seinem Beitrag auf dem 16. Deutschen Soziologentag 1968 in Frankfurt insistierte er darauf, »daß mit dem Begriff der Gesellschaft eine Ebene der Problemstellung bezeichnet ist, die nicht aufgegeben werden kann.« (1969, 266)[28] An der Theorie sozialer Systeme kritisierte Luhmann damals, daß sie »nach wie vor nur die Möglichkeit zu[läßt], Gesellschaft als ein Sozialsystem unter anderen zu begreifen.« (Ebd., 254) Als Aufgabenstellung hieß das, wie »sich heute der Vorrang der Gesellschaft vor anderen Sozialsystemen begründen« (ebd.) läßt. Und die programmatische Antwort lautete: »*Gesellschaft ist [...] jenes Sozialsystem, das letzte, grundlegende Reduktionen institutionalisiert.* Gesellschaft schafft damit die Voraussetzungen, an die andere Sozialsysteme anknüpfen können; sie fundiert damit alle Strukturen der Sozialdimension.« (Ebd., 260) Anschließend weitete Luhmann sein Arbeitsfeld enorm aus: im Rahmen von Skizzen einer Gesellschaftstheorie wurden Fragen der Gesellschaftsentwicklung, des Zusammenhangs von Gesellschaftsstrukturen und Semantiken und anderes mehr behandelt sowie insbesondere verschiedene gesellschaftliche Bereiche und Funktionsmechanismen wie Recht, Macht, Religion,

---

28 In der westdeutschen Soziologie nach 1945 dominierte mit der »Kölner Schule« um René König die »empirische Sozialforschung«. Sie wurde stark aus amerikanischen Importen gespeist, aber ohne die theoretisch ambitionierten Ansprüche eines Parsons; angepeilt wurden »Theorien mittlerer Reichweite« (Merton). Den Antipoden stellte die »Frankfurter Schule« dar; für ihr »Institut für Sozialforschung« war der Gesellschaftsbegriff zentral: die angestrebte theoretische Reichweite war die »gesellschaftliche Totalität«. In einer doppelten Frontstellung sowohl gegen die Kölner als auch gegen die Frankfurter interveniert nun Luhmann.

Wirtschaft, Liebe, Wissenschaft und Kunst erschlossen. Das in der Folge niedergelegte Werk »Soziale Systeme« stellt nach eigener Aussage eine Zusammenfassung dieser als »Null-Serie der Theorieproduktion« (1987l, 142) gehandelten früheren Arbeiten dar.

Die Programmatik der »Theorie sozialer Systeme« sieht Luhmann als Versuch, an die »tiefgreifenden Veränderungen [...] in der allgemeinen Systemtheorie und in damit zusammenhängenden interdisziplinären Bemühungen« (1984, 15) Anschluß zu finden. Für die Soziologie soll es dabei »um die seit Parsons nicht mehr gewagte Formulierung einer fachuniversalen Theorie« (ebd., 10) gehen. Innerhalb der systemtheoretischen Gesamtarchitektur wird diese als allgemeine Theorie sozialer Systeme veranschlagt und ist zwischen der Ebene allgemeiner Systemtheorie und der Ebene spezifischer Typen sozialer Systeme - Interaktionen, Organisationen und Gesellschaften - plaziert.[29] Festzuhalten ist, daß Luhmann damit nicht beansprucht, schon eine »Gesellschaftstheorie - Gesellschaft verstanden als umfassendes Sozialsystem« (ebd.) - geliefert zu haben. Von der Theorieanlage her gilt jedoch, daß eine allgemeine Theorie sozialer Systeme Gesellschaftstheorie zum einen generell - und generalisiert - umfassen soll und zum anderen unausweichlich prädisponiert, begrifflich vorstrukturiert.[30] Was in Luhmanns Theorieentwicklung nach eigenem Bekunden noch aussteht, ist eine umfassende, ausgearbeitete Gesellschaftstheorie. Wozu gleichwohl einiges vorliegt, sind verschiedene Theorisierungsansätze zur modernen Gesellschaft und ihren diversen Subsystemen.[31]

Im Kontext allgemeiner Theoriebildung ist es unabdingbar, von vornherein Analyseebenen unterschiedlichen Abstraktionsgrads anzulegen. Wenn allgemeine Systemtheorie nach Merkmalen fragt, »deren Entfallen den Charakter eines Gegenstandes als System in Frage stellen würde« (ebd., 15), entspringt daraus »dann unversehens eine Theorie des allgemeinen Systems.« (Ebd., 16) Auf dieser obersten Ebene sollen generalisierte Aussagen getroffen werden, die in dieser Form Gültigkeit für Maschinen, Organismen, soziale Systeme und psychische Systeme besitzen. Die Unterscheidung von Ebenen soll mithin auch dazu

---

29 Zur Sequenzierung von Luhmanns bisherigem Hauptwerk vgl. auch Starnitzke 1992 und zur Erwiderung Luhmann 1992g, 377ff.

30 Die methodologische Vorgehensweise bei der Formulierung einer Theorie sozialer Systeme ist also nicht, von der Untersuchung konkreter historischer Gesellschaftsformationen bzw. deren spezifischen Sozialsystemen auszugehen und dann von da aus beispielsweise allgemeine Bedingungen und Formen des Sozialen theoretisch herauszuarbeiten. Der Ansatz der Theorie sozialer Systeme ist es vielmehr, von jenen Spezifika zu abstrahieren, was allerdings zum einen offen läßt, inwiefern sie vielleicht doch, in hochaggregierter, generalisierter Form, repräsentiert sind, und zum anderen einschließt, daß gerade auch Begriffe in den höchsten Abstraktionslagen sozial-historische Implikationen und geschichtliche Spuren enthalten können.

31 Für ein auf Vollständigkeit angelegtes, allerdings Züge eines Luhmann-Kultes tragendes Verzeichnis seiner Schriften vgl. in der Festschrift zum 65. Geburtstag Andrini u. a. 1994.

dienen, sinnvolle *Vergleiche* anstellen zu können.[32] Von Vergleichen zwischen verschiedenen Arten von Systemen wird verlangt, sich strikt an eine Ebene halten, die verschiedenen Ebenen nicht miteinander zu vermengen. Schief liegen demnach Versuche, »auf der Grundlage von Interaktionstheorien allgemeine Theorien des Sozialen zu konstruieren. Das gleiche gilt für die neuerdings aufkommende, durch die Erfindung der Computer stimulierte Tendenz, den Maschinenbegriff auf der Ebene der allgemeinen Systemtheorie zu verwenden« (ebd.). Mag die »Zuordnung bestimmter Systemarten zu bestimmten Ebenen [...] zunächst mehr oder weniger intuitiv erfolgen« (ebd., 18), können sie durch zwingende Forschungserfahrungen korrigiert werden - aber nur dann, »wenn die Ebenendifferenz als solche intakt bleibt.« (Ebd.) Denn wenn »auch die Ebenendifferenz [kollabiert] - so zum Beispiel, wenn man ›Leben‹ als Grundbegriff und nicht als Spezifikum von Organismen verwendet - ist die Regression auf einfachere Formen von Theorie unvermeidlich.« (Ebd.) Es sind die Begriffe der Emergenz und der System/Umwelt-Differenz, vermittels derer Luhmann Ebenen und Arten von Systemen voneinander scheidet und gegeneinander fixiert.[33] Diese konstituieren als unhintergehbare Voraussetzung die Architektur allgemeiner Systemtheorie bzw. der allgemeinen Theorie sozialer Systeme.

Überblickt man diese Entwicklung, sind zwei markante Verschiebungen der Grundbegrifflichkeit festzuhalten. Die erste betrifft die Reformulierung der strukturell-funktionalen Theorie Parsons' zu einer funktional-strukturellen Theorie. Dies war nicht einfach eine rhetorische Finesse, um Eigenständigkeit gegenüber dem großen Meister zu behaupten, sondern bedeutete einen Dominanzwechsel: Strukturen wurden nun nicht mehr als gegeben vorausgesetzt und auf ihre Funktionen befragt, sondern, im Hinblick auf bestimmte Funktionen, als austauschbar behandelt. Die zweite Verschiebung kam durch die Einarbeitung des Selbstorganisationsparadigmas zustande. Nun stand die Frage nach den Mechanismen im Mittelpunkt, durch die besondere Systemtypen und Differenzierungsformen sich bilden und reproduzieren. Mit dem Anschluß an die Begrifflichkeit autopoietischer Systeme wurden die dabei erarbeiteten Theoreme noch einmal konkretisiert und zugespitzt.

In der Geschichte der Systemtheorie unterscheidet Luhmann zwischen drei charakteristischen Leitdifferenzen: der Unterscheidung von Ganzem und Teilen folgte die Differenz von System und Umwelt, die im Rahmen einer Theorie selbstreferentieller Systeme zur »Differenz von Identität und Differenz« (1984, 26; vgl. 20-27) wurde. Luhmanns Theoriebildung im eigentlichen Sinne setzte in der zweiten Phase ein: »Funktionale Theorie ist System/Umwelt Theorie. Ihr

---

32 Ferner dient sie auch dazu, Aussagen über Zusammenhänge zwischen Gesellschaften, Organisationen, Interaktionen, Personen etc. zu treffen (vgl. 1994).

33 Zu begriffsgeschichtlichen Hinweisen zum Emergenzbegriff - unter den Aspekten der Nichtreduzierbarkeit, Neuartigkeit und Unvorhersagbarkeit von Systemeigenschaften sowie deren Makrodetermination - vgl. Stephan/Beckermann 1994.

Blick ist nicht auf das Innenleben des Systems beschränkt - so wie die klassische Organisationslehre nur die Organisation selbst, die Rechtswissenschaft nur das System von Rechtsnormen untersucht.« (1970a, 39f.)[34] In den Texten der 1970er Jahre fungiert »das Problem der Komplexität selbst als letzter Bezugspunkt funktionaler Analysen« (1970f, 260). »Die Einheit einer solchen Systemtheorie beruht dann auf der Einheit des in allen Systemen vorausgesetzten Grundproblems« (ebd.).[35] In dieser »äußerst abstrakten Perspektive« sind die Systeme so »als vergleichbar und auswechselbar anzusetzen.« (Ebd.) Das »Problem der Komplexität« dient somit »nicht nur als eine höchstabstrakte, nichts ausschließende (Positivisten würden daher sagen: sinnlose) Leerformel, sondern in dieser Eigenschaft als Gleitschiene für den Einbau und Ausbau konkreterer Systemstrukturen als Prämissen in Theorien, also als Prinzip der Theoriekonstruktion.« (Ebd., 262) Die eigentliche Erkenntnisleistung der funktionalen Methode wird gesehen in »der Fixierung eines abstrakten Bezugsgesichtspunktes, nämlich des ›Problems‹, von dem aus verschiedene Möglichkeiten des Handelns, äußerlich ganz unterschiedlich anmutende soziale Tatbestände als funktional äquivalent behandelt werden können.« (1970a, 35) Komplexität wird so »dasjenige Problem, im Hinblick auf welches soziologische Theorie sich als Praxis begreift; [...] sich mit der Praxis eins weiß.« (1970f, 262)

Der Übergang zur Theorie selbstreferentieller Systeme in den 1980er Jahren provozierte »bemerkenswerte Umlagerungen - so von Interesse an Design und Kontrolle zu Interesse an Autonomie und Umweltsensibilität, von Planung zu Evolution, von struktureller Stabilität zu dynamischer Stabilität.« (1984, 27) »Komplexität« als Problem der Systembildung wird nun durch das ihrer »Unwahrscheinlichkeit« ergänzt (vgl. auch Willke 1987a, 9). Nun wird der Universalitätsanspruch der Theorie mit dem Hinweis auf »Selbstreferentialität« erhoben: »Universale Theorie betrachtet ihre Gegenstände und sich selbst als einen ihrer Gegenstände als selbstreferentielle Verhältnisse.« (1984, 10) Allerdings wird der theoretische Qualitätsausweis, daß die Theorie als ein Gegenstand in sich

---

34 Für die funktional-strukturelle Systemtheorie »gilt Stabilität nicht mehr als das eigentliche Wesen eines Systems, das andere Möglichkeiten ausschließt; sondern die Stabilisierung eines Systems wird als Problem aufgefaßt, das angesichts einer wechselhaften, unabhängig vom System sich ändernden, rücksichtslosen Umwelt zu lösen ist und deshalb eine laufende Orientierung an anderen Möglichkeiten unentbehrlich macht. So ist Stabilität nicht mehr als unveränderliche Substanz zu begreifen, sondern als eine Relation zwischen System und Umwelt, als relative Invarianz der Systemstruktur und der Systemgrenzen gegenüber einer veränderlichen Umwelt. Die Erhaltung einer relativen Indifferenz gegenüber Umweltbewegungen, einer distanzierten Autonomie und einer reaktionsbeweglichen Elastizität, die unvermeidbare Umwelteinwirkungen kompensieren kann, das sind die wichtigsten Systemleistungen, deren Untersuchung Gegenstand der funktionalen Forschung ist.« (Ebd., 39)

35 »Komplexität ist derjenige Gesichtspunkt, der vielleicht am stärksten die Problemerfahrungen der neueren Systemforschung zum Ausdruck bringt.« (1984, 45) Siehe auch Willke 1987c, 2f., 10.

selbst nochmals vorkomme, mehr in eleganten Formulierungen behauptet, denn begründet und eingelöst. Ähnlich unbefriedigend hinsichtlich einer hinreichenden Übereinstimmung mit der Realität bleibt die Aussage, der »Titel Theorie« werde bereits durch die »Nichtbeliebigkeit des Sicheinlassens auf Selbstreferenz« (ebd.) verdient. So als ob, streng genommen, völlige Beliebigkeit bei einem Theorieansatz überhaupt möglich wäre bzw. umgekehrt Nichtbeliebigkeit bereits hinreichend für den Ausweis als Theorie. Der Rekurs auf »Selbstreferenz« fungiert insofern als lediglich rhetorische Versicherung der Stimmigkeit und Leistungsfähigkeit der Theorie.[36]

3.1.2   Zur Theoriereflexion

Luhmann verwahrt sich sowohl dagegen, für die Begründung der Kriterien der Universalität und seiner methodologischen Verfahren die Erkenntnis- oder die Wissenschaftstheorie zu konsultieren, als auch dagegen, vor der Forschung erst erkenntnis- und wissenschaftstheoretische Rechenschaft abzulegen (vgl. ebd., 661). Das begründet er »wissenschaftsgeschichtlich gesehen« damit, daß »Wissenschaftstheorie auf alle Fälle ein Spätprodukt von Wissenschaft-in-Betrieb« (ebd., 647) ist. Von einem Beobachterstandpunkt aus ist aber anzumerken, daß bereits in der Architektur der Theorie, wie sie bisher sichtbar geworden ist, wissenschafts- und erkenntnistheoretische Implikationen enthalten sind. Etwa in Form der Orientierung am Funktionalismus oder der Differenzierung und Relationierung von Emergenzebenen. Wie um dem Eindruck, mit der zitierten Aussage eine Option für freimütiges Wissenschaft-Betreiben zu befördern, entgegenzuwirken, nimmt Luhmann für sein universalistisches Projekt nun aber doch Erkenntnis- und Wissenschaftstheorie in Anspruch. Zum einen in der Form, daß er sich positiv auf bestimmte Positionen bezieht, und zum anderen in der Form, daß er selbst welche entwickelt.

So behauptet Luhmann, die Theorie autopoietischer Systeme führe »zwingend zu erkenntnistheoretischen Positionen, die heute unter dem Titel »Konstruktivismus« erörtert werden.« (1987k, 311) Zugleich verwahrt er sich dagegen, daß damit eine »Rückkehr zu solipsistischen oder idealistischen Erkenntnistheorien gemeint« sei, »da stets von der Differenz von System und Umwelt ausgegan-

---

36 Zur kritischen Diskussion von »Komplexität« und »Selbstreferenz« als Ausgangspunkten der Systemtheorie vgl. 3.2.1. Zum Kontext von Funktionalismus und Funktionalismuskritik vgl. Joas 1992, 306-326.
Zum Vergleich der Fruchtbarkeit von handlungstheoretischen und systemtheoretischen Ausgangspunkten der Theoriebildung vgl. Twenhöfel 1992. Für eine grundsätzlicher ausholende Kritik und Würdigung des Theoriecharakters von Luhmanns - und Habermas' - Ansatz vgl. Esser 1991.

gen wird.« (Ebd.)[37] Daran ist einmal Luhmanns Versuch festzuhalten, sich von bestimmten konstruktivistischen Strömungen zu distanzieren; dann aber auch, daß die »Differenz von System und Umwelt« noch gar nichts garantiert, da diese ja, um ein Beispiel zu nennen, auch innerhalb des bewußtseinsphilosophischen Subjekt/Objekt-Paradigmas artikuliert werden kann. Die Orientierung an »Selbstreferenz« bedeutet für Luhmann nun, »wie neuerdings auch viele Philosophen und Naturwissenschaftler, auf eine naturalistische Epistemologie« (1984, 10) zu setzen.[38] Sein Rekurs auf eine »naturalistische Epistemologie« transformiert in der Folge die Frage nach den Kriterien für Wahrheit in die Frage nach den Verhältnissen wissenschaftlicher Beobachtung.[39] In einem nächsten Schritt

---

37 Zu Unterschieden und der wechselseitigen Kritik zwischen den sogenannten radikalen Konstruktivisten und Luhmann vgl. Nassehi 1992.

38 Der »Konstruktivismus«, von dem hier die Rede ist, ist weder in sich einheitlich ausgeprägt noch frei von solipsistischen und idealistischen Prämissen. Diese erweisen sich sowohl in dem, *worüber* die »radikalen Konstruktivisten« sprechen, als auch in dem, *wie* sie sprechen. Denn sie artikulieren etwa mit »Selbstreferenz« die »Autonomie« wie auch die »operative Abgeschlossenheit« - und die daraus resultierenden »Unsicherheiten« - der »Subjekte«. Für Glasersfeld ist dementsprechend »alles, was man konstruiert«, nur »als ob'« [...], versuchsweise Annahme« (Glasersfeld 1987, 411). So »müßte man vor jedem Wort, das man sagt oder schreibt, sagen: Das erscheint mir so. Damit der Leser nie den Eindruck bekommt, man möchte sagen: Das ist, wie es *wirklich* ist. Denn das sollte man nie sagen.« (Ebd., 408) Ferner ist für den »radikalen Konstruktivismus« eine kognitivistische Verengung sowohl des epistemologischen Terrains als auch in der Auffassung von Lebenspraxen kennzeichnend. Der theoretische Gegenstand ist nicht das, »was 'in der Tat' oder 'tatsächlich' vorhanden ist« (ebd.). Die Denkanordnung ist durch einen Subjekt/Objekt-Dualismus strukturiert, ist anschauend apraktisch. Der Erkenntnisrelativismus wird auf die Spitze getrieben. Selbst bei den einfachsten Dingen will »der Konstruktivismus nie über Ontologie« sprechen; »Konstruktivismus befaßt sich lediglich mit dem Wissen, dem Kognitiven, der reinen Epistemologie.« (Ebd., 404) Mithin sei gar »die Frage *Was ist der Gegenstand der Erkenntnis?* [...] sinnlos« (Schmidt 1987a, 31). Schließlich ist die Desartikulation der Wahrheitsfrage im Konstruktivismus hervorzuheben. Die Frage der Wahrheit von Wissen wird dabei paradoxerweise transformiert in die Frage nach seiner Brauchbarkeit: »Die konstruktivistische *Umorientierung wissenschaftlicher Forschung* von wahrem (bzw. objektivem) auf brauchbares (bzw. für Menschen nützliches) Wissen, von Deskriptivität auf Problemlösungskapazität, von Objektivität auf Intersubjektivität von Erfahrungen in kognitiven Welten interagierender Partner, von Ontologie auf kognitive Methodologie (ohne *externe* Ontologie) bringt eine Reihe von hartnäckigen traditionellen erkenntnistheoretischen Problemen (wie z. B. Verifikation und Falsifikation, Adäquatheit, Approximativität) erfolgreich zum Verschwinden« (ebd., 43). Für Schmidt ist Programm, daß sein Konstruktivismus »auch keine Handhabe [liefert], die Wahrheit seiner eigenen Aussagen [...] festzustellen.« (Ebd., 41) Hier also keine Übereinstimmung in Selbstreferenz - keine selbstreferentielle Übereinstimmung?

39 »Man spricht von naturalistischer Epistemologie oder von 'cognitive sciences' oder von Kybernetik zweiter Ordnung: in jedem Falle wird alles Beobachten als eine

wird die Problematik der »Rekursivität der Beobachtungsverhältnisse« gesellschaftsstrukturell, d. h. an Luhmanns Konzept der modernen Gesellschaft, zurückgebunden. Damit beansprucht er gleichzeitig die prinzipielle Übereinstimmung von Theorie und Gegenstand: Die »Theorie einer ›polykontexturalen‹ Beobachtung des Beobachtens entspricht genau dem, was eine funktional differenzierte Gesellschaft über sich selbst aussagen kann.« (1987a, 6) Diese Aussage läßt Raum für zwei verschiedene Interpretationen: entweder für die Behauptung der hohen Auflösungsfähigkeit der Theorie oder für das Eingeständnis, daß deren Horizont den gesellschaftlichen Strukturen entsprechend beschränkt ist. Zu würdigen ist jedenfalls, daß diese theoretische Anlage dazu einlädt, ihr gegenüber eine Beobachterposition einzunehmen, die Aktionen der Theorie zu beobachten und auf die »Gründe« zu achten und »nach den Gründen für die Gründe« (1984, 648) zu fragen, um so die »zu Grunde liegenden Optionen der Theorie« (1981b, 174) zu entdecken.

Luhmann entfaltet nun auch darüber hinausgehende erkenntnis- und wissenschaftstheoretische Positionen. Diese bestehen bzw. entspringen vor allem aus der konzeptionellen Kombination von Beobachtungskybernetik, Paradoxieentfaltung und Differenzlogik innerhalb des System/Umwelt- bzw. Selbstreferenz-Paradigmas. Mit ihnen soll zugleich eine »Metaperspektive« eingeholt, »also auch über Systemtheorie noch aufzuklären« (1990a, 7) gekonnt werden.[40]

Um die Operationsweise von Erkenntnis, und also auch die eigene Methodologie, zu kennzeichnen, setzt Luhmann mit George Spencer Brown an: »Draw a distinction!« (Spencer Brown 1971, 3) Denn keine Bezeichnung kann ohne Unterscheidung vorgenommen werden. Am Anfang steht also »nicht Identität, sondern Differenz.« (1984, 112) Denn »Information ist nichts anderes als ein Ereignis, das eine Verknüpfung von Differenzen bewirkt - a difference that makes a difference.« (Ebd.) Diejenigen Operationen, die Unterscheidungen verwenden, um etwas zu bezeichnen, faßt Luhmann unter dem Begriff der Beobachtung. Dabei setzt er die »Unterscheidung von Operation und Beobachtung« an »den Platz, den bisher die einheitssüchtige Reflexionslogik eingenommen hatte.« (1990c, 39) Dazu ist anzumerken, daß der Begriff der Beobachtung in ganz ungewöhnlicher Weise abstrahiert ist, übergreift er doch verschiedenartigste »empirische Realisationen des Unterscheidens und Bezeichnens« (ebd., 53), die er gleichsam despezifiziert in sich enthält.[41] Damit, und das ist für Luhmann

---

empirische (und deshalb: beobachtbare) Operation angesehen und das Problem der Wahrheitskriterien und ihrer Geltung - sei es a priori, sei es durch vernünftig ermittelten Konsens - wird ersetzt durch die Rekursivität der Beobachtungsverhältnisse.« (1987a, 6)

40 Zu Luhmanns Rekurs auf die Richtigkeit (seiner) soziologischen Theorie vgl. auch 1987n.

41 »Beobachtung findet schon dann statt, wenn lebende Systeme (Zellen, Immunsysteme, Gehirne etc.) diskriminieren und auf ihr eigenes Diskriminieren reagieren. Beobachtung findet statt, wenn bewußtseinsförmig prozessierte Gedanken etwas fixieren

wesentlich, wird »die traditionelle Zurechnung des Erkennens auf ›den Menschen‹ gesprengt. Wenn irgendwo, dann liegt hier zu Tage, daß es sich beim ›Konstruktivismus‹ um eine ganz neuartige Erkenntnistheorie handelt. Es geht um eine posthumanistische Theorie.« (Ebd.) Mit posthumanistischer Theorie ist jedoch - hierin Althussers »theoretischem Antihumanismus« (Althusser 1968, 176ff.), der keineswegs gegen praktischen Humanismus gerichtet war, ähnlich - »nichts Böses gemeint, sondern nur gesagt, daß die Begriffsfigur ›der Mensch‹ (im Singular!), als Bezeichnung des Trägers und als Garant der Einheit von Erkenntnis aufgegeben werden muß.« (1990c, 53)[42]

Das von Heinz von Foerster übernommene Theorem selbstreferentieller Geschlossenheit von Systemen besagt nun, daß Informationen »rein interne Errungenschaften« (ebd., 40) sind (vgl. von Foerster 1985 und 1987).[43] Damit wird die Problematik des Verhältnisses von Realität und Erkennen, ihre Fallen des Solipsismus oder Idealismus, auch für Luhmann akut. Entgegen Formulierungen von Konstruktivisten, die den Verdacht nähren, die Realität der »Außenwelt« zu bestreiten, will Luhmann jeden Zweifel ausräumen, »daß die Außenwelt existiert, und ebenso wenig [...], daß ein wirklicher Kontakt mit ihr möglich ist als Bedingung der Wirklichkeit der Operationen des Systems selbst.« (1990c, 40) Statt eines Leugnens der Wirklichkeit - denn in dem Falle »gäbe es nichts, was operieren, nichts, was beobachten, und nichts was man mit Unterscheidungen greifen könnte« - geht es vielmehr um eine *»De-ontologisierung der Realität«* (ebd., 37).[44] Vor diesem Hintergrund läßt sich Luhmanns offensive Wendung der traditionellen erkenntnistheoretischen Frage - »Wie ist Erkenntnis möglich, *obwohl* sie keinen von ihr unabhängigen Zugang zur Realität außer ihr hat« - in das erkenntnistheoretische Postulat - »Erkenntnis ist nur möglich, *weil* sie keinen Zugang zur Realität außer ihr hat« (1988e, 8f.) - als plausibel und nicht widersprüchlich verstehen. In der Folge ergibt das die Thesen, »daß alles, was für das System Welt ist und damit Realität hat, über Unterscheidungen konstituiert

---

und unterscheiden. Sie findet ebenfalls statt, wenn sprachlich oder nichtsprachlich ein kommunikativ anschlußfähiges Verstehen mitgeteilter Informationen erreicht wird (was immer dabei psychisch im Bewußtsein der beteiligten Individuen abläuft).« (Ebd.)

42 »›Den Menschen‹ gibt es nicht, noch nie hat ihn jemand gesehen« (ebd., 53). Was allerdings auch für »die Komplexität«, »die Selbstreferenz« oder »das System« gilt. Bei all diesen Größen handelt es sich um begriffliche Abstraktionen, die daraufhin zu befragen sind, inwiefern sie theoretisch sinnvoll und empirisch abgedeckt sind.

43 »Es gibt keine von außen nach innen gelangende Information, denn schon die Differenz und der Horizont von Möglichkeiten, aufgrund derer die Information Selektion (also Information) sein kann, existiert gar nicht in der Umwelt, sondern ist ein systeminternes Konstrukt.« (1990c, 40)

44 »Erkennen ist weder Copieren, noch Abbilden, noch Repräsentieren einer Außenwelt im System. Erkennen ist das Realisieren kombinatorischer Gewinne auf der Basis der Ausdifferenzierung eines gegen seine Umwelt geschlossenen (aber eben: in ihr ›eingeschlossenen‹) Systems.« (Ebd., 41)

werden muß.« (1990c, 41) Und daß für die Erkenntnis »nur das, was jeweils als Unterscheidung fungiert, eine Realitätsgarantie, ein Realitätsäquivalent« (1990c, 50f.) ist. In einer paradoxalen Zuspitzung wird das nun dahingehend gewendet, »daß der Bezug auf die Realität der Außenwelt durch den blinden Fleck der Erkenntnisoperation hergestellt wird. Die Realität ist das, was man nicht erkennt, wenn man sie erkennt.« (Ebd., 51) Auch wenn so die überkommene These der möglichen Versicherung der Erkenntnis in sich selbst in die These des Erkennens als notwendigem Verkennen gewendet wird, erweist sich Luhmanns Anordung durch die begrifflich entgegensetzende Unterscheidung von Innenwelt und Außenwelt bzw. Erkenntnis und Realität doch als traditionalistisch.[45]

Das im Anschluß an von Foerster artikulierte Modell des Erkennens als notwendigem Verkennen - oder auch: notwendig verkennendem Erkennen - entwickelt Luhmann mithilfe von Spencer Browns »Formenkalkül« weiter. Demnach hat jede Unterscheidung einen »blinden Fleck«, einen Raum, der für sie verborgen ist; dieser blinde Fleck ist für denjenigen, der mit einer bestimmten Unterscheidung operiert, im Moment ihrer Verwendung nicht zugänglich. Demnach steht am Anfang und im Prozeß jeden Erkennens eine Paradoxie - das für das Erkennen nicht Erkennbare.[46] Der paradoxale Charakter jeden Unterscheidens und Bezeichnens kann demnach nicht aufgehoben, sondern nur entfaltet werden. Gegenüber dem Problem der Paradoxie und ihrer Entfaltung setzt nun die, wiederum von von Foerster inspirierte, »Beobachtung zweiter Ordnung«

---

45 Festzuhalten ist noch, daß die in diesem Kontext vorfindbaren Artikulationsmuster widersprüchlich sind. Einerseits lauten viele Formulierungen folgendermaßen: »Das Erkennen kann nur sich selber erkennen, obwohl es, gleichsam aus den Augenwinkeln, noch feststellen kann, daß eben dies nur möglich ist, wenn es mehr gibt als nur dies. Das Erkennen hat es mit einer unbekannt bleibenden Außenwelt zu tun, und es muß folglich lernen, zu sehen, daß es nicht sehen kann, was es nicht sehen kann.« (Ebd., 33) Andererseits wird beteuert: »Aber das heißt nun gerade nicht, daß es irgendwo in der Welt Sachverhalte gibt, die man nicht erkennen kann« (ebd., 51).

46 Im Anschluß an Spencer Brown artikuliert Luhmann das in folgender Weise: Wenn eine »Differenz mit Hilfe einer Unterscheidung« markiert wird, zwingt das dazu, »entweder die eine oder die andere Seite zu bezeichnen« (1990b, 17). Das ergibt einen »marked« und einen »unmarked space«, von Luhmann auch als »Innen-« bzw. »Außenseite« bezeichnet, wobei der Begriff der Form für die Einheit der Differenz steht. »Die Innenseite der Form, [...] der positive Wert, bezeichnet die Anschlußmöglichkeit für weiteres Beobachten und Beschreiben. Die Außenseite ist die Seite, von der aus die Form reflektiert, die Kontingenz der anderen Seite wahrgenommen und Bedingungen der Anschlußfähigkeit ausgemacht werden können.« (Ebd.) Die »Einheit der Unterscheidung«, die ein Beobachter »zur Bezeichnung der einen (und nicht der anderen) Seite benutzt« (ebd., 16), dient nun selber als blinder Fleck - fungiert als (verdeckte) Paradoxie. »Denn es ist gerade der Sinn des Unterscheidens, daß es als Differenz, und nicht als Einheit, zu Grunde gelegt wird.« (Ebd.) So kommt »die Unterscheidung selbst in der Unterscheidung gar nicht vor.« (1990a, 8) »Sie hat, wie Gregory Bateson formuliert, keine Ortsbestimmung. Sie ist das durch sie selbst ausgeschlossene Dritte.« (Ebd.)

ein. Dabei geht es darum, Unterscheidungen zu unterscheiden. Wenn auch die Beobachtung von Beobachtungen nicht der Notwendigkeit entkommt, dem eigenen Beobachten Unterscheidungen zugrundezulegen, ist dieses Konzept insofern weiterführend, als es »autologisch« gebaut ist: »Das heißt: es zwingt zu Rückschlüssen auf sich selber.« (1990a, 8) Das gereicht ihm dann sogar zur höchsten philosophischen Auszeichnung, wonach es »das Erbe der Vernunft für sich reklamieren und deren Firma unter der abstrakteren Bezeichnung ›Selbstreferenz‹ fortführen« (ebd.) kann.[47]

> »Während im Normalverständnis das Beobachten des Beobachtens sich vor allem auf das richtet, *was* ein Beobachter beobachtet [...], beschreibt der Konstruktivismus ein Beobachten des Beobachtens, das sich dafür interessiert, *wie* der beobachtete Beobachter beobachtet. Diese konstruktivistische Wendung ermöglicht einen qualitativen Wandel, eine radikale Veränderung des Stils rekursiver Beobachtung; denn man kann auf diese Weise nun auch noch beobachten, was/wie ein beobachteter Beobachter *nicht* beobachten kann. Das Interesse gilt dann seinem blinden Fleck. Es gilt seiner Instrumentierung und dem, was damit sichtbar bzw. unsichtbar gemacht wird.« (1990c, 46) Dem, »was für ihn unbewußt bzw. inkommunikabel bleibt«, den »für den beobachteten Beobachter *latenten* Strukturen und Funktionen.« (Ebd.)

Auch für den Beobachter zweiter Ordnung fungiert die Einheit der von ihm selbst verwendeten Unterscheidung also als blinder Fleck. Selbst wenn nun eine Unterscheidung rekursiv auf sich selbst angewandt wird, also ein »re-entry« (Spencer Brown) stattfindet, trifft dies auf unüberwindbare Grenzen der Reflexion - es bleibt »eine Art Paradoxieverschleierung« (1990h, 189f.). Immerhin: Vermittels rekursivem Beobachten, sei es von sich selbst oder von anderen, kann man Erkenntnisse gewinnen, überprüfen, der Bewährung aussetzen. Die unvermeidliche Anfangsbedingung von Beobachtungen oder Beschreibungen, von Unterscheidungen auszugehen, mit einer Unterscheidung anzusetzen, wird denn auch als »draw a distinction« und nicht als »(denn das würde das Problem des Anfangens nur verlagern): distinguish a distinction« (1990b, 16, Fn. 4) artikuliert. Die damit mögliche Offenheit für willkürliches Vorgehen kann nun aber, und das ist das Raffinierte der Konstruktion, durch die Technik des re-entry - oder allgemeiner durch das Benutzen oder aufeinander Anwenden unterschiedlicher Unterscheidungen - gleichsam ernüchternd und bändigend eingeholt, kompensiert und reflektiert werden. Plausibel wird so Luhmanns Bekenntnis zum

---

47 Doch auch für die Beobachtung zweiter Ordnung gilt: sie »kann es nur als eine Beobachtung erster Ordnung. Auch sie muß ja *etwas* (nämlich: einen Beobachter) bezeichnen.« (1990b, 15) »Aber Beobachtung zweiter Ordnung ist ja nicht nur Beobachtung erster Ordnung. Sie ist weniger und mehr. Sie ist weniger, weil sie *nur* Beobachter beobachtet und nichts anderes. Sie ist mehr, weil sie nicht nur diesen ihren Gegenstand sieht (= unterscheidet), sondern auch noch sieht, was er sieht und wie er sieht, was er sieht; und eventuell sogar sieht, was er nicht sieht, und sieht, daß er nicht sieht, daß er nicht sieht, was er nicht sieht.« (Ebd., 16)

»Relativismus«, doch nicht »Subjektivismus« seiner Theorie: Insofern alle Systemoperationen stets »nur als konditionierte Operationen möglich« sind, kommt man mit der Handlungsregel der Beobachtung zweiter Ordnung weiter, die besagt: »Beobachte die Konditionierungen ihres Unterscheidens und Bezeichnens.« (Ebd., 29)

Überblickt man die skizzierten Facetten von Luhmanns erkenntnis- und wissenschaftstheoretischen Positionen, ergibt sich, daß sie einen integralen Bestandteil seines Theorieansatzes darstellen, zu seiner Entfaltung wie seiner Begründung bzw. Legitimation beitragen. Wenn Luhmann Wissenschafts- und Erkenntnistheorie als übergeordnete Instanzen generell ablehnt, hat das für sich, daß diese selber historische Produkte sind. Als solche nehmen sie zwar, als spezialisierte Zweige bei der Festlegung dessen, was als wissenschaftliche Erkenntnis und als Wissen gilt, eine Spezialkompetenz für sich in Anspruch, doch ist deren Anerkennung als Richt- oder Konsultationsinstanz, im vor- oder nachhinein, allerdings nicht unbedingt zwingend, sondern in ihrem Geltungsanspruch eher notwendig umstritten. Darüber hinaus sind Erkenntnis- wie Wissenschaftstheorie nicht einheitlich strukturiert, sondern in sich differenziert, vielschichtig oder selbst widersprüchlich, so daß sie als höhere Instanzen anzurufen auch bedeuten würde, für eine ihrer Positionen sich zu entscheiden und möglicherweise in der Folge deren »Weisungen« legitimatorisch zu beanspruchen. Wenn nun Luhmann auf den sogenannten radikalen Konstruktivismus rekurriert, tut er genau dies. Denn dieser stellt eine besondere Position innerhalb der Erkenntnis- und Wissenschaftstheorie dar. Sich auf ihn zu berufen, rechtfertigt seinen Theorieansatz, wie er ihn als »naturale Epistemologie« entfaltet.[48]

---

48 In der Folge empfiehlt Luhmann den Sozial- und Geisteswissenschaften insgesamt die Übernahme konstruktivistischer Paradigmen: Nach »einer Zeit des offenen und ziemlich unentschlossenen erkenntnistheoretischen Pragmatismus und nach einer Zeit der als Erkenntnistheorie hochstilisierten Methodenlehren - nach James und Dewey, Baldwin, Rescher, Popper und anderen -« (1990c, 58) habe der erkenntnistheoretische Konstruktivismus zu überzeugen begonnen. »Die Quantenphysik, die Zellchemie, die Neurophysiologie und auch der historisch-soziologische Relativismus verlangen diese Art Konvergenz.« (Ebd.) Zugleich will Luhmann den »Konstruktivismus« durch Soziologie angereichert sehen: »Obwohl der Konstruktivismus bisher eher von Forschungen der Biologie, der Neurophysiologie und der Psychologie (Maturana, Varela, Piaget, von Glasersfeld) profitiert hat, begünstigt er im Effekt eine soziologische Erkenntnistheorie. Das Quinesche Programm der ›naturalisierten Epistemologie‹ muß um Soziologie ergänzt werden; ja es leistet erst so eigentlich, was es verspricht. Das, was wir als Erkenntnis kennen, ist Produkt des Kommunikationssystems Gesellschaft, an dem Bewußtsein zwar jeweils aktuell, aber immer nur in minimalen Bruchteilen teilhat.« (Ebd., 54) Gleichwohl soll - und darin liegt die Besonderheit seiner Position gegenüber dem radikal genannten, nicht aber dem Konstruktivismus, der auch unter der Bezeichnung sociology of scientific knowledge bekannt ist (vgl. etwa Latour/Woolgar 1979 und Shapin 1982) - der »Konstruktivismus« nicht mehr als Erkenntnistheorie Fundament der Wissenschaft sein und Vergewisserungen

3.2 Universalistische Fundierung: System-, Kommunikations-, Evolutionstheorie

Der Hauptname von Luhmanns Theorie ist »Systemtheorie«. Als notwendige, nicht-reduzible und innerlich zusammenhängende Bestandteile seines Ansatzes werden Systemtheorie, Evolutionstheorie und Kommunikationstheorie vorgestellt.[49] Das Theoriekonglomerat - auch *Supertheorie* (1984, 19) genannt - soll die Fachuniversalität sowie den Anschluß an allgemein systemtheoretische Entwicklungen bewerkstelligen. Insofern damit bereits weitergehende Festlegungen der Theoriebildung getroffen sind, gibt es ein konstitutives Spannungsverhältnis zwischen erkenntnistheoretischem Relativismus und universaltheoretischer Apodiktik. Folglich ist zu beobachten und zu beurteilen, welche der beiden Seiten stärker ausgeprägt ist.

Luhmanns strategischer Einsatz gilt zunächst einer Alternative zur »Dialektik« (vgl. etwa 1975c, 193), einem »postdialektischen Forschungsprogramm« (ebd., 199). »Dialektik« schneidet Luhmann auf das »Problem der Identität in der Nichtidentität von Erkenntnis und Gegenstand« zu, auf einen daher rührenden »Begründungsduktus der selbstreferentiellen Negation [...] - jenes Nachrationalisieren eines theoretischen oder dann politischen Wollens« (ebd., 193). Es gelte, ihr die Domäne der Reflexivität, die besondere Fähigkeit auf historisches Mitbedenken des eigenen Status, streitig zu machen. Dafür wird an die Stelle des der Dialektik zugeschriebenen Grundproblems das der Differenz von Identität und Differenz gesetzt. Luhmanns Frontstellung gegen »die Dialektik« bezieht sich vor allem auf eine ihrer Varianten; ignoriert werden die in sich komplexen und nicht reduktionistischen Versionen von Dialektik - von denen aus dem von Luhmann Vorgebrachten zu einem Gutteil zugestimmt werden könnte. Hervorzuheben ist jedenfalls der antagonistische Charakter seiner Intervention, gegnerisches Terrain zu erobern und raumgreifend zu besetzen, wobei praktisch bedeutsam insbesondere die gegenüber der Dialektik angemahnte, für sich selbst beanspruchte Apraxie der Theorie ist.[50] Ein wichtiger Effekt der Behandlung von

---

der Erkenntnis anbieten, sondern umgekehrt »die Unsicherheit der Erkenntnis« reflektieren und »dafür Gründe« (1990c, 58) angeben.

49 »Diese Ansätze kann man nicht auf einen einzigen reduzieren; jedenfalls ist mir das nicht gelungen, obwohl ich einige Überlegung darauf verwendet habe. Andererseits stehen sie auch nicht unverbunden nebeneinander wie verschiedene Theorien in einem pluralistischen Wissenschaftssystem. Sie setzen sich wechselseitig voraus. Mit welchem Aspekt immer man anfängt, der Aufbau der Gesellschaftstheorie erfordert die Einbeziehung der anderen.« (1975c, 201)

50 Anzumerken ist, daß Luhmann zwar durchgängig die Verbindung zwischen wissenschaftlicher Theoriebildung und gesellschaftlich eingreifendem Denken attackiert, aber an anderen Stellen, in verändertem historischen Kontext, an Marx' dialektischem Ansatz die grundlegende Fähigkeit zu kritischer Reflexion positiv hervorhebt, die unabhängig davon, was man sonst von Marx halte, in der Soziologie nicht unterboten werden sollte. Vgl. etwa 1992b, 23ff., 1993a, 247ff.

Systemtheorie und Dialektik als einander ausschließende Ansätze ist, daß durch die Entgegensetzung von Differenz- und Identitätsorientierung die Möglichkeiten zu »rational(er)en Inter-System- und System-Umwelt-Beziehungen« eingeschränkt werden, da dafür gegenüber der rigiden Trennung von Selbst- und Fremdbeobachtungen »zumindest partiell identische Fremd- und Selbstbeobachtungen« (Engler 1991, 75) notwendig sind.

Im Verhältnis von soziologischer Theorie- und realer Gesellschaftsentwicklung verortet Luhmann die grundlegende epistemologische Problematik, wie denn beide aufeinander bezogen werden.[51] Sein Ansatz soll nun in ganz besonderer Weise - ausgezeichnet gegen alle als »alteuropäisch« bezeichneten Ansätze - in der Lage sein, die darin enthaltenen wissenschaftlichen Ansprüche an theoretische Rekonstruktion und Reflexion zu realisieren.[52] Dabei stellt im Theoriekomplex von System-, Kommunikations- und Evolutionstheorie die Systemtheorie das Leitparadigma dar - in Form der allen anderen Unterscheidungen vorausgesetzten System/Umwelt-Differenz. Aus deren Entfaltung und Verknüpfung mit kommunikations- und evolutionstheoretischen Paradigmen ergeben sich vielfältige charakteristische Akzentsetzungen. So soll die Systemtheorie, traditionell mit dem Vorwurf der Bevorzugung von statischen und stabilen Zuständen behaftet, durch den Umbau ihrer Begrifflichkeit - beispielsweise durch die Prioritätsverschiebung vom Struktur- zum Funktionsbegriff, so daß Funktionen nicht mehr primär dadurch bestimmt sind, den Bestand von Strukturen oder sozialen Systemen zu sichern - und durch die Verbindung mit Evolutionstheorie dynamisiert werden. Dabei ist beabsichtigt, die Unterscheidungen von Statik und Dynamik, Struktur und Wandel mitunter selbst obsolet werden

---

51 »Theorieentwicklungen haben teils immanente, teils externe Gründe. Sie sind sowohl durch die Problemstellungen, Konzeptionen und negierbaren Themen der jeweils vorliegenden Theorie bestimmt als auch durch hinzukommende Erfahrungen mit der Realität. Dies gilt allgemein. Im besonderen Falle der Gesellschaftstheorie kommt hinzu, daß der Gegenstand dieser Theorie ein evoluierendes System, ein Träger evolutionärer Entwicklungen ist. Das macht Theorieentwicklungen kompliziert. Ihre Doppelabhängigkeit von sich selbst und von ihrem Gegenstand befindet sich selbst in Bewegung. Diese Bewegung der Beziehung von Veränderungen im Gegenstand und in der Theorie kann ihrerseits zum Gegenstand der Erkenntnis werden. Sie muß zum Gegenstand der Theorie werden, wenn diese auf Begründung oder auf Universalitätsansprüche hin befragt wird. Das heißt: Gesellschaftstheorie ist, wenn sie Evolution in Betracht ziehen will, nur als reflexive Theorie möglich; nur als Theorie, die ihren eigenen Theoriestatus mitreflektiert.« (1975c, 193)

52 »Nun ist der Verweis auf ein Wechselverhältnis von Gegenstand und Methode, auf einen Zusammenhang zwischen dem Wandel des Gegenstandsbereichs und der Veränderung von Begriffen und theoretischen Konstruktionsprinzipien grundsätzlich legitim. Nur gilt es, einen problematischen Zirkel zu vermeiden: nämlich den engen Zirkel, der zwischen der Behauptung, nur die eigene Theorie sei auf der Höhe der Zeit, und der eigenen Darstellung dieser ›Höhe der Zeit‹ hin- und herführt, wodurch konkurrierende Darstellungen als nicht mehr ›zeitgemäß‹ (›alteuropäisch‹ etc.) abgewertet werden können.« (Peters 1993, 12f.)

zu lassen. Ferner bezweckt Luhmann mit dem konstitutiven Einbau von Kommunikationstheorie, einen markanten Einschnitt zur »soziologischen Tradition« zu vollziehen, in Form eines Umbaus und einer Umwertung einiger ihrer traditionellen Grundbegriffe - wie beispielsweise Arbeit.[53]

Seine Theorie entfaltet Luhmann in drei nichtkongruenten Dimensionen: der Zeit-, der Sozial- und der Sachdimension.[54] Diese Dimensionen durchziehen die Problematiken sowohl der System-, der Evolutions- als auch der Kommunikationstheorie. Jede der drei Dimensionen scheint in einem dieser Theoriestränge die analytische Dominanz zu besitzen: die Sachdimension etwa mit den Problemen von Komplexität und Grenzbestimmung für die Systemtheorie, die Sozialdimension mit dem Problem der doppelten Kontingenz für die Kommunikationstheorie und die Zeitdimension mit Fragen der Differenzierung und des Strukturwandels für die Evolutionstheorie. Gleichwohl liegen die Charakteristika, die spezifischen Leistungsfähigkeiten wie die Implikationen von Luhmanns Theorie in der Verknüpfung der verschiedenen theoretischen Stränge und Dimensionen. Dabei soll »die Entwicklung von Selbstreferenz in den einzelnen Dimensionen zu einem stärkeren Auseinanderziehen und zu einem Abschwächen wechselseitiger Implikationen [führen]. Zeit zum Beispiel kann dann nicht als Ursache auftreten, und das Wesen einer Sache allein garantiert noch keine Dauer.« (1984, 132) Und vor allem »führt das Realisieren dimensionsspezifischer

---

53 Damit stellt sich die Frage des Anfangs - für Luhmann wie den Theoriebeobachter: »Die mir vorschwebende Gesellschaftstheorie könnte ich von der Theorie des Systems, von der Theorie der Evolution, von der Theorie der Kommunikation oder von Theorien über Sinn und Selbstreferenz aus schreiben. Jeder Einstieg, jeder Anfang ist mit nichtexplizierbaren Voraussetzungen belastet und daher für den, der bloß am Text entlangliest, kaum verständlich zu machen. Der Leser kann dann prüfen, ob die Sätze grammatikalisch stimmen; aber er kann die ihnen zu Grunde liegenden Optionen der Theorie nicht verfolgen.« (1981b, 174)
Die manifesten wie latenten Optionen der Theorie können aus der Distanz der überblickenden Lektüre in ihrem differentiellen Zusammenhang herausgearbeitet und dargestellt werden. Im Hinblick auf das Problem des Zugangs und der sequentiellen Verknüpfung unterstellt Walter Reese-Schäfer, der »Standardzugang über die *Systemtheorie*« - mit allgemeiner Systemtheorie, »deren soziologischen und politikwissenschaftlichen Varianten« etc. - münde in ein unvermeidliches Bekenntnis zur »Humanität [...] , daß man erklärt, es könne doch nicht alles unter den Systembegriff gefaßt werden. Die Erfahrung lehrt jedoch, daß ein Großteil des Unverständnisses gegenüber Luhmann auf diesen Ein-Begriffs-Zugang zurückzuführen ist, und auch ein Großteil der Kritik an Luhmann beruht auf diesem Zugriff, der die Sache verfehlt. Der Systembegriff transportiert die Suggestion einer Einheitlichkeit, die nicht nur dem Anfänger eine falsche Rezeptionsvorgabe macht, sondern auch viele berühmte Kritiker Luhmanns in die Irre geführt hat.« (Reese-Schäfer 1992, 9f.) Dem kann man jedoch entgegenhalten, daß es weder notwendige normative Konnotationen des Systembegriffs noch einen notwendig reduktionistischen Zugang zur Systemtheorie bzw. zum ganzen Theoriezusammenhang gibt.

54 Vgl. zur Zerlegung und zum Zusammenhang der Dimensionen etwa 1984, 127ff.

Selbstreferenzen zu jenem Auflösen aller natürlichen Anhaltspunkte und zu rekombinatorischen Sinngewinnen, die dann aber sich selbst Festigkeit verleihen müssen.« (Ebd.) Entsprechend soll an die Stelle von »Kompaktannahmen, die in allen Dimensionen zugleich binden«, ein »kombinatorisches Bewußtsein« treten, »das sich am besten vielleicht durch Optionsbelastungen charakterisieren läßt« (ebd., 134). Ein zentraler Aspekt der praktischen Relevanz der Unterscheidung der drei Dimensionen liegt demnach in der Vervielfältigung und Einschränkung funktionaler Äquivalente als systemischen Optionen. Luhmann zieht daraus den weitreichenden Schluß, daß es »für die damit bewußt gemachten Optionsbelastungen keine Gesamtformel des Guten und Richtigen mehr [gibt], weil ihre Ausgangspunkte von Dimension zu Dimension variieren und auf verschiedenen Wegen Konsequenzen von Strukturentscheidungen des Gesellschaftssystems in die Sinnhaftigkeit des Erlebens und Handelns überspielen. Dem System fehlt die Vernunft.« (Ebd.) Darauf ist zurückzukommen.

3.2.1   Systemtheorie

3.2.1.1   Grundbegriffe einer System/Umwelt-Theorie: »Komplexität«, »Kontingenz«, »Sinn«

Programmatisch forderte Luhmann 1970, gegen Parsons, für seine Theorie ein »Bezugsproblem«, »das keine systemstrukturellen Voraussetzungen mehr impliziert.« (1970c, 115) Damit ist gemeint, noch nicht zwischen »System« und »Umwelt« zu unterscheiden. Erster Bezugspunkt ist so »die Welt«, die kein »Außen« mehr hat - nicht als System in einer Umwelt situiert und gegen sie abgegrenzt ist. »Weil die Welt keine Umwelt hat, kann sie auch nicht bedroht werden. Anders als im Falle von Systemen ist ihr Bestand nie gefährdet und daher auch nicht problematisch. Solange überhaupt etwas ist, ist auch die Welt. [...] Zum Problem wird die Welt nicht unter dem Gesichtspunkt ihres Seins, sondern unter dem Gesichtspunkt ihrer Komplexität.« (Ebd.) Diese Welt ist eine Welt sans phrase, ohne weitere Bestimmung als die, »komplex« zu sein. In der Folge wird die »Differenz der Komplexitätsverhältnisse« zwischen System und Umwelt »das Grundproblem der Systemtheorie«, »das letzte Bezugsproblem aller funktionalen Analysen« (1975d, 211).[55] *Die Voraussetzung der »Welt« als Voraussetzungslosigkeit der Theorie ist eine theoretische Voraussetzung des Theoretikers* - ein analytisches Konstrukt. »System« hingegen zielt, wiederum gegen Parsons, auf einen realen und nicht bloß analytischen Zusammenhang: »Der Systembegriff steht (im Sprachgebrauch unserer Untersuchungen) immer für

---

55 Im »lay-out der hier vorgeschlagenen Systemtheorie« tritt es »an die Stelle der alten Problemformeln conservatio, Beharrung, Bestandserhaltung.« (Ebd.)

einen realen Sachverhalt. Wir meinen mit ›System‹ also nie ein nur analytisches System, eine bloße gedankliche Konstruktion, ein bloßes Modell.« (1984, 599)[56]

»Komplexität« führt Luhmann also unter dem Gesichtspunkt der »Letzteinheit der Welt« ein. Diese artikuliert er zugleich als *ersten Bezugspunkt, Ausgangspunkt der Theorie.* An forschungslogische Reflexionen anschließend - explizit etwa an Marx' »Einleitung zur Kritik der politischen Ökonomie« - formuliert Luhmann mit dem Begriff der Komplexität »zunächst einmal die Intention, Mannigfaltiges unter dem Gesichtspunkt seiner Einheit zu sehen. Der komplexe Gegenstand muß Mannigfaltiges und Einheit zugleich sein.« (1975d, 205) In der Begriffsbestimmung geht Luhmann aus von der »durchaus üblichen Unterscheidung zwischen der Zahl der *Elemente* eines Systems und der Zahl und Verschiedenartigkeit der zwischen ihnen möglichen *Beziehungen.*« (Ebd., 206) In unbestimmter Allgemeinheit bestimmt Luhmann Komplexität negativ: »Die letztlich unbestimmte Komplexität ist die Welt, jene Gesamtheit möglicher Ereignisse, jene Totalität aller Innen- und Außenhorizonte, gegen die sich jede Differenz von System und Umwelt und damit jede Bestimmung als kontingent profiliert. Angaben über die Komplexität der Welt haben daher eine sachbedingte Unbestimmtheit, die nicht, es sei denn systemrelativ, zu beheben ist, aber gleichwohl Realität hat als Letzthorizont, der an allem, was wirklich oder möglich ist, Kontingenz erscheinen läßt.« (Ebd., 211f.) Das Extrem unbestimmter Komplexität zeigt sich als absoluter Möglichkeitsraum, als das Irreale reiner *Kontingenz.*

Positiv läßt sich Komplexität nur im Hinblick auf Systemreferenzen bestimmen: »Das Komplexe ist nur in relationaler Hinsicht bestimmbare Einheit: ein System nur in bezug auf seine Umwelt, die Umwelt nur in bezug auf das System.« (Ebd., 213) Der Begriff der Komplexität - wie der des Systems - ist also relational bestimmt. Die Frage nach den zwischen den Elementen möglichen Beziehungen, wobei das, »was aufeinander bezogen wird, unterschiedliche Werte annehmen kann« (ebd., 207), artikuliert Luhmann als Frage nach den über vorhandene Realisierungen hinausgehenden Beziehungsmöglichkeiten. Entsprechend stellt Komplexität ein Verhältnis von Realisiertem und Potentiellem dar.

Den Vorgang, der aus einem Möglichkeitshorizont bestimmte Relationen realisiert, nennt Luhmann »Selektion« oder »Reduktion von Komplexität«. Das Verhältnis der Systeme »zur Welt kann daher als Selektion beschrieben werden. Die Identität des Systems wird durch seine Selektionsweise konstituiert.« (1970d, 143) »Diese Selektion kann nicht beliebig erfolgen (selbst wenn die Welt als unendlich und voll kontingent gedacht wird), weil sie zur Konstitution einer Differenz von System und Umwelt führt, die problematisch ist und nicht belie-

---

56 »Wendet man die Unterscheidung System/Umwelt an, befaßt die Weiterarbeit sich mit einer Klärung der Frage, was das ins Auge gefaßte System ist, von dem aus anderes als Umwelt behandelt werden kann. Diese Frage kann nicht, wie Analytizisten zuweilen sagen, beliebig beantwortet werden. Das Belieben des Beobachters liegt in der Wahl des Systems, von dem er ausgeht, nicht aber in der Frage, was er als System behandeln kann.« (1990h, 65)

big geordnet sein kann.« (Ebd.) Die Selektion wird vielmehr »durch Strukturen gesteuert, die die Nichtbeliebigkeit und die Anschlußfähigkeit der Selektionen gewährleisten« (1975d, 206). In diesem Sinne läßt sich Selektion als *Vorgang* der Auswahl unterscheiden von der »Selektivität einer Struktur« (ebd.) als der *strukturellen Determination* - Beschränkung wie Ermöglichung - der Auswahl. Für die »Steuerung der Selektion durch Strukturen« steht der Begriff der »Konditionierung«.[57] »Der Grundvorgang, der Komplexität ermöglicht, ist der Zusammenhang von kombinatorischen Überschüssen und struktureller Selektion.« (1975d, 206)[58] Die kombinatorischen Überschüsse stellen nun den *Kontingenzraum* möglicher Alternativwahlen dar. Im Ergebnis ist Komplexität

>»nicht einfach nur die Menge der strukturell ermöglichten Relationen, sondern deren Selektivität; auch nicht nur ein (empirisch gesicherter) Erkenntniszusammenhang zwischen den Variablen Größe und Strukturiertheit, sondern die Relation zwischen positiver Bestimmung der Größe und negativer Bestimmung des Ausscheidungseffekts der Struktur. Die Komplexität hat ihre Einheit also in der Form einer *Relation:* in der Relation wechselseitiger Ermöglichung von Elementmengen und reduktiven Ordnungen« (1975d, 207).[59]

Der Komplexitätsbegriff ist haltlos ohne Bezug auf Systemreferenzen. Jedes System hat so nicht nur »einen Innenhorizont«, sondern auch »einen Umwelthorizont« (ebd., 209). Nur in ihm, »nur in der Relation auf ein System gewinnt dessen Umwelt bestimmbare Komplexität.« (Ebd., 211) Werden Innen- wie Außenhorizont »relationiert, limitieren sie sich wechselseitig durch Begrenzung der für ein System relevanten Umwelt und durch Festlegung der dafür relevanten, in einer spezifischen Systemreferenz nicht weiter auflösbaren Elemente.« (Ebd., 209) Luhmann nennt »diese Festlegung Bestimmung oder Konstitution bestimmter (bzw. bestimmbarer) Komplexität.« (Ebd.) Durch die Konstitution bestimmter Komplexität wird die »Unbestimmtheit« - von der im Zusammen-

---

57 »Systeme sind nicht einfach Relationen [...] zwischen Elementen. Das Verhältnis der Relationen zueinander muß irgendwie geregelt sein. Diese Regelung benutzt die Grundform der Konditionierung. Das heißt: eine bestimmte Relation zwischen Elementen wird nur realisiert unter der Voraussetzung, daß etwas anderes der Fall bzw. nicht der Fall ist. Wenn immer wir von ›Bedingungen‹ bzw. von ›Bedingungen der Möglichkeit‹ (auch im erkenntnistheoretischen Sinne) sprechen, ist dieser Begriff gemeint.« (1984, 44)

58 Bei der Reduktion der Komplexität wird »das Relationsgefüge eines komplexen Zusammenhanges durch einen zweiten Zusammenhang mit weniger Relationen rekonstruiert« (1984, 49). »Nur Komplexität kann Komplexität reduzieren. Das kann im Außenverhältnis, kann aber auch im Innenverhältnis des Systems zu sich selbst der Fall sein. [...] Der Komplexitätsverlust muß [...] durch besser organisierte Selektivität [...] aufgefangen werden.« (Ebd.)

59 Der »Begriff der Systemkomplexität« meint letztlich »das Bedingungs- und Steigerungsverhältnis von Mengen und Ordnungen, von abstrakten Potentialen und selektiven Reduktionen - oder klassisch gesprochen: von Materie und Form.« (Ebd., 208)

hang mit »Welt« abstrakt als noch nicht systemisch konstituierten Elementen und Relationen die Rede war - »zunehmend unwahrscheinlich« und muß durch »strukturell garantierte Flexibilität (Unterbestimmtheit)« (ebd.) ersetzt werden. »Insofern ist Komplexitätsbildung in einem irreversiblen Sinne historisch, ohne daß dies notwendigerweise Strukturänderungen und Reaktivierung kombinatorischer Potentiale ausschlösse.« (Ebd.)[60]

Insoweit mit dem Begriff der Komplexität der Anspruch verbunden ist, »Begriff für die Einheit des Mannigfaltigen« zu sein, steht er konsequenterweise *»in doppelter Verwendung:* in Anwendung auf ein jeweils gemeintes Bezugssystem und in Anwendung auf dessen Umwelt.« (1975d, 210) Entsprechend vereinigt der Begriff der Komplexität die »Differenz zweier Komplexitätsverhältnisse«, der Umwelt, des Systems, und ihrer Relation als Komplexitätsgefälle, da die Umwelt »mehr Elemente [umfaßt] mit schärferer Selektion dessen, was als Umwelt-des-Systems strukturell relevant ist.« (Ebd.)

Die Umwelt selbst ist »die Bedingung der Möglichkeit von Systemen« (ebd., 211). »Ein System ist seine Differenz zur Umwelt, ist eine grenzdefinierende, grenzerhaltende Ordnung. Zur Bestimmung der systemeigenen Komplexität, zur Bestimmung dessen, was als nicht weiter auflösbares Element fungiert und zur Qualifizierung der Elemente durch strukturelle Selektion der zwischen ihnen zu realisierenden Beziehungen - zu all dem ist der Bezug auf die Umwelt und die Überbrückung der Komplexitätsdifferenz erforderlich.« (Ebd.) Fungiert die *Welt* bei Luhmann als *Allerweltskonglomerat von Komplexität* schlechthin, so die Restmenge der in ihr gebildeten Systeme - also die *Umwelt* - als *Residualbestand von Komplexität*, wiederum als ihr Inbegriff, d. h. als *nicht systemisch organisierte Komplexität*.

Der Begriff der Kontingenz steht in engem Zusammenhang mit dem Komplexitätsbegriff. »Komplexität« ist praktisch relevant vor allem als ein den Systemen aufgegebenes *Problem*, und »Kontingenz« dabei hinsichtlich des Umstands, daß Komplexität den Systemen einen Raum von Wahlmöglichkeiten bietet. Die Vielfalt, die Kontingenz möglicher Umweltereignisse - bzw. die dem System verfügbaren Entscheidungsmöglichkeiten - können für das System zu einem »Problem der Reduktion übermäßiger Komplexität« werden, das sich unter zeitlichem, sozialem oder sachlichem Druck noch verschärfen kann.[61]

---

60 Ja vielmehr: »Erst durch Formenwahl wird die Lernfähigkeit, die Sensibilität, die Irritierbarkeit eines Systems in jeweils spezifischen Hinsichten organisiert; und davon hängt dann ab, was und wie es als kontingent, als Information, als fehlende Information im System konstruiert und verarbeitet werden kann.« (1990d, 66) Komplexe Systeme sind »immanent historische, durch ihre eigene Selektionsgeschichte konditionierte Systeme. Sie bewähren sich in dem Maße, als sie Freiheitsgrade für weitere Selektion seligieren.« (Ebd.)

61 »Eine einzelne Entscheidung läßt sich sowohl unter dem Aspekt der Komplexität als auch dem der Kontingenz behandeln. Entscheidend ist, welchen Bezugspunkt innerhalb einer System/Umwelt-Beziehung man zugrundelegt. Geht man vom System aus, so kennzeichnet gerade die Vielfalt möglicher Entscheidungen dessen Kontingenz-

Luhmanns Kontingenzbegriff besagt, daß die »Reduktion von Komplexität« nicht eindeutig festgelegt, sondern immer auch anders möglich ist. Dieses »auch anders möglich sein« schließt ein, daß die »Selektionen« für das System nicht optimal sein, sondern lediglich innerhalb eines Adäquatheits*spektrums* liegen müssen.[62]

Mit Komplexität als Einheit der Vielfalt der Welt, der Ausdifferenzierung von Systemen aus und gegenüber ihren Umwelten als innere, in Form von Komplexitätsdifferenzen gegebene Gliederungen der Welt, beschreibt Luhmann die Grundproblematik der Konstitution von Systemen, unabhängig von der besonderen Art von Systemen, Elementen, Prozessen etc. »Komplexität« umfaßt so ein Ensemble von Umweltereignissen, die für die Orientierung eines Systems relevant sein können, oder von Umweltsachverhalten, die als Elemente zur Systemkonstitution verwandt werden können; ferner die Menge der Elemente und Relationen in einem System.

»Erst durch Reduktion von Komplexität und durch selektive Konditionierung dieser Reduktion [...] entsteht also [...] die Komplexität der Welt, ihrer Arten und Gattungen, ihrer Systembildungen« (1984, 47). Systeme behandeln Komplexität sowohl reduzierend als auch reduziert. Das operationale Handhaben von Komplexität erfordert, die systemintern erzeugbare Komplexität hinsichtlich der Gewinnung oder Aufrechterhaltung der Handlungsfähigkeit des Systems auf realisierbare *Handlungsoptionen* hin zu reduzieren. Vom System ausgelöste Folgen seines Handelns und Veränderungen in der systemrelevanten Umwelt hat das System dann entsprechend einzuarbeiten.

Parallel zum Weltbegriff ist innerhalb der Luhmannschen Theoriearchitektur der Sinnbegriff plaziert. Die innere Struktur der beiden Begriffe ist *homolog*.

»Sinn bildet sich [...] nur im Horizont der Welt als Identität mit nachvollziehbarer Verweisung auf andere Möglichkeiten. Sinn ist Selektion *aus* anderen Möglichkeiten und damit zugleich Verweisung *auf* andere Möglichkeiten. Das Woraus der Selektion, die reduzierte Komplexität, bleibt im Sinn erhalten. Die Welt bleibt trotz Reduktion als Bereich anderer Möglichkeiten bestehen und wird nicht etwa auf das Unmittelbar-Relevante zusammengezogen. Nur durch sinnvermittelte Selektion können Systeme sich eine Welt konstituieren und in diesem Sinne ›Subjekt‹ sein. Problematisiert man die Welt in der hier erörterten Weise als äußerste Komplexität, dann kann man auch sagen: Sinn dient der Erfassung und Reduktion von Weltkomplexität und erst dadurch der Orientierung des Erlebens und Handelns.« (1970c, 116)

---

spielraum. Die Vielfalt möglicher Umweltereignisse dagegen, die auf kontingenten Handlungsmöglichkeiten von individuellen und kollektiven Akteuren in der Umwelt beruht, erscheint in der Sicht des fokalen Systems als Komplexität seiner Umwelt.« (Willke 1987c, 22)

62 »Dieses ›auch anders möglich sein‹ bezeichnen wir mit dem traditionsreichen Terminus Kontingenz. Er gibt zugleich den Hinweis auf die Möglichkeit des Verfehlens der günstigsten Formung.« (1984, 47)

An den dem »Sinn« zugewiesenen Status und seinen Bedeutungen lassen sich *symptomatische Probleme* festmachen. Sollen Sinn- wie Weltbegriff letzter Bezugspunkt, d. h. Ausgangspunkt funktionaler Analysen und erstes Medium von Systembildungen sein, wirft dies Paradoxien auf. Etwa die, wie die »Welt« erster Bezugspunkt der Systembildung sein kann, ohne daß bereits ein System existiert, für das allein die Komplexität der Welt ein Problem darstellen könnte. Oder analog dazu, wie »Sinn« vor der menschlichen Geschichte, »sozialen« und »psychischen« Systemen existieren sollte. Diese Paradoxie artikuliert Luhmann als theoretischen Umbau: »Der Begriff des Sinnes löst damit den Begriff des animal sociale ab.« (1984, 297) Ihm entspringt folgende substantielle Aussage: »Es ist nicht die Eigenschaft einer besonderen Art von Lebewesen, es ist der Verweisungsreichtum von Sinn, der es möglich macht, Gesellschaftssysteme zu bilden, durch die Menschen Bewußtsein haben und leben können.« (Ebd., 297f.) »Sinn« ist so gleichsam verselbständigt zu einer eigenständigen, menschlichen Gesellschaften und menschlichen Lebewesen *genetisch vorausgehenden und funktional vorausgesetzten Instanz*, einer *primären Substanz*, die aus sich heraus die Bedingungen der Möglichkeit spezifisch menschlichen Lebens hervorbringt. Dabei ist er auch, an die Stelle spezifisch menschlicher Kompetenzen tretend, als *dominantes Vergesellschaftungs- und Individuierungsmedium* gesetzt. Der Stellenwert von »Sinn« ist Ergebnis einer funktional-genetischen Verkehrung (vgl. 3.2.2.2).

Anhand des Sinnbegriffs werden zwei besondere Systemtypen, »psychische« und »soziale« Systeme, spezifiziert. Demnach können sie die Umwelt »nur, aber auch das ist innenbedingt, in der Form von Sinn erfahren« (ebd., 147) und bearbeiten. Bei ihrer Form der Reduktion von Komplexität betätigen sie »Steuerungssysteme besonderer Art, die auf einer *sinnhaften* Verbindung von Ereignissen beruhen, auf einer Form der Verbindung, die auf andere Möglichkeiten verweist und den Zugang zu ihnen ordnet.« (1970c, 115)

3.2.1.2 Paradigmatische Zuspitzungen: »Selbstreferenz«, »Autopoiesis«, »Beobachtung zweiter Ordnung«

Die Begriffe Selbstreferenz, Autopoiesis und Kybernetik zweiter Ordnung leiten eine partielle Umgestaltung der Begriffslandschaft und die Akzentuierung bestimmter theorietechnischer Momente an, wodurch innerhalb des System/ Umwelt-Paradigmas sowohl theoretische Präzisierungen geleistet und neue Optionen eröffnet als auch theoretische Beschränkungen und Zwänge mit sich gebracht werden.

Auch wenn die Kybernetik zweiter Ordnung, das Konzept der Beobachtung von Beobachtungen, beansprucht, an Stelle von Identitäten nun von Differenzen auszugehen, fungieren »Welt«, »Komplexität«, »Sinn« nach wie vor - nebst je spezifischen Bedeutungen - als Letzthorizonte der Analyse. Und zwar dann, wenn sie »als Bezeichnungen für etwas« eingeführt werden, »das nicht von anderem, sondern nur durch eine eben diesen Sachverhalt konstituierende Unterscheidung unterschieden werden kann.« (1990d, 70) »Komplexität« wird in dem Fall durch »die Differenz von kompletter und selektiver Verknüpfbarkeit« (ebd., 62), Sinn durch »die konstitutive Differenz [...] von Aktualität und Möglichkeit« (ebd., 63) unterschieden.[63] Als zur Einheit abstrahierte Begriffe bzw. als Begriffe einer noch nicht entfalteten Vielfalt stellen Welt, Komplexität, Sinn »differenzlose und folglich unbestimmbare Begriffe« (1990d, 61) dar - oder mit anderen Worten die Medien, in und aus denen die verschiedenen Arten von Systemen geformt werden. Der Trick dieses Vorgangs besteht darin, daß die Differenz gleichsam in die Einheit verlagert und projiziert wird bzw. die Identität durch die Differenz hindurch reproduziert wird.[64]

Luhmann versucht diese Operation sachlich zu begründen, was allerdings nur unzureichend gelingt: »Komplexität« habe mit der Auflösung bisher geltender Letzteinheiten wie »Individuum« und »Atom« sowie deren immer weitergehender Dekomposition in der historischen Entwicklung ihren Gegenbegriff des »Einfachen« verloren (vgl. 1990d, 59ff.). Dagegen spricht aber, daß die Unterscheidung einfach/komplex nach wie vor eine sinnvolle Unterscheidung ist, etwa deshalb, weil Systeme Einfachheiten konstituieren, Einfaches als Komponente von Komplexem fungiert; in diesem Sinne wird die Unterscheidung von Luhmann übrigens auch praktisch verwandt.

Darüber hinaus erhält im Rahmen des Konzepts der Beobachtung von Beobachtungen (vgl. 3.1.2) auch der Begriff der Beobachtung den Status eines Letzt- bzw. Einheitsbegriffs: *Beobachtung als Einheit von Erkennen und Handeln.* Oder mit anderen Worten: Jede Operation ist ein Prozessieren von Differenzen,

---

63 So ist Sinn deshalb »eine unnegierbare, eine differenzlose Kategorie«, weil »jeder Anlauf zur Negation von Sinn überhaupt« wiederum Sinn voraussetzt, seine »Aufhebung [...] im strengsten Sinne ›annihilatio‹ - [...] Sache einer undenkbaren externen Instanz« (1984, 96) wäre. Was sich natürlich nur von zu sinnhaftem Operieren fähigen Systemen sagen läßt.

64 »Die Bestimmung des Begriffs der Komplexität als Differenzform macht ihn unabhängig von einem Gegenbegriff, unabhängig also vom traditionellen Gegenbegriff des Einfachen. Komplexität ist statt dessen die Einheit der Unterscheidung selbst, die das konstituiert, was dann als Komplexität bezeichnet wird.« (Ebd., 62) Insofern bezeichnet der Begriff nicht mehr bestimmte Objekte gegenüber anderen, sondern »eine Beschreibung von Objekten mit Hilfe einer bestimmten Unterscheidung. Die Einheit des Objekts, das als komplex bezeichnet wird [...], wird vorausgesetzt.« (Ebd.) Die sich daran anknüpfenden Fragen - »Was sind die Elemente, was ist die Art ihrer Verknüpfung, was ist die Form (komplett oder selektiv) ihrer Verknüpfung?« (ebd.) - sind in ihrer Offenheit für Empirie allerdings besser als manche der von Luhmann gelieferten Antworten.
Zum Problem, ob mit der Theorie selbstreferentieller Systeme tatsächlich der Übergang von einer identitätslogischen zu einer differenztheoretischen Konstruktion bewerkstelligt wird, und was letztere eigentlich bedeutet, vgl. Wagner/Zipprian 1992, Luhmann 1993c, Wagner/Zipprian 1993 sowie G. Wagner 1994, Luhmann 1994c, Martens 1995.

und Beobachten ist die Operation par excellence.[65] So gründet Luhmann nicht nur »den erkenntnistheoretischen Konstruktivismus auf den Begriff der Beobachtung« (1990a, 10), sondern konstruiert seine Theorie gleichsam als Erkenntnistheorie. Dabei kommt, aus jenem Theoriekontext übernommen, »ein erheblich erweiterter Begriff der Kognition« (ebd.) zum Zuge:[66] einmal »insofern, als er auch biologische, psychische und soziale Systeme, ja sogar Maschinen einbezieht, sofern sie nur diskriminieren, das heißt unterscheiden, das heißt beobachten können.« (1990a, 10) Und dann dadurch, »daß er die traditionelle Unterscheidung von Handeln und Erkennen (Erleben) übergreift.« (Ebd.) Übergreifen bedeutet hier eine *Verschiebung* des Handlungsbegriffs ins Kognitive. Das Handeln bzw. die Handelnden werden so auf die kognitive Dimension *reduziert*: »Auch Handelnde sind Beobachter, nämlich solche, die mit Hilfe von Zwecken oder Präferenzen diskriminieren.« (Ebd.) Überdeckt wird so der Unterschied zwischen wahrnehmendem oder eingreifendem »Unterscheiden«; es macht einen Unterschied, Unterschiede wahrnehmend zu unterscheiden oder handelnd hervorzubringen. Handelnde sind mehr als Beobachter und Handeln ist mehr als Beobachten. Ist Beobachten eine Tätigkeit, in der der Beobachter sich verändern kann, so kann ein Handelnder mit seinem Handeln die Welt auch praktisch-gegenständlich verändern.[67]

Die Ausarbeitung der Theorie selbstreferentieller Systeme erlaubt nun, die Mechanismen der Systemkonstitution präziser zu fassen. Gegenüber der Tradition der Diskussion um »Selbstorganisation«, an die Luhmann ja anknüpft, kritisiert er, daß sie sich auf Systemstrukturen beschränkte, während es in seinem Ansatz nun möglich sei, weiter auszugreifen: durch den »Bezug auf Einheit - sei

---

65 »Der Begriff des Beobachtens ist extrem formal bestimmt worden als eine unterscheidende Bezeichnung.« Gerade das läßt »offen, welche empirischen Operationen gemeint sind.« (1990c, 52) Genaugenommen ist der Begriff der Beobachtung auch über »unterscheidende Bezeichnungen« hinaus generalisiert, wenn im folgenden »Beobachtungsoperationen« mit »diskriminierendem Fokussieren« (ebd., 53) - z. B. von Zellen oder Immunsystemen - überhaupt gleichgesetzt werden; d. h. daß die Bedeutung von Luhmanns Beobachtungsbegriff quer zur allgemein üblichen liegt und daß innerhalb seines Kategoriennetzes der Geltungsbereich des Beobachtungsbegriffs mit dem des Sinnbegriffs - der ja für psychische und soziale Systeme reserviert ist - nicht deckungsgleich ist.

66 Maturana etwa nennt »die Fortsetzung von Operationen unter der Bedingung von Interaktion mit der Umwelt bereits Erkennen (conocimiento, cognition)« (1990c, 36).

67 Allerdings wird mit der Konzeption einer Beobachtung zweiter Ordnung Luhmanns Begriff der Welt deutlicher als das sichtbar, was er ist: nicht als schlichter Sachverhalt, sondern als Konstruktion eines Systems, seiner Wahrnehmung der »Einheit der Differenz von System und Umwelt (Selbstreferenz und Fremdreferenz)« (1990c, 41), bzw. als ein aggregierter Zusammenhang, wo »die Welt [...] zur imaginären Meta-Welt aller Welten, die sich bilden, wenn Systeme System und Umwelt unterscheiden« (1990b, 16), wird.

es des Systems, sei es seiner Elemente« (1984, 25). Die Grundthese zur System-konstitution lautet, im Lichte der »Selbstreferenz«:

»Die Theorie selbstreferentieller Systeme behauptet, daß eine Ausdifferenzierung von Systemen nur durch Selbstreferenz zustandekommen kann, das heißt dadurch, daß die Systeme in der Konstitution ihrer Elemente und ihrer elementaren Operationen auf sich selbst (sei es auf Elemente desselben Systems, sei es auf Operationen desselben Systems, sei es auf die Einheit desselben Systems) Bezug nehmen. Systeme müssen, um dies zu ermöglichen, eine Beschreibung ihres Selbst erzeugen und benutzen; sie müssen mindestens die Differenz von System und Umwelt systemintern als Orientierung und als Prinzip der Erzeugung von Informationen verwenden können. Selbstreferentielle Geschlossenheit ist daher nur in einer Umwelt, ist nur unter öko-logischen Bedingungen möglich. Die Umwelt ist ein notwendiges Korrelat selbstrefe-rentieller Operationen, weil gerade diese Operationen nicht unter der Prämisse des Solipsismus ablaufen können (man könnte auch sagen: weil alles, was in ihr eine Rolle spielt, einschließlich des Selbst selbst, per Unterscheidung eingeführt werden muß). Die (inzwischen klassische) Unterscheidung von ›geschlossenen‹ und ›offenen‹ Systemen wird ersetzt durch die Frage, wie selbstreferentielle Geschlossenheit Offenheit erzeugen könne.« (Ebd.)

Ungeklärt bleibt allerdings, wie die Systeme in ihrer eigenen Konstitution auf sich selbst Bezug nehmen können - insofern sie als »Systeme« ja noch gar nicht bestehen. Dieser Begriffsanlage die Möglichkeit zur »Einführung von Selbstbe-schreibungen, Selbstbeobachtungen, Selbstsimplifikationen in Systeme« (ebd.) exklusiv zuzuschreiben sowie ihr allein die Fähigkeit zur Unterscheidung der »System/Umwelt-Differenz aus der Perspektive eines Beobachters [...] von der System/Umwelt-Differenz, wie sie im System selbst verwendet wird« (ebd.), zuzurechnen, überzeugt nicht.[68] Beides ist ja auch schon im Rahmen einer einfa-cher gelagerten System/Umwelt-Theorie möglich - etwa mit der Unterscheidung von »Innen-« und »Außenhorizonten«.

Doch soll nicht bestritten werden, daß mit dem Begriff der Selbstreferenz die Konstitution und Reproduktion von Systemen, ihrer Einheiten, Strukturen und Prozesse innerhalb Luhmanns Theorieansatz präziser als zuvor formuliert werden können. Wichtig dafür ist insbesondere die Konzeptualisierung von »Geschlossenheit« und »Offenheit« im Verhältnis der Systeme zu ihrer Umwelt. Beruht »Selbstreferenz« auf der »Differenz von Identität und Differenz«, so

---

68 »Der Einwand hiergegen hat wohl zu sein, daß Luhmann hier Zirkularität mit Selbstreflexion gleichsetzt. Er hat ja keineswegs gezeigt, daß nicht auch andere Theo-rien zum selbstreflexiven Ausweis ihrer Prämissen imstande sind. Auf dem Boden des Pragmatismus ließe sich beispielsweise formulieren, daß auch wissenschaftliche Erkenntnis die Lösung von Handlungsproblemen sei und sozialwissenschaftliche Erkenntnis deshalb das Studium von Problemen darstelle, die im Feld des sozialen Handelns durch die dort von den alltäglich Handelnden gefundenen Problemlösun-gen neu auftauchen. Hier wäre Selbstreflexivität ohne Bezug zum Komplexitätspro-blem und ohne Überdehnung der funktionalen Analyse erreicht.« (Joas 1992, 315f.)

bedeutet »Reproduktion« das »Handhaben dieser Differenz« (ebd., 27). Ein selbstreferentielles System läßt »in allen Beziehungen« zwischen seinen Elementen »eine Verweisung auf diese Selbstkonstitution mitlaufen«, so daß »auf diese Weise die Selbstkonstitution [...] laufend reproduziert« (ebd., 59) wird. »Selbstreferentielle Systeme sind auf der Ebene dieser selbstreferentiellen Organisation *geschlossene* Systeme, denn sie lassen in ihrer Selbstbestimmung keine anderen Formen des Prozessierens zu.« (Ebd., 60) Für diesen Umstand der inneren Selbstkonstitution reserviert Luhmann den Begriff der »basalen Selbstreferenz«. Die »basale Selbstreferenz« ist nicht »reine Selbstreferenz«, sondern, da an »Umwelt« gekoppelt, als Verbindung von »Selbst-« und »Fremdreferenz« immer nur »mitlaufende Selbstreferenz« (ebd., 604). »Geschlossenheit« bedeutet, daß »der systemeigene Reproduktionsprozeß [...] nur intern verwendbar« (ebd., 60) ist; »Offenheit« erschließt sich erst über die Spezifik der systemischen »Geschlossenheit«.[69]

Anhand der Differenz von Geschlossenheit und Offenheit - bzw. ihrer Identifizierung in bestimmten Formen - nimmt Luhmann auch die Unterscheidung besonderer Ebenen und Arten von Systemen vor. So ist die Gesellschaft als umfassendes Sozialsystem für ihn durch »Kommunikation« bereits hinreichend abgegrenzt, wohingegen bei allen anderen sozialen Systemen spezifische Kommunikationsweisen ausgemacht werden müßten. Von den einzelnen sozialen Systemen heißt es nun, daß sie dazu »ihre spezifische Operationsweise definieren oder über Reflexion ihre Identität bestimmen, um regeln zu können, welche Sinneinheiten intern die Selbstreproduktion des Systems ermöglichen, also immer wieder zu reproduzieren sind.« (Ebd., 61) Demnach wird »Selbstbeobachtung zur notwendigen Komponente autopoietischer Reproduktion« (ebd., 64). Daraus folgt, daß so, wie »soziale Systeme im allgemeinen und Gesellschaften im besonderen sich durch autopoietische Selbstreferenz konstituieren« (1986, 54), ihre Autopoiesis kontinuiert, solange es Kommunikation, soziale und psychische Systeme gibt, sie jedoch hinsichtlich ihrer spezifizierten Besonderung »ein eigenes, nur für sie geltendes Prinzip der Konstitution von Einheit, für das es in ihrer Umwelt keine Entsprechung gibt« (1988, 51), brauchen. Im letzteren Fall kann sich »Autopoiesis« nicht mit der *Kontinuierung sozialer Systeme überhaupt* eins wissen, sondern hängt an der *Identität eines spezifischen Funktionsmechanis-*

---

69 »Kein komplexes System kann es sich leisten, vollständige Interdependenz von allem mit allem zu realisieren. ›Loose coupling‹ (Glassman) ist sowohl aufbautechnisch als erhaltungsmäßig unerläßlich, weil andernfalls der Zeitbedarf für interne Prozesse überproportional anschwellen würde. Außerdem fluktuieren die Umweltbedingungen, sei es regelmäßig, sei es unregelmäßig, sei es mit, sei es ohne Abhängigkeit vom System, so stark, daß kein System mit all seinen Komponenten zu jedem Zeitpunkt gut angepaßt sein kann. Komplexe Systeme weisen deshalb immer eine mehr oder weniger weite *zeitliche Streuung* von Entstehung, Erhaltungsmöglichkeit und Änderung einzelner Strukturmomente bei *jeweils gleichzeitiger Relevanz* auf, und diese Spannung wird zunehmen, wenn das System und seine Umwelt komplexer werden.« (1981c, 179)

mus. Von daher ist prinzipiell aber auch denkbar, daß soziale Systeme mit ihren besonderen Reproduktionsmechanismen zwar ihre autopoietische Qualität verlieren, als Systeme jedoch bestehen bleiben. Gerade das schließt Luhmann aber aus, so daß autopoietische Systeme lediglich aufhören können zu existieren, nicht aber in einen anderen Aggregatszustand übergehen können. Dies wird mitunter dadurch verdeckt, daß die spezifischere Bedeutung von Autopoiesis mit der allgemeineren vermischt wird, so daß soziale Systeme zwar ihre besonderen Funktionsmechanismen - und damit eigentlich ihre autopoietische Qualität - verlieren, gleichwohl aber einfach als Kommunikation sich fortsetzen - und damit ihre autopoietische Qualität doch bewahren - können. Festzuhalten ist also, daß die Bedeutung und Relevanz von »Autopoiesis« strikt von der jeweiligen Referenzebene abhängt, daß darüber bei Luhmann aber - seinem prinzipiellen Einklagen strikten Referenzbezugs zum Trotz - eine gewisse Unklarheit herrscht.

Die Formulierung der Theorie sozialer Systeme als Theorie selbstreferentieller oder autopoietischer Systeme setzt Probleme fort, die bereits im Rahmen der System/Umwelt-Theorie vorfindlich waren. Darüber hinaus bringt sie auch zusätzliche theoretische Einschränkungen mit sich.

Innerhalb der Architektur allgemeiner Systemtheorie wird die System/Umwelt-Differenz mit der These der Emergenz unterschiedlicher Ebenen der Welt und Typen von Systemen artikuliert. Durch die Rede von »Emergenzniveaus etc. [...] entsteht der Eindruck eines evolutionär hierarchisierten Weltaufbaus, einer Hierarchie, als deren Basis Anorganisches im Chaos, als deren Spitze Sinnsysteme (psychische und soziale) erscheinen.« (Ganßmann 1986, 144)[70] Mit dem Emergenztheorem nimmt Luhmann also einen doppelten Einschnitt zwischen sozialen und psychischen sowie psychischen und organischen Systemen vor. Aus der Reduktion und Identifikation sozialer und psychischer Komplexität als Sinnsysteme resultiert als komplementäre Gemengelage deren »Umwelt« - die materiellen und sozialen Voraussetzungen individuellen und gesellschaftlichen Lebens, die Komplexität gesellschaftlicher, inklusive gegenständlicher, Praxen und vieles andere mehr. Das Theorem selbstreferentieller Schließung verschärft nun mit den System/Umwelt-Differenzen auch die Grenzziehungen zwischen den Emergenzniveaus.[71] Die so geschiedenen bzw. abgetrennten Daseinsebenen

---

70 Bei Maturana und Varela wird der »Daseinsaufbau« durch eine weitere Ebene gekrönt: die Ethik (vgl. Maturana/Varela 1987, 38ff.).

71 Das zeigt sich symptomatisch auch zum einen an seiner konsequenten aber kaum überzeugenden Behauptung: »Menschen können nicht kommunizieren [...]. Nur die Kommunikation kann kommunizieren.« (1988b, 884). Und zum anderen an dem Umstand, daß so überhaupt erst die *Frage* aufkommen kann, »ob man ohne Körper denken kann« (vgl. die Beiträge von Zanetti und Lyotard in Gumbrecht/Pfeiffer 1988).

und Systemtypen verlangen nach einem ergänzenden Konzept, das den doch notwendigen Zusammenhang - zwischen Organischem, Psychischem, Sozialem etc. - wieder herstellt. An der Stelle wird von Luhmann der Begriff der Interpenetration plaziert. »Interpenetration« ist die Formel, mit der System/System- bzw. System/Umwelt-Kopplungen konzipiert werden: als Bedingungsverhältnisse oder wechselseitige »Zurverfügungstellung von Komplexität«. Allerdings ist »Interpenetration« nicht eigentlich als Koordinationsmechanismus ausgearbeitet, sondern benennt lediglich eine Problemstelle (vgl. ebd., 152).[72]

Neue, mit dem System/Umwelt-Paradigma als solchem nicht gegebene Probleme kommen nun noch dazu. So wird der begriffliche Fokus dessen, was selbstreferentielle oder autopoietische Systeme sein können, eingeschränkt, wenn »Autopoiesis« an ein »Netzwerk von gleichen Operationen« (1986, 24) oder »Selbstreferenz« an »hinreichende Gleichartigkeit der Elemente« (1984, 67) gebunden wird. Unabhängig von der Frage, die man Luhmann stellen könnte, wann Operationen denn noch »gleich« und Elemente gerade »hinreichend gleich« sind, erhält man eine nützlichere Antwort, wenn man der Frage nachgeht, was durch diese Festlegung von der Suche *ausgeschlossen* wird. Es ist beispielsweise die Verschiedenartigkeit der Elemente in einem System - oder einem Systemkomplex -, die Bandbreite ihrer strukturellen Organisation, das Spektrum prozessualer Verknüpfungen, die Vielfältigkeit operativer Steuerungsmechanismen.

In dieser definitorischen Linie werden soziale Systeme mit Kommunikation - und nichts als das - und psychische Systeme mit Bewußtsein - und nichts als das

---

Dem liegt Luhmanns Verabschiedung eines Begriffs des Menschen zugrunde. Diese geht über die Zurückweisung idealistischer Konzeptionen der Einheit und Souveränität von Subjekten hinaus und intendiert einerseits die Dekonstruktion des »Menschen« in ein organisches und ein psychisches System, und andererseits dessen Rekonstruktion allein als durch soziale Systeme jeweils konstituierte Einheiten - in Form von Erwartungszusammenhängen, wofür aber der Begriff der Person verwandt wird. Gegen jene Intention kann man etwa einwenden, daß das Wissen um die Einheit von Körper und Bewußtsein zur Identität des Bewußtseins gehört und eine wesentliche Sozialisationsvoraussetzung bildet oder daß Körper und Bewußtsein eine je singuläre Einheit bilden, und gegen diese Intention, daß Menschen als Einheit organischer und psychischer Systeme für den Aufbau, den Vollzug wie die Aufrechterhaltung sozialer Systeme notwendig sind, etwa dadurch, daß jede Kommunikation zu ihrer Mitteilung einer Handlung bedarf - und sei es auch nur ein Tastendruck oder ein Augenzwinkern -, oder daß in sozialen Systemen Handlungen auf Individuen zugerechnet werden. Vgl. im weiteren 1985a, 1991b, zur Kritik Dziewas 1992 und mit interessanten Akzentuierungen im Kontext der Wahrnehmung und Kommunikation sexueller Interessen Luhmann 1989b.

72 Bei Münch hingegen, der stärker noch als Luhmann der Parsons-Tradition verpflichtet ist, ist »Interpenetration« ein zentrales Theorieelement (vgl. Münch 1982 und 1984).

- identifiziert.[73] Die einschränkenden Bestimmungen für Elemente und Operationen in autopoietischen Systemen entspringen nun aber weder Luhmanns System/Umwelt-Theorie noch der biologischen Autopoiesistheorie. Letztere berechtigt nicht dazu, das System auf seine »*autopoietische* Konfiguration« (Bühl 1987, 226) einzuschränken. Denn sie nimmt neben den autopoietischen Komponenten »noch *allopoietische* und schlicht *indifferente* Komponenten« (ebd.) an. Die theoretischen Vorentscheidungen, die Festlegung auf »Gleichartigkeit« der Elemente und »Selbstreferentialität« der Operationen, bedeuten eine Einengung der real erfaßbaren Systeme oder die übermäßige Reduktion ihrer Komplexität - wie auch der möglichen System*theorie*. Zudem befestigen sie ihrerseits die Grenzziehungen zwischen System und Umwelt und zwischen den Emergenzniveaus, machen sie undurchdringlich. Ein daraus entspringender epistemologischer Effekt ist folgender: Richtet sich die theoretische Aufmerksamkeit auf »hinreichend gleiche« Elemente und Operationen, kann sie sich mit deren Identifizierung *bescheiden*. Der Rest fällt in den komplexen Unterbau des Systems und/oder in seine Umwelt, und damit aus dem Interessensbereich der nach den Grenzziehungen von Emergenzniveaus und selbstreferentiellen Systemen verfahrenden Systemtheorie.

Ferner artikuliert Luhmann mit dem Autopoiesistheorem eine radikale Temporalisierung des Systems, »die Punktualisierung der Elemente als Ereignisse« (1984, 390). »Punktualisierung« der Elemente heißt, daß sie »nur kurze Zeit dauern oder sogar [...] überhaupt keine eigene Dauer haben, sondern im Entstehen schon wieder vergehen.« (Ebd., 78) Auch diese theoretische Vorgabe schränkt den Einzugsbereich sozialer Systeme auf bedeutsame Weise ein. So werden Handlungen nur als je punktualisierte Ereignisse theoretisch bestimmt, beispielsweise als Mitteilungshandeln, wodurch etwa in den Hintergrund tritt, daß ihre Codierung zwar immer aktualisiert werden muß, doch die Momenthaftigkeit von Ereignissen überdauert.

Es ist jedoch noch darauf hinzuweisen, daß Luhmann neben dem vorgestellten Autopoiesisbegriff und all seinen Beschränkungen noch einen weniger rigiden, offeneren kennt. Eine solche Definition lautet, daß bei »selektiver Verknüpfung [...] das System selbst seinen Elementen, etwa den Zellen eines Organismus, unterschiedliche Qualität verleihen [kann], und zwar durch die unterschiedliche Art ihrer Relationierung. Es kann auf diese Weise zur Bildung autopoietischer Systeme kommen, die nur diejenigen Qualitäten in Anspruch nehmen, welche durch das Netzwerk der Relationierung erzeugt sind, und die ihre Elemente deshalb nicht substantiell, sondern systempositional definieren.« (1990d, 65) Dabei ist die relationale Verknüpfung der Elemente auch »konkret jeweils bedingt durch die empirischen Merkmale der Elemente, die mehr oder weniger

---

73 Damit werden hier auch Bestände der Bewußtseinsphilosophie transportiert: deren Unterscheidung von »Geist« und »Körper« entspricht bei Luhmann die Aufspaltung in ein »psychisches« und ein »organisches« System.

vielseitige Vernetzungen zulassen bzw. ausschließen.« (Ebd., 62) »Autopoiesis« bezeichnet hier also nur die Systemabhängigkeit der Bestimmung von Elementen, Prozessen etc. eines Systems durch das System als eines Funktionszusammenhangs. So werden die Elemente eines Systems nicht als notwendig gleichartig, als ganz zu einem System gehörig, als vollkommen durch das System konstituiert - und nicht auch umgekehrt dieses mitkonstituierend, bestimmt; und ihre Relationen werden nicht als für das System exklusive oder seine Prozesse als autonom sich reproduzierende artikuliert.

Die Widersprüchlichkeit der Definitionen erweist sich nun auch bei der Bestimmung und Begründung der spezifischen Zeitlichkeit sozialer Systeme. So heißt es einmal, daß soziale Systeme »aus Ereignissen bestehen, die an Zeitpunkte gebunden sind und im Entstehen schon wieder verschwinden« (1982a, 369; vgl. auch 1990c, 42) - was eine rein definitorische Bestimmung ist. Und ein andermal: »Jede Handlung benötigt eine gewiße Dauer, und während sie dauert, kann sie noch abgebrochen, widerrufen oder umdirigiert werden. Die Dauer der Handlung ist selbst ein Moment ihrer Einheit (nämlich die Zeitdimension ihrer Einheit), über das im System, das die Handlung als Element verwendet, entschieden wird.« (1982a, 369) Diese Bestimmung widerspricht der ersteren, da hier die Zeiteinheit einer Handlung durch zwei Parameter entschieden wird: die Handlung selbst und das System, in dem sie stattfindet; so ist die Zeitlichkeit einer Handlung jedenfalls nicht auf eine Momenthaftigkeit ihres Ereignens festgelegt. In dieser definitorischen Linie, die in Luhmanns Texten schwächer ausgeprägt ist, ließen sich Forschungsfragen formulieren, die breitere Zugänge zur Empirie als diejenige eröffnet, die mit stärkeren, und der Forschung vorausgesetzten, definitorischen Einschränkungen operiert. Luhmann selbst löst den Widerspruch in der Form auf, daß Handlungen von Kommunikationen unterschieden werden, wobei Handlungen als Zuschreibungen in oder von Kommunikationssystemen gehandelt werden (vgl. 3.2.2.2).

Als vielleicht wichtigstes Ergebnis sind nun die Auswirkungen auf die Reproduktionsproblematik festzuhalten, wie sie sich aus der Bestimmung des Stellenwerts des Materiellen, von Natur und Körpern ergibt.

Wenn Luhmann den theoretischen Status und die Merkmale von Autopoiesisbegriff und Sinnbegriff einander wechselseitig anpaßt, werden die Wirkungen einer Epistemologie des »Objektiven Geistes« (Hegel) - die mit dem »Letzthorizont« »des Sinn/Welt-Konstitutionszusammenhanges« (1984, 105) und der Hypostasierung von »Sinn« als genetisch wie funktional primärer Instanz schon aufgespannt wurde - noch einmal verstärkt:

> »Die Selbstbeweglichkeit des Sinngeschehens ist Autopoiesis par excellence.« (Ebd., 101) »Sinnbewegungen [...] existieren natürlich nicht im Leeren und auch nicht in einem Reich des Geistes *für sich selbst*. Sie würden die Zerstörung des Lebens oder dessen chemischer und physischer Grundlagen nicht überdauern. Aber diese Abhän-

gigkeit ist [...] *keine* operative Prämisse des Sinngeschehens selbst.« (Ebd.; Hervorhebungen D. B.)

Wird »Sinngeschehen« zum allgemeinen Paradigma der »Autopoiesis« übergeneralisiert, heißt das in bezug auf die biologische Autopoiesistheorie, daß diese vollends in den Status eines Reservoirs für formale begriffliche Anleihen zurückgedrängt ist. Es bedeutet aber vor allem, daß die Problematik der materiellen Reproduktion im umfassenden Sinn in einen »Verweisungszusammenhang von Sinn« verschoben und zusammengeschnurrt ist. »Selbstreproduktion« wird nun als »Geschlossenheit des Verweisungszusammenhanges« (ebd.) von Sinn behauptet. Die »Autonomie des Sinngeschehens« konstituiert, im wörtlichen Sinne, *Metaphysik*. Nur wer mit dem »objektiven Geist« vertraut ist, sieht im »Sinn« »die eigentliche ›Substanz‹ dieser emergenten Ebene der Evolution« (ebd., 141). Die Emergenz des Sinns, seine Autonomie, erscheint nun gar als metaphysisches Gebot für die Theorie: »Es ist überhaupt verfehlt, für Sinn einen ›Träger‹ zu suchen. Sinn trägt sich selbst, indem er seine eigene Reproduktion selbstreferentiell ermöglicht. *Und erst die Formen dieser Reproduktion differenzieren psychische und soziale Strukturen.*« (Ebd.)

Wenn Luhmanns Theorie sozialer Systeme als selbstreferentielle oder autopoietische Systeme im Gegensatz zu den biologischen Ausgangskonzepten die innerhalb topologischer Grenzen ablaufenden Prozesse der materiellen, physikochemischen Reproduktion in selbstreferentielle, innerhalb sozial konstruierter Sinngrenzen prozessierende Verweisungszusammenhänge von Sinn verschoben hat, wird in der Folge die Problematik der Reproduktion insgesamt durch *Fragen der Konditionierung von Kommunikation* dominiert. »Kommunikation« ist demnach das Medium, in dem über das Außerkommunikative - das Materielle, die außermenschliche Natur, die menschlichen Körper - entschieden wird, in dem Verfügungen getroffen werden, wie es wahrgenommen und wie damit umgegangen wird. Als grundlegendes Problem dieses Funktionszusammenhangs stellt Luhmann »*Anschlußfähigkeit*« (ebd., 62) vor. Bei der »Anschlußfähigkeit der autopoietischen Reproduktion« geht es »nicht um Anpassung, es geht nicht um Stoffwechsel, es geht um einen eigenartigen Zwang zur Autonomie, der sich daraus ergibt, daß das System in jeder, also in noch so günstiger Umwelt schlicht aufhören würde zu existieren, wenn es die momenthaften Elemente, aus denen es besteht, nicht mit Anschlußfähigkeit, also mit Sinn, ausstatten und so reproduzieren würde.« (Ebd., 28)[74] Die analytische Fokussierung auf Probleme der

---

74 Johannes Berger ist zuzustimmen, daß, wenn »die Ermöglichung von Kommunikationen der tragende Gesichtspunkt der Theorie« ist, »»Anschlußfähigkeit‹ zum Grundbegriff und die ›Sicherung der Anschlußfähigkeit‹ zur zentralen Sorge dieser Art Theorie« (Berger 1987, 131) wird. Zugleich diagnostiziert er eine durch »die Aufwertung des Autopoiesiskonzepts« (ebd., 132) bedingte »phänomenologische Wendung«, womit eine »Interessenverschiebung von der *Funktionsweise* sozialer Systeme zu ihrem *Zustandekommen*, zur ›Konstruktion‹ der sozialen Realität« (ebd.) einher-

Anschlußfähigkeit sozialer Systeme - wie sie durch die Bestimmung und Verknüpfung der Begriffe der System/Umwelt-Differenz, der Emergenz, der selbstreferentiellen Schließung und der Autopoiesis des Sinns gegeben ist - schneidet die Reproduktionsproblematik auf diesen Horizont zu, und verkürzt sie entprechend.

3.2.2 Kommunikationstheorie

Luhmann macht eines der generalisierenden Konzepte der klassischen Kybernetik zum spezifizierenden Grundbegriff der Soziologie: »Kommunikation« (vgl. Wiener 1948). Mit der kybernetischen Systemtheorie teilt er nicht nur »die Faszination durch das Problem der Konstanz in einer äußerst komplexen, veränderlichen Welt«, sondern ist auch durch ihren »Versuch, invariante Zustände von Variablen [...] durch Kommunikationsprozesse zu erklären« (1973, 157), angetan. Da für ihn »in der neueren soziologischen Theorie Systembegriff und Kommunikationsbegriff den gleichen Abstraktionsgrad und die gleiche Anwendungsbreite über alle Phänomene erreicht« haben, »so daß der eine Begriff den anderen voraussetzt«, kann dann »bei stärkerem wissenschaftlichen Kontakt [...] ein freudiges Sich-im-Anderen-Wiedererkennen stattfinden« (ebd., 158).

3.2.2.1 »Doppelte Kontingenz«: »Unwahrscheinlichkeitsperspektive« und Konstitutionsproblematik »sozialer Systeme«

Das »Problem der doppelten Kontingenz« ist der spezifische Ausgangspunkt von Luhmanns Sozialtheorie, Grundelement in der Bestimmung der kommunikativ gefaßten sozialen Systeme. Zur Annäherung an die Bestimmung seines epistemologischen Status eignet sich die Betrachtung der Perspektive, in der es artikuliert wird: die der »Unwahrscheinlichkeit« seiner Lösung.

Was heißt das? Dem in dieser Perspektive verfahrenden analytischen Interesse geht es »nicht um ein Anerkennungs- und Heilungsinteresse, auch nicht um ein Bestandserhaltungsinteresse, sondern zunächst und vor allem um ein analytisches Interesse: um ein Durchbrechen des Scheins der Normalität, um ein Abse-

---

gehe. Zumindest mißverständlich bleibt seine Zustimmung zur Behauptung des Übergangs »vom System/Umwelt-Paradigma zu dem der Autopoiesis« (ebd., 131), handelt es sich doch mehr um den Umbau *in* einem Paradigma als um einen generellen Paradigmen*wechsel;* und präziser müßte es heißen, daß das Autopoiesiskonzept gerade eine prononcierte Auffassung über den Zusammenhang von Konstitution und Funktionsweise sozialer Systeme enthält. Etwa, wenn Luhmann in zugespitzter »Unwahrscheinlichkeitsperspektive« nicht nur die Unwahrscheinlichkeit der Konstitution, sondern vor allem auch der Reproduktion von Systemen betont.

Zu phänomenologischen Momenten in Luhmanns Theorie vgl. auch Ellrich 1992.

hen von Erfahrungen und Gewohnheiten« (1984, 162). »Das methodologische Rezept hierfür lautet: Theorien zu suchen, denen es gelingt, Normales für unwahrscheinlich zu erklären.« (Ebd.)

> Denn wenn »jeder kontingent handelt, [...] ist es zunächst unwahrscheinlich, daß eigenes Handeln überhaupt Anknüpfungspunkte (und damit: Sinngebung) im Handeln anderer findet; denn die Selbstfestlegung würde voraussetzen, daß andere sich festlegen, und umgekehrt. Zugleich mit der *Unwahrscheinlichkeit* sozialer Ordnung erklärt dieses Konzept aber auch die *Normalität* sozialer Ordnung; denn unter dieser Bedingung doppelter Kontingenz wird jede Selbstfestlegung, wie immer zufällig entstanden und wie immer kalkuliert, Informations- und Anschlußwert für anderes Handeln gewinnen.« (Ebd., 165)

In einer einzigen Bewegung soll ein doppeltes, komplementäres Ergebnis erzielt werden: einerseits Evidenzen wegzuräumen, indem das, was als selbstverständlich erscheint, radikal in Frage gestellt wird; andererseits jedoch - beim Infragestellen der sonst als selbstverständlich unterstellten Funktionsbestimmungen - auf Bedingungen und Anhaltspunkte zu stoßen, die ein quasi selbsttätiges Ingangkommen von Prozessen bzw. ihr normales Funktionieren nahezulegen scheinen.

Allerdings ist in dieses Denkmodell der Unwahrscheinlichkeit und Normalität sozialer Ordnung, so wie es artikuliert ist, ein *Kurzschluß* eingebaut. Von der Unwahrscheinlichkeit sozialer Ordnung wird unmittelbar zur Normalität sozialer Ordnung übergegangen. Der theoretische Fokus ist somit eingeschränkt auf *soziale Ordnung*. Aus dem Blick gerückt werden so »Zwischenelemente«, die nicht in sozialer Ordnung aufgehen oder in sie münden. So wird Sozialleben nur als systemisches, sozial geordnetes vorgestellt.[75] Das heißt in der Folge, daß soziale Systeme *theoretisch vorausgesetzt* werden. Es ist somit keine Frage der Analyse mehr, sie zu finden, d. h. zu fragen, ob es sich bei einem bestimmten sozialen Phänomen oder Zusammenhang wirklich um ein soziales System handelt. Das erlaubt nun den Befund, daß es in der Tat weniger Systeme gibt als dies von der systemischen Sozialtheorie unterstellt wird. Wenn man demnach sagen kann, daß dieser Theorieansatz in der sozialen Realität mehr seinen eigenen Annahmen gemäß soziale Systeme identifiziert, ohne zu beweisen, daß es tatsächlich Systeme sind, bedeutet das für den Aufbau soziologischer Theorie, daß man sie nicht a priori als Systemtheorie konzipieren kann. Das soll aber auch nicht heißen, auf den Systembegriff generell zu verzichten.[76]

Der Anordnung entsprechend finden sich häufig Fragen nach den »Bedingungen-der-Möglichkeit-von«. Die Frage nach den Bedingungen der Möglichkeit

---

75 Dementsprechend kennzeichnet Papcke Luhmanns Systemtheorie als »Rechtfertigungslehre von Ordnung sans phrase« (Papcke 1990, 89).

76 Für den weiteren historisch-politischen und theoretisch-systematischen Kontext des Umgangs mit Kontingenzen, der Konstitution epistemologischer Gewißheiten und der Wahrnehmung sozialer Ordnungsfunktionen vgl. Wagner 1995.

sozialer Systeme resp. der Gesellschaft ist eine der immer wiederkehrenden Fragen in der Soziologie (vgl. 1981i). Luhmann radikalisiert sie gegenüber Parsons. Einmal mit dem Versuch, der strukturell-funktionalen Theorie Parsons' eine funktional-strukturelle Theorie entgegenzusetzen, in dem Sinne einer Absage an - der soziologischen Theorie wie der sozialen Praxis - vorausgesetzte Strukturen (vgl. 1970c, 113ff.). Eine problematische Implikation von Luhmanns Ansatz ist allerdings, daß »Welt«, »Komplexität« und »Sinn« als erstes und allgemeinstes »Problem« *vor* jedes bestimmte Problem *gesetzt* werden. Für wen und wann, kann man sich da fragen. In die Linie einer solchen *Konstruktion a priori* gehört nun auch das »Problem der doppelten Kontingenz«.

Ein anderer bedeutender Versuch, über Parsons hinauszugehen, besteht in der theoretischen Absage an die notwendige Dominanz der Funktion der Integration gegenüber anderen Funktionen gesellschaftlicher Reproduktion, an die vermeintlich alles Soziale fundierenden Wertkonsense.[77] Zur Begründung sozialer Ordnung wird in der Folge für seine Theorie der »Verweis auf ein in der Faktizität des Bewußtseins gegebenes Sittengesetz oder der Verweis auf einen Wertkonsens« (1982a, 372) ausgeschlossen. »Kant, Durkheim, Parsons sind damit in Ehren emeritiert.« (Ebd.)[78]

Statt dessen regt Luhmann zweierlei zu überlegen an. Erstens, »ob das Grundproblem der Konstitution sozialer Systeme wirklich in der Eliminierung des Schädlichen oder Nichtanpassungsbereiten liegt. Oder zugespitzt formuliert: Genügt es, soziale Ordnung als Boykottierung des Boykottierens zu begreifen, oder muß man nicht zu allererst wissen, wie sie überhaupt möglich und hinreichend wahrscheinlich ist? Die zweite Auffassung setzt mit der Frage nach ›Bedingungen der Möglichkeit‹ an und sucht mit ihr eine abstraktere und zugleich breitere (zum Beispiel auch Konflikte als Systeme einbeziehende) Theoriegrundlage.« (1984, 165) Zweitens regt er zu überlegen an, »ob nicht in neueren Theorieentwicklungen schon impliziert ist, daß in weitem Umfange Zeit und Geschichte an genau die Theoriestelle treten, wo früher Natur, Normen oder Werte als Sicherheitsspender fungierten.« (Ebd., 175) Dies sei jedoch nicht in der Weise wie in früheren Versuchen vor allem des 19. Jahrhunderts zu bewerkstelligen, »die nicht mehr überzeugenden *Aprioris* zu ersetzen durch Vertrauen in die *Richtung* des historischen Prozesses, Evolution als Fortschritt interpretierend. In dieser Form ist die Substitution von Zeit und Geschichte für Grundlagensicherheit mißlungen.« (Ebd.) Die Plazierung und Entfaltung von »Zeit« und »Geschichte« in Luhmanns Theorie ist zu beobachten, die Nicht-Versicherung

---

77 Vgl. etwa die entsprechenden Schemata für das »allgemeine Handlungssystem« oder für das »Gesellschaftssystem« in Parsons 1975, 50-54.

78 Zu Luhmanns Dekonstruktion des Zusammenhangs von Moral und Sozialität bei Durkheim vgl. 1977, 25ff. Zur Kritik an Luhmanns Moraltheorie - bzw. seinem Anspruch, eine Soziologie der Moral mit moralfreien Begriffen zu formulieren, nicht gerecht zu werden - vgl. Neckel/Wolf 1988.

des Geschichtsprozesses in teleologischen Konstruktionen bleibt zu prüfen (vgl. 3.2.3, 4.1.4, 4.3.3).

Mit Parsons stimmt Luhmann überein, daß es sich beim »Problem der doppelten Kontingenz« »um eine Grundbedingung der Möglichkeit sozialen Handelns schlechthin« (1984, 149) handelt. Daran schließt Luhmann eine Behauptung an, die problematisch und für die Theorieanlage symptomatisch ist. Sie überzieht die »Unwahrscheinlichkeit« von Handlung und generalisiert »doppelte Kontingenz« zur grundlegenden Problematik der Konstitution von Handlung überhaupt: »Ohne Lösung dieses Problems der doppelten Kontingenz kommt kein Handeln zustande, weil die Möglichkeit der Bestimmung fehlt.« (Ebd.) Handeln muß also bestimmt werden, und alles Handeln wird zu sozialem Handeln. Als solches geht es zurück auf das »Problem der Gleichsinnigkeit oder Diskrepanz von Auffassungsperspektiven« (ebd., 153) und das Problem der Verhaltensabstimmung:

> »Das Problem der doppelten Kontingenz ist virtuell immer präsent, sobald ein Sinn erlebendes psychisches System gegeben ist. Es begleitet unfocussiert alles Erleben, bis es auf eine andere Person oder ein soziales System trifft, dem freie Wahl zugeschrieben wird. Dann wird es als Problem der Verhaltensabstimmung aktuell.« (Ebd., 151)

Die Konzeptionalisierung doppelter Kontingenz ist auf den Fall zugespitzt, wo dem je anderen der beiden Systeme »freie Wahl zugeschrieben« und die Unmöglichkeit eines eigenen (einfachen) Zugriffs auf das Gegenüber erfahren wird: »Zu einem Akutwerden doppelter Kontingenz genügt jedoch nicht die bloße Faktizität der Begegnung; zu einem motivierenden Problem der doppelten Kontingenz (und damit: zur Konstitution sozialer Systeme) kommt es nur, wenn diese Systeme in spezifischer Weise erlebt und behandelt werden: nämlich als unendlich offene, in ihrem Grunde dem fremden Zugriff entzogene Möglichkeiten der Sinnbestimmung.« (Ebd., 151f.) Allerdings ist dem theoretisch-empirisch die Unwahrscheinlichkeit entgegenzuhalten, daß diese Bestimmungen mit omnihistorischen Bedingungen sozialen Lebens zusammenfallen. Das stellt in der Konsequenz die allgemeine Geltung des Problems der doppelten Kontingenz in Frage, da dieses so gefaßt als übergeneralisiert erscheint. Die einschränkenden Bedingungen, die - wie im Zitat angesprochen - dem Problem der doppelten Kontingenz innewohnen, zeigen symptomatisch immanente Schranken eines Theorieansatzes an, in dem vom Konzept der doppelten Kontingenz ausgehend eine allgemeine Theorie sozialer Systeme oder Gesellschaftstheorie konstruiert werden soll.

Im Theorem doppelter Kontingenz setzt Luhmann »hochkomplexe sinnbenutzende Systeme, die für einander nicht durchsichtig und nicht kalkulierbar sind« (ebd., 156), voraus. Als »black boxes« (ebd.) fungieren dabei »soziale« oder »psychische« Systeme. Als Pole in der kontingenten Beziehung werden sie als »ego« und »alter« bzw. »ego« und »alter ego« behandelt. »Doppelte Kontingenz« bedeutet »Unsicherheiten« für das »Erleben« und »Handeln« auf beiden Seiten:

»Das soziale System ist gerade deshalb System, weil es keine basale Zustandsgewißheit und keine darauf aufbauenden Verhaltensvorhersagen gibt. Kontrolliert werden
nur die *daraus folgenden* Ungewißheiten in Bezug auf das *eigene* Verhalten der Teilnehmer. Eingeschränkt (= strukturiert) werden durch Systembildung die Möglichkeiten, sich in einer solchen Situation *im eigenen Verhalten abzusichern.* Nur so
kommt eine autopoietische Reproduktion, kommt Handlung auf Handlung zustande. Die Unsicherheitsabsorption läuft über die Stabilisierung von Erwartungen, nicht
über die Stabilisierung des Verhaltens selbst, was natürlich voraussetzt, daß das Verhalten nicht ohne Orientierung an Erwartungen gewählt wird.« (Ebd., 157f.)

Als wichtige Vergesellschaftungsmechanismen nehmen »Erwartungen« bei Luhmann einen theoretisch zentralen Ort ein. Mit Erwartungen sind stets Enttäuschungs- und Konfliktmöglichkeiten verbunden. Sie können den störungsfreien
Vollzug oder gar die Fortsetzung eines »sozialen Systems« gefährden. Stabilisieren Erwartungen doppelt kontingente Anordnungen, stellen sie wie das Problem
der doppelten Kontingenz Wirkungsmechanismen dar, die konstitutiv in die
Reproduktionsweisen sozialer Systeme eingebaut sind.

Die »Unwahrscheinlichkeit« doppelt kontingenter Beziehungen gründet in
ihrer »extrem instabilen Kernstruktur, die sofort zerfällt, wenn nichts weiter
geschieht« (ebd., 167). Umgekehrt ist es wiederum unwahrscheinlich, daß beim
Aufeinandertreffen zweier »Sinnsysteme« nichts geschieht. Dem »Problem der
doppelten Kontingenz« wächst so die wundersame Qualität zu, »daß das Auftreten des Problems einen Prozeß der Problemlösung in Gang setzt.« (Ebd., 166)
Allerdings bleibt als Frage, »wieso das Problem der doppelten Kontingenz ›sich
selbst löst‹« (ebd.).

Vom »Problem der doppelten Kontingenz« aus will Luhmann die Entstehung sozialer Systeme erklären. Wenn er die »Emergenz eines sozialen Systems
[...] über Verdoppelung der Unwahrscheinlichkeit« (ebd.) herleitet, bleibt das
formaler Begriffszauber. Das Daß und Wie des Aufbaus sozialer Strukturen oder
Systeme vermag auch die der »Kontingenzerfahrung« zugeschriebene Leistung
der »*Konstitution und Erschließung von Zufall für konditionierende Funktionen im
System,* also die *Transformation von Zufällen in Strukturaufbauwahrscheinlichkeiten*« (ebd., 170), noch nicht zu erklären. Wahrscheinlichkeiten besagen nur etwas
über *prinzipielle Möglichkeiten* der Realisierung, jedoch nichts über die *tatsächliche Realisierung selbst.* Gleichwohl ist die Wendung der »Konstitution von
Zufall« für die »Möglichkeit von Struktur« raffiniert. Der Sprung von den
»Strukturaufbauwahrscheinlichkeiten« zur Tatsachengewißheit, daß »alles weitere [...] eine Frage der Selektion dessen [ist], was sich bewährt und was für weiteres verwendbar ist« (ebd., 171), ist jedoch sehr einfach gedacht und einer »Perspektive der Unwahrscheinlichkeit« nicht angemessen. Denn dieser Theorieansatz verlangte doch zu klären, wie gerade *bestimmte* Zufälle - als welche sie auch
keine *reinen* Zufälle mehr sind - für »konditionierende Funktionen im System«
geeignet sind und dann dafür konstituiert werden. Wenn Luhmann den Akteuren ein *Interesse* an Systembildung unterschiebt, zeigt dies die Not der vorgeführ-

ten Argumentation an: Jeder »erfährt mit der *Nichtidentität der Perspektiven* aber zugleich *die Identität dieser Erfahrung* auf *beiden* Seiten. Für beide ist die Situation dadurch unbestimmbar, instabil, unerträglich. In *dieser* Erfahrung *konvergieren* die Perspektiven, und das ermöglicht es, ein Interesse an Negation dieser Negativität, ein Interesse an Bestimmung zu unterstellen.« (Ebd., 172)

Das »Problem der doppelten Kontingenz« wird bisweilen auf einen »Nullpunkt der Evolution zurück« (ebd., 217) projiziert - und damit aufs äußerste strapaziert. Wenn dergestalt nahegelegt wird, *vor* allem Sozialen liege abgetrennt das Nicht-Soziale, kann man dies als symptomatischen Effekt der theoretischen Problematik verstehen. Die Situation eines evolutionären Nullpunkts unterstellt, daß zwei Wesen aufeinandertreffen, die aus sich heraus die neue Qualität des Sozialen hervorbringen - die somit als Individuen dem Gesellschaftlichen gegenüber quasi ontologisch primär sind; ferner, daß sie über eine adäquate biologische Ausstattung für diesen Kreationsvorgang verfügen; schließlich, daß sie sozial soweit voneinander abgetrennt sind, daß »doppelte Kontingenz« für sie ein lebensrelevantes Problem werden kann.

Luhmanns Artikulation des Problems der doppelten Kontingenz mitsamt seinen Implikationen verweist darauf, daß die theoretische Anlage auf einer sozial-historischen Übergeneralisierung beruht; gerade die abstraktesten Bestimmungen, die gewissermaßen von allem Geschichtlichen gereinigten Verallgemeinerungen, erweisen sich als historische Rückprojektion der Situation der »vereinzelten Einzelnen« (Marx, MEW 13, 616) der bürgerlichen Gesellschaft auf den »Ursprung« menschlicher Sozialität überhaupt.[79]

3.2.2.2 Konstitution eines »selbstreferentiellen sozialen Systems«: »Kommunikation« und »Handlung«

Das Vorstehende ergab, daß soziale Handlungssysteme im »Problem der doppelten Kontingenz« gründen - von ihm ausgehend anlaufen, mit ihm sich reproduzieren und an ihm zerfallen können. Unklar blieb, worin für Luhmann der *System*charakter und die weiteren begrifflichen Bestimmungen sozialer Systeme bestehen. Die weitere Konzeptionalisierung sozialer Systeme wird theoretisch durch die These der »Emergenz« des Weltaufbaus - für die unterschiedliche Abteilungen der Systemtheorie zuständig sind - und die aus seinem Verständnis der Autopoiesistheorie entspringende These, für jeden Systemtyp gebe es spezifische »Letztelemente«, die durch das System selbst konstituiert werden und die dessen operative Autonomie kennzeichnen, entscheidend mitbestimmt.

---

79 Wie als spätes Echo auf diese Einwände - als Problemsymptom - liest sich folgendes: Wenn der »Andere [...] als ichgleich operierend, als alter ego erfahren« wird, stellt sich die Frage: »Wie kommt es dazu? Und weiter: ist dies eine kulturinvariante, unabhängig von Gesellschaftsstrukturen auftretende Gegebenheit?« (1990c, 55)

In der handlungstheoretischen Tradition - bei Weber und sogar bei Parsons - findet Luhmann den Bezug auf »Subjekte« als den Akteuren von Handlungen zu eng. Entsprechend hängt an seiner Frage, ob »ein soziales System letztlich aus Kommunikationen oder aus Handlungen« (1984, 192) besteht, die Wahl einer »grundlegenden Option, die den Stil der darauf aufgebauten Theorie, z. B. den Grad ihrer Abgehobenheit von Psychischem, entscheidend prägt« (ebd.). Wenn dabei von Luhmann unterstellt wird, daß »Kommunikation« im Unterschied zu »Handlung« eine größere Distanz zu den »Akteuren« bezeichnet, ist die Entscheidung über die Antwort schon gefallen. Gleichzeitig führt die Bestimmung von »Kommunikation« als »Letztelement« - und die dadurch implizierte Subsumtion von »Handlung« unter »Kommunikation« - zu merkwürdigen Formulierungen wie dieser, »daß Kommunikation und Handlung in der Tat nicht zu trennen (wohl aber zu unterscheiden) sind« (ebd., 193).[80]

> »Der elementare, Soziales als besondere Realität konstituierende Prozeß ist ein Kommunikationsprozeß. Dieser Prozeß muß aber, um sich selbst steuern zu können, auf Handlungen reduziert, in Handlungen dekomponiert werden. Soziale Systeme werden demnach nicht aus Handlungen aufgebaut, so als ob diese Handlungen auf Grund der organisch-psychischen Konstitution des Menschen produziert werden und für sich bestehen könnten; sie werden in Handlungen zerlegt und gewinnen durch diese Reduktion Anschlußgrundlagen für weitere Kommunikationsverläufe.« (Ebd.)

»Handlungen« sind demnach lediglich *Bestandteile* von Kommunikationen, deren Vollzug und Steuerung dienend. Die konzeptionelle Erfassung von Handlungen kann so, über ihre Bestimmung als Komponenten von Kommunikation hinaus, nur dadurch erweitert werden, daß die *Attribution* von Handlungen zu und durch »Kommunikation« in den Begriff des sozialen Systems mit aufgenommen wird.[81]

Diese Auflösung des Handlungs- im Kommunikationsbegriff folgt Luhmanns früherem Vorschlag, »die Unterscheidung verschiedener *Typen* oder *Arten* von Handlungen [...] ganz aufzugeben und *statt dessen* zu fragen, durch welche *Differenzen* sich die Informationsgewinnung und Sinnbestimmung jeweils führen läßt.« (1982a, 377) Ist die Frage nach der Sinnbestimmung von Handlungen ohne Zweifel sinnvoll - wenn auch als theoretisches Anliegen keineswegs neu oder überraschend - so aber dann nicht, wenn damit die Unterscheidung unterschiedlicher Arten von Handlungen aufgegeben werden soll.

---

80 »Kommunikation ist die elementare Einheit der Selbstkonstitution, Handlung ist die elementare Einheit der Selbstbeobachtung und Selbstbeschreibung sozialer Systeme.« (Ebd., 241) Beide zusammen sind notwendig, da »kein Moment [...] ohne das andere evolutionsfähig gewesen« (ebd., 240) wäre. Wobei Handeln in dieser Begriffsfassung nicht mehr ist als kommunikatives Handeln.

81 Zur Bedeutung von »Zurechnung« im Konstitutionsverhältnis von System und Handlung vgl. Heidenescher 1992.

Wieso auch die Möglichkeit sinnvollen, auf reale Differenzen referierenden Unterscheidens aufgeben?

Wenn soziale Systeme Kommunikationssysteme sind, dann müssen aus dem Problem der doppelten Kontingenz Kommunikationssysteme aufgebaut werden. Die »Einheit der Kommunikation«, als basaler Prozeß sozialer Systeme, muß nach Luhmann »als dreistelliger Selektionsprozeß gesehen werden. Es geht nicht nur um Absendung und Empfang mit jeweils selektiver Aufmerksamkeit; vielmehr ist die Selektivität der Information selbst ein Moment des Kommunikationsprozesses« (1984, 194f.):

1. »Sinn läßt keine andere Wahl als zu wählen. Kommunikation greift aus dem je aktuellen Verweisungshorizont, den sie selbst erst konstituiert, *etwas* heraus und läßt *anderes* beiseite. Kommunikation ist Prozessieren von Selektion. Sie seligiert freilich nicht so, wie man aus einem Vorrat das eine oder das andere herausgreift. Diese Ansicht würde uns zur Substanztheorie und zur Übertragungsmetaphorik zurückbringen. Die Selektion, die in der Kommunikation aktualisiert wird, konstituiert ihren eigenen Horizont; sie konstituiert das, was sie wählt, schon als Selektion, nämlich als Information.« (Ebd., 194)
2. »Ferner muß jemand ein Verhalten wählen, das diese Information mitteilt. Das kann absichtlich oder unabsichtlich geschehen. Entscheidend ist, daß die dritte Selektion sich auf eine Unterscheidung stützen kann, nämlich auf die Unterscheidung der Information von ihrer Mitteilung.« (Ebd., 195)
3. »Kommunikation kommt nur zustande, wenn diese zuletzt genannte Differenz beobachtet, zugemutet, verstanden und der Wahl des Anschlußverhaltens zu Grunde gelegt wird. Dabei schließt Verstehen mehr oder weniger weitgehende Mißverständnisse als normal ein; aber es wird sich, wie wir sehen werden, um kontrollierbare und korrigierbare Mißverständnisse handeln.« (Ebd., 196)

Ist »Kommunikation« elementar eine »dreistellige Einheit«, müssen »drei Selektionen zur Synthese gebracht werden« (ebd.). Das »Anschlußhandeln« ordnet Luhmann außerhalb dieser elementaren Kommunikationseinheit an. Kommt es zustande, schließt eine weitere Kommunikationseinheit an - Kommunikation wird zum Prozeß. »Auf Annahme oder Ablehnung und auf weitere Reaktion kommt es daher beim Kommunikations*begriff* nicht an.« (Ebd., 204)
Da Luhmanns Kommunikationsmodell sinnvollerweise von der Möglichkeit - und Normalität - einer Differenz zwischen mitgeteilter Information und verstandenem Sinn ausgeht, stellt sich am Anschlußhandeln die Frage richtigen Verständnisses praktisch, und nicht etwa abstrakt als Prüfung der Identität von Bewußtseinsinhalten. »Man kann erst am Anschlußverhalten kontrollieren, ob man verstanden worden ist« (ebd., 199). Dafür »muß ein Verstehenstest immer mitlaufen, so daß immer ein Teil der Aufmerksamkeit für Verstehenskontrolle abgezweigt wird.« (Ebd., 198) »In jedem Falle ist jede Einzelkommunikation, sonst würde sie gar nicht vorkommen, in den Verstehensmöglichkeiten und Verstehenskontrollen eines Anschlußzusammenhanges weiterer Kommunika-

tionen rekursiv abgesichert.« (Ebd., 199) Eine besondere Möglichkeit für Verständigung und Kommunikationsabsicherung - gerade dann, wenn sie brüchig geworden sind - besteht in »Meta-Kommunikationen«. Sie garantieren allerdings keinen Erfolg, da sie selbst durch Vortäuschens- und Verdächtigungsmöglichkeiten gefährdet sind, denen nur schwierig durch Beteuerungen von Glaubwürdigkeit und Wahrhaftigkeit zu begegnen ist.

Die Alternative von »Annahme oder Ablehnung« wirkt in die »elementare Kommunikationseinheit« hinein, insofern Kommunikation kein beiläufiges, gleichgültiges Geschehen ohne Ziele ist:

> »Zur Kommunikation gehört, daß sie eine soziale Situation schafft, die solche Anschlußentscheidungen erwarten läßt. Es ist intendierter Effekt, eine derart zugespitzte, aber offene Lage zu schaffen, und die Kommunikation kann Pressionselemente in sich aufnehmen, die den Empfänger mehr in Richtung auf Annahme als in Richtung auf Ablehnung drängen. Solche Pressionen laufen teils über Konfliktaussicht und Konfliktvermeidung, teils (und damit eng zusammenhängend) über symbolisch generalisierte Medien der Kommunikation.« (Ebd., 204f.)

Kommunikatives Geschehen unterstellt bestimmte Motivations- und Interessenslagen, von denen es affiziert wird und an die es gebunden ist. Dabei können Akteure in für sie problematischer Weise mit sozialen Systemen konfrontiert sein, wie sie umgekehrt für die sozialen Systeme auch Probleme darstellen können. Da sie keine ausdeterminierten Verhaltensapparate sind, stehen ihnen *Räume kontingenter Entscheidungen* offen. Handlungsmöglichkeiten machen sich umgekehrt den unter Handlungsdruck Stehenden als *Entscheidungsnotwendigkeiten* geltend: »Von *Entscheidung* soll immer dann gesprochen werden, *wenn und soweit die Sinngebung einer Handlung auf eine an sie selbst gerichtete Erwartung reagiert.*« (Ebd., 400) Der Entscheidungsdruck wird zugespitzt und der Entscheidungsraum eingeengt, wenn die »Alternative von Konformität oder Abweichung« (ebd.) Zwangscharakter angenommen hat. Schon »Erwartungen« können mehr oder weniger stark »Pressionselemente der Kommunikation« darstellen.

Die doppelt kontingente Anordnung von »alter« und »ego«, die anfänglich diffuse »Unwahrscheinlichkeit« sozialer Systeme fächert sich dem Kommunikationsmodell entsprechend auf in drei »Unwahrscheinlichkeiten der Kommunikation«:

> 1. »Versetzt man sich auf den Nullpunkt der Evolution zurück, so ist zunächst unwahrscheinlich, daß Ego überhaupt *versteht*, was Alter meint - gegeben die Trennung und Individualisierung ihrer Körper und ihres Bewußtseins.« (Ebd., 217)
>
> 2. »Die zweite Unwahrscheinlichkeit bezieht sich auf das *Erreichen* von Adressaten. [...] Das Problem liegt in der räumlichen und in der zeitlichen Extension.« (Ebd., 218)
>
> 3. »Die dritte Unwahrscheinlichkeit ist die Unwahrscheinlichkeit des Erfolgs. Selbst wenn eine Kommunikation von dem, den sie erreicht, verstanden wird, ist damit noch nicht gesichert, daß sie auch angenommen und befolgt wird.« (Ebd.)

»Diese drei Unwahrscheinlichkeiten sind nicht nur Hindernisse für das Ankommen einer Kommunikation, nicht nur Schwierigkeiten der Zielerreichung, sie wirken zugleich als Schwellen der Entmutigung. Wer eine Kommunikation für aussichtslos hält, unterläßt sie.« (Ebd.)

Von den »immanenten Unwahrscheinlichkeiten des Kommunikationsprozesses« (ebd., 219) und von der »Art, wie sie überwunden und in Wahrscheinlichkeiten transformiert werden«, heißt es, daß sie »zugleich den Aufbau sozialer Systeme [...] regeln« (ebd.).

An dieser Stelle hakt nun der »Prozeß soziokultureller Evolution« ein, den Luhmann beschreibt »als Umformung und Erweiterung der Chancen für aussichtsreiche Kommunikation, als Konsolidierung von Erwartungen, um die herum die Gesellschaft dann ihre sozialen Systeme bildet« (ebd.). Soziokulturelle Evolution sei »ein selektiver Prozeß, der bestimmt, welche Arten sozialer Systeme möglich werden [...] und was als zu unwahrscheinlich ausgeschlossen wird.« (Ebd.)

»Diejenigen evolutionären Errungenschaften, die an jenen Bruchstellen der Kommunikation ansetzen und funktionsgenau dazu dienen, Unwahrscheinliches in Wahrscheinliches zu transformieren, wollen wir *Medien* nennen. In Entsprechung zu den drei Arten der Unwahrscheinlichkeit von Kommunikation muß man drei verschiedene Medien unterscheiden, die einander wechselseitig ermöglichen, limitieren und mit Folgeproblemen belasten. Das Medium, das das Verstehen von Kommunikation weit über das Wahrnehmbare hinaus steigert, ist die *Sprache*. Sprache ist ein Medium, das sich durch Zeichengebrauch auszeichnet. [...] Es handelt sich [...] um eine Technik mit der Funktion, das Repertoire verständlicher Kommunikation *ins praktisch Unendliche auszuweiten* und damit sicherzustellen, daß nahezu beliebige Ereignisse *als Information* erscheinen und bearbeitet werden können.« (Ebd., 220)
»Auf Grund von Sprache haben sich *Verbreitungsmedien*, nämlich Schrift, Druck und Funk entwickeln lassen.« (Ebd., 221)
Größerer Erfolg als den älteren »Persuasivtechniken« wie »Eloquenz«, »Rhetorik als besondere Kunstlehre«, »Disputation als Konflikt- und Durchsetzungskunst« (ebd.) war den »*symbolisch generalisierten Kommunikationsmedien,* die funktionsgenau auf dieses Problem [der Motivierung zur Annahme; D. B.] bezogen sind« (ebd., 222), beschieden.

Über den Strukturaufbau von sozialen oder Kommunikationssystemen erfahren wir, daß er (wie auch immer genau) sprachlich ist, mit Verbreitungsmedien ihren Wirkkreis vergrößert und mithilfe symbolisch generalisierter Medien die »kommunikativen Erfolgschancen« erhöht und stabilisierend wirkt.

Eine soziale wie soziologische Hauptproblematik stellen so Modi des Prozessierens von »Sinn« dar, die als Verstärkungsmechanismen oder Hindernisse wirken, etwa unter dem Gesichtspunkt, wie gleichsinnige Perspektiven hergestellt oder bestimmte Motivationsbereitschaften erzeugt werden können. Im Fokus der Theorie liegen die Dimensionen der Vergesellschaftung, in denen *Dispositionen* zu bestimmten Handlungen *formiert* werden. Sie interessiert sich so vor allem dafür, wie Wahrnehmungen und Motivationen als Steuerungsmomente bestimmten Handelns geschaffen werden. Demnach geraten die Handlungen selbst nicht weiter in den Blick als die theoretische Perspektive sich dafür interessiert: einerseits als Mitteilungshandeln, andererseits als gesellschaftlich codiertes Handeln.

Entsprechend verschoben stellt sich auch die Problematik gesellschaftlicher Reproduktion dar: Kommunikationssysteme »müssen [...] das Mitteilen selbst als Handeln auffassen, und nur in diesem Sinne (sic!) wird Handeln zur notwendigen Komponente der Selbstreproduktion des Systems von Moment zu Moment.« (Ebd., 227) Wenn die »gesellschaftliche Reproduktion von Kommunikation [...] danach über die Reproduktion von Themen laufen [muß], die ihre Beiträge dann gewissermaßen selbst organisieren« (ebd., 224), und wenn soziale Systeme die über »Sinn« laufende »selbstreferentielle Rekursivität«, ihren »spezifischen Operationsmodus«, natürlich nicht »in die Umwelt hinein verlängern« können - müßten sie dafür eben »andere Kontaktebenen verwenden« (1983, 202).[82] Dieser verwickelten Lage entspringt die *theorieimmanente* Notwendigkeit, die theoretisch, begrifflich geringe Reichweite von Mitteilungen als den Handlungs*komponenten* der Kommunikation durch die Problematik der *Codierung* von Handlungen *außerhalb* des Kommunikationssystems auszudehnen und zu ergänzen. Dieser Umweg ermöglicht es, neben der Handlungs- auch die gesellschaftliche Reproduktionsproblematik konzeptionell wieder zu erweitern.

Wenn soziale Systeme als den Akteuren *übergeordnete* Zusammenhänge existieren, vollzieht sich jedes Handeln im Feld dreier Bezugspunkte: »ego«, »alter«, »soziales System«. Das Handeln selbst »gewinnt seine selektive Bestimmtheit mitsamt den begrenzten Möglichkeiten, anders zu sein, aus seiner Funktion als Element im sozialen System.« (1984, 184) Für das Handeln »verschieben, überlagern und ergänzen sich zwei verschiedene Fassungen des Problems der doppelten Kontingenz: eine kurzschlüssige, die nur Unbestimmtheit referiert, und eine strukturierte, die mit Konditionierungen und mit limitierten Alternativen rechnet und auf Systemvorgaben angewiesen ist.« (Ebd.) Zur Reproduktion eines Kommunikations- oder Handlungssystems gehört so »mithin einerseits: daß die Handlung sich selbst in der Perspektive des alter Ego kontrolliert; und andererseits: daß sie sich eben damit einem sozialen System zuordnet, in dem dies der Fall ist. Mit der Konstitution selbstreferentieller Handlungszusammenhänge entsteht also zugleich eine Selbstreferenz des sozialen Systems, nämlich die Miteinarbeitung des Geltungsbereichs der doppelten Kontingenz und seiner sachli-

---

82 Gegenüber meiner Behauptung, Luhmanns konzeptionelle Anlage treibe symptomatische Probleme hervor, nimmt sich das folgende Bekenntnis wie daraufhin geschrieben aus: »Das Paradigma der System/Umwelt-Differenz lehrt aber, daß nicht alles, was erforderlich ist, zur Einheit des Systems zusammengefaßt werden kann.« (1984, 240)

chen, zeitlichen und sozialen Grenzen.« (Ebd., 183) Ist ein soziales System ange-
laufen oder etabliert, erhalten die Bezüge der Handelnden einen zusätzlichen
Bezug auf den übergeordneten Zusammenhang, das Problem der doppelten Kontingenz springt zwischen zwei Referenzen hin und her: »Jede Wirkung des Problems der doppelten Kontingenz läuft, sobald es sich stellt, über diese beiden
selbstreferentiellen Zirkel und verknüpft sie miteinander. Dabei kontrollieren
und korrigieren diese beiden Formen der Umleitung von Selbstreferenz über
alter Ego und über soziales System sich wechselseitig. Um dies deutlicher zu
erkennen, muß man darauf achten, daß das Problem der doppelten Kontingenz
eine verschiedene Fassung erhält je nachdem, von welcher Selbstreferenz aus es
gesehen wird.« (Ebd.)

Als weitere einschränkende Wirkung doppelter Kontingenz entstehen Zeitgrenzen: »Die Erfahrung doppelter Kontingenz ermöglicht und erzwingt [...]
eine Ultraperspektive, die den Verhaltenssequenzen eigene Zeitgrenzen gibt,
nämlich das Verhalten periodisch diszipliniert.« (Ebd., 169f.)

Eine der wichtigsten Folgen doppelter Kontingenz ist die »Entstehung von
Vertrauen bzw. *Mißtrauen*. Sie tritt auf, wenn das Sich-Einlassen auf Situationen
mit doppelter Kontingenz als besonders riskant empfunden wird.« (Ebd., 179)[83]

»Erwartungen« denkt Luhmann als grundlegendes Material wie als Form
sozialer Konditionierung. Er vertritt die »These, daß Strukturen sozialer Systeme in Erwartungen bestehen, daß sie *Erwartungsstrukturen* sind und daß es für
soziale Systeme, weil sie ihre Elemente als Handlungsereignisse temporalisieren,
keine anderen Strukturbildungsmöglichkeiten gibt. Das heißt: Strukturen gibt es
nur als jeweils gegenwärtige; sie durchgreifen die Zeit nur im Zeithorizont der
Gegenwart, die gegenwärtige Zukunft mit der gegenwärtigen Vergangenheit
integrierend.« (Ebd., 398f.) Da man es so »im Bereich der Theorie sozialer
Systeme [...] hauptsächlich mit Verhaltenserwartungen zu tun« (ebd., 139) hat,

---

83 Die »erste Erleichterung besteht darin, daß dies [d. h. eins der beiden; D. B] zur Wahl
steht und daß man nicht auf nur eine Verhaltensgrundlage angewiesen ist. Das Problem wird durch eine Differenz gelöst, die zugleich bestimmte selektive Empfind-
lichkeiten und die Möglichkeit des Umschlags von Vertrauen in Mißtrauen einführt.«
(Ebd., 179f.) Zu Bedingungen und Funktionsweisen von Vertrauen und Mißtrauen
sei noch hervorgehoben: »Vertrauen muß kontingent, das heißt freiwillig erwiesen
werden. Es kann daher weder verlangt noch normativ vorgeschrieben werden. Es hat
den sozialen Funktionswert von Vertrauen nur, wenn es die Möglichkeit des Miß-
trauens sieht - und abweist; wenn es also auf der Negation des Gegenteils beruht.
Ferner ist gerade hier die Zeitstruktur und Sequentialität des Aufbaus sozialer Beziehungen wichtig: Man fängt mit kleinen Risiken an und baut auf Bewährungen auf;
und es erleichtert die Vertrauensgewähr, wenn sie auf beiden Seiten erforderlich
wird, so daß das Vertrauen des einen am Vertrauen des anderen Halt finden kann.
Vor allem aber hat Vertrauen jenen *zirkulären*, sich selbst voraussetzenden und bestä-
tigenden Charakter, der allen Strukturen eigen ist, die aus doppelter Kontingenz entstehen. Es macht Systembildungen möglich und gewinnt aus ihnen dann wieder die
Kraft zu verstärkender, riskanterer Reproduktion.« (Ebd., 181)

lassen sich »die Strukturen dieser Systeme [...] als generalisierte Verhaltenserwartungen definieren.« (Ebd.) Dabei gewinnen Erwartungen »soziale Relevanz und damit Eignung als Struktur sozialer Systeme [...] nur, wenn sie ihrerseits erwartet werden können.« (Ebd., 411)

Nur durch die Reflexivität von Erwartungen, durch die Konstitution von Verhaltenserwartungen »lassen sich Situationen mit doppelter Kontingenz« (ebd., 411f.) oder »ein soziales Feld mit mehr als einem Teilnehmer ordnen.« (Ebd., 412)

> Das »Wiederherstellen der Erwartbarkeit ist kein Erfordernis der Stabilität, sondern ein Erfordernis der Reproduktion. Erwartungen sind, und insofern sind sie Strukturen, das autopoietische Erfordernis für die Reproduktion von Handlungen. Ohne sie würde das System in einer gegebenen *Umwelt* mangels *innerer* Anschlußfähigkeit schlicht aufhören, und zwar: von selbst aufhören. Es geht also nicht um ein Problem der fehlenden Anpassungsfähigkeit im Verhältnis zur Umwelt. (Auf dieses Problem reagiert das System nicht durch Strukturen schlechthin, sondern durch Flexibilität der Strukturen und durch Steuerung ihrer Selektion.) Erwartungsstrukturen sind zunächst ganz einfach Bedingung der Möglichkeit anschlußfähigen Handelns und insofern Bedingung der Möglichkeit der Selbstreproduktion der Elemente durch ihr eigenes Arrangement.« (Ebd., 392)

»Erwartungen« sind in Luhmanns Sozialtheorie ein Knotenpunkt eines reichhaltigen diskursiven Netzes: »Erwartungserwartungen« und »Verhaltenserwartungen«, »kognitiver« und »normativer Erwartungsstil«, »Enttäuschungsabwicklungen« und anderes mehr.

Die Herausbildung von Mechanismen wie Selbstkontrolle im Hinblick auf »alter« und Orientierungen auf den begrenzenden Systemzusammenhang prägen nicht nur »Erfahrungen«, sondern daraus entspringen auch »Gewohnheiten« und »Sicherheiten«. Es entsteht gewissermaßen ein naturwüchsiger Konservatismus: »Die abgearbeitete doppelte Kontingenz wirkt dann als Kommunikationserleichterung und als Kommunikationsbarriere zugleich; und die Festigkeit solcher Grenzen erklärt sich daraus, daß das Wiederzulassen völlig unbestimmter Kontingenzen zu den Unzumutbarkeiten gehört. Man kann die Grenzen immer noch verschieben, den Zumutbarkeitsbereich ausweiten oder einschränken; aber dies, nachdem das System einmal eine Geschichte hat, nur noch punktuell, nur noch für bestimmte Themen, nur noch ausnahmsweise.« (Ebd., 179) Soziale Handlungsverläufe zeitigen nun kohäsive Wirkungen bereits und einfach dadurch, daß sie eine Kanalisierung von »Sinnanstrengungen« erfordern, ohne auf gemeinsame Überzeugungen zurückgreifen zu müssen: »Zu den wichtigsten Leistungen der Kommunikation gehört die Sensibilisierung des Systems für Zufälle, für Störungen, für ›noise‹ aller Art. Mit Hilfe von Kommunikation ist es möglich, Unerwartetes, Unwillkommenes, Enttäuschendes verständlich zu machen. ›Verständlich‹ heißt dabei nicht, daß man auch die Gründe zutreffend begreifen und den Sachverhalt ändern könnte. Das leistet die Kommunikation nicht ohne weiteres. Entscheidend ist, daß Störungen in die Form von Sinn gezwungen werden und damit weiterbehandelt werden können.« (Ebd., 237)

Dennoch, soll Kommunikation für Veränderung offen sein, kann sie nicht einfach »als systemintegrierende Leistung, nicht als Herstellung von Konsens begriffen werden« (ebd.). Gegen Habermas macht Luhmann den Sachverhalt stark, daß »nicht zu sehen [ist], wie die logische Implikation des Sicheinlassens auf Kommunikation faktisch verpflichten könnte; man kann doch abspringen, sobald man sieht, wohin man mit sokratischen Griffen zwanglos geführt wird.« (1982a, 373)[84] Folglich postuliert Luhmann für seine soziologische Theorie selbstreferentieller Systeme nicht die Orientierung an Konsens, sondern an der *Differenz von Konsens und Dissens.* Denn: »Universales Implikat sinnhafter Kommunikation ist nur: daß *jeder* Sinn auf das *Miterleben anderer verweist*; nicht: daß dies die Erwartung oder Herstellung von Verständigung implizieren müßte.« (Ebd., 376f.) Und auch beim Verfolgen eines »Programm[s] für soziale Transparenz« ist klar, »daß Anlässe für Kritik und Angriff, Anlässe für Ablehnung von Zumutungen, für Widerspruch und Konflikt so nicht ausgeräumt werden können.« (Ebd., 374f.)

Demgegenüber gibt Luhmann zwei Denkrichtungen an: erstens, *Konflikte selbst als Systeme* zu begreifen, als spezifische Form sozialer Integration. Dabei können Konflikte von sozialen Systemen unter Umständen in Form eines »Immunsystems« installiert und kompatibilisiert werden. In der Funktion als systemisches Immunsystem können Konflikte auch als eine institutionalisierte Form der Veränderung von Systemstrukturen dienen.

Zweitens stellen naturwüchsige Schwankungen in der Handhabung doppelter Kontingenz bereits Möglichkeiten der Systemveränderung bereit. »Durch Kommunikation begründet und steigert das System seine Empfindlichkeit und setzt sich so durch Dauersensibilität und Irritierbarkeit der Evolution aus.« (1984, 237) »Doppeltkontingente Konditionierung von Zusammenhängen« hat demnach auch »die Funktion, für weitere Konditionierungen sensibel zu machen. Sie schafft Zufallsempfindlichkeit und setzt damit Evolution in Gang. Ohne sie gäbe es keine sozio-kulturelle Evolution.« (Ebd., 186) Das Leitkonzept des Konzepts der »soziokulturellen Evolution« heißt »abweichende Reproduktion«.

3.2.2.3 Naturalisierung des »Problems der doppelten Kontingenz« und die Intersubjektivierung des Sozialen

Vom »Problem der doppelten Kontingenz« - von Luhmann als Grundproblematik in der Konstitution und Reproduktion sozialer Systeme und damit als

---

84 »Am Schwall der begründenden Rede läßt sich nichts festmachen. Es gibt tausend gute Gründe, nicht zu heiraten, und tausend bessere Gründe, eine bestimmte Person nicht zu heiraten.« (Ebd., 372f.)

Grundproblem der Soziologie vorgestellt - wird behauptet, dem von Durkheim der Soziologie auferlegten Anspruch der Erklärung von Sozialem aus Sozialem Genüge zu leisten. Da für eine solche Erklärung das einzelne »Individuum nicht in Betracht« kommt, muß »die Erklärung des sozialen Lebens in der Natur der Gesellschaft selbst« (Durkheim 1984, 186) gesucht werden. Luhmanns »Problem der doppelten Kontingenz« abstrahiert nun von der »Natur der Gesellschaft«, in der es sich jeweils stellt.[85] Es beansprucht allgemeine Gültigkeit in einem doppelten Sinn: als Ausgangsproblematik für die Entstehung sozialer Systeme und als Grundproblematik für die Funktionsweise sozialer Systeme. In der Folge wird »doppelte Kontingenz« in mehrfacher Weise überbeansprucht: die soziale Anordnung von »alter« und »ego« wird zur allgemeinen, ahistorischen Konstellation, aus der heraus soziales Leben - und als evolutionäres »Spätprodukt« Gesellschaft - erst entsteht; sie wird zudem zur allgemeinen, von spezifischen sozialen Formen unabhängigen Konstellation. Für historische Spezifizierung vorgesehen ist nicht die gesellschaftliche Relevanz und Kontextierung doppelter Kontingenz, sondern allein die »Ausfüllung« der »black boxes« ego und alter.[86]

Die Probleme der Übergeneralisierung des »Problems der doppelten Kontingenz« verweisen auch auf das Problematische des Projekts einer Theorie sozialer Systeme als einer allgemeinen Theorie.

Das Paradox der enthistorisierenden und sozial generalisierenden Fassung des »Problems der doppelten Kontingenz« besteht darin, daß man sie als sozialhistorisch spezifische Anordnung - des Orts und der Zeit der Waren und Märkte - verstehen kann. In diesem Sinne kann man sie als Grundform der bürgerlichen Gesellschaft begreifen, die die Privatform der Vergesellschaftung der Individuen in der historischen Tendenz gesellschaftlich verallgemeinert, und die auch die »vereinzelten Einzelnen« hervorbringt, die gegeneinander gestellt und voneinander isoliert füreinander tendenziell unberechenbar sind. Im Dispositiv doppelter Kontingenz erscheinen die Beziehungen der Menschen »von vornherein als nachträgliche Vergesellschaftung von ursprünglich vereinzelten Personen« (Tjaden 1971, 27). Mit anderen Worten: Die abstrakte Allgemeinheit entnennt also nur unzureichend ihren blinden Fleck der konkreten Besonderheit.

Damit soll nicht bestritten werden, daß es Aspekte der doppelten Kontingenz - der Offenheit des Geschehens, interaktiven Blockierung und Intransparenz der Individuen - immer geben kann, wo Menschen aufeinander treffen oder miteinander zu tun haben. Allerdings soll eingewandt werden, daß ihre theoreti-

---

85 Und im Unterschied zu Durkheim kappt er als Grundproblem der Soziologie, wie der Zusammenhang zwischen Individuen und Gesellschaft gedacht werden soll. Dabei stellt Luhmann das Aufgeben dieser Frage als Konsequenz von Durkheims problematischer Antwort dar, die darin bestanden hatte, die Gesellschaft als ein »interpersonales Verhältnis« mit der Moral als ihrem »Regulativ« (1977, 26) zu fassen.

86 »In dem Maße [...], als Kommunikationssysteme im Laufe ihrer eigenen Evolution anspruchsvoller, differenzierter, komplexer werden, stellen sich anspruchsvollere Konzepte« (1990c, 56) für ego und alter, Mitteilung und Information ein.

sche Plazierung und Bewertung abhängig vom Status sein sollte, der ihnen in der »Natur der Gesellschaft selbst«, in bestimmten Praxisformen oder institutionellen Kontexten zukommt. Es geht mir also keineswegs darum, doppelte Kontingenz als soziale Problematik aus dem Theorieraum zu eliminieren, doch entschieden gegen die Verallgemeinerung mehr oder weniger verbreiteter Aspekte doppelter Kontingenz zum sozialen bzw. soziologischen Ausgangs- und Grundproblem.[87] Als solches taucht es historisch typischerweise in der entwickelten bürgerlichen Gesellschaft, ihren Verhältnissen der Privatisierung und Konkurrenz, der rechtlichen Gleichheit und wechselseitigen Anerkennung der (Staats-) Bürger, auf. Denn sie ist »société anonyme«; in ihr vor allem stellt sich für die *Individuen in Privatform* die *Gesellschaft als Umweltform* dar, befreiend oder dramatisch.

In einer anderen denn der von Luhmann präsentierten Denkanordnung des Problems der doppelten Kontingenz könnte man den Zusammenhang zur »Natur der Gesellschaft« besser herstellen und auch »Kontingenz« als soziales Grundphänomen adäquater würdigen. Dazu wäre zu unterscheiden zwischen den Formen, in denen Kontingenz als soziales Phänomen vorfindbar ist bzw. auch als Problem sich stellt, und den Arten und Weisen, wie mit ihr umgegangen oder wie sie absorbiert wird. Vom Standpunkt einer solchen historisch-soziologischen Betrachtung kann dann gegenüber Luhmanns Problematik der doppelten Kontingenz eingewandt werden, daß sie die Komplexität sozialer Kontingenz übermäßig reduziert. Dies tut sie hinsichtlich der Formen, in denen soziale Kontingenz vorkommt, und hinsichtlich der Arten und Weisen des Umgangs mit ihr; ja ferner selbst durch den Umstand, daß Kontingenz vor allem als Problem wahrgenommen und dabei in erster Linie unter dem Gesichtspunkt der Konstitution und Reproduktion sozialer Systeme behandelt wird.

Wenn man in einer Hinsicht sagen kann, daß das »Problem der doppelten Kontingenz« die Individuen *subjektiviert,* kann man in einer anderen Hinsicht sagen, daß es ihr Verhältnis zueinander, ja ihre gesellschaftlichen Verhältnisse insgesamt, *intersubjektiviert* - und dementsprechend die sozialwissenschaftlich zentralen Problematiken konstituiert. Das »Problem der doppelten Kontingenz« behandelt das soziale Sich-aufeinander-Beziehen der Menschen - getreu der theoriekonstruktiven Dominanz des »Sinns« - in der Weise, daß von den *sachlichen* Dimensionen der gesellschaftlichen Beziehungen zunächst völlig abstrahiert wird;[88] sie werden erst später und begrifflich sehr vermittelt berücksichtigt. Die

---

87 Als einen reflektierten Versuch der kritischen Reinterpretation des phänomenologischen Mensch/Welt- bzw. sozialen Interaktionszusammenhangs, bei gleichzeitiger Bestimmung ihrer epistemologischen Grenzen, siehe Holzkamp 1984, 7ff., 38ff., 44ff., 47ff., 51ff.

88 Dagegen etwa Lockwood: Die »allgemeine Vorstellung, daß soziale Organisationsformen irgendwie mit einem gegebenen Satz materieller Bedingungen impliziert sind, ist keineswegs metaphysisch. Die materiellen Bedingungen umfassen aber nicht nur

materiellen Bedingungen des gesellschaftlichen Lebens werden nicht in ihrer Bedeutung für die gesellschaftlichen Beziehungen zwischen den Menschen selbst untersucht, und diese nicht daraufhin, wie sie sich zu jenen verhalten, sie organisieren und aneignen. Wenn so die gesellschaftlichen Verhältnisse zu intersubjektiven Beziehungen werden, werden diese außerhalb ihrer Abhängigkeit von den materiellen Grundlagen des gesellschaftlichen Lebens und außerhalb der Wirkungen ihrer *wechselseitigen* Konstitution angesiedelt.

»Kommunikation« stellt so die Grundform des Sozialen dar, *gesellschaftliche Praxis par excellence.* Andere Praxisdimensionen oder Formen gesellschaftlicher Betätigung werden im theoretischen Dispositiv marginalisiert oder ausgeblendet.

Unmittelbar in den Artikulationsfokus der Theorie fällt nur mit »Kommunikation« verbundenes Handeln - mitteilen und verstehen, erwarten und beobachten etc. Nur mittelbar erfaßt werden Handlungen, die kommunikativ codiert, als Vorgänge in der »Umwelt« mit dem »sozialen System« gekoppelt sind. Unter diesem theoretischen Blickwinkel interessieren vor allem Systemcodes, die von ihnen erfaßten Handlungen werden allenfalls randständig thematisiert. Die Handlungen selbst werden unter dem Aspekt ihrer *Regelung* durch das System betrachtet, wobei implizit unterstellt wird, daß damit hinreichend viel über sie ausgesagt ist. Nicht Thema wird so die Differenz zwischen der Regelung und dem durch sie Geregelten. Wenn Handlungen derart zu einem Struktureffekt der Systemcodes werden, werden die Strukturen, Widersprüche etc. von Handlungen zu blinden Flecken der Theorie. Problematisch sind also der *Status* und die *prinzipielle Form,* in der Handlungen in der Umwelt des Systems theoretisch repräsentiert werden.

Das wird durch Luhmanns Standpunkt zum »System« bzw. seinen Blick auf dessen »Umwelt« verschärft: wenn in der theoretischen Anlage zwar davon ausgegangen wird, daß in der Umwelt nicht völlig vom System kontrollierbares oder systemkonformes Handeln sich ereignet - was für seine Aufrechterhaltung auch gar nicht nötig ist -, so wird dieses jedoch primär unter dem Aspekt der Störung für das System abgehandelt. Und darüber hinaus werden zugleich - und das ist ein nicht nur theoriekonstruktiv, sondern auch politisch zentrales und strategisches Moment - dem menschlichen Handeln die Möglichkeiten zu eingreifendem Handeln, kreativer Gestaltung und Systemveränderung entzogen.

Die Einarbeitung des Autopoiesiskonzepts in die Kommunikationstheorie verstärkt prinzipielle Probleme von Luhmanns Theorieanlage, statt sie in einem neuen Paradigma hinfällig zu machen. Befestigt wird die Grenzziehung zwischen den sozialen Systemen und den Akteuren - deren Abschiebung in die Umwelt und die Hypostasierung der Systeme.[89] Außerdem wird die Beschränkung auf

---

die materiellen Produktionsmittel, sondern auch das, was Weber häufig als materielle Herrschaftsmittel bezeichnet.« (Lockwood 1969, 130)

89 »Die bisherigen Theorien waren in dem Sinn Handlungstheorien, daß sie die gesellschaftliche Organisation über die Handlungen der einzelnen Subjekte gebildet sahen.

einen Typus von Systemelementen und -operationen - Kommunikationen - befördert, welche darüber hinaus mit Mitteilungen als temporalisierten Ereignissen identifiziert werden.

Die Selbstreferentialität der Verkettung von Kommunikationen ermöglicht, ein doppeltes theoretisches Resultat hervorzubringen: sowohl die Spezifik sozialer Systeme auf die Exklusivität ihres Kommunikationstyps zurückzuführen als auch die »Einheit der Gesellschaft« als Einheit aller Kommunikationen zu erklären. So ergibt sich auch recht zwanglos für die Soziologie in der »Einheit aller Kommunikationen« deren spezifischer Gegenstand. Die theoriekonstruktive Eleganz ist groß, doch die Wirkungen mit praktischer Relevanz sind es nicht minder.

So ist eine weitere Folge der »Vorentscheidung über den Begriff des Sozialen und damit auch den Begriff der Soziologie selbst« (Berger 1987, 140), daß Luhmann den Struktur-, Widerspruch- und Konfliktbegriff »semantisiert und versprachlicht« (ebd.).[90] Konflikte werden folglich nicht weiter erfaßt, als wie sie kommuniziert werden, und es gibt keinen Begriff struktureller Widersprüche. Dies kann man als reduzierte Auffassung von »Systemintegration« verstehen,

---

Auch wo wie in der *Marxschen* Theorie systemische Prozesse in den Vordergrund des Interesses rückten, blieb die Bindung an die Handlungen der Akteure erhalten. Die Systemtheorie *Luhmannscher* Provenienz hat mit der Überantwortung des Bildungsprozesses der Gesellschaft an die Gesellschaft selbst und deren Ausstattung als Quasi-Subjekt die Rolle der Handlung opak werden lassen. Von autopoietischen Systemen nämlich gilt, daß sie sich durch ihre Elemente bilden. Soweit deshalb Handlungen als Elemente der Gesellschaft gelten, müssen sie nicht nur ihr zugerechnet, sondern vielmehr auch durch sie gebildet werden. Das aber ist schlechterdings unvorstellbar. Handlungen lassen sich in ihrem Bildungsprozeß und der aus ihm resultierenden Struktur einzig aus den Bedingungen erklären, unter denen reale Subjekte ihren Verkehr mit der Außenwelt organisieren. Handlungen als Elemente im Aufbau der Gesellschaft sind deshalb ein Beweis dafür, daß Gesellschaften zwar als Systeme verstanden werden können, aber gerade nicht als autopoietische Systeme.« (Dux 1994, 121) Vgl. zum letzten Punkt, bei dem Dux sich positiv auf Maturana bezieht, auch Maturana 1990, 38ff.

90 Semantik wird dadurch nicht nur als Medium, sondern auch als Triebkraft sozialer Prozesse unterstellt. »In der Luhmannschen Variante der Systemtheorie spielen Definitionsprozesse, das heißt Veränderungen im Bereich gesellschaftlicher Semantik, eine zentrale Rolle; das ist verständlich, ja zwangsläufig, wenn ›Sinn‹ als Konstitutionskriterium gesellschaftlicher Teilsysteme gilt. Allerdings ist die Erklärungskraft dieser hypothetischen Triebkräfte der sozialen Differenzierung durchaus fragwürdig und vielfach bezweifelt worden. Während das Argumentieren mit funktionellen Imperativen und ähnlichem dabei der Gefahr des funktionalistischen Fehlschlusses unterliegt, fragt es sich bei Veränderungen im Bereich gesellschaftlicher Semantik, ob sie tatsächlich sozialstrukturelle Differenzierung (also zum Beispiel die Bildung sozialer Rollen) *begründen* oder diese doch nicht nur einfach nachzeichnen, also eher ein Epiphänomen statt Triebkraft der Entwicklung sind.« (Mayntz 1995, 142f.)

was entsprechend den Möglichkeitsraum einer allgemeinen Theorie sozialer Systeme sowie einer Theorie des sozialen Wandels einschränkt.[91]

Anknüpfend an die Schlußbemerkung im Abschnitt über Systemtheorie ist nun hinsichtlich der Reproduktionsproblematik festzuhalten: Wenn Autonomie des Sinngeschehens Autonomie der Selbstreferenz des kommunikativen Geschehens heißt, befestigt das die strategische Disposition, die Natur selbst und alles Materielle in die Umwelt der Gesellschaft - in den Set ihrer Voraussetzungen - zu verweisen.[92] »Sinngemäß« reproduziert sich Gesellschaft demnach immer und sogar genau dann, wenn ihre »Kommunikationen« sich fortpflanzen.

Im Kontext von Luhmanns zweifacher Generalisierung des Kommunikationsbegriffs - bezüglich der Informations- und Mitteilungskomponente von Kommunikation und hinsichtlich der Codierung von Handlungen, die außerhalb des sozialen, kommunikativen Systems liegen - blieb ein entscheidender Bezug außer acht. Die System/Umwelt-Differenzierung, die selbstreferentielle Abschließung der Kommunikation und die Trennung zwischen den Emergenzebenen der Realität ist derart ins Extrem getrieben, daß sich die Problematik der umfassenden Reproduktion der Gesellschaft *verschoben* hat in die der Autopoiesis von Kommunikation; sie ist darauf *reduziert* worden. Dabei ist, was bei einer funktionalistischen Methode überraschen mag, die im Medium der Kommunikation sich vollziehende gesellschaftliche Reproduktion von *funktionalen Bezügen* auf außer ihr liegende, materielle Dimensionen weitgehend abgekoppelt. Die Folge der konzeptionellen Entkopplung ist, daß »das Gegebensein der nichtkommunikativen Bedingungen der Möglichkeiten von Kommunikationen« (Ganßmann 1986, 148) vorausgesetzt wird. So verleiht Luhmann der »Kommunikation« die überallgemeine Freiheit, zu *irgendwelchen Themen* sich auszulassen. Kommuniziert wird *über etwas* und nicht *zu etwas Bestimmtem*. Die Verknüpfung der Problematiken der Kommunikation und der materiellen Reproduktion von Gesellschaft würde unumgänglich machen, »fremdreferentielle« Funktionserfordernisse der Gesellschaft in gewissem Grad ihren Kommunikationen *vorzugeben* - oder, mit anderen Worten, die Frage zu entfalten, welche Funktionen eine Gesellschaft notwendig zu erfüllen hat, welche Funktionen durch besondere Formen ihrer Verfaßtheit hinzukommen können, und natürlich auch, welches die Modi ihrer Realisierung sind.

---

91 Da führt Lockwoods Konzept eines »funktionalen Widerspruchs zwischen der herrschenden institutionellen Ordnung eines sozialen Systems und seiner materiellen Basis« (Lockwood 1969, 131) weiter; auch wenn man dessen *terminologischer* Unterscheidung zwischen »System-« und »Sozialintegration« nicht zustimmen will, sollte die mit ihr akzentuierte *These* aufgehoben werden.

92 Es ist, vor allem was die Natur betrifft, ein charakteristischer Mangel der disziplinären Soziologie, die Natur als einfache Ressource der Gesellschaft selbstverständlich vorauszusetzen (vgl. van den Daele 1992).

Dafür ist Luhmanns Grundparadigmatik, in der Form, wie sie ausgearbeitet vorliegt, aber nicht offen genug. Und Kommunikation selbst - ihre Formen, Praktiken, Bedeutungen etc. - könnte theoretisch reichhaltiger und praktisch relevanter konzeptualisiert werden, wenn man sie auch aus ihrer »Einbindung [...] in einen übergreifenden Zusammenhang der Reproduktion von Gesellschaft [zu] erschließen« (ebd.) versuchte.

3.2.3   Evolutionstheorie

Unter dem Terminus Evolution faßt Luhmann Entwicklungsprozesse schlechthin. Unterscheidet er zwar eine »physische (?), chemische und protoorganische, organische und soziokulturelle« (1975a, 152) Evolution, so rechtfertigt er deren Zusammenfassung in einem Begriff durch das »Kriterium der Selbstreferenz«, nach dem »die Differenzierung der evolutionären Mechanismen, die Evolution ermöglicht, wiederum auf Evolution« (ebd., 151) zurückgeführt werden kann. Entsprechend soll »die Evolutionstheorie letztlich die Evolution der Evolution begreifen können« (ebd.).

Für dieses Vorhaben müßten die funktionalen Zusammenhänge zwischen den Ebenen und die genetischen Übergänge rekonstruiert werden. Diese Aufgabe nimmt Luhmann aber nicht weiter wahr, als Ebenen zu differenzieren, ihre wechselseitige Bedingtheit und jeweilige Eigengesetzlichkeit anzusprechen. Aus dem Mangel einer theoretischen Entfaltung resultieren Konzepte wie »Co-evolution« oder, wie schon erwähnt, »Interpenetration«.

Von seiner theoretischen Herleitung und Konsistenz ist Luhmanns Evolutionskonzept ein sehr dürftig bestückter Theoriebestandteil. Dennoch bringt er mit ihm ein doppeltes Ergebnis hervor: die Ableitung von Strukturprinzipien von Gesellschaften und die Ableitung der Abfolge von Gesellschaftstypen - »segmentäre«, »stratifizierte« und »funktional differenzierte«. Sein Stellenwert ist jedoch auch ein eminent politischer: Aussagen über Entwicklungsprinzip und -perspektive der modernen Gesellschaft zu treffen (vgl. 4.1.4, 4.3.1, 4.3.3). Innertheoretische Argumentationen und Beobachtungen haben somit seine *politische Überdeterminierung* zu bedenken. So lautet ein prägnantes Fazit von Luhmanns evolutionstheoretischen Überlegungen: »Fürs Überleben genügt Evolution.« (1984, 645) Abgesehen vom generellen Einwand, daß Evolution gerade auch zum Untergang vieler Lebensformen geführt hat, drängt sich die Frage auf, was die zitierte Feststellung - angesichts der stattfindenden oder drohenden, hauptsächlich anthropogen induzierten Auslöschung von Lebensformen im großen Maßstab - denn anderes als ein »Weiter so« bedeuten soll. Allerdings findet man Luhmanns Evolutionstheorie auch mit anderen Schlußfolgerungen kombiniert. So sagt er an anderer Stelle nicht, daß fürs Überleben Evolution genügt, sondern genau umgekehrt, daß Evolution »immer schon in hohem Maße selbstdestruktiv gewirkt« hat und es sogar »wahrscheinlich [ist], daß die Menschen als Lebewesen wieder verschwinden werden.« (1992f, 149) Was diese widersprechenden Aussagen im Zusammenhang bedeuten, wie sie sinnvoll interpretiert werden können, wird sich weiter unten, im Kontext der »finalen Paradoxie« der modernen Gesellschaft, zeigen.

3.2.3.1   Geschichte als »sozio-kulturelle Evolution«

Richtet man das Hauptaugenmerk auf die sozialwissenschaftlichen Implikationen, kommt als generelles Kritikmoment an der Subsumierung »sozio-kultureller Entwicklungen« unter »Evolution« hinzu, daß dadurch konnotativ die Spezifik gesellschaftlicher Entwicklungsprozesse, die prinzipielle Differenz zwischen naturgeschichtlicher und historisch-gesellschaftlicher Entwicklungsweise zurückgedrängt wird. Weitere homogenisierende Bedeutungseffekte entspringen Luhmanns Verfahren, durch Analogisierung biologischer Konzepte zu Konzepten sozio-kultureller Entwicklung zu gelangen.

Dieses Vorgehen befördert einerseits den interdisziplinären systemtheoretischen Zusammenschluß. Andererseits produziert die universalisierende Rede von »Evolution« problematische »semantische Bahnungseffekte« (Anderson 1988). Die sinnfälligsten sind wohl, daß Luhmann allgemein die theoretische Konzeptualisierung von historischen Brüchen, und so auch von revolutionären Umbrüchen, außer acht läßt. Zudem, daß den Menschen die Denkmöglichkeit, über ihr historisches Geschick - die *Geschichte* - selbst zu verfügen, ins Unfaßbare der zur Übermacht naturalisierten *Evolution* entrückt. Ihre volle Problematik entfaltet Luhmanns Evolutionstheorie im Zusammenhang mit der Operationsweise und historischen Perspektive der modernen, »funktional differenzierten Gesellschaft«.[93]

In der Theorie sozio-kultureller Evolution sieht Luhmann »das eigentliche Theorieangebot der Soziologie für die Geschichte« (1975a, 150). Er behauptet sie als einziges Reflexionsangebot, das »nach dem Zusammenbruch dialektischer Geschichtskonstruktionen [...] der Gesellschaft eine Theorie ihrer Geschichte, ein Konzept für die Zeitdimension ihrer Existenz bieten könnte« (1983, 193).

»Soziokulturelle Evolution« gibt es nur auf der Ebene des Gesellschaftssystems und der von dort aus gebildeten Subsysteme« (ebd., 196). Wie nun diesen umfassenden Prozeß bestimmen? Ohne weitere Umstände fragt Luhmann »nach der entsprechenden Besetzung der Darwinschen Evolutionsfunktionen im Falle der soziokulturellen Evolution« (ebd., 198; vgl. zur Parallelisierung von organischer und soziokultureller Evolution 1981c, 185f.). Demnach geht es darum, wie verschiedene »Funktionen der Variation, der Selektion und der Stabilisierung differenziert, das heißt durch verschiedene Mechanismen wahrgenommen, und dann wieder kombiniert werden.« (1975a, 150)

---

93   Zu den Bedeutungsfeldern von »Evolution« vgl. Williams 1983, 120ff.

Die »*Variationsmechanismen* der Gesellschaft« sieht Luhmann »primär durch *Sprache* garantiert« (ebd., 151), da mit ihr »Nein« gesagt und Konflikte ausgelöst werden können. Als »*Selektionsmechanismus* dient zunächst in weitem Umfange die Sprache selbst in ihrem sozialen Suggestiv- und Bestätigungswert; später, vor allem nach Erfindung der Schrift, wird sie ergänzt durch besondere *symbolische Codes*, die die Wahrscheinlichkeit der Annahme von Kommunikationen erhöhen und dadurch dem kommunikativen Erfolg und seinen symbolisch fixierten Bedingungen einen besonderen Selektionswert verleihen.« (Ebd.) Die daran anknüpfenden »großen Systembildungen der späteren Gesellschaftsentwicklung« erfüllten als »*Systemdifferenzierung* [...] die Funktion der *Stabilisierung;* erst sie sichert über den kommunikativen Erfolg hinaus die Reproduzierbarkeit von Problemlösungen unter sich ändernden Umweltbedingungen.« (Ebd.; siehe dazu auch 1983, 198f.)

Aus dem Zwang der Gesellschaft als einem temporalisierten System »zur laufenden Selbstreproduktion (Autopoiesis)« (1983, 197) leitet Luhmann Offenheit »für Evolution, [...] für *abweichende Reproduktion*« (ebd.; Hervorhebung D. B.) ab. Diese kommt durch die immer bestehende »Differenz von Möglichkeitshorizont und Wirklichkeit« (1975a, 155) zustande. Prozesse verbinden »bestimmtes Geschehen/Nichtgeschehen mit anderem Geschehen/Nichtgeschehen.« (1981c, 188) So resultiert eine »*immanente* Historizität« (ebd., 189) daraus, daß in den Prozessen »ohne Anhaltspunkt in der *Selektivität* des Vorher die *Selektivität* des Nachher sich gar nicht bestimmen könnte« (ebd., 188f.). Doch Luhmann geht es »weder um Erklärung noch um Prognose bestimmter Zustände, wenn ›Erklärung‹ heißt, daß Aufschluß über die wichtigsten Ursachen gegeben wird.« (1983, 194) Hinsichtlich »Strukturänderungen« (ebd.) liegt das Erkenntnisinteresse vor allem »in der *Formulierung von Bedingungen und Folgen der Differenzierung evolutionärer Mechanismen.*« (1975a, 152)

Luhmann ergänzt das unter dem Motto »abweichende Reproduktion« *begradigte* entwicklungslogische Denken durch eine Reihe begrifflich interessanter »Hilfskonzepte der Evolutionstheorie« (1981c, 191). So steht »*Äquifinalität*« für den Umstand, »daß unter der Bedingung von Evolution strukturell gleichartige Problemlösungen aus verschiedenen Ausgangslagen entwickelt werden können, weil in komplexen System/Umwelt-Beziehungen der Bereich möglicher Problemlösungen sehr begrenzt ist.« (Ebd.) »*Preadaptive advances* sind Errungenschaften, die im Rahmen eines älteren Ordnungstypus entwickelt und stabilisiert werden können, die aber erst nach weiteren strukturellen Änderungen des Systems in ihre endgültige Funktion eintreten. Preadaptive advances sind sozusagen Lösungen für Probleme, die noch gar nicht existieren.« (Ebd.) Luhmann spricht von »*evolutionären Überleitungen*«, »wenn Formen oder Institutionen eigens im Hinblick auf Umbruchsituationen entwickelt werden«, die dann »als Reaktionen auf Strukturprobleme des je gegenwärtigen Gesellschaftssystems« (ebd.) begründet sind. Ferner sind »*typenprägnante Problemlösungen*« (ebd.) solche, »die ihr Bezugsproblem ausdifferenzieren und sich darauf spezialisieren

unter Überwindung von Risiken und unter Eliminierung von Alternativen.«
(Ebd., 192)

3.2.3.2 Geschichts- und Gesellschaftstypologie vermittels »primärer gesellschaftlicher Differenzierungsprinzipien«

Gesellschaftliche »Evolution« wird also durch die drei Funktionen Variation, Selektion und Stabilisierung bestimmt, für die sich je spezifische Mechanismen herausbildeten. Luhmann leitet nun »sehr globale Typen bzw. Epochen gesellschaftlicher Entwicklung« ab, indem er »Trenn- und Ablösungsvorgänge zwischen diesen Mechanismen als Schwellen der soziokulturellen Evolution interpretiert« (1975a, 152). So ergibt sich eine Gesellschafts- und Geschichtstypologie: Nach dem »Modus ihrer primären Innendifferenzierung« (1981c, 190) werden »segmentäre (archaische), stratifizierte (hochkulturelle) und funktional differenzierte (moderne) Gesellschaften« (ebd.) unterschieden.[94] Diese Reihung ist nicht neu, sondern hat in Spencer und Durkheim ihre soziologischen Vorläufer. Der Übergang zwischen diesen typischen Gesellschaftsstrukturen werde durch Probleme vorangetrieben, die der Nichtdifferenziertheit der evolutionären Mechanismen geschuldet seien (siehe 1975a, 152f.). Das heißt in der Folge, daß der evolutionäre Prozeß als *Ausdifferenzierung* beschrieben wird, was das Vorhandensein eines ursprünglichen Kerns impliziert, der in sich bereits die Anlagen des Entwickelten enthält, die in der weiteren Entwicklung nur noch zu entfalten sind. Ferner wird unterstellt, daß abhängig davon, »welches Prinzip für die primäre Differenzierung gewählt wird«, dann auch die »Komplexität der Gesellschaft« (1975c, 198) abhängt. Von der »funktional differenzierten Gesellschaft« heißt es, sie ermögliche »die größte Systemkomplexität, weil es [= das Differenzierungsprinzip; D. B.] auf sekundäre Stufen der Differenzierung auch Schichtung und auch segmentäre Differenzierung zuläßt.« (Ebd.) Das heißt nun doch, gegen den erklärten Willen zum Abschied von geschichtsphilosophischen Konstruktionen, daß die historischen Vorläufer ärmer an Differenzierungsprinzipien sind und daß die Entwicklung von niederer zu höherer Komplexität verläuft.

Die weiteren, offensichtlichsten epistemologischen Probleme sind nun folgende: Als *geschichtliche* Phaseneinteilung und als *Gesellschafts*typologie ist dieses Schema sehr grobschlächtig. Der theoriekonstruktive Grund dafür liegt in der doppelten Behauptung, für jeden Gesellschaftstyp gebe es *genau ein* Differenzierungsprinzip, das gegenüber den anderen einen *primären* und in dieser Hinsicht

---

94 Nämlich »(1) *segmentäre* Differenzierung auf der Basis der Gleichheit von Systemen und Umwelten; (2) *schichtungsmäßige* Differenzierung auf der Basis rangmäßiger Gleichheit im System und Ungleichheit im Bezug zur Umwelt; und (3) *funktionale* Differenzierung auf der Basis funktionaler Gleichheit im System und funktionale Ungleichheit im Bezug zur Umwelt.« (1975c, 197)

exklusiven Status besitzt. Luhmann setzt das schlicht voraus. Was zur Konsequenz hat, daß es für die Bestimmung der Grundstruktur einer Gesellschaft ausreicht, ein Differenzierungsmuster als vorrangig bzw. dominant zu *identifizieren*. Gleichzeitig wird das Verhältnis der Differenzierungsprinzipien zueinander als statische Anordnung festgelegt. Der Vorrang eines Differenzierungsprinzips ist demnach unbedingt und durchgängig.

Von Anfang an wird so die Möglichkeit zur Erfassung und Bestimmung weitaus größerer Komplexität ausgeschlossen und vergeben, die zwar höhere Anforderungen an die theoretischen Begriffe stellt, komplizierter zu erschließen und aufwendiger zu realisieren ist, doch in jedem Fall realitätsadäquater ist. Größere Komplexität und Differenzierung könnte man erstens erreichen, wenn etwa die Grundstruktur einer Gesellschaft aus verschiedenen, sich auch wechselseitig *bedingenden* und *durchdringenden* Differenzierungsformen gedacht wird. In der Folge könnte man zweitens ersehen, wie deren *Anordnung* innerhalb einer bestimmten Gesellschaftsform *Veränderungen* unterliegen und *Relevanzen* bzw. *Dominanzen Verschiebungen* erfahren. In einer solchen Perspektive verfahrend könnte drittens erörtert werden, worin Dominanzen genau bestehen und wie sie sich überhaupt äußern. Dafür müßte man viertens davon abrücken, den *einen Angelpunkt* der gesellschaftlichen Grundstrukturbildung zu unterstellen - was Luhmann trotz anderslautenden Bekenntnisses der Verabschiedung archimedischer Punkte der Weltbeschreibung hier ja doch tut. In der Folge könnten fünftens die differentielle Verteilung von Differenzierungsformen - hinsichtlich ihrer Ausprägung und Gewichtung - für verschiedene *Ebenen* und *Bereiche* des gesellschaftlichen Lebens rekonstruiert werden. Dabei dürfte sechstens spätestens deutlich geworden sein, daß weit mehr als die drei genannten Differenzierungsprinzipien in die Analyse einzubeziehen wären.

Diese Gesichtspunkte signalisieren als theoretische Kriterien und Maßstäbe gleichsam Offenheit für reale Komplexität. Mit ihrer Auflistung soll auf *blinde Flecken* in der theoretischen Anlage aufmerksam gemacht und sollen *nichtbegründete Voraussetzungen* kritisiert werden. Denn wenn in der Grundlegung einer Theorie derart weittragende Entscheidungen, wie die Bestimmung und Anordnung von Differenzierungsprinzipien sie darstellen, gefällt werden, hat dies enorme und eben problematische Konsequenzen für die Ausformulierung der Theorie und für ihre Möglichkeit, historisch-empirische Wirklichkeit zu erfassen sowie auch für ihre Kompetenz, Handelnde zu orientieren und Eingriffe in die Wirklichkeit zu organisieren.

Wenn Luhmann Differenzierungsprinzipien einer primären oder einer sekundären Stelle zuordnet, bewirkt dies grundlegende Bedeutungsunterschiede im Hinblick auf den Ausdehnungskreis der Strukturierungsprinzipien sowie auf ihre Prägekraft für die Konstitution sozialer Zusammenhänge.[95] Folglich lautet

---

95 Hondrich setzt seine Kritik an Luhmann ähnlich an. Ich weise auf ihn hin, weil er für seine »Thesen von der *gleichrangigen* Differenzierung der Differenzierungsformen und von der [...] Verschränkung der Differenzierungsformen« (Hondrich 1987, 278)

kurzgefaßt der weitestreichende theoretische Einwand: Solcherart Theoriekonstruktion schließt sich gegen historische, gegen empirische Forschung ab. Diese findet gleichsam sekundär als Thematisierung des Zusammenhangs von Gesellschaftsstruktur und Semantik statt, so daß Differenzierungen also ins semantische Feld verschoben werden (vgl. 1980, 1981h, 1989). Semantik ist eine Instanz, die allerdings selber eine Verdichtung der je vorherrschenden Bedeutungen darstellt, diese so nicht als umkämpfte bzw. gespaltene vorstellt.

Seinem evolutionären Differenzierungsschematismus von »Variation«, »Selektion« und »Stabilisierung« entsprechend sieht Luhmann das Tempo der Evolution in dem Maße zunehmen, »als Variationsmechanismen unabhängig von Selektionsmechanismen und Selektionsmechanismen unabhängig von Stabilisierungsmechanismen institutionalisiert sind« (1975a, 152). Da diese Entwicklung mit dem Übergang zur »funktional differenzierten Gesellschaft« vollzogen sei, begänne mit »der Entwicklung zur bürgerlichen Gesellschaft der europäischen Neuzeit [...] ein zuvor unmögliches Tempo der Abfolge struktureller Änderungen, in dessen Vollzug sich ein neuartiger Gesellschaftstypus herauszubilden scheint, der seine Stabilität auf seine Variationsfähigkeit gründet und umgekehrt seinen Stabilisierungsmechanismus, eine weitgetriebene funktionale Systemdifferenzierung, zur Erzeugung von Variation einsetzt.« (Ebd., 152f.) Aus dieser Konstellation, die die spezifische Innovationsdynamik der modernen Gesellschaft begründet, erwachsen dann der »modernen« Gesellschaft selbst neue Probleme in Form neu geschaffener und intern abzustimmender Komplexität.

3.2.4   Verknüpfungsfeld: »Symbolisch generalisierte Kommunikationsmedien«

Die »symbolisch generalisierten Kommunikationsmedien« sind ein Vermittlungsglied zwischen Luhmanns sozialwissenschaftlicher Grundlagentheorie und der Theorie der modernen alias funktional differenzierten Gesellschaft. Ein parallel laufender Prozeß ist demnach die Herausbildung von Kommunikationsmedien und die Ausdifferenzierung funktionsspezifischer gesellschaftlicher Subsysteme: »Modern society has one of its distinguishing features in the fact that media differentiation has become the principle of subsystem-building at the level of the societal system.« (1976, 519) Die spezifische, evolutionär stabilisierende Leistungsfähigkeit der Kommunikationsmedien wird in der Verbindung der *Übertragung von Kommunikationsangeboten* mit einer *höheren Wahrscheinlichkeit ihrer Annahme* bestimmt: Media »solve the problem of double contingency

---

Beispielmaterial - zum Teil ethnologischer Art - liefert, das auf dem Terrain der Kommunikation angesiedelt ist. Ebenda findet sich als weiterer Kritikpunkt der Hinweis »auf die *Mehrdeutigkeit* sozialer Differenzierungsprozesse für Beobachter und Beteiligte [...], je nach deren eigener sozialer Lage und dem Differenziertheitsgrad ihrer Wahrnehmung und Bedürfnisse.« (Ebd., 295)

through transmission of reduced complexity. They employ their selection pattern as a motive to accept the reduction, so that people join with others in a narrow world of common understandings, complementary expectations, and determinable issues.« (Ebd., 512) Die allgemeine *Funktion* der Kommunikationsmedien liegt also in der *Motivierung* zu Anschlußhandlungen. Die Notwendigkeit, »durch die Art der Selektion zur Annahme zu motivieren« (1975b, 175), konstituiert Anforderungen an die *Codierung* der Medien, die dies leisten soll. Medien haben so die »Selektivität« eines Systems als Vorgaben für die »Selektionsmöglichkeiten«, die Wahlmöglichkeiten von »ego« und »alter«, zu präsentieren. »Medien-Codes sind Präferenz-Codes. Ihre Duplikationsregel beruht auf der Wert/Unwert-Dichotomisierung von Präferenzen. Sie konfrontiert Vorkommnisse, Fakten, Informationen mit der Möglichkeit, Wert oder Unwert zu sein, zum Beispiel wahr oder unwahr, stark oder schwach, recht oder unrecht, schön oder häßlich.« (Ebd.) Dabei kommt es »zur Ausdifferenzierung symbolisch generalisierter Kommunikationsmedien immer dann, wenn eine solche Codierung von Präferenzen sich einbauen läßt in eine spezifizierte Zurechnungskonstellation und sich damit verwenden läßt zur Regelung von Sonderproblemen und zum Aufbau funktionsspezifischer Sozialsysteme.« (Ebd., 176)

In der Ableitung des Code-Begriffs geht Luhmann aus von einer »Differenz der Perspektiven und daher auch [der] Unmöglichkeit vollkommener Kongruenz des Erlebens.« (Ebd., 172) »Diese Grundlage aller Kommunikation wird in der sprachlichen Kommunikation strukturell akzeptiert und durch Bereitstellung von Negationsmöglichkeiten berücksichtigt.« (Ebd.) Unvermittelt weist Luhmann nun dem »Negationspotential« der Sprache »die Funktion einer Duplikationsregel« zu, die »für alle vorhandenen Informationen zwei Fassungen zur Verfügung stellt: eine positive und eine negative.« (Ebd.) »Strukturen mit dieser Funktion einer Duplikationsregel« nennt Luhmann dann »(in Anlehnung an biogenetische, nicht an linguistische Konzepte) *Codes*« (ebd.). Das Potential der Sprache zur differentiellen Artikulation - Bedingung der Möglichkeit, der Vielfalt an Bedeutungsdifferenzen Ausdruck zu verleihen - wird eingeengt auf ihr Potential zur Negation, und dieses wird auf eine *Verdoppelungsfunktion* in Form binärer Codes festgelegt.

Das ist nicht einleuchtend: Informationen können nicht nur in eine Positiv- und eine Negativfassung, sondern auch in verschiedene Abstufungen und Schattierungen, in Fassungen außerhalb oder quer zu dieser Komplementarität gebracht werden. Es ist nicht zwingend, Positiv- und Negativfassung als Code zu unterstellen. Merkwürdig ist, daß Luhmann Eigenschaften der Sprache bemüht, gleichzeitig aber einen linguistischen Codebegriff ablehnt. Die Organisierung von Präferenzwerten muß nicht dichotomisch, binär strukturiert sein; dem allgemeinen Erfordernis von Kommunikation folgend[96] - eine Codierung zu ver-

---

96 Luhmann spricht die Codierung als allgemeine Bedingung von Kommunikation an, ohne dabei *Binarität* ins Spiel zu bringen: »Codierte Ereignisse wirken im Kommunikationsprozeß als Information, nichtcodierte als Störung (Rauschen, noise). Die

wenden, die »Mitteilen« und »Verstehen« kompatibel macht - kann diese mit »zusätzlicher«, nichtbinärer Komplexität an Codierungsleistung angereichert werden. Die Codierung spezifischer sozialer Systeme muß dann nicht auf einen einzigen Code und dieser nicht auf Binarität festgelegt werden. Kann man zwar von jeder Information eine prinzipielle Negativversion unterstellen, so jedoch nicht ihrer beider *Fixierung* in Form eines binär strukturierten Codes. Binäre Codes, wie abgeschwächt auch andere Codes, beruhen auf einer Anordnung bestimmter Werte, die aufeinander verweisen. Hingegen sind zu bestimmten Informationen - »positiven« Bedeutungen - verschiedene »negative« Fassungen denkbar, die jene nicht einfach komplementär negieren. Codes liegen nicht fertig vor, sie müssen erst zu solchen *organisiert* werden.

Dabei muß man generell unterscheiden zwischen Codes, die spezifische Mechanismen der Bedeutungsproduktion und Sozialregulation darstellen, und solchen, die mit der Sprache selbst schon gegeben sind; sowie darüber hinaus als dritte Dimension Codes auf organischer Ebene: neuronale Wahrnehmungscodes, genetische Codierungen.[97] Luhmann, sonst rigider Verfechter des Emergenztheorems, schließt hinsichtlich binärer Codierung die Ebenen kurz, wenn er auf die Bemerkung, binäre Schematisierung sei notwendig für Konsistenzprüfungen innerhalb rekursiver Prozesse, die Behauptung folgen läßt: »Schon das Gehirn funktioniert so, und für psychische wie für soziale Systeme wird dasselbe gelten. Die Codierung wahr/unwahr (als Beispiel) gibt diesem Schematismus nur seinen letzten semantischen Schliff und zugleich die Form, die nur unter sehr besonderen Umständen verwendet wird.« (1990c, 45)

»Symbolisch generalisierte Kommunikationsmedien« sind wesentlich auch *Machtmittel;*[98] die Struktur ihrer Codierung ist Teil ihrer Wirksamkeit.

> »Über symbolische Generalisierungen wird es möglich, Identität und Nichtidentität zu kombinieren, also Einheit in der Mannigfaltigkeit darzustellen und als Beschränkung des Möglichen erwartbar zu machen. Mit Hilfe symbolischer Generalisierungen kann deshalb jeder Partner einer Kommunikationsbeziehung seine eigenen Selektionen kommunikationslos mit einer interpretierten Realität und Intentionalität anderer abstimmen, in der er selbst als Objekt vorkommt. Binäre Schematisierung setzt diese Leistung voraus und ermöglicht überdies: (1) in der *Sozial*dimension das *Zumuten* harter, aus nur zwei Elementen (z. B. recht/unrecht) bestehender Alternativen; (2) in der *Zeit*dimension ein *Progressivwerden* von Operationen in dem Sinne, daß eine Selektion auf die andere aufbauen, sie jederzeit wiederholen (also ihre Wiederholbar-

---

Codierung muß als operative Vereinheitlichung von Information und Mitteilung durch Alter und Ego gleichsinnig gehandhabt werden.« (1984, 197)

97 Vgl. Bystrina 1989a, 80ff. und 1989b, 103ff.

98 Die »symbolisch generalisierten Kommunikationsmedien« bedeuten auch, was Weber von »Machtmitteln« sagte: »*Macht* bedeutet jede Chance, innerhalb einer sozialen Beziehung den eigenen Willen auch gegen Widerstreben durchzusetzen, gleichviel worauf diese Chance beruht.« (Weber 1975, 28)

keit implizieren) und bei festgehaltenem Sinn fortsetzen oder ersetzen kann; (3) in der *Sach*dimension das Übergreifen sehr *heterogener* Situationen durch lange, inhaltlich zusammenhängende Selektionsketten, indem man etwa aus Wahrheiten, die in einer Situation gefunden wurden, für ganz andere Situationen Schlüsse zieht, oder Übermacht in einer Situation gebraucht, um ganz andere Situationen zu beherrschen.« (1975b, 177)

Im Kontext institutioneller Funktionssysteme organisieren und realisieren die symbolisch generalisierten Kommunikationsmedien ihre spezifische Vergesellschaftungsmächtigkeit. Bestimmt Luhmann sie als sozialregulative Integrations- und Motivierungsmechanismen, so begradigt er jedoch ihre Machtfunktion und ihren Stellenwert in asymmetrischen Beziehungen: durch die analytische Gleichschaltung von Geld, Macht, Wahrheit und Liebe. Dies wird befördert durch die Betonung der Funktion von Medien, Kommunikation zu ermöglichen, den Zusammenhang eines sozialen Systems zu stiften, wie auch durch ihre Herleitung aus Sprache, die Gleichsetzung sprachlichen Negierens und medialer binärer Schematismen.[99] Teilweise gebrochen wird die horizontalisierende Gleichordnung durch Unterschiede, die Luhmann aus der Kreuztabellierung von ego/ alter und erleben/handeln gewinnt (vgl. 1975b, 174ff., 1981a).[100]

Betrachtet man ferner, in welchem Maße die von Luhmann veranschlagten Codes der gesellschaftlichen Funktionssysteme im einzelnen ausgearbeitet und begründet worden sind, ergeben sich beachtliche Unterschiede. Diesen kann hier im einzelnen nicht nachgegangen werden, doch ist wohl der Nachweis am besten

---

99 Speziell zu diesen Punkten vgl. auch Engler 1991, 67ff., allgemeiner zu Luhmanns Medientheorie vgl. Künzler 1987 und 1989 sowie Jensen 1984.

100 Wichtig für Luhmanns Theorie symbolisch generalisierter Kommunikationsmedien ist noch folgendes: Um die Medien-Codes abzustützen, können *Zweit-Codierungen* hinzukommen - so wie etwa im Falle der Macht der »Schematismus Recht/Unrecht ein Erfordernis technischer Effizienz und operativer Spezifikation zu sein« (1975b, 179) scheint. Medien besitzen ferner *Neben-Codes,* wie z. B. die »Zigaretten-Währung bei Nichtfunktionieren des Geldsystems« (ebd., 183). Diese sind »von Funktionsmängeln des Haupt-Codes« abhängig und beschränken sich auf dessen »Ordnungsbereich« (ebd.).
Die symbolisch generalisierten Kommunikationsmedien der gesellschaftlichen Funktionssysteme zeichnen sich schließlich durch einen spezifischen Umweltbezug, insbesondere durch einen Bezug auf die Organizität menschlichen und gesellschaftlichen Lebens aus. Die Medien bildeten »Regulative für ihr Verhältnis zu organischen Prozessen aus.« (Ebd., 181) Diese für ihr Funktionieren notwendigen, sogenannten *symbiotischen Mechanismen* seien »für Wahrheit Wahrnehmung; für Liebe Sexualität; für Eigentum/Geld Bedürfnisbefriedigung; für Macht/Recht physische Gewalt.« (Ebd.) Dabei seien die jeweiligen Zuordnungen »nicht austauschbar. Mit der Spezifikation des Mediums sind vielmehr zugleich Spezifikationen organischer Relevanzen gegeben.« (Ebd.) Die symbiotischen Mechanismen dienen der *Absicherung* und der *Funktionskontrolle* der symbolisch generalisierten Kommunikationsmedien (vgl. 1981d).

für Recht und Wissenschaft, bereits weniger gut für Wirtschaft, ziemlich unbefriedigend für Politik geführt worden.[101]

Zurück zur Problematik der binären Handlungscodierung: Den Umstand, daß es etwa ein Morse-Alphabet gibt, wo »jedem Item des einen Symbolsystems ein Korrelat in einem anderen« (1987b, 13) gegeben ist, also die *Möglichkeit* zur Duplikation sprachlicher Aussagen in eine Ja- und eine Nein-Fassung, generalisiert Luhmann zur *notwendigen* Binarität von Codes. Dieser Schluß ist allerdings keineswegs zwingend.[102]

Es ist nicht so, daß Luhmann nicht um andere Codebegriffe wüßte. Als alternativen Begriff zu seinem führt er »einen nichtbeliebigen, in sich abgestimmten, Widersprüche aber nicht ausschließenden Zusammenhang von Symbolen« vor, der so »eine Reihe von Direktiven zusammenstellt.« (Ebd.) Sozialwissenschaftlich ist meines Erachtens ein solcher dem, der Genetik formal entlehnten, binarisierten und rigiden Codebegriff vorzuziehen, da er flexibler und ausbaufähiger, der Natur des Sozialen also angemessener ist. Jener alternativen Begriffsoption - wie sie etwa in den Untersuchungen von Foucault entwickelt worden ist (vgl. beispielsweise Foucault 1981) - wird nun vorgehalten, »kein Abgrenzungskriterium« zu enthalten, um »festzustellen, welche Direktiven oder Symbole zu einem Code gehören und welche nicht«, *ohne* »eine besondere Kultur, eine Tradition, eine regionale Eigenart usw. schon [zu] kennen« (ebd.). Vom Standpunkt empirischer Forschung, und daran rückgekoppelter Theoriearbeit, ist diese Argumentation äußerst unbefriedigend: *Um* Forschungen zu umgehen, werden Codes durchgängig auf binäre Schematisierung festgelegt; das Fehlen bzw. Nichtberücksichtigen konkreten Anschauungsmaterials erlaubt, ein einfaches und material festgelegtes wie festlegendes Prinzip zu wählen.

Die Reduktion der Komplexität von Codes, ihre Identifizierung als binäre Struktur, bewirkt, daß das Verdrängte in anderer Form wieder auftauchen muß. Da die komplexen Anordnungen, die Codes darstellen können, auf unterschiedliche An/Aus-Mechanismen verengt werden, wird nun die Konditionierung der

---

101 Doch werden auch im Falle des wissenschaftlichen Codes von wahr/unwahr oder des rechtlichen Codes von recht/unrecht ernsthafte Einwände vorgebracht; vgl. Knorr-Cetina 1992, 410ff. und Frankenberg 1989, 705ff.

102 Es »steht fest, daß der Binarismus eine sehr weit verbreitete Tatsache ist; seit Jahrhunderten ist es ein anerkanntes Prinzip, daß sich die Information mit Hilfe eines binären Codes befördern läßt, und die meisten künstlichen Codes, die ganz unterschiedliche Gesellschaften erfunden haben, sind binär gewesen, vom ›Buschtelegraph‹ (insbesondere dem *talking drum* der kongolesischen Stämme mit zwei Tönen) bis hin zum Morsealphabet und den heutigen Entwicklungen des ›Digitalismus‹, oder alternativen Codes mit ›digits‹, in der Mechanographie und der Kybernetik. Wenn wir jedoch die Ebene der ›Logotechniken‹ verlassen und uns den nicht-künstlichen Systemen zuwenden, die uns hier interessieren, so erscheint die Universalität des Binarismus weitaus ungewisser.« (Barthes 1983, 67)

Wahlbedingungen zwischen den beiden Polen als komplex strukturierte vorgestellt:

»Diese Codierung strukturiert alle Operationen des Systems, welchen Inhalts immer, als Wahl zwischen Ja und Nein. Dabei impliziert jede Wahl die Negation der Gegenmöglichkeit. Diese Voraussetzung erfolgt auf Grund des Codes zwangsläufig; aber sie ist gleichwohl konditionierbar durch Bedingungen der Wahl zwischen Ja und Nein. Sie ist damit geschlossen und offen zugleich.« (1984, 603)

Als Begriff für die Konditionierung der »Bedingungen der Wahl zwischen Ja und Nein« fungiert *Programmierung*. Gegenüber der »scharfen Reduktion« (1987b, 14) des Codes, der, »verglichen mit der immensen Reichhaltigkeit von Aussagemöglichkeiten, nur zwei Werte zur Verfügung« (ebd.) stellt, ermöglicht das »Auseinanderziehen von Codierung und Programmierung« (ebd., 15), »die im zweiwertigen Code stets ausgeschlossenen dritten Möglichkeiten ins System wiedereinzuführen und so die Limitationen der zweiwertigen Logik zu unterlaufen.« (Ebd.)

Die gegenüber der binären Codierung flexible Programmierung des Handelns besitzt ihre sozialregulative Funktion für Luhmann darin, »die Bedingungen der Richtigkeit des Handelns entweder an Hand von Auslösebedingungen oder an Hand von bezweckten Folgen oder an beiden Gesichtspunkten« (1984, 278) festzumachen. Entsprechend unterscheidet er zwischen »Konditionalprogrammen und Zweckprogrammen« (ebd.).[103]

Luhmanns Codebegriff und der Begriff der Programmierung gehören zusammen; sie sind komplementär hinsichtlich der erfaßten oder erfaßbaren Komplexität, der strukturellen Festgelegtheit und handlungspraktischen Offenheit. Die Codes der symbolisch generalisierten Kommunikationsmedien und damit ausdifferenzierter Funktionssysteme - insbesondere der »modernen Gesellschaft« - stehen nicht zur Disposition, entziehen sich von vornherein der Gestaltung; verändert werden können allein Programme, d. h. Orientierungen und Verhaltensweisen den Codes gegenüber.

---

103 Zu diesen »Erwartungsordnungen« (ebd., 432) siehe genauer Luhmann 1968a.

4.   »Funktionale Differenzierung« als Dispositiv moderner Gesellschaften

Luhmann besteht darauf, daß eine adäquate Theorie zur Beschreibung der modernen Gesellschaft, die den Titel Gesellschaftstheorie verdient, noch fehlt. Auf diese Lücke hin stellt er die neueren Entwicklungen in der allgemeinen Systemtheorie als die vielversprechendsten Mittel und seine Universaltheorie als daraus resultierende und adäquate soziologische Synthese dar. So kann man sagen, daß diese in der »modernen Gesellschaft« ihren eigentlichen Fluchtpunkt besitzt; und umgekehrt, daß die »moderne Gesellschaft« aus der soziologischen Universaltheorie strukturierende Prinzipien der Beschreibung ihrer Eigenheiten und Entwicklungsperspektiven bezieht, gleichsam als ihre Verkörperung auftritt.

»Die Epoche der europäischen, weltweit expandierenden bürgerlichen Gesellschaft ist abgeschlossen. Wir haben es mit dem Resultat ihrer historischen Effektivität, mit dem Gesellschaftszustand zu tun, den sie geschaffen und hinterlassen hat.« (1975c, 193) Soll dies heißen, daß die bürgerliche Gesellschaft an ihre historische Grenze oder das »Projekt der Moderne« zur Vollendung gelangt ist, daß sich ihre Verheißungen erfüllt, als Illusionen entlarvt oder als unauflösbare Ambivalenzen erwiesen haben? Folglich stellt sich auch die »Frage der Kontinuität oder Diskontinuität jener Institutionen oder Errungenschaften, die die heutige Weltgesellschaft herbeigeführt haben - im politischen ebenso wie im ökonomischen, im rechtlichen ebenso wie im pädagogischen und im wissenschaftlichen Bereich.« (Ebd.) Und daran anschließend die Frage, wie »dies Kontinuieren oder Diskontinuieren theoretisch erfahren und verarbeitet werden [kann] - ganz zu schweigen von hochfliegenden Ansprüchen an Prognose, Planung und Steuerung« (ebd.).

In Luhmanns Theorieansatz ist einerseits die moderne Gesellschaft das aus Problematiken der Reduktion von Komplexität und der Überbrückung doppelter Kontingenz erwachsene, universale Produkt soziokultureller Evolution. Andererseits werden die universaltheoretischen Konzepte in der »modernen Gesellschaft« gebündelt, verdichtet, beziehen von ihr her ihren konkretisierenden Sinn. Wenn demnach die Entstehungs-, Struktur-, Funktions- und Entwicklungsprinzipien der modernen Gesellschaft universale sind, verknüpft sich das Schicksal dieses Gesellschaftstyps mit dem der Welt insgesamt. Im Raume der Theorie verschmelzen theoretischer Zugriff und politischer Eingriff, Perspektive auf die Praxis und praktische Konsequenz.[104]

---

104 Zu Kontext und Kritik sozialwissenschaftlicher Modernisierungs- und Evolutionstheorien vgl. Wehling 1992.

Das Struktur- und Wirkungsdispositiv der modernen Gesellschaft - die ihr zugeschriebenen Charakteristika und Funktionsprinzipien, Entwicklungsperspektiven und Folgen - steht mit der Theorieanlage bzw. dem Netz begrifflicher Artikulationen und ihren Bedeutungseffekten in einem *Verhältnis wechselseitiger Konstitution*. Sie können nicht zusammenfallen oder sich in einer einfachen Abbild- bzw. Projektionsbeziehung erschöpfen, da die Theorie der modernen Gesellschaft Ergebnis einer spezifischen Konstruktionsarbeit ist und der »modernen Gesellschaft« eine reale Gesellschaft mit eigener Dynamik zugrunde liegt. Aufgrund der irreduziblen Differenz und der spezifischen Einheit zwischen theoretischem Gegenstand und realem Objekt ist die Wahrnehmung der Wirklichkeit abhängig von der Theorie und die Formulierung der Theorie abhängig von der Wirklichkeit - doch in beiden Fällen nur als Spektrum von Möglichkeiten determiniert (vgl. 1.).[105]

4.1   Politik der theoretischen Position

Die Soziologie oder allgemeiner Sozialwissenschaft ist von Grund auf in einem Spannungsfeld angesiedelt: Sie hat etwas zum Gegenstand der Theorie, wovon sie real selbst Bestandteil ist - Gesellschaft. Für ihre theoretische Anlage ist nun relevant, inwieweit sie zur Annäherung wie zur Distanzierung fähig ist - Annäherung, um *Wirklichkeit* zu erfassen, Distanzierung, um diese zu *analysieren*. An die Begriffsstruktur stellt sich so die Anforderung, »Wirklichkeit« reichhaltig *abbilden* und sachgerecht *zerlegen* bzw. *rekonstruieren* zu können. Jede besondere *Theoriesprache* entfaltet sich in der Folge im *Schnittfeld theoriespezifischer und praktisch gängiger Semantiken* und neigt dementsprechend dazu, entweder mehr ihren Charakter als *Theorie über* oder als *Selbstbeschreibung des* jeweiligen Gegenstands auszubilden, mehr zur Reflexion und Kritik gesellschaftlicher Praxis- und Denkformen oder zu ihrer gedanklichen Reproduktion - wenn auch vielleicht in systematisierter und terminologisch eigensinniger Form - beizutragen. Wie sich nun sozialwissenschaftliche Theorie, Gesellschaftstheorie, in diesem theoretischen Spannungsfeld positioniert und dimensioniert, entscheidet mit über ihre politische Positionierung und Dimensionierung.

4.1.1   *Beschreibungsansätze der »modernen Gesellschaft«*

Hinsichtlich der »Doppelabhängigkeit« der Theorieentwicklung »von sich selbst und von ihrem Gegenstand« (ebd.) gibt es bei Luhmann verschiedene Argumen-

---

105 Für den weiteren Kontext einer historisch vergleichenden Analyse des Zusammenhangs kognitiver, konzeptioneller und intellektueller, sozialer, institutioneller und politischer Aspekte in der Entwicklung des Verhältnisses von Sozialwissenschaften und Staat vgl. Wagner 1990.

tationslinien, zum einen eine solche, die sich rein theorieimmanenten, formalen Gesichtspunkten verdankt.

Diese resultiert aus einer »den Formalismus der Vernunft und den Idealismus des Ich« überbietenden »Extremreflexion: Für die Identität eines Systems kann es zwei verschiedene Reflexionsformen geben, eine tautologische und eine paradoxe. Entsprechend kann man sagen: Die Gesellschaft ist, was sie ist; oder: die Gesellschaft ist, was sie nicht ist. Beide Reflexionsangebote sind nicht anschlußfähig.« (1987m, 163) Obwohl diese Überlegung theoretisch eine Extremreflexion darstellt und praktisch - aufgrund ins Extrem getriebener Selbstreferenz - Blockierung von Operationen bedeutet,[106] wird sie in beiden Hinsichten überaus stark belastet. So wird unterstellt, die moderne Gesellschaft gestehe sich wegen der fehlenden Anschlußfähigkeit »nicht ein, daß ihre Selbstbeschreibung auf ein Problem der Tautologie oder der Paradoxie stößt.« (Ebd., 163) Der »modernen Gesellschaft« - deren Identität es allerdings erst zu bestimmen gälte und die zudem gleich einem Subjekt behandelt wird - wird nun unterstellt, sie verschlüssele ihre Identität,[107] was demnach nichts anderes heißen kann, als daß ihre Identität eigentlich in einer Paradoxie/Tautologie besteht. Diese Aussage ist allerdings um nichts plausibler als die theoretische Voraussetzung selbst, den Ausgangspunkt der Bildung eines selbstreferentiellen Systems bilde eine Paradoxie, die dazu im weiteren entfaltet werden müsse.

Ferner schreibt Luhmann dem der Entfaltung der Ausgangsparadoxie der modernen Gesellschaft geltenden Verfahren die »eigentümliche Ambivalenz« gegenläufiger politischer Semantiken zu:

>»Es bilden sich nämlich sehr unterschiedliche Semantiken je nachdem, ob man (ohne es zu wissen und zu sagen) von Tautologie oder von Paradoxie ausgeht. Im einen Falle kommt man zu eher konservativen, im anderen Falle zu eher progressiven, wenn nicht revolutionären Selbstbeschreibungen. Das Grundproblem der Selbstreferenz entfaltet sich zu deren Gegensatz.« (Ebd.)

Dadurch, daß zwischen Tautologien und Paradoxien bzw. Entparadoxierung und Enttautologisierung keine funktionale Äquivalenz besteht - insofern Tautologien »Unterscheidungen ohne Differenz« sind, solche, »die nicht unterscheiden«, also »expliziert [negieren], daß das, was sie unterscheiden, einen Unterschied macht« -, wird für Luhmann »auch verständlich, daß der Geist, wie oft behauptet, eine Präferenz für die linke Seite des intellektuellen und politischen Spektrums hat. Es ist offenbar fruchtbarer, sich mit der Auflösung von Paradoxien zu befassen als mit der Entfaltung von Tautologien (was jedoch nicht zu

---

106 Denn solche »immanente Schranken selbstreferentieller Operationen« sind »Tautologien und Paradoxien« (ebd., 170).

107 Von allen gesellschaftlichen Semantiken wird auch behauptet, ihre Funktion bestehe darin, »den Durchblick auf die Einheit der Differenz und damit auf Tautologie/Paradoxie-Probleme zu versperren« - »und trotzdem«, d. h. eigentlich gerade dadurch - »Informationsverarbeitung zu ermöglichen.« (Ebd., 166)

dem Schluß verführen sollte, die Entparadoxierung sei deshalb wahres, ideologie-freies Wissen).« (Ebd., 170) Auch wenn diese Schlußfolgerung eine gewisse Plau-sibilität besitzt, ist sie doch nur scheinbar klar. Ihre Klarheit ist *imaginär*, als die benannte gesellschaftsbezogene Tautologie oder Paradoxie nie rein, sondern nur entfaltet, also auch nur im Plural auftritt; die Schlußfolgerung ist *plausibel*, als tautologisch oder paradox gestrickte Argumentationsmuster (a = a bzw. a = -a) in der Tat in beharrend-konservative oder verändernd-progressive Ansätze des Denkens oder Handelns eingebaut sein, also die dementsprechende Bedeutung haben können; sie ist aber auch, derselben letzteren Überlegung folgend, *falsch*, da konservative Ansätze umgekehrt ebensogut verändernd und progressive beharrend sein können, insofern also die in diesem Kontext von Luhmann als trennscharf, eindeutig und komplementär präsentierte Links/Rechts-Unter-scheidung selbst fragwürdig bzw. nicht haltbar ist. Mit anderen Worten: Es ist also einzuwenden, daß, wie Paradoxien und Tautologien keiner präexistenten Ontologie angehören, so die Links/Rechts-Unterscheidung keine Essentialität jenseits sozio-historischer Kontexte und Bedeutungskämpfe repräsentiert.

Im Ergebnis stellt sich diese Theorisierungslinie der modernen Gesellschaft als wenig fruchtbar dar. Sie setzt theoriekonstruktiv in einer Abstraktionslage an, die sie vor allem mit dem Theoriedesign von Letzt- oder Ausgangsproble-men, nicht aber mit der historischen Wirklichkeit abstimmt.

Demgegenüber findet sich aber auch eine Argumentationslinie, die theoretische Bestimmungen an empirische Gesichtspunkte bzw. an Momente ihrer Behand-lung in der Theoriegeschichte zurückzubinden versucht.

Weitere Aspekte der für Luhmann spezifischen Relationierung von Theorie- und Gesellschaftsdispositiv ergeben sich nun aus seiner Abgrenzung von anderen Theorisierungsansätzen der modernen Gesellschaft - wobei in deren Charakteri-sierung bereits eine Auffassung des Charakterisierten eingeht. Die Ansätze pro-minenter »Theoretiker der bürgerlichen Gesellschaft« beschreibt er als »durch die ungewöhnlich hohe funktionale Autonomie einzelner Sachbereiche oder Teilsysteme der Gesellschaft« fasziniert; von ihrem jeweiligen Spezialbereich aus sei die Reflexion auf die gesamte Gesellschaft motiviert gewesen: »Comenius für die Pädagogik, Hobbes für die Politik, Kant für die Erkenntnistheorie, Marx für die Wirtschaft, Kelsen für das Recht.« (1975c, 194) Luhmanns »Nachfolge-Theo-rie« (ebd.) soll den gesellschaftlichen Gesamtzusammenhang nun in der Weise reformulieren, ohne einen der gesellschaftlichen Bereiche besonders zu bevorzu-gen - als theoretischen Gegenstand wie bezüglich der Bewertung seiner Relevanz für das Ganze.[108] »Diese Theorie müßte einerseits die funktionale Spezifikation und die hohe Eigenständigkeit der Systeme für Wirtschaft und für Politik aner-

---

108 »Man kann durchaus anschließen. Man muß aber Probleme reformulieren und hete-rogene Ausgangspunkte auf neuartige Weise zusammenfassen. Mit kleinen, aber zen-tral gewählten Operationen kommt man dann sehr rasch zu neuartigen, in sich schwer übersehbaren Theoriekonstellationen.« (Ebd.)

kennen, müßte aber andererseits die Frage nach der Einheit der Gesellschaft trotzdem im Auge behalten und beantworten können.« (1987c, 34)[109]

Als schlichte »Konsequenz [...] dieser Aufgabenstellung« stellt Luhmann die Beschreibung der »modernen Gesellschaft als ein funktional differenziertes System« (ebd.) vor. Dies ist eine Antwort, die evident innerhalb seines theoretischen Ansatzes erscheint und zugleich für diesen wie für die Konstitution der Empirie der Moderne strategisch ist - allerdings der Begründung empirischer Reichhaltigkeit und theoretischer Adäquatheit noch ermangelt.[110] Umgekehrt zeigt sich die gegebene Antwort auch schon als in der Fragestellung enthalten: vorausgesetzt wird die funktionale Autonomie von gesellschaftlichen Teilsystemen, ohne die Frage aufzuwerfen, wie die verschiedenen institutionalisierten Ordnungen bzw. spezialisierten Handlungsbereiche konstituiert wurden (oder immer wieder werden), mit welchen Grenzen, mit welcher Bedeutung und Relevanz. Dieser Einwand verweist zugleich auf die Grenzen der Differenzierungstheorie und auf das partielle Recht selbst empiristischer Argumentation.[111]

Mit dem Konzept funktionaler Differenzierung unterstellt Luhmann, daß die gesellschaftlichen Subsysteme spezifischen gesellschaftlichen Funktionen zu- sowie einander prinzipiell neben- und nicht hierarchisch übergeordnet sind. Gleichwohl soll damit aber historisch auch einbegriffen werden, daß »funktionale Differenzierung nicht allen Funktionsbereichen gleich gut bekommt« (ebd., 36). Das bedeutet darüber hinaus aber wohl auch, daß diese unter Bedingungen der Moderne doch nicht dieselbe gesellschaftliche Relevanz besitzen. »Religion zum Beispiel kann ihre Reduktion auf eine gesellschaftliche Funktion kaum akzeptieren, und das gleiche könnte für die Kunst gelten. Begünstigt werden offenbar technisch kompetente Funktionsbereiche, die besser als andere in der Lage sind, ihre Funktion über spezifische Codes und Programme zu operationalisieren.« (Ebd.)[112]

Das Verhältnis voneinander differenzierter Systeme faßt Luhmann ganz allgemein mit der Unterscheidung von »drei - und nur drei - Systemreferenzen«: *»Die Beziehung zum umfassenden Gesamtsystem, die Beziehung zu anderen Teilsystemen und die Beziehung zu sich selbst.«* (Ebd.) »Moderne Gesellschaft« bedeutet nun die historische und strukturelle Differenzierung, die Ausdifferenzierung gesellschaftlicher Subsysteme.

---

109 Zur Bestimmung des Verhältnisses von Staat und politischem System in diesem Kontext vgl. 1984b.

110 Es fällt auf, daß Weber in der Liste prominenter Theoretiker der bürgerlichen Gesellschaft fehlt. Ein Grund dafür könnte darin liegen, daß Weber offensichtlich quer zu den Voraussetzungen des Ausgangsproblems steht.

111 Vgl. im weiteren, vor allem hinsichtlich der Bestimmung der systeminternen Operationsweisen und der Systemgrenzen, Knorr-Cetina 1992 sowie als teilweise Erwiderung 1993c.

112 Zu Religion vgl. 1977a, 1991c; zu Wirtschaft 4.2.

Entsprechend gewinnt »erst in funktional differenzierten Gesellschaften [...] die drei-fache Systemreferenz eine Form, die eine Artikulation der Differenzen und hohe Systemautonomie erzwingt. Unter der Voraussetzung funktionaler Differenzierung muß jedes Teilsystem, sei es Politik oder Wissenschaft, Wirtschaft oder Familie, Erziehung oder Recht, diese drei Systemreferenzen wie folgt artikulieren: seine Beziehung zum Gesellschaftssystem als (institutionalisierte) *Funktion*, seine Beziehung zu anderen Teilsystemen als *Leistung*, die als Input zu beziehen und als Output zu erbringen ist, und seine Beziehung zu sich selbst als *Reflexion*.« (1975c, 198)[113]

Die Bezeichnungen für die drei Systemreferenzen - »Funktion«, »Leistung«, »Reflexion« -, und damit ihre Bestimmung und Abgrenzung, stellen sich nun als vereinseitigend dar: Erstens, die Beziehung zu sich selbst nur unter »Reflexion« zu verbuchen, schränkt sie unnötig ein; sämtliche operativen Bezugnahmen werden so auf solche in der Sinndimension - auf Wahrnehmungen und Beschrei-bungen, Identitätsbildungen und Selbstvergewisserungen, Theorisierungen seiner selbst - eingeengt. Zweitens kann auch die Unterscheidung und die Referenz von »Leistung« und »Funktion« in weiteren Bestimmungen gefaßt werden. Insofern die einzelnen Systeme auch für sich selbst Leistungen erbringen bzw. sich auch wechselseitig bestimmte Funktionen erfüllen, läßt sich »Leistung« nicht für die Beziehung zu anderen Subsystemen und »Funktion« nicht für die zum Gesamt-system reservieren.[114] Ferner ist denkbar, daß verschiedene Systeme in Koopera-tion Leistungen erbringen und Funktionen erfüllen und daß einzelne Systeme aus einem komplexen Zusammenhang von Funktionen oder funktionalen Rela-tionen, die zu realisieren oder zu bedienen sind, bestehen etc.

Im Hintergrund dieser Unterscheidungen und Bezeichnungen Luhmanns ist - gegen seine erklärte Absicht (vgl. etwa 1971, 92ff.) - eine *Organismusanalogie* wirksam: Denn eine solche bestimmt die Organe als Funktionen des Organis-mus, wo Organe füreinander und letztlich für den ganzen Organismus zu dessen Lebensrealisierung bestimmte Leistungen zu erbringen haben. Organizistisch ist die Zuordnung gesellschaftlicher Teilsysteme zu je einer Funktion der Gesell-schaft.[115] Dabei akzentuiert die einfache Rede von Wirtschaft, Politik etc. - als den funktional differenzierten Systemen der modernen Gesellschaft - ihre Omnihistorizität, wodurch deren sozial-historisch spezifische Verfaßtheit mit

---

113 Vgl. für das Wissenschaftssystem, bzw. die Anwendung von Wissenschaft, 1981e.

114 Daran läßt sich auch die Frage knüpfen, inwiefern nach Luhmann die moderne Gesellschaft als Ganze überhaupt eine über die Logik der einzelnen Funktionssyste-me hinausgehende, d. h. den übergreifenden Zusammenhang repräsentierende oder integrierende Realität hat.

115 Habermas bemerkt völlig zu Recht, daß Luhmann - anders als Versuche in der »Organisationssoziologie« oder der »Makroökonomie« - »die Systemtheorie der Gesellschaft nicht als Sozialkybernetik« (Habermas 1971) anlegt. Dieser Hinweis ist wichtig, um die praktische Funktion der Organismusanalogie nicht von vornherein überzubewerten.

allgemeinen Funktionserfordernissen gesellschaftlichen Lebens zusammenfällt. Wenn dementsprechend »die wichtigsten Teilsysteme im Hinblick auf spezifische Probleme« (1987c, 34) herausgebildet worden sind, verschmilzt die Differenz zwischen gesellschaftlich notwendigen Funktionen und solchen, die sich der Spezifik gesellschaftlicher Verhältnisse, etwa ihrer herrschaftlichen Ausformung und Gliederung, verdanken. Doch auch die Organismusanalogie macht die exklusive funktionale Zuordnung von gesellschaftlichen Systemen zu gesellschaftlichen »Problemen«, als den von ihnen zu erfüllenden Funktionen, nicht hinreichend plausibel. Demgegenüber wäre es etwa, in der Linie der gerade allgemein formulierten Einwände, einleuchtender anzunehmen, daß verschiedene Systeme quasi arbeitsteilig bestimmte Funktionen realisieren oder umgekehrt, daß dasselbe System in verschiedene Funktionsbezüge und Leistungserbringungen involviert ist.

Nach Luhmann herrscht in der »modernen Gesellschaft« »die Regel, daß jedes Funktionssystem der eigenen Funktion den Primat gibt und von diesem Standpunkt aus andere Funktionssysteme, also die Gesellschaft im übrigen, als Umwelt behandelt.« (Ebd., 35) Folge davon ist »vor allem die Steigerung von Leistungsfähigkeit und Unsicherheit in fast allen Lebensbereichen« (ebd., 36). Das Operieren der ausdifferenzierten Systeme als solche und in ihrem wechselseitigen Zusammenspiel, das Erbringen von Leistungen und das Realisieren von Funktionen, wird durch die Differenzierung der Systemreferenzen und -mechanismen komplizierter: »Weder die gesellschaftliche Funktion noch Input- und Outputleistungen noch die Reflexion der eigenen Identität können für sich allein die selektiven Prozesse der Teilsysteme steuern. Dadurch wird ein hohes Maß an Teilsystemautonomie zwangsläufig, weil nur in den Teilsystemen derart heterogene Anforderungen zum Ausgleich gebracht werden können.« (1975c, 199) Strukturelle Bedingung und Wirkung systemischer Autonomie auf gesellschaftlicher Ebene sowie Form und Mechanismus ihrer operativen Realisierung sind, wie dargestellt, die symbolisch generalisierten Kommunikationsmedien.

Als Fazit ergibt sich, daß Luhmanns Theorieansatz der modernen, funktional differenzierten Gesellschaft nur an den einzelnen Subsystemen ansetzt. Die zu erfüllenden Funktionen werden nicht im Hinblick auf das Gesamtsystem hergeleitet, die zu erbringenden Leistungen werden nicht auf die Gesamtgesellschaft hin diskutiert. Theoretisch wird einfach vorausgesetzt, daß die jeweiligen Funktionssysteme auf genau eine Funktion hin ausgebildet worden sind und daß sie exklusiv mit ihrer Realisierung befaßt sind. Schlicht postuliert wird, daß die funktional differenzierten Systeme der modernen Gesellschaft einander gleichrangig beigeordnet, und daß sie durch feste Grenzziehungen voneinander abgetrennt sind - ohne dies einer empirischen Prüfung zu unterwerfen. Insoweit also die Gesamtgesellschaft systematisch außen vor bleibt, bedeutet das in der Konsequenz, daß die Theorie ihren Hauptgegenstand ausblendet.

Im Spannungsfeld der beiden konfliktiv strukturierten Dimensionen von Theorie über und Selbstbeschreibung der modernen Gesellschaft markiert Luhmann zwei negative Fronten, denen gegenüber er seine Theorie ansiedelt: Einerseits hat sie an die »Selbstbeschreibungen der modernen Gesellschaft« anzuknüpfen, darf dabei aber nicht auf der Ebene der »Selbstdarstellung dieser Gesellschaft in ihren eigenen Code-Begriffen« verharren, sondern muß eine »Reflexionsstufe« erreichen, auf der »auch die Kommunikationsmedien, ja selbst die Kontingenzformeln dieser Gesellschaft als kontingent erkennbar werden.« (1972, 206) Andererseits darf der Aufweis von Kontingenz, von alternativen Möglichkeiten, nicht in die Artikulation von negativer Bewertung und praktischer Veränderungsabsicht münden. So heißt es beispielsweise: »Auf der anderen Seite grassiert die Marxsche Krankheit - das ist der Fehlschluß von selbstreferentieller Negation auf negative Bewertung in der Analyse des Kapitals.« (1975c, 201)[116] Adäquat für seine Theorie findet Luhmann dagegen die Verbindung von »leiser Distanz« und »positivem Engagement für diese Gesellschaft« (1987l, 117) - also die Verhältnisse, in denen die Theorie ihren Produktionsstandort hat.

Für die Beobachtung von Luhmanns Theorie genügt nicht ihre Beurteilung nach dem der Wissenschaft unterlegten Code von wahr/unwahr, sondern hinzukommen muß eine Einschätzung ihrer Wirkungen - wofür zu unterscheiden ist, was man an ihr mehr als Einsicht in die Funktionsweise der modernen Gesellschaft und was man mehr als deren Rechtfertigung zu verbuchen hat. Dafür ist einmal das veranschlagte Verhältnis von soziologischer Theorie und moderner Gesellschaft zu beurteilen, dann der Standpunkt der Theorie in den gesellschaftlichen Verhältnissen, ihre Perspektive auf deren vielfältige Gegensätze und Konfliktlinien, zu eruieren. Gegen die Vorstellung einer »freischwebenden Intelligenz«, die vielleicht ehrenhaft, aber nichtsdestotrotz unvermeidlicherweise eine Illusion ist - eine Einsicht, der auch das Konzept der Beobachtung zweiter Ordnung generell Rechnung trägt -, ist von der Annahme einer notwendigen sozio-historischen Verortung von Theorie auszugehen. Diese Einsicht bietet nun noch keine fertigen Ergebnisse, sondern gibt der kritischen Beobachtung vielmehr *Probleme* auf - nämlich danach zu fragen, welchem gesellschaftlichen bzw. geschichtlichen *Standort* sich bestimmte Aussagen, Begriffe und Bedeutungen verdanken; ferner, welche *Perspektiven* auf das gesellschaftliche Ganze und dessen Entwicklung von einem bestimmten Standpunkt aus entworfen werden.

In die Formulierung und Interpretation von Theorien der modernen Gesellschaft gehen Auffassungen über den historischen Projektcharakter dieses Gesellschaftstyps ein. Der diskursive Knoten- und strategische Angelpunkt von Luhmanns Theorie der Moderne ist sein Konzept funktionaler Differenzierung, d. h.

---

116 Dafür, wie sich nun in dieser doppelten Frontstellung Luhmanns Reflexion grundlegender Selbstbeschreibungen gestaltet, siehe exemplarisch seine Kritik der »Sprache der Preise«, 4.2.3.

monofunktional autonomer und voneinander abgeschlossener gesellschaftlicher Systeme. Es informiert über den historischen Projektcharakter der modernen Gesellschaft - hinsichtlich ihrer Genese und Entwicklung, gegenwärtigen Verfaßtheit sowie ihren Zukunftsperspektiven. Daran ist ein intellektuelles Projekt angelagert, das, wenn es benannt wird, unter dem Namen »soziologische Aufklärung« auftritt. Darin kreuzen sich die Problematiken der Theorie einer besonderen Gesellschaft, einer Politik der theoretischen Position, und der theoretisch spezifischen Projektierung einer Politik jener Gesellschaft.

Luhmanns Programm soziologischer Aufklärung widerspricht nun nicht den postulierten Beschränkungen theoretischer Kritik und politischen Veränderungswillens, sondern begründet und entfaltet sie. »Soziologische Aufklärung« wird auf die »Abklärung der Aufklärung« verpflichtet: »Soziologie ist nicht angewandte, sondern abgeklärte Aufklärung; sie ist der Versuch, der Aufklärung ihre Grenzen zu gewinnen.« (1970b, 67)[117]

In der historischen Funktion wird »Aufklärung« dann als »der geschichtliche Prozeß« bestimmt, »der sich bemüht, die Möglichkeiten der Welt dem Erleben und Handeln als Sinn zugänglich zu machen.« (Ebd., 74) Was aber sind »die Möglichkeiten der Welt«? Dieser Ausdruck bezeichnet nur scheinbar eine klare Größe; weder in qualitativer noch in quantitativer Hinsicht ist diese einfach gegeben. Denn: Möglichkeitsräume können strukturell danach differenziert werden, was als Möglichkeiten *manifest* oder auch *latent* vorhanden ist. Mit der Unterscheidung manifest/latent kann so eine epistemologische Grenze bezeichnet werden, wo zu gegebenen Möglichkeiten zunächst verborgene hinzukommen können, wenn diese auf dem Wege der Erkenntnis erschlossen werden. Möglichkeitsräume können darüber hinaus dahingehend differenziert werden,

---

117 In der Auseinandersetzung mit Luhmanns »soziologischer Aufklärung« ist folgendes zu beachten: Die Grundprogrammatik wurde 1970 formuliert. Seitdem sind unter dem Titel soziologische Aufklärung sechs Bände gesammelter Aufsätze erschienen, mit jeweils unterschiedlichen Schwerpunkten je nach Entwicklungsstadium und Interessensfokus von Luhmanns Theoriearbeit (in Band 6 (1995) sind von den hier zitierten Texten 1985a, 1988b, 1989b und 1991b eingegangen). Im Verlauf von nunmehr 25 Jahren erhielt die Bedeutung von soziologischer Aufklärung spezifische Akzentsetzungen, abhängig vom Wandel des historisch-gesellschaftlichen oder intellektuell-wissenschaftlichen Kontextes. Dieser Wandel in der jeweils vorherrschenden Konstellation umreißt nun ein beachtliches Spektrum: Findet man zu Beginn die hoffnungsvolle Verbindung von Wissenschaft und Politik, die Orientierung an Vernunftaufklärung und Politiken der Planung und des Konsenses, so zum Schluß die Auflösung jener Verbindung und eine Ernüchterung über ihre Potentiale angesichts vielfältiger Unübersichtlichkeiten und Überforderungen. In bezug darauf kann man nun beobachten, wie sich Luhmanns Position soziologischer Aufklärung - und die daran anschließenden politischen Perspektiven - zu den jeweils intellektuell vorherrschenden oder auch nur »modischen« Positionen soziologischer Aufklärung bzw. politischer Intervention verhält.

ob Möglichkeiten im Modus der *Realisierungsmöglichkeit* oder nur in dem der *Denkmöglichkeit* gegeben sind. Mit der Unterscheidung denk-/realisierungsmöglich kann eine praxeologische Grenze bezeichnet werden, deren Überschreitbarkeit oder Verschiebung von Bedingungen, Einsichten und Handlungskompetenzen abhängt. Nun läßt sich begreifen, daß Luhmanns schlichte Rede von »Möglichkeiten der Welt« eine *Verdichtungsleistung* ist, die die beiden Unterscheidungslinien in spezifischer Weise vereinheitlicht - wobei die zugrundeliegenden Differenzierungen invisibilisiert sind. Die jeweilige Synthetisierung der beiden Grenzziehungen, die ja erst als ihr Effekt die Unterscheidung zwischen »Möglichkeiten« und »Unmöglichkeiten« ergibt, ist jedoch notwendig gesellschaftlich umkämpft und historisch variabel, da sie von spezifischen Standpunkten, Perspektiven und Projekten abhängt.

Luhmanns Einsatz in dieser Lage gilt nun der Durchsetzung der »Faktizität der Geschichte« (ebd., 84). »Aufklärung als geschichtlicher Prozeß« weiß sich entsprechend mit den Ergebnissen der »Programmierung durch Geschichte« eins: »Programmierung durch die Geschichte gibt nicht nur einen Bestand erinnerter Informationen und bewährter Verhaltensregeln, also nicht nur Wissen, sondern darüber hinaus die sehr viel wichtigere Schließung des Horizontes der Möglichkeiten, die Sicherheit, ›daß nichts weiter los ist‹ und daß man deshalb sein Handeln ohne Bedenken aus einem begrenzten Repertoire von Möglichkeiten auswählen kann.« (Ebd.) »Soziologische Aufklärung« als Gegenaufklärung, als Abklärung von Aufklärung, die weit über das Vorhaben hinausgeht, der Aufklärung ihre Grenzen aufzuzeigen; zur »Funktion der Geschichte« (ebd.) wird so die Schließung, nicht die Erschließung von Möglichkeitshorizonten.

Verschiedene Argumentationsmuster werden zur Begründung hinzugezogen. Ein anthropologisch artikuliertes lautet folgendermaßen: Die Tatsache, »daß das Potential des einfachen Handelns für Komplexität viel zu gering ist« (ebd.), verlangt, daß jenes nicht mit übermäßiger Komplexität überfordert wird. Eine Kumulation von Handlungsmöglichkeiten kann demnach zur Verwirrung der Handelnden oder zur Blockierung von Handeln führen. Damit also das eingeschränkte menschliche Potential wahrzunehmen, Informationen zu verarbeiten und zu handeln zur beständigen Realisierung dieser Tätigkeiten imstande ist, zielt »soziologische Aufklärung« darauf, gesellschaftliche Handlungsmöglichkeiten als beschränkt vorzustellen. Das bedeutet, daß aus einer *anthropologisch bedingten Beschränktheit* die *Beschränkung gesellschaftlicher Handlungsmöglichkeiten* gleichsam als notwendig abgeleitet und damit die Beschränktheit gesellschaftlicher Bedingungen als der menschlichen Natur entsprechend gerechtfertigt wird.

Trotzdem bleibt - als blinder Fleck - argumentativ offen, wieso gerade die vorfindlichen gesellschaftlichen Strukturen, mit ihren je gegebenen Restriktionen und Optionen, allgemein menschlichen Bestimmungen, die ja sowohl Potentiale als auch Beschränkungen darstellen, angemessen sein sollen. Unerklärt bleibt auch, wieso, bei aller Beschränktheit der Potentiale von Menschen, diese nicht ausreichend Kapazitäten frei haben sollten, sich andere Strukturen als denkmögliche zu erschließen und als realisierungsmögliche praktisch zu erringen. Und eine gegenläufige Denkmöglichkeit wird von Luhmann erst gar nicht in Betracht gezogen: Ein Überschuß an Möglichkeiten kann, ohne die Kapazitäten von Menschen wahrzunehmen, zu denken, zu entscheiden, zu handeln etc. schon zu überfordern, gerade auch zur Ausdehnung ihrer diesbezüglichen Potentiale führen, indem neue Kapazitäten freigesetzt werden. In dieser Denkanordnung können gesellschaftliche Bedingungen, die weitergehende Handlungsmöglichkeiten enthalten, Bestrebungen von Menschen befördern, neue Entwicklungsoptionen und Handlungsmöglichkeiten zu erschließen bzw. ihre Potentiale und Kompetenzen zu erweitern. Kann man die letztere, von Luhmann nicht entfaltete Anordnung als auf Motivierung ausgerichtet, als *Aktivierungsdispositiv* bezeichnen, so erstere als auf Demotivierung ausgerichtet, als *Passivierungsdispositiv*.

Der theoretischen Anordnung entsprechend werden nun »Systeme« als solche wie Rettungsanker vorgeführt, die »zwischen der äußersten, unbestimmten Komplexität der Welt und dem engen Sinnpotential des jeweils aktuellen Erlebens und Handelns [...] vermitteln«, wobei sie wundersamerweise noch das Prädikat »Medium der Aufklärung« (ebd., 76) zugesprochen bekommen. Somit wird die Doppelsinnigkeit von Luhmanns Begriff der Reduktion von Komplexität schlagend deutlich: Er verklammert bzw. artikuliert *humanspezifisch notwendige* mit *sozialspezifisch kontingenten* Mechanismen. Insofern Luhmann Systeme generell - gesellschaftliche Institutionen und Verhältnisse überhaupt - legitimatorisch in anthropologisch oder lebenspraktisch bedingten Begrenzungen begründet, zeigt er sich offensichtlich durch die Anthropologie und Institutionenlehre Gehlens beeinflußt.[118]

---

118 In früheren Texten artikuliert Luhmann explizit »Weltkomplexität« als Problem der »Überlastung« für »weltoffene« Systeme, woraus die Notwendigkeit von »Entlastung« folgt, wofür er die »philosophische Anthropologie« Arnold Gehlens in Anspruch nimmt: Systeme »entwerfen sich eine Welt von Möglichkeiten, die ihre Kapazität für aktuelle Aufmerksamkeit und Informationsverarbeitung weit übersteigt, und steuern sich gerade durch diese Überforderung, durch Prozesse der Reduktion übermäßiger Komplexität.« (1970c, 115) Und in der anschließenden Fußnote heißt es: »Mit Arnold Gehlen [...] könnte man auch sagen: durch Prozesse der ›Entlastung‹; man müßte dann allerdings hinzufügen: der Entlastung von der Komplexität des eigenen Entwurfs. Überhaupt trifft die hier skizzierte Theorie sozialer Systeme sich in wesentlichen Punkten mit einer anthropologischen Soziologie, welche die ›Weltoffenheit‹ und die entsprechende Verunsicherung des Menschen zum Bezugspunkt von (letztlich funktionalen) Analysen macht.« (Ebd., 131, Fn. 9) Gehlen selbst versuchte, die Notwendigkeit menschlicher Institutionen aus der unterschiedlichen Konstitution von Tier und Mensch abzuleiten. Die folgende Zusammenfassung ist an seine Artikulationsmuster angelehnt (vgl. 1958, 1975): Der Mensch ist im Vergleich zu den Tieren ein Mängelwesen einerseits, andererseits aber

Die anthropologische Konstitution ins Soziale spiegelnd, beklagt Luhmann, »soziologisch aufklärerisch« formuliert, daß aus der »Einsicht, daß Verdrängungen handlungsnotwendig sind«, »niemand die Konsequenz« ziehe, »die gesellschaftlichen Tabus unberührt zu lassen und alle Forschungen einzustellen, die auf latente Funktionen und Strukturen übergreifen. Im Gegenteil: Der aufklärerische Impuls überwiegt.« (1970b, 69) Wenn die Soziologie - der Geronnenheit gesellschaftlichen Seins entsprechend - in der Macht der Faktizität der Geschichte ihren Halt - »Problem- und Strukturvorgabe, also Entlastung von Komplexität« (ebd., 85) - findet, *korrespondiert mit dem Denkgebot des abgeklärten Umgangs mit Latenz ein Politikgebot:* »Die Reverenz, die der Soziologe der Geschichte, das heißt der schon reduzierten Komplexität, zu erweisen hat, läßt sich mithin in einer einzigen Formel für die Praxis ausdrücken: Nichts zu ändern, es sei denn, daß dem zu ändernden Zustand all seine Funktionen abgetauscht werden können.« (Ebd.)

Es ist lediglich eine Entscheidung des Theoretikers, soziale Systeme, die gesellschaftlichen Funktionssysteme und ihre Institutionen, als »Medien der Aufklärung« zu bezeichnen und deren »Sinn«, »theoretisch wie praktisch gesehen«, als »Steigerung des menschlichen Potentials zur Erfassung und Reduktion von Weltkomplexität« (ebd., 78) zu artikulieren. Es ist sein politisches Motiv, die »soziologische Aufklärung« in den Dienst der Systeme zu stellen, anstatt zu versuchen, mit ihr die Abschließung gesellschaftlicher Möglichkeitshorizonte zu durchbrechen auf der Suche nach »Vorstellung[en] richtiger oder [zum Zwecke der] Herstellung zweckmäßiger Sachverhalte« (ebd.).

Nun das politisch spezifischere Argument, das »soziologische Aufklärung« als theoretische Abklärung und praxeologische Entmächtigung begründet. Hier rekurriert Luhmann auf die besondere Verfaßtheit der modernen Gesellschaft - ihre »funktionale Differenzierung« -, mit deren historischer Durchsetzung sich

---

mit besonderen evolutionären Möglichkeiten ausgestattet. Im Vergleich mit instinktgeleiteten Wesen unterscheidet sich der Mensch in der Wahrnehmung von Auslösereizen, im Antriebssystem und in den Bewegungsreaktionen. Reizüberflutete Wahrnehmung, plastisches Antriebssystem und konturlose Motorik stellen für den Menschen Überlebensrisiken dar; die organisch-psychische Bedürftigkeit verlangt nach innengestützter und außenstabilisierter, geordneter Führung. Dies geschieht ganz allgemein in Handlungen, die Bedürfnisse ausformen, die Wahrnehmung strukturieren und die Motorik anleiten, sozial gesehen Institutionen ausbilden. Die Pointe der Gehlenschen Konzeption der Institutionen ist, daß ihre Gefährdung die Menschen in die rohesten Naturzustände zurückzuwerfen droht (vgl. Hinkelammert 1976, 15ff.).
Der ausdrückliche Bezug zu Gehlen ist in neueren Texten getilgt; allerdings sind verwandte Konzepte zumindest als archäologische Schicht erhalten geblieben. Anzumerken ist noch, daß mit der Akzentuierung des Selbstreferenztheorems die These der Überforderung von Systemen durch Umweltreize durch die These ihrer beschränkten Resonanzfähigkeit auf Umweltinformationen abgelöst wird (vgl. 1986, 44).

»vor allem die faktische Situation und damit die Erfahrungslage für die Beobachtung der Gesellschaft« (1987c, 36) geändert hat. Funktionale Differenzierung der gesellschaftlichen Subsysteme bedeutet demnach deren selbstreferentielle, in sich ein- und voneinander abgeschlossene, temporalisiert fluktuierende Operationsweise, wobei »kein Funktionssystem [...] für ein anderes einspringen«, keines »ein anderes ersetzen oder auch nur entlasten« kann. (1986, 207) Folgerichtig heißt das, »daß funktionale Äquivalente mehr als je zuvor entworfen und verwirklicht werden können, *aber nur im Rahmen der Teilsystemfunktionen und ihrer Codierungen. Die hohe Elastizität wird mit einer eigentümlichen Starrheit ihrer Rahmenbedingungen bezahlt.« (Ebd.) Im Verhältnis der Systeme zueinander kommt es »zu jener Steigerung von Independenzen und Interdependenzen, von Unabhängigkeiten und Abhängigkeiten zugleich, deren operativer und struktureller Ausgleich die einzelnen Systeme zu immenser, unkontrollierbarer Eigenkomplexität aufbläht.« (Ebd., 208) Zu den »Konsequenzen der funktionalen Differenzierung des Gesellschaftssystems« gehört dabei insbesondere die Kombination der »Steigerung von Leistungsfähigkeit und Unsicherheit in fast allen Lebensbereichen« (1987c, 36). Die »Erfahrungslage für die Beobachtung der Gesellschaft« ist so »wie nie zuvor« dadurch gekennzeichnet, »daß positive und negative Aspekte in einer unauflösbaren Weise verknüpft sind und durch ein und dieselben Strukturbedingungen reproduziert werden.« (Ebd.) »Und es ist kein Zweifel, daß der Anblick viele erschreckt.« (Ebd.)

Angesichts dieser Probleme tritt Luhmanns soziologische Aufklärung hilfreich auf den Plan - genauer: bereits die Beschreibung der »modernen Gesellschaft« ist ihr Werk, indem und wie sie sie beispielsweise als »funktional differenzierte« bezeichnet und in der Perspektive ihrer Unwahrscheinlichkeit artikuliert. Sie akzeptiert die »Starrheit ihrer Rahmenbedingungen« (1986, 207). Sie schreckt davor zurück, »funktionale Äquivalente« *außerhalb* des »*Rahmens der Teilsystemfunktionen und ihrer Codierungen*« zu suchen (ebd.). Die Denkhorizonte möglicher Alternativen werden den beschränkten Horizonten der Funktionssysteme angepaßt. Bloß von deren Standpunkt aus ist es unmöglich, ihre Anordung »durch eine andere Ordnung« (1987c, 37) zu ersetzen. Vor derart abgedunkelten Horizonten ist die theoriestrategische Konsequenz unausweichlich, daß allein »eine bessere Beschreibung des Phänomens, eine genauere Beobachtung, vielleicht auch ein Abdämpfen unnötiger Aufregungen und vielleicht mit all dem eine bessere Auswahl von Reaktionen« (ebd.) möglich bleibt. Die innere Bindung soziologischer Aufklärung an die moderne Gesellschaft als »funktional differenzierte« auferlegt ihr mitunter, »Vorwürfe an die Adresse der eigenen Gesellschaft« (1986, 20) zu disziplinieren.

Die Lage der modernen Gesellschaft wird bisweilen als dramatisch beschrieben: So gibt es im Wirtschaftssystem »keine Strukturen, die mit Sicherheit ein fatales Kumulieren von Instabilitäten verhindern könnten.« (1988, 32) Und von der »Destruktion der Geldwirtschaft« sind unausweichlich »unabsehbare Folgen für das System der modernen Gesellschaft« (1986, 122) zu erwarten. Doch: Die

»Möglichkeit des Zusammenbruchs eines monetär aufgeblähten Wirtschaftssystems«, »ein außerordentlich drängendes Problem« (1987l, 154), wird vor allem als Gefahr der »Entdifferenzierung« wahrgenommen, die mit dem »Verzicht auf die Vorteile der funktionalen Ausdifferenzierung bezahlt werden« (1986, 207) müßte. So steht in erster Linie das Prinzip funktionaler Differenzierung auf dem Spiel und nicht Modernität oder funktionierendes gesellschaftliches Leben überhaupt - Unterscheidungen, die allerdings bei Luhmann zugunsten ihrer Nichtunterscheidung gar nicht vorkommen. Der Begriff der modernen, als funktional differenzierten Gesellschaft sorgt diskursiv dafür, daß »Moderne« und »funktionale Differenzierung« zusammenfallen, daß das Schicksal jener von der Fortexistenz voneinander abgeschlossener und verselbständigter Subsysteme abhängt.

Ins Feld der politischen Akteure und Positionen übersetzt, kann man Luhmanns Konzipierung der modernen Gesellschaft dahingehend interpretieren, daß er damit *gesellschaftstheoretisch* innerhalb des neoliberalen Paradigmas operiert. Vom Optimismus liberalistischer Marktphilosophen - etwa Behauptungen hinsichtlich allgemeiner gesellschaftlicher Wohlfahrt, ökonomischer Gleichgewichte oder umweltökonomischer Kalküle der Bewältigung ökologischer Probleme - distanziert er sich durch den Hinweis, das seien lediglich »systeminterne Theorien systeminterner Vorgänge« (ebd., 116), also Selbstbeschreibungen. Seiner theoretischen Anordnung der gesellschaftlichen Subsysteme vermittels des Prinzips funktionaler Differenzierung - wie auch seiner Konzeption der Wirtschaft als autopoietisches System - liegen gleichwohl neoliberale *Prämissen* zugrunde (vgl. 4.2.3, 4.3.1). Beiden gemeinsam ist die Behauptung sowohl der Schädlichkeit von Interventionen als auch der Unmöglichkeit von Regulierung.[119]

Diese Prämissen - wiewohl in ihrer politischen Besonderheit in Luhmanns Texten nicht auf den ersten Blick offensichtlich - sind nun alles andere als unumstritten. Sie bedürfen, auch schon auf der Ebene des gesellschaftstheoretischen Konzepts funktionaler Differenzierung, weiterer Begründung und diskursiver Stützung. So versucht Luhmann energisch und mit großem Aufwand, die Beschreibung der »modernen Gesellschaft« als »funktional differenzierte« durchzusetzen - und dabei, angesichts der ambivalenten Erfahrungslage, die Konnotierung ihrer Vorteile und Möglichkeiten zu befördern, mehr auf die »Symbolik« als auf die »Diabolik« ihrer Kommunikationsmedien abzustellen (zu letzterem vgl. 4.2.2).

Wie die moderne, als »funktional differenzierte« Gesellschaft durch Luhmanns Theorie Latenzschutz gewinnt, erhält diese durch jene Kennzeichnung wesentliche Antriebsmomente und Grundbestimmungen ihrer soziologischen Program-

---

119 Dagegen sprechen nicht nur die Fakten, wieviel in der modernen Gesellschaft immer schon, wenn auch natürlich in unterschiedlichen Formen und Ausmaßen, reguliert wurde, sondern auch die Erfahrungen in die Praxis umgesetzter neoliberaler Programme, daß entgegen dem Credo des Antiinterventionismus Interventionen nicht verschwunden sind, sondern lediglich ihre Richtung und Struktur geändert haben.

matik. Innerhalb des Luhmannschen Theoriedispositivs weist das Prinzip funktionaler Differenzierung dem theoretischen Denken Platz und Perspektive an, erzwingt, systemspezifische Perspektiven einzunehmen, weshalb »es heute nicht mehr möglich ist, an archimedische Punkte zur Beschreibung des Ganzen zu denken« (1987l, 165). Daß dieser Punkt, von dem aus die Welt aus den Angeln zu heben wäre, nicht existiert, sei unbestritten. Wenn jenes Prinzip nun heißen soll, daß es »innerhalb einer funktionalen Ordnung keine Ranggliederung, keine Transitivität, keinen Vorrang und Nachrang«, sondern »nur verschiedene Perspektiven« gebe (ebd., 75), dann richtet sich dies in erster Linie gegen Theorien über den Kapitalismus als Gesellschaftsformation oder als Weltsystem (vgl. 4.2).

Die Relevanz dieses Einsatzes besteht darin, Antagonismen als konstitutive Voraussetzungen von Vergesellschaftungsformen, als Momente sozialer Dynamik oder als Kristallisationspunkte gesellschaftlicher Konflikte und Krisen und damit auch als systeminterne Gründe für Ursachen und Ausprägungen von Transformationsprozessen zu desartikulieren. »Die gegenwärtigen Gesellschaften« als »prinzipiell nach Funktionsbereichen« differenzierte seien zwar solche, »die kontinuierlich einen bestimmten Typ von Schichtung reproduzieren«; doch handle es sich »um eine Schichtung ohne Funktion«, da sie »nur die Konsequenz des Operierens der Funktionssysteme« (ebd., 3) sei. Wird die Existenz von »Klassen« empirisch eingestanden, so theoretisch nicht als Funktionsvoraussetzung und Strukturbedingung der modernen Gesellschaft veranschlagt. Die Struktur »funktionaler Differenzierung« sieht auf Kosten basaler Antagonismen allein »Konflikte an den Grenzen zwischen den einzelnen Funktionssystemen« (ebd., 4), etwa wenn aus politischen Erwägungen Recht nicht vollstreckt wird.

Hervorzuheben ist des weiteren, daß Luhmann seine Theorie auf den Standpunkt der Apraxie festschreibt. Wiewohl er die Rationalität und Problemlösungskapazität der Funktionssysteme im Hinblick auf globale Problemlagen sehr skeptisch beurteilt, stellt er als allein sinnvolle Bewertung eine ambivalente, als allein akzeptable Haltung die des Hinnehmens und als einzig angemessenen Denkansatz einen nichteingreifenden, allenfalls minimalkorrektiven und kompensatorischen vor (vgl. 4.3).[120] An die Stelle von Politik tritt die Beobachtung zweiter Ordnung.

Dem Strukturprinzip funktionaler Differenzierung entsprechend hält Luhmann »den Trend zur Selbstreferenz, zu dem Denken, das die Gesellschaft als ein

---

120 Wenn Luhmann die »Möglichkeit des Zusammenbruchs eines monetär aufgeblähten Wirtschaftssystems [...] für ein außerordentlich drängendes Problem« hält, demgegenüber er »das Plärren gegen den Kapitalismus als unangemessen« erklärt - und die Frage, »wer Eigentümer der Produktionsmittel ist« (ebd., 154), für irrelevant -, unterstellt er damit nicht nur, die Prozesse und Wirkungen der globalen Kapitalakkumulation seien unabhängig von den kapitalistischen Eigentumsverhältnissen, sondern läßt als theoretische »Konsequenz« auch nur zu, »nun schärfer auf die Punkte hinzublikken, in denen die Strukturen eventuell reaktionsfähiger und sensibler gemacht werden können« (ebd., 106).

autonom sich mit sich selbst beschäftigendes, sich selbst über Kommunikation forterzeugendes System sieht, für ein angemessenes Erklärungsniveau - eine Idee, die sowohl den Interventionisten wie den Planungstheoretikern und den Kritikern überall die gleichen Schwierigkeiten macht« (ebd., 114). Die vorgestellten Aussagen zur grundlegenden Verfaßtheit der modernen Gesellschaft und zu der ihr angemessenen Theorisierung, die in der Form noch apodiktisch, weder empirisch noch theoretisch evident sind, werden im nächsten Abschnitt detaillierter rekonstruiert, wenn beobachtet wird, wie Luhmann weitergehende theoretische Begründungen zu liefern sowie die Identität der modernen Gesellschaft zu begründen versucht.

Hervorzuheben ist nun noch als bemerkenswertes Charakteristikum von Luhmanns Theorieansatz, das zugleich einen blinden Fleck darstellt, das Fehlen eines Begriffs des Intellektuellen. Wenn man unter »Intellektuellen« die Spezialisten für Kommunikationskompetenz versteht, scheint es paradox, daß sie und ihre gesellschaftlichen Funktionen gerade in einer funktionalistisch ausgerichteten Kommunikationstheorie keinen systematischen Ort haben (vgl. ebd., 14-37). Der von Luhmann selbst genannte Grund ist der, daß er »mit dem Begriff des Intellektuellen nur *ein* Phänomen fassen« will, »während es in Wirklichkeit (!), wie das Beispiel Marx zeigen sollte, zwei Phänomene sind. Das eine ist die konstruktive Genialität der Theoriekombinatorik, des Theoriedesigns, der Möglichkeit, Recht und Staat und Wirtschaft und vergangene Zeiten und künftige Zeiten, Klassenstrukturen, Tagesphänomene usw. mit einem Konzept zu beschreiben. Andererseits gibt es das Phänomen des politischen Ausspielens dieser Potenz.« (Ebd., 27f.) Es ist gerade die Verbindung von Wissenschaftlichkeit und politisch eingreifendem Denken im Begriff des Intellektuellen, die Luhmann aufbrechen will. Eingreifendes Denken, mit Verführung und Unterwerfung konnotiert, wird mit dem ihm korrespondierenden Handeln aus der Selbstbeschreibung der Gesellschaft ausgeschlossen (vgl. ebd., 29, 34f., 38, 117, 121f.). Allerdings kann nun eingewandt werden, daß der von Luhmann angegebene Grund für den Begriffsverzicht im Gegenteil gerade eine Begründung für Theorisierungsversuche liefert. Denn auch wenn man die Verbindung von wissenschaftlich spezifischer Tätigkeit und politisch eingreifendem Wirken ablehnt, wäre doch in sozialwissenschaftlicher Beobachtung zu zeigen, wie sie im einzelnen funktioniert. Dabei kommt hinzu, daß auch die Wirkung von Luhmanns Theoriearbeit sowohl theoretisch als auch politisch ist, er sich also vom angesprochenen Wirkungszusammenhang eigentlich nicht ausnehmen kann. Darüber hinaus machen die Tatsache vielfältiger konzeptiver Organisierungs- und Orientierungstätigkeiten, die in modernen Gesellschaften in den verschiedensten Handlungszusammenhängen zu vollbringen sind, sowie die Akteure, deren Tätigkeit bzw. Wirksamkeit hauptsächlich darin besteht, Wissen der Gesellschaft über sich selbst hervorzubringen oder zu vermitteln - und in diesem Sinne öffentlich aufzuklären -, deutlich, daß der Begriff des Intellektuellen keineswegs obsolet ist.

Mit dem Verzicht auf eingreifendes Denken will Luhmann den »Übergang von kritischer Soziologie zur Beobachtung zweiter Ordnung« (1991a, 151) vollziehen. Wenn betont wird, dabei ändere sich insbesondere »die Form der Distanz zwischen Soziologie und Gesellschaft«, schließt dies nicht aus, daß die Gesellschaft - und natürlich auch die Soziologie - kritisch beobachtet werden, es bedeutet allerdings in erster Linie, daß *an die Stelle einer formkritischen Perspektive auf die Gesellschaft die der Unwahrscheinlichkeit ihres Vorhandenseins* tritt, also »ein theoriemotivierendes Staunen darüber, daß überhaupt etwas zustandekommt.« (Ebd.)

4.1.3 Identifizierung der Einheit von Name und Grundstruktur der »modernen Gesellschaft«

Nach Luhmann dramatisiert sich für die moderne Gesellschaft das Verhältnis von Gesellschaftsstruktur und korrespondierender Semantik. Für sie charakteristisch sei der Verlust einer »konkurrenzfreien« oder »natürlichen« (1987m, 162) Repräsentation ihrer Identität. Fraglich ist allerdings, ob, wie Luhmann immer wieder ausführt, eine solche in »traditionalen« Gesellschaften mit deren jeweiliger Spitze oder Zentrum tatsächlich gegeben war. Jedenfalls erzwinge die Struktur der modernen Gesellschaft »den Verzicht auf traditionale Semantiken und die Entwicklung neuer Beschreibungsformen.« (1990a, 11)

Mit Cassirer geht Luhmann davon aus, »daß die Moderne den Substanzbegriff durch den Funktionsbegriff ersetzt hat.« (Ebd., 12) »Als Identitäten werden [nun] nur noch Austauschreglements akzeptiert.« (Ebd.) Dieser Vorgang einer substantiellen Funktionalisierung erzwinge den »Verzicht auf Identitätsvorgaben [und] ermöglicht die Frage, wie Identität produziert wird und was als Folge dieser Produktionsweise vorliegt.« (1990b, 21) Insofern Luhmann »eine genetische Theorie der Sinnkonstitution« (ebd.) anstrebt, die die »Frage der Erzeugung sinnhafter *Identität*« (ebd., Fn. 12) behandelt - also nicht gefragt wird, *»was* etwas Identisches *ist*, sondern *wie* das *erzeugt wird*, was dem Beobachten als Identisches zu Grunde gelegt wird« (ebd., 21) -, ist die bisherige Bestimmung der Grundstrukturen und -charakteristika der modernen Gesellschaft nicht ausreichend, zumal die Selbstverständlichkeit, mit der »funktionale Differenzierung« dabei fungierte, in erster Linie rhetorisch bedingt, also nicht theoretisch begründet, und in der Weise vielmehr selbst eine Identitätsvorgabe war.

Die Präferenzen und Bestimmungen der jeweiligen gesellschaftstheoretischen Konzepte legen in spezifischer Weise fest, was theoretisch erfaßt und begrifflich artikuliert werden kann, was diskursiv hervorgehoben wird oder randständig bleibt - und was durch das Redenetz dem Schweigen anheimfällt.

»Die Charakterisierung von Einheit durch Differenz ist eine höchst folgenreiche Angelegenheit, also auch die Wahl des Differenzschemas eine höchst folgenreiche Vorentscheidung, weil sie die Informationsgewinnung und -verarbeitung reguliert.

Sie legt fest, in welchem Auswahlbereich etwas als etwas erscheint. Zumeist fungiert diese Vorentscheidung in der aktuellen Kommunikation dann als implizite, nicht eigens mitgeteilte Prämisse, die dem, was mitgeteilt wird, seine Selektivität verleiht« (1985, 148).

Die Bestimmung der für spezifische Gesellschaftsformen charakteristischen und sie determinierenden Strukturen ist ein theoriestrategischer Akt ersten Ranges. Denn von der Beschreibung der grundlegenden Konstitution einer Gesellschaft hängt ihr Begreifen und davon ihre Bewertung ab. Die theoretische Interpretation gesellschaftlicher Wirklichkeit nimmt, insoweit sie wirksam ist, teil an ihrer - interpretationsgeleiteten - gesellschaftlichen Projektierung. Dabei stellt das Theoretische ein spezifisches gesellschaftliches Kampffeld dar, das von *Theorie und »Semantik der Selbstbeschreibung des Gesellschaftssystems.«* (Ebd., 129) Auf dem Spiel stehen dabei der Status der Theorie als Theorie und das Verhältnis der Theorie zur Gesellschaft, ihr Beitrag zur Konstruktion bzw. Dekonstruktion ihres Real-Imaginären.

Über die für die moderne Gesellschaft relevanten Wahrnehmungs-, Beschreibungs- und Deutungsmuster wird, wie gezeigt, bereits in Luhmanns universaltheoretischer Grundlegung ein gutes Stück weit vorentschieden - wobei diese wiederum durch das Konzept der »funktional differenzierten Gesellschaft« ausgerichtet wird. Seine allgemeine Gesellschaftstypologie ist als *dichotomische Trennung* von primären und sekundären gesellschaftlichen Differenzierungsprinzipien und als *identifizierende Zuordnung* von genau einer Differenzierungsform an die primäre gesellschaftsstrukturelle Stelle konstruiert, was die *Nachordnung* aller übrigen bedeutet. In der Folge wird über das primäre Differenzierungsprinzip der Grundcharakter einer Gesellschaft erschlossen, den sekundären Differenzierungsprinzipien aber für die grundlegende Verfaßtheit einer Gesellschaft kein konstitutiver Status zuerkannt. Diese für die Begriffsanlage zentralen, aber theoretisch kaum begründeten konzeptionellen Entscheidungen sind als solche unsichtbar gemacht und dadurch in gewisser Weise unangreifbar. Ein wichtiger Effekt dieses Theoriedispositivs ist, daß von vornherein die verschiedenen, für Struktur, Funktions- und Entwicklungsweise der Gesellschaft relevanten Problematiken voneinander entkoppelt werden (vgl. 3.2.3).

Luhmanns *Frage* nach dem adäquaten *Namen* für die »*Einheit*« der »modernen Gesellschaft« gilt der Bestimmung des theoretisch wie real primären Prinzips. Er stellt sie in Form der ausschließenden Alternative, ob die moderne Gesellschaft auf »funktionaler Differenzierung *oder* auf »Klassen« begründet, ob sie als funktional differenzierte oder als Klassengesellschaft zu bezeichnen sei. Wenn er seine Argumentationslinien zur *Antwort* »funktionale Differenzierung« zusammenführt, steht dieser Terminus als adäquate Bezeichnung für die Einheit der modernen Gesellschaft wie als Begriff ihrer Grundcharakteristik.

Im folgenden ist zu beobachten, auf welche Art und Weise Luhmann das für moderne Gesellschaften als primär behauptete Prinzip funktionaler Differenzierung identifiziert, und in einem weiteren Schritt ist auch zu prüfen, wie er die als sekundär eingestuften Differenzierungen - in erster Linie sind das für ihn sozioökonomische Klassen - theoretisch zu integrieren vermag, versucht, verwirft.

Theoretische und politische Dimension der Bestimmung und Bedeutung der Begriffe sind also eng miteinander verknüpft. Die *theoretische Identifizierung* des primären gesellschaftlichen Differenzierungsprinzips leistet einen Beitrag zur *Identitätsbildung und politischen Orientierung* der modernen Gesellschaft. Für die theoretische Dimensionierung der Theorie ist entscheidend, inwiefern sie Theorie über die Gesellschaft und ihre Institutionen ist, und für die politische Dimensionierung der Theorie, inwieweit sie an die gesellschaftlichen Selbstbeschreibungen anzuknüpfen und ihre Semantik zu gestalten vermag.

Nun zur Argumentation im einzelnen. In Luhmanns Typologie der geschichtlichen Abfolge von Gesellschaften folgt auf die stratifikatorisch differenzierte die funktional differenzierte Gesellschaft, wobei an Stelle von Hierarchien Funktionsorientierungen primär gesellschaftsstrukturierend geworden sind. Hierarchien, in stratifikatorischen Gesellschaften als *Ranggliederungen*, als Aufbau von Schichtungen präsent, haben im historischen Übergang einen Funktionswandel erfahren, sind sekundär geworden. Hinfällig geworden ist sowohl ihre gesellschaftliche *Dominanz* als auch die vorherrschende *Existenzform*.

»Das Prinzip der Schichtung war das Leitprinzip der Subsystembildung. Jede Schicht konnte daher die anderen Schichten als soziale Umwelt behandeln [...]. Innerhalb der eigenen Schicht war die Interaktion im Prinzip (Altersdifferenzen, Geschlechtsdifferenzen und zeremonielle Distinktion einmal übergangen) eine solche unter Gleichen. Sie konnte so die besonderen Qualitäten und Anforderungen der Schicht zum Ausdruck bringen. Schichtgrenzen überschreitende Interaktion war zwangsläufig Interaktion unter Ungleichen, wie immer im Haus gemildert durch christliche und patriarchalische Codes der Liebe und Fürsorge. Dieser Gesellschaftsaufbau fand mithin in der Interaktion unter Anwesenden unmittelbaren Ausdruck und war dadurch täglich präsent, und es gab deshalb kaum Möglichkeiten, ihm auszuweichen. [...] Die Gesellschaft trat in der Interaktion in Erscheinung.« (1985, 129f.)

Die Bestimmung stratifikatorischer Differenzierung als hierarchische Anordnung sozialer Schichten erweist sich demnach durch Formen ex- und inkludierender, *distinktiver Interaktion*. Komplementär dazu werden Merkmale funktionaler Differenzierung und der unter ihrem Regime vorkommenden Schichtungen bestimmt: Schichten sind nun nicht mehr als hierarchische Anordnungen gegeben und in aktualer Interaktion präsent, diese nach dem Muster gleich/ungleich strukturierend. An die Stelle *ungleicher Ränge* ist *Gleichheit* getreten, oder scheinbar paradox formuliert: *soziale Klassen*.

»Funktionale Differenzierung erzwingt keinen Verzicht auf Schichtung. Eklatante Differenzen an Reichtum und Ansehen, Beweglichkeit und Partizipationschancen, Informiertheit, Lebensgenuß und Lebenssicherheit bestehen nach wie vor. Aber diese Differenzen dienen nicht mehr der primären Gesellschaftsdifferenzierung, und sie müssen sich der neuen Ordnung einpassen. Die Schichten werden, so weit sie fortbestehen oder sich neu bilden, zu sozialen Klassen, und das heißt vor allem: daß Schichtung ihren Zugriff auf Interaktion unter Anwesenden aufgeben muß.« (Ebd., 130)

Die *Beobachtung des Formwandels* von Schichtung von Ständen zu Klassen ist verknüpft mit der *Behauptung ihres Funktionsverlusts*. Diese These ist plausibel aufgrund theorieimmanenter Prämissen und Momenten der Evidenz, die sie beansprucht bzw. organisiert: Theoretisch vorausgesetzt ist, daß »funktionale Differenzierung« gegenüber »Klassen« in genetischer wie struktureller Hinsicht primär ist, diese sich in jene einpassen. Die in diesem Kontext getroffenen Aussagen beruhen auf Prämissen, die von Aussagen über »stratifikatorische Differenzierung« und deren Hierarchieprinzipien herrühren. Beide Aussagen enthalten keine wirkliche Erörterung funktionaler Zusammenhänge - was bei der Frage nach dem gesellschaftlichen Stellenwert, der Relevanz von Differenzierungsprinzipien notwendig ist -, sondern beanspruchen nurmehr Augenschein und Sinnfälligkeit, ob das in Frage stehende Gliederungsprinzip an »Interaktionen unter Anwesenden« *abgelesen* werden kann. Für die Theorie werden, faktisch zu Recht, die *Evidenzen* beansprucht, daß eine Differenzierung moderner Gesellschaften in verschiedene Funktionsbereiche nicht geleugnet werden kann und daß Hierarchien nicht mehr nach dem Muster feudaler Stände zu begreifen sind. Aus Luhmanns Entscheidung, daß Gesellschaft aus Kommunikationen besteht und sonst gar nichts, folgt konsequenterweise, daß die Strukturiertheit jener aus Strukturierungsprinzipien dieser zu erschließen ist. Jenseits dieser konzeptionellen Festlegung bietet das Zitat eine gegenteilige Interpretationsmöglichkeit, nämlich daß die grundlegende Bedeutsamkeit von Schichten alias Klassen gerade dadurch gegeben sein könnte, daß sie prima facie, als alltägliche Strukturierung von Interaktion unter Anwesenden etwa, nicht sichtbar sind.[121] In diesem Falle wäre ihre Wirksamkeit analytisch zu rekonstruieren durch die Verfeinerung der Beobachtungsinstrumente einerseits und durch die Untersuchung anderer Dimensionen gesellschaftlichen Seins andererseits.

Den Untergang hierarchischer Stände artikuliert Luhmann als Verlust gesellschaftlicher Legitimität. Im »Übergang zu funktional differenzierten, klassenbildenden Gesellschaften [...] verliert das gesellschaftliche System seine Darstellbarkeit, seine Wahrnehmbarkeit und damit auch das, was man jetzt Legitimität nennt.« (Ebd., 133) Die Legitimität der vormals gottgegebenen mit der himmlischen isomorphen Ordnung ist mit dieser geschwunden. Neue Quellen müssen erschlossen werden. Seinen Beitrag zur Legitimierung der neuen Ordnung leistet Luhmann, indem er »Hierarchie« bzw. »soziale Klassen« funktionalisiert. »Hierarchien [werden] nicht abgeschafft, aber sie werden an ihrer Funktion gemessen und dadurch entsubstantialisiert.« (1984, 463) Hierarchien aller Art, und insbesondere Klassen, können nun der Frage ausgesetzt werden, *ob* sie eine Funktion

---

121 Dafür, daß dies mit einem zweiten oder dritten Blick möglich ist, und was dabei gesehen werden kann, vgl. Bourdieu 1982.

besitzen - innerhalb der *substantiell vorgegebenen* Ordnung funktionaler Differenzierung. Das *politisch* Brisante an den Klassen und das für die Legitimität der auf ihnen gründenden Gesellschaft Bedeutsame ist etwa folgendes: »Der Klassenbegriff regelt, mit anderen Worten, die Verteilung des Verteilens. Er bringt die Reflexivität (und damit auch die Änderbarkeit = Umverteilbarkeit) des Verteilungsprozesses zum Ausdruck.« (1985, 128)

Wie die »Wahl des Differenzschemas«, so ist auch die Wahl der Fragestellung »eine höchst folgenreiche Vorentscheidung« (ebd., 148). »Ist die moderne Gesellschaft primär nach Funktionssystemen oder primär nach sozialen Klassen gegliedert?« (Ebd., 151) Um die Eigentümlichkeit der Fragestellung wissen wir, und die Antwort kennen wir. Hervorzuheben ist aber, daß Luhmann mit dieser Frage beansprucht, den Beinamen zur »modernen Gesellschaft« auch *theoretisch* gerechtfertigt auswählen zu können. Ohne weitere Begründung behauptet er, vom Primat funktionaler Differenzierung ausgehend könne man Klassen konzeptionell einbeziehen, im umgekehrten Fall die Bedeutung der »Differenzen zwischen den Funktionsbereichen in der modernen Gesellschaft« (ebd.) jedoch nicht verstehen. Dadurch wird dem Konzept funktionaler Differenzierung gesellschaftstheoretisch das Potential zur Erfassung höherer Komplexität zugesprochen, und Klassentheorien ein notwendiger Reduktionismus sowie mit Klassenbegriffen operierenden Gesellschaftstheorien ein notwendiger Ökonomismus unterstellt - womit durchweg entschieden ist, was als primäres gesellschaftliches Differenzierungsprinzip überhaupt in Frage kommt.

> »Die Theorie der funktional differenzierten Gesellschaft hat dagegen einen Platz für den Klassenbegriff. Sie kann zeigen, daß bei funktionaler Differenzierung Schichtunterschiede erzeugt und vielleicht sogar verschärft werden, obwohl sie funktional ohne Bedeutung sind, ja vielleicht sogar negativ auf die Gesellschaft zurückwirken.« (Ebd.)

Die Klassen als afunktional zu bezeichnen ist allerdings eine pseudofunktionalistische Behauptung. Der Klassenbegriff, der hierbei entfaltet werden kann, ist einer, der lediglich nach der Verteilung und Bündelung von Merkmalen wie Einkommen, Bildung etc. fragt; Klassen werden demnach zwar von der Operationsweise der modernen Gesellschaft unvermeidlich hervorgebracht, sind aber ohne konstitutive Bedeutung für die Reproduktion von deren Grundstruktur. In solcherart Klassenbegriff spiegelt sich dann der entscheidende Mangel der Fragestellung, nämlich auf einer *vorgängigen und systematischen Entkopplung der Problematiken* zu beruhen. Die asymmetrische Dichotomisierung des Begriffsdispositivs integriert »soziale Klassen« theoretisch im Modus ihrer Nach- und Unterordnung zu »funktionaler Differenzierung« und somit im Status ihrer *funktionalen Derealisierung*. In der Folge kann das als primäres Differenzierungsprinzip fungierende als ausschließliches Charakteristikum der »modernen Gesellschaft« behauptet werden: »Das Gesellschaftssystem hat sich aber inzwischen auf funktionale Differenzierung umgestellt.« (Ebd., 149)

Nach der funktionalen Derealisierung wird als nächster Schritt im Kampf um die »*Semantik der Selbstbeschreibung des Gesellschaftssystems*« (ebd., 129) die *Semantisierung sozialer Klassen* - die Bestimmung des Klassenbegriffs als rein semantischer Fakt bar relevanter gesellschaftlicher Realität - möglich. In solchem Status kann dieser als Kampfbegriff »der Gegenseite« völlig legitim bekämpft werden. Gerade für diese Funktion sieht ihn Luhmann qualifiziert, also

»nicht zuletzt dadurch für ideologische Verwendung geeignet [zu sein], daß er von der Interaktionsebene abstrahiert, also durch unmittelbar zugängliche Erfahrungen nicht kontrolliert werden kann. Man erfährt von Klassen aus der Presse; oder durch Statistiken; oder einfach dadurch, daß das Wort benutzt wird. Der Begriff spricht Motive an und transformiert sich mit Hilfe des Wunsches nach mehr Gerechtigkeit in eine Realitätsbeschreibung.« (Ebd., 149)

Argumentiert wird hier gemäß dem altbekannten Muster konservativer Realitätsabwehr, nach dem der Kritiker schuld ist am Kritisierten, indem er ihm erst durch Zuschreibungen zu Realität verhilft, seine kritische Begrifflichkeit Phänomene zu problematischer Bedeutungsschwere stilisiert, so daß Leichtgläubige bzw. motivational Anfällige verführt werden können.

Die *Semantisierung* von Klassen ist ein Verfahren auch ihrer *faktischen Derealisierung*: Klassen sind »nicht sichtbar«. Eine Frontstellung gegen die Klassenbegrifflichkeit liegt darin, daß mit ihr Antagonismen artikuliert werden können. Die sich gegen sie richtende Abwehr hat also recht darin, daß Begriffe selbst Wirkungen haben können. Sie überspannt sich jedoch, wenn das in Begriffen Ausgedrückte diesen angelastet wird, als hätten sie allein es hervorgebracht.

»Das Differenzschema selbst produziert die Kontroverse. Es sind nicht einzelne Klassen, die zum Zwecke der Selbsterhaltung eine Ideologie entwickeln; sondern es ist das Differenzschema der gesellschaftlichen Selbstbeschreibung, das die Differenz zwischen Klassenbejahern und Klassenverneinern produziert.« (Ebd.)

Die Verwendung des Klassenbegriffs kann so zu einer theoretisch-politischen Richtfrage gegenüber dem werden, der ihn benutzt.

Die Eigentümlichkeiten seines theoretischen Vorgehens preist Luhmann schlicht als theoretische »Vorteile«, da man so mit dem Theorem funktionaler Differenzierung »die Semantik der sozialen Klassen von einer Prinzip-Formel auf eine Folgeproblem-Orientierung umstellen« und »den Klassenbegriff konsequent historisieren« (ebd., 152) kann. Diese Vorteile sind allerdings in erster Linie politischer Natur, da sie helfen, ein idealisiertes Wunschbild der entwickeltsten kapitalistischen Staaten von sich und ihrer Geschichte zu entwerfen bzw. zu stützen - ein Bild, das teilweise in den common sense der Soziologie eingegangen ist: Klassen sind eine Realität des 19. Jahrhunderts und allenfalls für deren Beschreibung geeignet. Der *konsequenten Historisierung* des Klassengegensatzes entspricht die *Abwertung* des Klassenkonzepts zum *semantischen Kampfbegriff der* »*anderen*«

ohne gegenwärtige historische Realität. Seiner Zuordnung an die sekundäre Stelle korrespondiert die *totalisierende Umschaltung* auf »funktionale Differenzierung«. Wird diese als dominante Klassifikation gewählt, muß sich die Gesellschaft auf ganz bestimmte Folgen einstellen, auf andere Konsequenzen wiederum nicht (vgl. ebd., 150f.).

Eine paradoxale Struktur von Luhmanns Argumentationsweise besteht darin, daß zum einen von der funktionalen Differenzierung der Gesellschaft gesagt wird, daß sie »einen Verzicht auf Autorität [...] als Mittel des Oktroyierens einzigrichtiger, vernünftiger Beschreibungen« - »einen radikalen Relativismus; aber einen Relativismus, der [...] keineswegs auf ein ›anything goes‹ hinausläuft« (1990a, 11) - erzwingt, zum anderen aber »funktionale Differenzierung« selbst autoritativ als einzig richtiges Beschreibungsmuster positioniert wird.[122] Die aufgefundenen Dichotomien in Luhmanns Art, Fragen zu stellen, Begriffe und ihr Zusammenspiel zu artikulieren, desartikulieren die Strukturen bzw. Semantiken, die für die Selbstbeschreibung und Identitätsbestimmung der modernen Gesellschaft hinderlich sind.

Sind Klassengegensätze nicht konstitutiver Bestandteil der Grundstruktur moderner Gesellschaften, kann die Perspektive gesellschaftlicher Entwicklung auch nicht mehr in ihrer Aufhebung bestehen. Die Benennung, die Identifizierung der »modernen Gesellschaft« als »funktional differenzierte« unterwirft - diese *homogenisierend* und *neutralisierend* - »ihren Status einer regelrechten Operation der *Ent-Nennung*« (Barthes 1964, 124). In diesem Perzeptionshorizont kann man nun hoffen, daß »die Hoffnung auf eine historische Auflösung der Differenz, die Hoffnung auf Revolution, nicht mehr trägt.« (1986, 235) Mit der Auflösung der Differenz von Zukunft und Gegenwart wird die funktional differenzierte Gesellschaft zur universalen Perspektive - theoretisch wie politisch.

Nun ist abschließend festzuhalten, daß Luhmann im hier behandelten Zusammenhang sein Konzept funktionaler Differenzierung innerhalb eines Differenzschemas, das im ausschließlichen Gegensatz zum Konzept gesellschaftlicher Klassen argumentiert, begründet. Aus dieser - antireduktionistisch artikulierten - Frontstellung gewinnt es seine Evidenz. Dabei werden jedoch Sachverhalte gar nicht in den Blick genommen, die ihrerseits Evidenz für sich beanspruchen können und in Luhmanns Konzept funktionaler Differenzierung entweder nicht aufgehen oder ihm widersprechen. Zwei Phänomene bzw. sozialwissenschaftliche Diskussionslinien sind zu erwähnen:

---

122 Auch wenn an seltener Stelle das Konzept funktionaler Differenzierung - sein Status privilegierter Adäquatheit - nonchalant in Frage gestellt wird, hat dies auf die Verfahren der Theorieverfertigung und -reflexion keinen weiteren Einfluß. »Die Theorie funktionaler Systemdifferenzierung ist ein weitreichendes, elegantes, ökonomisches Erklärungsmoment für positive und negative Aspekte der modernen Gesellschaft. Ob sie auch zutrifft, ist natürlich eine andere Frage.« (1986, 74)

Erstens die »Differenzierung von Lebensstilen«, die ein breit wahrgenommenes Phänomen ist. Bei ihr handelt es sich um einen Sachverhalt, der auffallend bei der Prägung von Individualitätsformen beteiligt ist und auch an alltäglichen Interaktionen abgelesen werden kann. Die Differenzierung von Lebensstilen läßt sich nun weder an Klassengrenzen noch - und darauf kommt es hier vor allem an - an funktionaler Differenzierung festmachen. Denn Lebensstile liegen quer zu den Grenzen gesellschaftlicher Subsysteme. Eher können stratifikatorische Gemeinsamkeiten unter Akteuren festgestellt werden, die selbst hauptsächlich in jeweils unterschiedlichen Systemzusammenhängen tätig sind - etwa zwischen führenden Politikern, Wirtschaftsmanagern und Angehörigen des Kunst- oder Kulturestablishments. Bei der Differenzierung von Lebensstilen handelt es sich also um ein Phänomen, das nicht nur in Luhmanns Theorie nicht vorkommt, sondern auch seiner starken Behauptung funktionaler Differenzierung widerspricht.

Zweitens: Es gibt soziale Strukturierungen, die weder Individuen noch soziale Systeme sind. In der Architektur der Luhmannschen Theorie sind jedoch lediglich psychische Systeme - für die die Soziologie strenggenommen gar nicht zuständig ist -, Interaktionssysteme, Organisationen und gesellschaftliche Funktionssysteme vorgesehen. Phänomene, die durch dieses Raster fallen, sind dann auch Klassen oder Gruppen. Soziale Strukturierungen wie Gruppen haben, trotz ihrer empirischen Evidenz oder ihrer Relevanz in der soziologischen Diskussion, keinen begrifflichen Stellenwert in Luhmanns Theorie.[123]

4.1.4 »Morphogenese« als Entwicklungsprinzip und -perspektive der »modernen Gesellschaft«

Die Charakterisierung der Verfaßtheit einer Gesellschaft ist nicht von der ihrer Entwicklungsperspektive zu trennen. In Luhmanns Sicht begründet die Grundeigentümlichkeit der modernen Gesellschaft, die funktionale Differenzierung selbstreferentieller Subsysteme, die einmalige Effektivität, aber auch Instabilität dieses Gesellschaftstyps. Die evolutionär hochgetriebene Komplexität macht demnach »Strukturänderungen [...] zunehmend schwieriger, weil zu hohe Interdependenzen und zu viele Voraussetzungen für jede Einzelentscheidung zusammentreffen«, was nun nur noch »durch Leistungsverstärkungen in den Einzelmechanismen kompensiert« (1981c, 187) werden kann. In Übereinstimmung mit der Spontanbedeutung von »Evolution« wird nun das Komplexitätsgefüge der modernen Gesellschaft von Anfang an gegen »Planung« artikuliert.[124]

---

123 Dasselbe läßt sich ebenso von sozialen Bewegungen sagen, auch wenn sie mitunter ausführlich behandelt werden (vgl. 5.2.1).

124 »Planung wird vermutlich nur dazu führen können, daß in das System eine Beschreibung seiner Komplexität eingeführt wird, daß es neben der bisherigen Unübersehbarkeit der Prozesse dann auch noch Planung gibt und daß überall nicht nur auf

Ist die strukturierende Unterscheidung Luhmanns die zwischen Morphogenese und Planung, werden damit das allgemeine Entwicklungsprinzip und die generelle Entwicklungsperspektive der modernen Gesellschaft bezeichnet. Wie die Gesellschaft für ihre Subsysteme eine »unübersehbare komplexe Umwelt« darstellt, die Subsysteme wiederum »zu komplex für Planung« sind, so ist überhaupt »Evolution als Realität und als Theorie zukunftsblind.« (1983, 200) Gesellschaftliches Geschehen als »ungeplantes und unplanbares« (ebd., 201) fundiert nun sowohl die Ablehnung kausalgesetzlicher und intentionaler Erklärungen als auch die theoretische Ausarbeitung und Positivbesetzung *»morphogenetischer Prozesse«.*[125] Diese kennen kein Ende, verzichten in ihrem Vollzug darauf, sich »vorgreifend-rückblickend an Resultaten zu orientieren; sie akkumulieren dadurch Unwahrscheinlichkeiten, ohne dies als sinnvolles Resultat in den Prozeß selbst einzubeziehen.« (1984, 485)[126] Nicht nur sind in dieser theoretischen Perspektive gesellschaftliche Systeme mit Planung hyperkomplex, sondern die Durchschlagkraft morphogenetischer Evolution ist auch so stark, um Planungen gleich wieder zu hintertreiben. Demnach ist das Resultat von Planungen »vermutlich nicht nur: Erreichen der Planziele in mehr oder weniger großem Umfang, sondern auch und zugleich: daß die Evolution, die das alles wieder unterläuft, beschleunigt wird.« (1983, 195f.) Gegen alle Planung schlägt also letztlich die Tendenz »abweichender Reproduktion« durch - jedoch nicht nur in der Weise, daß Differenzen zwischen intendierten und resultierenden Ergebnissen der Planung zum Ausgangspunkt korrigierender Eingriffe oder neuer Planungsansätze gemacht werden können, sondern daß sie zwangsläufig unterlaufen und von Grund auf verunmöglicht werden. Theoretisch berechtigt ist die von ihm vorgenommene Akzentuierung von »Evolution« jedenfalls in der Frontstellung gegen Allmachtsphantasien der Planbarkeit, und sie besticht immer im Falle von Planungen, wo im Planungsfeld Akteure sind, deren eigensinnige Reaktion auf Planungen nicht eingeplant werden können.

Die dichotomische Ablehnung von Planung blendet jedoch aus, in wie großem Maße Planung in der heutigen Welt eine Rolle spielt - beispielsweise in ökonomischen oder staatlichen Handlungszusammenhängen. Luhmanns Zurückweisung der Abbildung von Geschichte als teleologischem Prozeß mag man leicht zustimmen, wobei allerdings sehr fraglich ist, wie groß an dieser Stelle heutzutage die explizite Gegnerschaft überhaupt ist. Auch wenn man für den Geschichtsprozeß im Ganzen Morphogenese als resultierende Gesamtlogik annimmt, ist jedoch zu berücksichtigen, daß unterhalb dieser Ebene immer ver-

---

Unordnung reagiert werden muß, sondern außerdem auch noch auf Planung. Ein System, das eine Beschreibung seiner selbst enthält, wird dadurch hyperkomplex.« (1983, 195) Vgl. auch 4.3.1.

125 Zur Dichotomie von Planung und »spontaner Ordnung« vgl. auch Hayek 1983, 1978 Kap. 2; zu ihrer Kritik etwa Zinn 1985.

126 »Sie tendieren zu unerwartbaren Entwicklungsschüben, zum Stagnieren, zur Destruktion.« (Ebd., 486)

schiedenste Pläne, mit unterschiedlicher Reichweite, mehr oder weniger wirksam, verfolgt werden. Kann man zwar von ihnen aus nicht direkt auf ihre Ergebnisse schließen, so darf doch auch nicht ausgeschlossen werden, daß sie angestrebte Ziele realisieren können.

Eine adäquatere theoretische Anordung könnte nun darin bestehen, Planungen auf die zugrundeliegenden Verhältnisse, Praxisfelder und Bedingungen, Akteure und Kräfteverhältnisse rückzubeziehen. Anstatt, ohne eine *Frage* gestellt zu haben, gleich die *Antwort* zu geben, daß Planungen apraktikabel und ineffektiv seien, könnte man die Fragen entfalten, inwiefern diese handlungsstrukturierend wirken, in welchem Maße und welcher Art für welche Akteure sie Planungen zulassen oder sogar verlangen. Oder inwieweit unter bestimmten gesellschaftlichen oder organisatorischen Bedingungen konkret intendierte Ergebnisse erzielt werden können, welche Variationsräume für Planungsmodifikationen es gibt und welche Resultate aus dem Interagieren verschiedener Pläne resultieren können. Was nur angedeutet werden soll - und faktisch auch jedermann weiß: entscheidend sind die Charakteristika von Akteurskonstellationen und die unterschiedlichen Dynamiken, die den sozialen Feldern jeweils innewohnen. Ein solches theoretisch-praktisches Arrangement, von dem man auch keine klare Voraussagbarkeit erwarten kann, hat jedoch den Vorteil, sich nicht innerhalb der Dichotomien »Planung vs. Evolution«, »Teleologie vs. Morphogenese« zu bewegen. Wenn Luhmann sich dieser Dichotomien bedient, verzichtet er auf die Möglichkeit, mit differenzierteren Fragestellungen ebensolche Antworten hervorbringen zu können.

Wie sehr die Dominanz der genannten Dichotomien politisch motiviert und nicht wirklich theoretisch begründet ist, zeigt sich daran, daß Luhmanns Theorie gleichwohl offen ist für die Formulierung eines realistischeren Planungsbegriffs:

»Planung und Steuerung in nichttrivialen (selbstreferentiellen) Organisationen kann nicht die künftigen Zustände des Systems im voraus bestimmen, und schon gar nicht die künftigen Beziehungen zwischen System und Umwelt. Steuerung ist vielmehr ein Prozeß der Differenzminderung, der durch Ziele markiert wird, also die Differenz zwischen Ziel und Realität zu verringern sucht. Was dabei herauskommt, ist im System weder vorhersehbar noch kontrollierbar, läßt sich aber durch laufendes Nachsteuern, das heißt durch Markierung anderer Differenzen beeinflussen. Planung ist ein going concern, und Prognosen spezifizieren dabei die Gesichtspunkte ihrer laufenden Korrektur.« (1992f, 208)

In der Folge könnte dieser Begriff von Planung zu sowohl aufgeklärteren als auch realistischeren Planungskonzepten verhelfen.

Die politische und theoretische Bedeutsamkeit der Evolutionstheorie erhellt sich des weiteren durch Luhmanns Bemerkung, sich in die Tradition zu stellen, wo »die Evolutionstheorie für die bürgerliche Gesellschaft die Funktion übernommen [hat], die offene Zeitstruktur mit Inhalt zu füllen, nämlich den sachlich-analytischen Apparat zu bieten, der Vergangenheit und Zukunft noch integrieren« (1981c, 183) kann. Eine dieser Funktionen ist, gegenüber den vielfältigen Bruchlinien einen räumlich wie zeitlich vereinheitlichenden, globalen Horizont zu generieren:

> »Wenn der hier skizzierte Theorieansatz einer genaueren Überprüfung standhält, hätte man als Ergebnis der soziokulturellen Evolution einen in vielen Hinsichten bedenklichen Zustand zu akzeptieren. Das Gesellschaftssystem ist, ausgehend von Europa, Weltgesellschaft geworden. Es gibt nur noch ein Gesellschaftssystem, nur noch eine evolutionsfähige Gesellschaft, und das kann bei funktionaler Differenzierung trotz aller regionalen Unterschiede auch nicht anders sein.« (1983, 200)

Allerdings ist die existierende »Weltgesellschaft« nicht, wie man Luhmann hier im Unterschied zu anderen Stellen (vgl. 1994a) verstehen könnte, nach dem einen Bild geformt, das Westeuropa historisch vorgegeben hat. Der moderne Gesellschaftstyp herrscht demnach auch nicht weltweit vor; allerdings ist er der die Welt beherrschende, was aber nicht heißt, daß er sie vollends im Griff hat. Die verschiedenen Gesellschaften sind weder gleichartig strukturiert noch gleichmäßig entwickelt, noch sind die Beziehungsmuster zwischen den Gesellschaften vereinheitlicht. Die globalen Differenzierungen verlaufen nicht in der Form »regionaler Unterschiede« als Abweichungen von ein und demselben Kontinuum. Beschränkt man sein Augenmerk auf die Errungenschaften der kapitalistischen Entwicklung, bleibt die Verallgemeinerung der »modernen Gesellschaft« zur Weltgesellschaft ein vielfaches Wunschbild. Vielmehr ist es überhaupt fraglich, inwiefern es sinnvoll ist, den Begriff der Weltgesellschaft zu benutzen und demgegenüber von verschiedenen Gesellschaften in der Welt zu sprechen.

Bereits in der evolutionstheoretischen Rahmenkonzeption der Funktions- und Systemdifferenzierung fanden sich, der expliziten Beteuerung widersprechend, doch Teleologien der Art, die »Entwicklung der Welt [...] als Bewegung vom Einfachen zum Komplexen« oder »vom Unbestimmten zum Bestimmten« (1975d, 212) zu begreifen. Zum Teleologie-Vorwurf gesellt sich nun der eines »evolutionären Universalismus«, wenn die Entwicklung »funktionaler Differenzierung« zum genetischen als auch strukturellen Prinzip der Einheit der Welt erhoben wird und wenn darüber hinaus dieser Gesellschaftstyp perspektivisch den ganzen Zukunftshorizont ausmißt.[127]

---

127 Allerdings ist Luhmanns evolutionärer Universalismus in seiner Zukunftsgewißheit gebrochen, fragt er doch, ob »auf dieser Grundlage aber weitere Evolution hinreichend wahrscheinlich« (ebd.) ist. »Selbst wenn man im Evolutionsbegriff jeden Fortschrittsglauben eliminiert, selbst wenn man Evolution im günstigsten Falle als hinausgeschobene Destruktion begreift, bleibt die Frage: ist Evolution an einem einzigen Fall ohne jeden Spielraum für Zerstörung und Regeneration überhaupt möglich?« (Ebd.)

Die Ausrichtung des Evolutionskonzepts und die historische Globalperspektive sind miteinander verschmolzen, theoretische und politische Bedeutungsdimension nicht voneinander zu trennen. Als operatives Grundmuster wird der »funktional differenzierten Gesellschaft« die im Prinzip *endlose Selbstkontinuierung* bei sich *beschleunigenden Veränderungen* unterlegt. Dabei besitzt jede der besonderen Vergangenheiten der »funktional differenzierten Gesellschaft« dasselbe prinzipielle Zukunftsbild. Ihr Reproduktionsmodus drängt jedoch immer wieder auf den für sie problematischen Punkt hin, wo »die *Zeithorizonte* Vergangenheit und Zukunft [...] schärfer auseinander« (1975a, 152) treten. Dies besonders dann, »wenn der Gegenwart laufend Möglichkeiten vorgespielt werden, die allenfalls in einer künftigen Gesellschaft realisiert werden können.« (Ebd.) In Luhmanns Sicht ist das besonders dann problematisch, wenn das »Prinzip der funktionalen Differenzierung« auf dem Spiel steht.

Neben dem »bloß« innergesellschaftlichen Auseinanderbrechen von Gegenwarts- und Zukunftshorizont der »funktional differenzierten Gesellschaft« - was mit dem Auftreten von gesellschaftsstrukturellen Alternativen zu diesem Prinzip der Fall ist - benennt Luhmann auch die Möglichkeit eines real katastrophenartigen Abbrechens ihrer Zukunft - das mit dem Ende menschlich-gesellschaftlichen Lebens überhaupt zusammenfällt. Allerdings läßt sich im Kosmos des evolutionär geschichteten Weltaufbaus dieser Ausgang der Geschichte dann immer noch als Implosion zu niederen Ebenen der Evolution beschreiben, indem »die Evolution in ihre postmundiale (nachweltliche) Phase« (1983, 205) übergeht. Beide Diagnosen »soziologischer Aufklärung« hängen nun gewissermaßen zusammen: Es gibt keine Alternative zu »funktionaler Differenzierung« denn die zwischen ihrer Kontinuierung und allgemeinem Untergang - selbst wenn dieser durch jene erzwungen wird.

4.2 Exemplarisches Beobachtungsfeld: Wirtschaft der Gesellschaft als autopoietisches System

So wie mit Luhmanns universaltheoretischem Dispositiv einige theoriekonstruktiv entscheidende Festlegungen für die Konzeptionalisierung der modernen Gesellschaft bereits getroffen sind, so strukturieren die allgemeine Theorie sozialer Systeme und die Theorie der modernen Gesellschaft die Thematisierung des modernen Wirtschaftssystems, als einem prominenten Subsystem der modernen Gesellschaft, vor (vgl. 3.2).

Luhmann proklamiert eine »Anwendung« der »allgemeinen Systemtheorie [...] auf Probleme des Wirtschaftssystems.« (1988, 13)[128] »Wirtschaft« ist folglich theoretisch in den Rahmen der »funktional differenzierten Gesellschaft« einzupassen, muß vom »Problem der doppelten Kontingenz« aus als »Kommunika-

---

128 In Luhmann 1988 gehen modifiziert drei bekannte frühere Aufsätze ein - als Kap. 1 1983a, als Kap. 2 1984a und als Kap. 5 1986b.

tion« und als ein über ein »symbolisch generalisiertes Kommunikationsmedium« ausdifferenziertes »System« gedacht werden können, dessen »selbstreferentielle Schließung« durch »binäre Codierung«, und vermittelt durch ein mit dem Autopoiesiskonzept verbundenes »temporalisiertes« »Letztelement«, zu erreichen ist, so daß auf die Weise das System »Autonomie« erlangen und sich aufrechterhalten kann.

Theoretisch zu rekonstruieren und kritisch zu beobachten ist, wie der allgemeine theoretische Universalitätsanspruch in einen besonders relevanten Funktionsbereich eines historisch spezifischen Gesellschaftstyps übersetzt wird, auf welche Weise die Theorie im Spannungsfeld von distanzierender Reflexion und undistanzierter Wiedergabe der im Gegenstandsbereich gängigen Denk- und Praxisformen entfaltet wird, und welches der spezifisch intellektuelle Beitrag zur Projektierung der modernen Gesellschaft ist, die von diesem Bereich wesentliche Anstöße erhält.

Luhmanns Konzept der funktional differenzierten Gesellschaft ermöglicht, sowohl die verschiedensten gesellschaftlichen Felder als auch ihren Gesamtzusammenhang in und mit derselben begrifflichen Struktur zu erfassen - vermittelt über die Differenzierung von Emergenzebenen und deren Relationierung qua Generalisierung und Spezifikation, wobei Unterschiede zwischen den Systemen »als bedingt durch den Unterschied der Funktionen« und »Vergleichbarkeiten durch die allgemeinen Erfordernisse der Partizipation an den besonderen Bedingungen funktionaler Differenzierung« (ebd., 10) aufgefaßt werden. Dafür »muß die Begrifflichkeit so aufbereitet werden, daß sie sich, mit entsprechenden Veränderungen, [sowohl für die Analyse der Geldwirtschaft als; D. B.] auch auf andere Bereiche gesellschaftlicher Kommunikation anwenden läßt - also etwa auf das politische System oder das Erziehungssystem, auf das Religionssystem, das Wissenschaftssystem, das Rechtssystem und die Familiensysteme.« (Ebd.)

Den Stellenwert und das Verhältnis der verschiedenen Subsysteme der modernen Gesellschaft zueinander artikuliert Luhmann nun aber *widersprüchlich*. Ausgehend von der These, daß stratifikatorische Gesellschaften durch die Dominanz der *Politik* gekennzeichnet waren, proklamiert Luhmann zunächst noch das Projekt einer »Theorie der bürgerlichen Gesellschaft« (1972, 187), die den historischen Dominanzwechsel zum ›Primat der *Wirtschaft*‹ [ebd.; Hervorhebung D. B.] in der modernen Gesellschaft mit zu erklären hat. Inzwischen lehnt Luhmann Begriff und Theorie der »bürgerlichen Gesellschaft« ab, und an die Stelle der Behauptung der funktionalen Dominanz des Wirtschaftssystems ist die Behauptung der *horizontalen Gleichrangigkeit* der verschiedenen Funktionssysteme der modernen Gesellschaft getreten (vgl. 4.1.1, 4.1.3). Nun postuliert Luhmann einen »radikalen Bruch mit der mehrhundertjährigen Tradition der ›Politischen Ökonomie‹« (1988, 10) und geht »statt dessen von einem Gesellschaftsverständnis aus, von dem her gesehen Funktionssysteme für Politik und für Wirtschaft neben vielen anderen nur für spezifische Funktionen ausdifferenziert sind und daher weder Vorrang noch übergeordnete Bedeutung, ja [...] nicht einmal Repräsentations- und Steuerungsfunktionen der Gesellschaft in der Gesellschaft in Anspruch nehmen können.« (Ebd., 11) Dabei werden durch die Vervielfältigung der Relevanzen »Tendenzaussagen und Gesamturteile über die moderne [...] Gesellschaft schwieriger« (ebd., 37), auch wenn diese als eine »weitgehend durch Wirtschaft bestimmte Gesellschaft« (ebd.) gesehen wird - eine Bestimmung, die allerdings im Gesamttext untergeht und im Begriffsnetz randständig, ja auch nicht theoretischer Natur ist.[129]

In der folgenden eingehenden Argumentation wird ersichtlich, daß und wie Luhmanns verborgener Text der Marxsche ist. Marx' Kritik der Politischen Ökonomie im »Kapital« fungiert als hauptsächlicher Gegentext, gegen den Luhmann meistens, aber mit dem er auch manchmal seinen eigenen Text formuliert. So ist auf den Modus zu achten, in dem Luhmann kritisiert und verwirft, aber auch aufnimmt und in seine Theorie einpaßt. Daran anschließend kann dann beispielhaft ersehen werden, welche Elemente des Gegentextes in seinem unthematisiert oder sogar unthematisierbar sind.

Mit dem »Übergang zur Industriegesellschaft« - der unter anderem bedeutet, »daß auch Boden (wie alle Ressourcen) und Arbeit nur noch für Geld zu haben sind« - »ist die Wirtschaft ein monetär integriertes System und als solches in allem, was seine eigene Reproduktion betrifft, ausdifferenziert.« (Ebd., 62) Der »Übergang zur Geldwirtschaft« spielt »in der Entstehung der modernen Gesellschaft eine wichtige, manche meinen die ausschlaggebende Rolle« (ebd., 43), wodurch nicht nur das über den Geldmechanismus ausdifferenzierte Wirtschaftssystem, sondern auch die anderen Funktionssysteme »in der Beziehung zur Gesellschaft [...] autonom [werden], weil sie hier sozusagen Richter in eigener Sache sind, nämlich eine Funktion für die Gesellschaft wahrnehmen.« (Ebd., 63)

Die Autonomie des Wirtschaftssystems ist jedoch von verschiedenen gesellschaftlichen Voraussetzungen und Leistungen abhängig. So ist der »Geldmechanismus als solcher« wegen der »Asymmetrie in der Verteilung des Geldes [...] angewiesen auf institutionalisierte Reichtumstoleranz.« (1972, 203) Ferner hat »die Gesamtgesellschaft [...] der Wirtschaft als System die notwendige Deckung zu geben, vor allem das Zeitverständnis der Wirtschaft kulturell zu generalisieren, wirtschaftliche Werte global als beachtlich zu legitimieren und Trennregeln für das Verhältnis der Wirtschaft zu anderen Bereichen zu institutionalisieren - z. B. die Norm der Unbestechlichkeit von Beamten und Politikern, buchungstechnische und rechtliche Trennbarkeit von Geschäftsvermögen und Privatvermögen, Prioritäten im Verhältnis von Berufsleben und Familienleben, Liebesheirat (statt wirtschaftlicher Heirat) oder Verhaltensgrundsätze wie: In Geldsachen hört die Freundschaft auf.« (1970e, 211) Und schließlich müssen andere Systeme, insbe-

---

129 Zu Luhmanns Bestimmung von »bürgerlicher Gesellschaft« im Verhältnis zu »funktionaler Differenzierung« vgl. auch Breuer 1992, 76ff.

sondere »die Politik«, einspringen, wenn Funktionserfüllung und Folgen »der Wirtschaft« ernsthafte Probleme aufwerfen.

Was gegenüber Luhmanns gleichsam organismusanaloger Bestimmung gesellschaftlicher Differenzierung angemerkt wurde, gilt auch hier (vgl. 4.1.1). Hervorzuheben ist die oft generell - historisch, funktional, sozial - entspezifizierende Rede von »Wirtschaft«. Diese schlichte Benennung spricht dann zum einen eine *allgemeine* gesellschaftliche Funktion an: »Wirtschaft ist und bleibt, ob ausdifferenziert oder nicht, eine Funktion des Gesellschaftssystems.« (1988, 60, Fn. 30) Zum anderen ist häufig simpel von »Wirtschaft« die Rede, wenn es um die Wirtschaft der »modernen Gesellschaft« geht. So wird, die sozial-historische Spezifik ausblendend, diese Wirtschaftsform verallgemeinert; und durch das Absehen von Funktionen, die ihrer *Formspezifik* geschuldet sind, werden auch die funktionalen Bezüge reduziert und weitere Besonderheiten dieser Wirtschaftsform entnannt.

Unterscheidet man wie Luhmann zwischen der Wirtschaft, der Gesellschaft und dem Grad ihrer Differenzierung, ergibt sich als »Hauptproblem«, »ob und wie sich für die zeitliche Sicherung von Bedürfnisbefriedigungen überhaupt ein besonderes Teilsystem der Gesellschaft bilden kann, das eigens dafür ausdifferenziert und funktional spezifiziert wird.« (1970e, 208) Im enthistorisierenden Zugriff auf »Wirtschaft« liegt ihr gemeinsames Bezugsproblem, ihre allgemeine, notwendige Funktion eingeschlossen. »Auf Wirtschaft bezogene Kommunikation ist in allen Gesellschaftsformationen nötig, weil man sich über Zugriff auf knappe Güter verständigen muß. Sie ist in entsprechend vielfältigen Formen möglich.« (1988, 14) Dafür »muß ein sozialer Mechanismus erfunden werden, der *eine zukunftsstabile Vorsorge mit je gegenwärtigen Verteilungen verknüpft. Das ist die Funktion der Wirtschaft.*« (Ebd., 64)[130]

4.2.1 »Zahlung« als »unit act« und »Knappheit« als Grundproblem wirtschaftlicher Autopoiesis

»Wie soziale Systeme überhaupt, sollen auch wirtschaftende Gesellschaften oder ausdifferenzierte Wirtschaftssysteme in Gesellschaften als Systeme begriffen werden, die aufgrund von Kommunikationen Handlungen bestimmen und zurechnen.« (Ebd., 14) Mit Luhmanns Kommunikationsbegriff werden, wie gezeigt, zwei Typen von Handlungen erfaßt: *Mitteilungen,* die innerhalb bestimmter sozialer Systeme getätigt werden und *Handlungen,* die durch deren *Codierung* ihm zugerechnet oder durch es angeleitet werden. Die Grenze zwischen dem Wirtschaftssystem und seiner Umwelt wird mit emergenten Einschnitten gezogen und befestigt.

---

130 Als aufschlußreichen Beitrag zur sozialwissenschaftlichen und insbesondere fachökonomischen Beurteilung von Luhmanns Wirtschaftstheorie vgl. Beckenbach 1989.

»Weder die Ressourcen, um die es geht, noch die psychischen Zustände der beteiligten Personen sind danach Elemente oder Bestandteile des Systems. Sie sind natürlich unerläßliche Momente der Umwelt des Systems. Über sie wird kommuniziert, und die Kommunikation nimmt ihrerseits Materielles und Psychisches in Anspruch. Sie wäre ohne diese Umwelt nicht möglich. Die Systembildung, um die es geht, liegt aber ausschließlich auf der Ebene des kommunikativen Geschehens selbst.« (Ebd.)

Erst mit der Ausdifferenzierung »eines besonderen Funktionssystems für wirtschaftliche Kommunikation« - »durch das Kommunikationsmedium Geld in Gang gebracht« - läßt »sich mit Hilfe von Geld eine bestimmte Art kommunikativer Handlungen systematisieren«, »nämlich *Zahlungen*.« (Ebd.) Systemspezifische Kommunikation wird auf Zahlungen eingeschränkt; über zahlungsvermittelte *Codierungen* werden die vorab ins systemische Bedingungsgefüge ausgeschlossenen Handlungen wieder in den Systemzusammenhang einbezogen.

»In dem Maße, wie wirtschaftliches Verhalten sich an Geldzahlungen orientiert, kann man deshalb von einem funktional ausdifferenzierten Wirtschaftssystem sprechen, das von den Zahlungen her dann auch nichtzahlendes Verhalten, zum Beispiel Arbeit, Übereignung von Gütern, exklusive Besitznutzungen usw., ordnet.« (Ebd.)

»Wirtschaftliche Kommunikationen« stellen sich so als *Ordnungsakte* dar, wo »wirtschaftliches Verhalten«, »Zahlungen«, »nichtzahlendes Verhalten« anordnet, dirigiert. Die Theorie interessiert das den Ordnungsakten von Zahlungen Unterliegende zunächst nicht mehr als der Umstand, ob und wie es durch sie anund geordnet, codiert ist. Neben der begrifflichen Grundschaltung verrät und verstärkt der wiederholte Gebrauch des Terminus Verhalten das symptomatische handlungstheoretische Defizit. Dafür genügen »Zahlungen« Luhmanns Begriff der Autopoiesis: sie sind »systemdeterminierte« Elemente, »typengleiche« und »ereignishafte« Operationen:

»Die Wirtschaft gewinnt ihre Einheit als autopoietisches, sich selbst produzierendes und reproduzierendes System dadurch, daß sie eine eigene Typik von Elementen verwendet, die nur in der Wirtschaft vorkommen und nur in ihr, das heißt nur in rekursivem Bezug auf andere Elemente desselben Systems ihre Einheit gewinnen. Der ›unit act‹ der Wirtschaft ist die *Zahlung*.« (Ebd., 52)

»Selbstreferentiell« sind Zahlungen insofern, als Zahlung auf Zahlung folgt, erhaltenes Geld weiterübertragen werden kann etc. Diese Evidenz legt nahe, daß die Konzeptionalisierung von »Zahlungen« als »unit act«, als der elementaren operativen Einheit des Wirtschaftssystems theoretisch sinnvoll ist. Intention, Zwang und Wirkung der konzeptionellen Anlage ist so insbesondere, »den Faktor Arbeit [...] durch den Begriff der Codierung von Kommunikation zu ersetzen.« (Ebd., 46)

»Ein Verständnis von Wirtschaft, das bei Zahlungen als den Grundoperationen des Systems ansetzt, kann alles, was sonst als Grundbegriff der Wirtschaftstheorie fungiert,- also etwa Produktion, Tausch, Verteilung, Kapital, Arbeit - als derivativen Sachverhalt behandeln.« (Ebd., 54f.)

»Können« ist zunächst nur als theorietechnische Fähigkeit, nicht als sachliche Befähigung zu interpretieren. Durch die diskursive Marginalisierung bzw. Ausklammerung von »Arbeit«, »materieller Reproduktion« und anderem mehr aus der Wirtschaftstheorie spitzt sich die bereits oben angesprochene Problematik der Reproduktion der Gesellschaft im Hinblick auf das Verhältnis von innergesellschaftlichem Stoffwechsel und gesellschaftlichem Stoffwechsel mit der Natur zu. Wenn die Gesellschaft »ein autopoietisches System auf der Basis von sinnhafter Kommunikation« ist, die »aus Kommunikationen«, »nur aus Kommunikationen«, »aus allen Kommunikationen« besteht, dann ist, was »immer sich als Kommunikation ereignet«, »dadurch Vollzug und zugleich Reproduktion der Gesellschaft. [...] Insofern ist das Kommunikationssystem Gesellschaft ein geschlossenes System.« (Ebd., 50) »Wirtschaftliche Kommunikation« und »Reproduktion« werden, soweit sie über den Vollzug von und die operative Steuerung durch Zahlungen hinausgehen, zur Metapher der in Wirklichkeit umfassenden und vieldimensionalen Reproduktionsprozesse, Bedingungs- und Einbettungsverhältnisse. Die »operative und materielle Geschlossenheit« des Wirtschaftssystems kontrastiert Luhmann mit seiner »kognitiven Offenheit«.

So ist die Gesellschaft insgesamt - wie auch das Wirtschaftssystem - »nur in einer Umwelt, vor allem nur dank psychischen Bewußtseins, dank organischen Lebens, dank physischer Materialisierungen, dank der Evolution von Sonnen und Atomen möglich. Die Gesellschaft registriert diese Lage, indem sie sich als offenes System etabliert. Sie kommuniziert *über etwas* - über Themen, die ihre Umwelt oder sie selbst oder die gerade ablaufende Kommunikation betreffen.« (Ebd.)

Ein durch die »Autopoiesis von Zahlungen« autonomisiertes Wirtschaftssystem wird so prinzipiell schranken- und endlos. »Die Autopoiesis der Wirtschaft transzendiert alle wirtschaftlichen Zwecke und macht sie gerade dadurch sinnvoll« (ebd., 59). Sich realisierende Reproduktion wird zum bloßen Effekt. »Man denkt sich nicht zu Tode, und man bewirkt mit allen zweckgebundenen Zahlungen zwangsläufig auch die Reproduktion der Wirtschaft selbst« (ebd.) - selbst wenn dieses Ziel von niemandem intendiert wird.

Was heißt es demnach, Wirtschaft als Kommunikation und Zahlungen als ihre basale Operation zu bestimmen? Mit vielleicht größerer Evidenz als bei »gewöhnlichen« Kommunikationen übermitteln Zahlungen präzise, so daß der eine genau das kriegt, was der andere gibt. Doch Zahlungen unterscheiden sich von anderen Kommunikationen nicht nur durch die Systemreferenz, und Geld ist von anderen symbolisch generalisierten Kommunikationsmedien nicht nur formal unterschieden, da Zahlungen *reale, auch materielle Aneignungsprozesse* begründen. *Aneignung von Eigentum* und das *Recht seiner Nutzung* unterscheiden sich ihrem Wesen nach aber entscheidend von Kommunikation, der *Vermittlung und Aneignung von Information.* Die Aneignung von Gütern und Dienstleistungen ist materiell beschränkt, immer andere - unabhängig von spezifischen sozialen Formen - ausschließend, die Aneignung von Informationen hingegen ist, in den hier relevanten Hinsichten, materiell unbeschränkt und allgemein zugänglich. Auch wenn es natürlich Probleme der Zugänglichkeit von Information, Schranken der Kommunikation und anderes mehr gibt, verliert Kommunikation nichts, wenn jene überwunden oder diese durchbrochen werden, sie wird dadurch nicht knapper, und Informationen werden nicht weniger, wenn mehr Menschen sie aufnehmen. So wird ein im Fernsehen übertragenes Fußballspiel um nichts weniger ein Fußballspiel, wenn Millionen es konsumieren.

Dieses Problem deutet sich bei Luhmann symptomatisch an. Gelöst wird es in der Form, daß die Unterscheidung zwischen Aneignung und Kommunikation in die Unterscheidung zwischen *Zahlungen als besonderem Kommunikationstyp* und »*Kommunikation im allgemeinen*« (ebd., 246; Hervorhebung D. B.) *verschoben* wird. Entsprechend der zweiten Unterscheidung wird einerseits im »Geld die Universalisierung eines Übertragungsmodells, bei dem der eine genau das erhält, was der andere abgibt« (ebd., Fn. 25), gesehen und andererseits festgestellt, daß »Kommunikation als solche kein Übertragungsvorgang« (ebd., 246) ist. Das ist nicht ganz richtig, da ja sowohl Fußballspiele beispielsweise im kommunikativen Verbreitungsmedium Fernsehen übertragen werden als auch Kommunikationen ganz allgemein immer Mitteilungen, die Informationen übertragen, enthalten. Wenn bei letzteren mehr »Rauschen« (ebd., 246, Fn. 25) als bei der Übertragung von Geld enthalten ist, kann man das Luhmanns Modell gemäß ja einfach auf die Differenz zwischen »alters« Sinnselektion und »egos« Verstehen zurückführen. Luhmanns zunächst verwirrende Zurückweisung der Identifizierung von »Kommunikation« mit »Übertragung« meinte nicht die Differenz *zwischen* Kommunikation und (materieller) Aneignung, sondern die Differenz von Rauschpegeln *in* der Kommunikation selbst.

Und last but not least: Wie anders als im Kontext materieller Aneignungsprozesse könnte »Knappheit« überhaupt eine so hervorgehobene Stellung einnehmen? Wie anders als im Hinblick auf reale Aneigung und Befriedigungsmöglichkeiten ließe sich eine regelrechte »Pädagogik der Knappheit« (1981g, 409) entfalten?

Kognitive und kommunikative Offenheit - Umweltsachverhalte wahrzunehmen bzw. darüber zu kommunizieren - müssen, auch theorieimmanent, im Kontext gesellschaftlicher Funktionssysteme mit zu lösenden Problemen, zu realisierenden Funktionen, Problem- bzw. Funktionsorientierungen sowie operativen Mechanismen ihrer Bearbeitung und Bewältigung verknüpft werden. Nimmt der »Begriff der Codierung von Kommunikation« (1988, 46) die theoretische Zentralstellung ein, kann man

»das Geld als *Codierung* wirtschaftlicher Operationen begreifen und Codierung als Duplikation von *Knappheit*. Es gibt danach zwei Knappheitssprachen: die der Güter und die des Geldes, die beide auf verschiedene Bedingungen ansprechen. In der modernen Wirtschaft sind *alle* wirtschaftlichen Operationen gehalten, *beide* Knappheitssprachen *zugleich*, also den Gesamtcode der Wirtschaft und nur diesen Code zu verwenden, nämlich für *Leistungen* zu *zahlen*. Die Struktur der Wirtschaft besteht in der Konditionierung dieses operativen Zusammenhangs.« (Ebd., 47)

Somit kommt als Bezugsproblem, als »spezifisches Thema der Kommunikation auch bei Luhmann der neoklassische Dauerbrenner, das Knappheitsaxiom, zum Zuge: man muß ›sich über den Zugriff auf knappe Güter verständigen‹ (Luhmann 1983a, 154).« (Ganßmann 1986a, 15) Und wie wird nun »Knappheit« konstituiert?

»Wir greifen hierfür zunächst auf ein Argument zurück, das dem der politischen Theorie von Thomas Hobbes gleicht. Gesellschaft bedeutet, daß Menschen in der Bestimmung und der Befriedigung dessen, was sie als Bedürfnis erfahren, nicht allein und nicht unabhängig voneinander operieren. Jeder stimuliert und stört den anderen. Daraus, und nicht aus der Unzuverlässigkeit der Natur, ergibt sich ein Vorsorgebedürfnis. Jeder muß, weil auch andere interessiert sind und interferieren werden, langfristig vorsorgen, und dieses Vorsorgen macht alle Güter knapp; denn jeder möchte für seine Zukunft reservieren, was ein anderer schon gegenwärtig braucht.« (1988, 64)

Sonst als Kämpfer gegen Ontologie bemüht, greift Luhmann hier selber auf ontologisierende Setzungen zurück. Die Form des bürgerlichen ökonomischen Privatsubjekts wird selbstverständlich vorausgesetzt, sie ist sozial-historisch verallgemeinert und ins Anthropologische projiziert. Denn keiner anderen Individualitätsform kann man systematisch besagte Eigenschaften und Dispositionen zuschreiben. Das, was Luhmann als Problem benennt, wird in der Form erst mit der bürgerlichen Gesellschaft relevant und problematisch. Die Gesellschaftlichkeit der menschlichen Existenz ist in Luhmanns Anordnung als etwas angelegt, was zu ihrer besonderen Natur als Individuen hinzutritt - und sich als Störfaktor geltend macht. Die Individuen sind demnach als Vereinzelte gegeneinander gestellt, so daß Solidar- und Gemeinwesensformen desartikuliert bzw. ausgeschlossen werden. Die menschliche Natur wie die Natur der Gesellschaft verschmelzen und geben somit den Individuen als bestimmendes Problem auf, wie *jeder für sich* vorsorgen und *gegen die anderen* sich durchsetzen kann. Der Mensch ist dem Menschen also nicht nur eine black box, sondern auch ein Wolf.

»Formal gesehen orientiert sich alles Wirtschaften also an *Knappheit*«, was »es rechtfertigen [mag], den *Gegenstand* der Wirtschaftswissenschaften (und besonders: den Gegenstand der Selbstreflexion des Wirtschaftssystems) als Disposition über knappe Güter und Leistungen zu definieren.« (Ebd., 64f.) Doch Knappheit ist nicht »mit der weltbedingten Knappheit der Güter und Leistungen« gegeben, sondern wird in einer »voll monetarisierten Wirtschaft [...] mit der artifiziellen Knappheit des Geldes« (ebd., 64) codiert. Dies geschieht durch

Preise; sie vermitteln die »systemeigenen Konditionierungen der Zahlungsvorgänge.« (Ebd., 17) Preise fungieren »als Informationen für Kommunikationsprozesse« (ebd., 18), wirken regulierend. Zunächst in dem Sinne, daß sie Entscheidungen für Zahlungen oder für deren Unterbleiben, Nicht-Zahlungen, mitbestimmen; sie erzeugen die für ein monetär ausdifferenziertes Wirtschaftssystem »notwendigen Informationen über Bedarf und Angebotsmöglichkeiten« (ebd., 19). In dieser Hinsicht kann und muß »ein preisorientiertes System fast ohne Gedächtnis operieren« (ebd.), wobei für die an diesem System partizipierenden Systeme freilich die »aggregierende und generalisierende Funktion von Gedächtnis [...] relevant« (ebd.) bleibt. Denn sie haben nicht zuletzt ihre eigene Partizipation am System und darüber die Befriedigung ihrer Bedürfnisse zu sichern. Die Logik des Systems selektiert »kopflos«, ohne Einsicht und Wille: »Wer nicht zahlen und was nicht bezahlt werden kann, wird vergessen.« (Ebd.)

Die Verallgemeinerung der Geldform transformiert die Problematik *sozialer Macht*. Sie wird selbst einer ihrer Orte und das Geld ihr Mittel: Das Geld ist knapp, doch in seiner Anhäufbarkeit im Prinzip nicht beschränkt. »Der Geldbedarf hat keine natürlichen Schranken« (ebd., 116) - unter bestimmten Voraussetzungen. Die »Knappheit des Geldes [kann] genutzt werden, um universelle Tauschbarkeiten zu garantieren« (ebd., 199). »Quantität ist diejenige Modalität, die alle wünschenswerten wirtschaftlichen Operationen durchführen kann und als normal erscheinen läßt.« (Ebd.) Die quantitative Größe des jeweils zur Verfügung stehenden Geldes begründet das Maß an Handlungsfähigkeit auf dem Markt - wodurch »Geldbesitz zum Schichtungsmerkmal« (ebd., 20) und Geld zum gesellschaftlichen Machtmittel wird. Insofern die Individuen ihre Möglichkeiten der Partizipation am Geldsystem als zufriedenstellend erleben, stützt die Geldform selber die gesellschaftliche Reichtumstoleranz. Auf die gesellschaftliche Gemeinschaftsstruktur jedoch »wirkt die Geldform sozial destabilisierend« (ebd., 18). Sie vereinzelt die Individuen, weckt und fördert in ihnen Privatinteressen, läßt Gemeinwesenformen verkümmern bzw. verschiebt Gemeinwesenfunktionen mehr oder minder an kompensatorische Orte. »Sie kappt kommunikativ mögliche Bindungen, und genau das ist Bedingung der Ausdifferenzierung eines besonderen Funktionssystems für Wirtschaft.« (Ebd.) Im eigennützigen Kampf aller gegen alle »garantiert« allein das Geld »Zukunftssicherheit in der Form der Zahlungsfähigkeit« (ebd., 66). Nur so gewährt es »die Garantie dafür, daß derjenige, der zahlen kann, seine Bedürfnisse befriedigen kann.« (Ebd., 66f.)

4.2.2 Zur »Diabolik« des »symbolisch generalisierten Kommunikationsmediums« Geld

Die »symbolisch generalisierten Kommunikationsmedien« sind »Katalysatoren für die Ausdifferenzierung von Funktionssystemen.« (Ebd., 68) Mit dem Medium Geld wird das Wirtschaftssystem in die Lage versetzt, »sich selbst unter

Distanzierung von vielen gesellschaftsstrukturellen Bedingungen selbst zu organisieren.« (Ebd., 197) Ihm vorausgesetzt ist »Eigentum als wirtschaftlicher Code ebenso wie als Rechtsform« (ebd., 196). Wie alle Kommunikationsmedien ist es Mittel gesellschaftlicher Handlungsfähigkeit und Ausdruck sozialer Macht. Wirkkreis wie Effektivität des Geldes sind abhängig vom Grad seiner Universalisierung. Um die »Überbrückung von doppelter Kontingenz durch symbolische Integration von Selektion und Motivation leisten zu können, muß die Generalisierung des Mediums Geld [...] alle wirtschaftlichen Relevanzen einbeziehen.« (Ebd., 238) Mit ihm kann dann alles verpreist und gekauft werden. »Erst die bürgerliche Gesellschaft ersetzt die Omnipräsenz Gottes durch die Omnipräsenz des Geldes.« (1972, 191) Eine »Allmacht«, die allerdings durch andere symbolisch generalisierte Kommunikationsmedien beschränkt wird: Money can't buy me love.

Entwickelte Parsons vom Geld ausgehend - als dem wirtschaftlichen Medium des Tauschs - eine Theorie der symbolisch generalisierten Austauschmedien,[131] so Luhmann umgekehrt von der Theorie der symbolisch generalisierten Kommunikationsmedien aus das Geld.[132] Als Medium der Kommunikation wird es zuvörderst als eine gesellschaftlich stabilisierte Lösung des Problems der doppelten Kontingenz, als Grunderfordernis gelingender Vergesellschaftung - die Selektivität eines Sinnangebots mit der Motivierung seiner Annahme verbindend - vorgestellt, und damit auch als ein leistungsfähiger Mechanismus der Bedienung der ihm zukommenden gesellschaftlichen Funktion. Dementsprechend erscheint das im Rahmen des funktional differenzierten Wirtschaftssystems fungierende, symbolisch generalisierte Kommunikationsmedium Geld als notwendig; negative Folgen dieses Wirkens werden als unvermeidliche diabolische Effekte, als »symbolisch/diabolische Ambivalenz des Mediums« (1988, 260), beschrieben.

Gilt einerseits allgemein für alle »symbolisch generalisierten Kommunikationsmedien«, daß sie »diabolisch generalisierte Kommunikationsmedien« sind, »Symbolik und Diabolik eine unlösbare Einheit« bilden, das eine »ohne das andere nicht möglich« ist, können andererseits spezifische soziale Systeme daraufhin untersucht werden, »welche ihrer Eigenarten das symbolische bzw. das diabolische Erleben begünstigen. Die Frage ist dann, was einer Situation oder eventuell einem sozialen System eine Tendenz in die eine oder die andere Richtung gibt.« (Ebd., 258f.) Und eine weitere Frage ist, wie dieses Erleben von Soziologen theoretisch artikuliert wird. Luhmann verwirft - aus bekannten Gründen - eine Bestimmung von Diabolik, die unterhalb der Ebene der symbolisch generalisierten Kommunikationsmedien bzw. des funktional differenzierten Wirtschaftssystems liegt:

---

131 Zu Parsons' Medientheorie vgl. Parsons 1978 und 1980 sowie Künzler 1986 und 1989.

132 Ein »soziologisch aufklärerischer« Grund, das Medientheorem des Geldes der »am Tausch hängenden Geldtheorie« vorzuziehen, ist, daß seines Erachtens bei letzterer »krasse Asymmetrien und Benachteiligungen in Tauschbeziehungen im Vordergrund« (1988, 261) stehen.

»Das wohl bekannteste Rezept für eine solche Selbstbeschreibung geht von Diabolik, von Trennung aus und verdichtet diesen Eindruck zu einer Theorie sozialer Klassen. Damit werden die auf Individuen bezogenen Begriffe von Freiheit und Gleichheit abgehängt. Auf Klassen angewandt, verlieren sie ihren Sinn. Sie werden statt dessen als Ideologie der herrschenden Klasse aufgefaßt und so der fundamentalen Diabolik des Klassengegensatzes untergeordnet. Da das Medium Geld als symbolisch generalisiertes Medium aber trotzdem funktioniert und nicht schlecht funktioniert, muß die Theorie radikalisiert werden, so daß sie durch dies Funktionieren nicht widerlegt werden kann. Sie formuliert die Verteilung von Individuen auf soziale Klassen als Gesellschaftstheorie und beschreibt auf diese Weise den differentiellen Zugang auf knappe Ressourcen als Struktur der Gesellschaft.« (Ebd., 263f.)

Demgegenüber zieht er eine Bestimmung von Diabolik vor, die - ein verallgemeinertes Ja zum »Geldsystem und seinen Preisen [...] als kaum reversiblen evolutionären Errungenschaften« (ebd., 39) ausdrückend - als gleichrangige Ambivalenzbeziehung zwischen Symbolik und Diabolik veranschlagt wird. Dies ist gegenüber der schlichten Artikulation von Geld als Tauschmedium oder symbolisch generalisiertem Kommunikationsmedium gleichwohl ein unbestreitbarer Theoriefortschritt.

»Die strukturellen Anforderungen an symbolische Generalisierung, die Diabolisierung zu vermeiden suchen, sind im 18. Jahrhundert mit den Begriffen der bürgerlichen Freiheit und Gleichheit umschrieben worden. Dies ist unter heutigen Bedingungen zwar erläuterungsbedürftig, aber kaum zu korrigieren.« (Ebd., 260)

Statt die von ihm selbst aufgeworfene Frage zu vertiefen, »wie und über welche strukturellen Bedingungen Symbolik und Diabolik sich im System verteilen«, zieht Luhmann hier, wo es ums Geld und die Identität der bürgerlichen Gesellschaft geht, »die auf Individuen bezogenen Begriffe von Freiheit und Gleichheit« (ebd., 263) einem gesellschaftsstrukturellen Ansatz - der an der gesellschaftlichen Differenzierung von institutionellen Handlungsbereichen ansetzen und auch soziale Klassen und deren Kämpfe einbeziehen könnte - vor. Daß er den gerade genannten Ansatzpunkt wählt, verwundert, wo er doch sonst die Individuen zur Umwelt der sozialen Systeme, und damit auch nicht zum Gegenstandsbereich der Soziologie, rechnet. Wer darüber stutzt, erfährt sich unversehens als Dummkopf - denn: »eine Kritik erübrigt sich.« (Ebd., 264)

In der Ausarbeitung des Artikulationsmusters Symbolik/Diabolik akzentuiert Luhmann den positiven Pol. So schreibt er dem Geld als »wichtigsten Effekt« die Wirkung zu, »daß die Zahlung *Dritte beruhigt*« (ebd., 69). Dagegen spricht aber, daß Geldmangel zutiefst beunruhigen, Geldknappheit - wozu auch vom Geld selbst geweckter Geldhunger gehört - beispielsweise kriminelles Handeln als alternative Aneignungsform zu legal vorgesehenen hervorrufen kann. Zur »symbolischen« Struktur des Geldes gehört, daß »das Eigeninteresse der Dritten [...] auf eine eigene Beteiligung an der Autopoiesis der Wirtschaft umgelenkt« (ebd.) wird. »Sie werden motiviert, selbst zu wirtschaften, um selbst Zahlungen zu erhalten und zahlen zu können« (ebd.). Eine symbolisch/diabolische Wirkung ist, daß »Zukunftssicherheit« allein mit Geld »in der Form der Zahlungsfähigkeit« (ebd., 66) bereitgestellt wird. Das Geld wird zur diabolischen Schicksalsmacht für die den einzelnen aufgegebene Lebenssicherung, wenn diese nicht über Zahlung oder Nichtzahlung entscheiden können, wie es die »symbolische Kosmologie« (ebd., 267) des autopoietischen Wirtschaftssystems suggeriert: »Es gibt Leute, die nicht zahlen können. Und wie bei allen Funktionssystemen gilt auch hier: Die Inklusion ist zugleich Exklusion.« (Ebd., 268) Die durchdringende Macht privatförmiger Vergesellschaftung lehrt die Individuen dabei immer wieder die »notwendige Indifferenz gegen das Unglück der anderen« (ebd., 99).

Aus der gesellschaftlichen Institutionalisierung und Universalisierung des Geldes resultieren Effekte - seit alters her Gegenstand scharfer Kritiken und heftiger Aversionen - der, allgemein formuliert, Zersetzung von Gemeinwesenselementen und -formen, was von einer anspruchsvolleren soziologischen Theorie in Zeiten, wo »Geld haben« gar »Zukunft haben« (ebd., 268) heißt, verlangt, auch eine Kritik des Geldes zu formulieren. Ältere Geldkritik will Luhmann »durch die Unterscheidung von symbolischer und diabolischer Generalisierung« (ebd., 240) ersetzen; innerhalb der Theorie der Kommunikationsmedien soll sie gleichsam aufgefangen werden. Nach dem »ursprünglichen Sinn des Begriffs Symbol« (ebd., 257) fungieren in Kommunikationszusammenhängen Symbole »als Medien, die es dem Mitteilenden (alter) und dem Verstehenden (ego) ermöglichen, Einheit anzustreben und bei Verschiedenheit zu bleiben. In einer Tauschbeziehung müssen zum Beispiel die Interessen verschieden sein und verschieden bleiben; sie müssen aber trotzdem zur Konvergenz gebracht werden können in der Annahme einer Wertäquivalenz.« (Ebd., 257f.) Diese »Einheit der Differenz« kann nun »in Richtung auf das Zusammen des Unterschiedenen, aber auch in Richtung auf das Auseinander artikuliert werden.« (Ebd., 258) Insofern ist »mit dem Symbolon zugleich das Diabolon gesetzt« (ebd.). Von den Tauschsituationen und von aus dem Tausch resultierenden Erfahrungen hängt folglich ab, ob mehr Divergenz oder Konvergenz bewußt wird »- aber Divergenz natürlich nur auf der Basis eines Konvergenzversuchs.« (Ebd.)

Diese in eine einfache Tauschbeziehung, in die Divergenz der zwei an ihr teilnehmenden Kontrahenten (zurück-)projizierte Geldkritik abstrahiert von den besonderen Bedingungen, unter denen sie überhaupt eingesetzt und entfaltet wird, und die erst ihre geschichtliche Dynamik und gesellschaftliche Diabolik bestimmen - wodurch eine an strukturellen Bedingungen und institutionellen Kontexten ansetzende Geldkritik systematisch verfehlt wird (vgl. Polanyi 1977).

4.2.3   Markt und »Sprache der Preise«

Luhmann konzeptionalisiert das Wirtschaftssystem in der Perspektive des Marktes. Sein Hinweis auf die »zwei Möglichkeiten, die Wirtschaft zu betrachten: als

Gesamtsystem und als Umwelt ihrer Teilsysteme« (1988, 93), ist, auch immanent, verwirrend, da mit dem »Gesamtsystem« nur der Kreislauf von Zahlungen gemeint ist, und die »Teilsysteme«, etwa Unternehmen, eigentlich prinzipiell als Umwelt des Wirtschaftssystems behandelt werden. Der hierbei vorfindbare Terminus »partizipierende Systeme« ist ein Verlegenheitsbegriff, der darauf reagiert, daß die Bestimmung der »Autopoiesis der Wirtschaft« durch »Zahlungen« das, was als *System*zusammenhang gilt, sehr stark einschränkt; die in die »Umwelt des Wirtschaftssystems« abgeschobenen werden so als »am System partizipierende« wieder an es herangeführt.[133]

»Als Markt« wird entsprechend »die wirtschaftsinterne *Umwelt* der partizipierenden Systeme des Wirtschaftssystems« (ebd., 94) bestimmt. Da viele verschiedene Systeme am Markt teilnehmen, bezeichnet Luhmann ihn »als ein *polykontexturales* System«, »das für jedes Zentrum eine andere und doch dieselbe Umwelt bereithält.« (Ebd., 96) Der »Markt als Grenze« zwischen dem Wirtschaftssystem und den an ihm partizipierenden Systemen ist »die *Differenz von bestimmter und unbestimmter* (eigener und umweltmäßiger) *Komplexität.*« (Ebd., 74) Die unbestimmte Komplexität des Marktes generiert »Undurchsichtigkeit« (ebd.). Sie äußert sich etwa in der »Instabilität der Preise« (ebd., 31).

Dabei ist man »auf die Sprache der Preise festgelegt« (ebd., 34), in der »alle weitere Informationsverarbeitung ihren Ausgangspunkt [...] in einer Differenz im Hinblick auf ein Mehr oder Weniger« (ebd., 20) nimmt. Luhmanns Konzeptionalisierung »wirtschaftlicher Autopoiesis« qua »Zahlungen« macht die »Sprache der Preise« zur Universalsprache des Wirtschaftssystems. Und von den ökonomischen Funktionen des Geldes werden nur die des *Zirkulationsmittels* in den Blick genommen. Weitere Elemente der Konzeptionalisierung des Marktes und der Sprache der Preise sind nun sowohl theoretisch als auch politisch sehr bedeutsam.

Die Frage, wie die Preise gebildet werden, stellt und beantwortet Luhmann nicht. Postuliert wird lediglich, daß sie sich *frei* bilden können, um funktional als Orientierungs*signale* für die Marktteilnehmer wirken zu können. Demnach wird die »Sprache der Preise« durch und durch verzerrt, und damit ihrer Orientierungspotentiale beraubt, wenn sie von »außerwirtschaftlichen« Prozessen und Regulierungen durchdrungen wird.

---

133 Der Begriff »partizipierendes System« ist neueren Datums. Er scheint auch auf das Problem zu reagieren, daß sich die Wirtschaftsunternehmen selbst dem Wirtschaftssystem und nicht seiner Umwelt zurechnen. Eine Kommunikationstheorie kann nicht völlig davon absehen, wie die Systeme in ihrem Objektbereich über sich selbst kommunizieren. Der Begriff des »partizipierenden Systems« ist nur punktuell in Luhmanns Theorie eingearbeitet; er spricht ja nicht von den Individuen als an sozialen Systemen partizipierenden - was den Eindruck verstärkt, daß wir es mit einem Verlegenheitskonzept zu tun haben, das aus der bisweilen überspitzten Trennung von System und Umwelt resultiert.

So artikuliert Luhmann, in einem theoretische Beschreibung und politische Wertigkeit verbindend, bis in terminologische Anleihen hinein die Marktanordnung von Hayek - hier als prominenter Stellvertreter für die neoliberale Theorie stehend - mit dem allerdings gewichtigen Unterschied, daß sich Luhmann von der »Spontaneität der Ordnung des Marktes« nicht allgemeinen Wohlstand, Freiheit und Gleichheit verspricht. Er negiert - sich hier die systemtheoretische Grundeinsicht in die Relevanz der strikten Beachtung der jeweiligen Referenzebenen zunutze machend - die neoliberalen Marktillusionen mit dem Hinweis auf die Differenz von Systemrationalität und der *dadurch* beschränkten Handlungsrationalität der einzelnen Akteure. Aufgrund der »unbestimmten Komplexität des Marktes« und der »Instabilität der Preise« ist dabei »evolutionäre Selektion« (ebd., 31) als Dauerproblematik nicht nur unausweichlich, sondern auch notwendig.[134] Unausweichlich, da die beschränkte Systemrationalität die Rationalitätspotentiale der an ihm teilnehmenden Systeme einschränkt, notwendig, um die Marktteilnehmer zu effektiver Funktionsbedienung anzutreiben - deren Effizienz sich allerdings erst a posteriori erweist und a priori nicht kalkulierbare bzw. vermeidbare Verluste, wie Bankrotte, mit sich bringt. Die »Spontaneität der Marktordnung« und die »Sprache der Preise« fungieren demnach bei Luhmann nicht als universelle Schlüssel zu optimaler Effizienz und allgemeiner Wohlfahrt. Doch teilt Luhmann mit dem neoliberalen Marktphilosophen Hayek, jenseits dieser Differenzen, einerseits entscheidende politische Optionen und andererseits Grundmängel in der theoretischen Konzeption.[135]

Effekt der zugrundegelegten marktzentrierten Anordnung und Artikulationsmuster sind eine Reihe *diskursiver Homogenisierungen*: Die Marktteilnehmer werden zu »Zahlenden« generalisiert, der Ort des Geschehens zum »Markt«, die Aktionen ebenda zu »Zahlungen«, ihre strukturelle Ordnung zu »Marktwirtschaft« - wodurch eine Vielzahl soziohistorischer, funktionaler, positioneller und struktureller Differenzen eingeebnet werden. So fallen unter »Marktteilnehmer« ja einfache Warenproduzenten, kapitalistische Konzerne, freie Arbeitskräfte, Sozialhilfeempfänger, unter »Markt« Geld-, Waren-, Kapital-, Arbeitsmärkte, Weltmarkt, nationale, regionale, lokale Märkte, unter »Zahlungen« entsprechend differente Handlungen oder Zahlungsbeziehungen, desgleichen unter »Marktwirtschaft« enorm verschiedene Formationen. Insofern diesbezügliche Differenzierungen bei Luhmann doch auszumachen sind, bleiben sie, wie ersichtlich werden wird, rudimentär.

Ein aus der zahlungs- und marktfokussierten Wirtschaftskonzeption entspringender, auf symptomatische Weise für die Theorieanlage problematischer Effekt ist folgender: Luhmann weist darauf hin, daß nicht bloß die quantitative Informationsverarbeitung in der Sprache der Preise, sondern auch »die Funk-

---

134 »Evolutionäre Selektion von sich bewährenden Unternehmen ist nur aufgrund jener wirtschaftsintern produzierten Instabilität und nur durch die Unmöglichkeit rational gesicherter Voraussicht möglich.« (Ebd.)
135 Vgl. zu Hayek 1979, Kap. 10; 1981, Kap. 15.

tionseinteilung Produktion/Verteilung/Konsum [...] die Orientierung des Wirtschaftssystems« (ebd., 73) beherrscht. Handelt es sich bei dieser Aussage - die sich am »Rand« des Luhmannschen Diskurses über die Wirtschaft findet - um eine »widersprechende Antwort« (vgl. Jäger 1985), die auf einen Bruch in der Argumentation und Grundkonzeption verweist? Denn wie soll »die Funktionseinteilung Produktion/Verteilung/Konsum [...] die Orientierung des Wirtschaftssystems« beherrschen, wenn *dieses* nur aus Zahlungen, die sich an den Differenzen zwischen Preisen orientieren, besteht? Wie soll sich überhaupt »das Wirtschaftssystem« orientieren - da Orientierungsleistungen doch den »partizipierenden Systemen« vorbehalten sind? Der Widerspruch zeigt sich nun darin, daß *zwei* Leitdifferenzen *nebeneinander* stehen: die Preisdifferenzen und die jener Funktionseinteilung »entsprechenden Differenzen [...] sind Leitdifferenzen des Systems.« (1988, 73) Letztere können aber Luhmanns Definition gemäß nicht die Leitdifferenzen des Wirtschaftssystems sein, da sie in seiner Umwelt wurzeln. Sie sind relevant vom Standpunkt der am Wirtschaftssystem partizipierenden Systeme und für Aktivitäten, die nicht unmittelbar das Marktgeschehen betreffen. Die Hervorhebung der Bedeutung der »Funktionseinteilung Produktion/Verteilung/Konsum« zeigt also an, daß sich die scharfe Abgrenzung der Elemente und der operativen Geschlossenheit des Systems nicht durchhalten läßt. Daraus resultieren zuweilen Verschiebungen im Schwergewicht der Argumentation hin auf die »Umwelt« des autopoietisch konzipierten Wirtschaftssystem.

Die in die Umwelt des autopoietischen Wirtschaftssystems verweisenden, »Produktion/Verteilung/Konsum [...] entsprechenden Differenzen« leisten die theoretisch wie praktisch notwendige Fremdreferenz zur Selbstreferenz der Zahlungen. Dafür, daß nur aus bestimmten Gründen gezahlt wird, setzt Luhmann den »Begriff des *Bedürfnisses*« (ebd., 59) ein, der so eine Schnittstelle zwischen »System« und »Umwelt« bezeichnet. Der Terminus »Bedürfnis« *generalisiert* nun jedoch seinerseits den Umweltbezug aller am Wirtschaftssystem teilnehmenden Systeme. Entsprechend *homogenisiert* und *naturalisiert* er das in ihm aufeinander Bezogene. In der Folge geht es schlicht um »*zukunftsstabile Vorsorge*« (ebd., 64) für »Bedürfnisse« - seien das nun Bedürfnisse des Überlebens, der Sicherung eines bestimmten Lebensstandards, der Profitmaximierung etc. Dem Umstand der grundlegenden Verschiedenheit der Marktteilnehmer trägt Luhmann dann in der Form der Unterscheidung zwischen »Elementarbedürfnissen, Luxusbedürfnissen und Produktionsbedürfnissen« (ebd., 62) Rechnung. Wenn demnach in dieser Sequenz »eine zunehmende Abhängigkeit der Wirtschaft von sich selbst« (ebd.) liegt, heißt das zum einen, daß die Befriedigung der grundlegenden menschlichen Bedürfnisse für die wirtschaftliche Autopoiesis nachgeordnet wichtig ist, und zum anderen, daß die wirtschaftliche Autopoiesis doch in entscheidendem Maße von der gesellschaftlichen Produktion abhängt. Ein weiteres Indiz dafür, daß sich die »Produktion« durch »Kommunikation« nicht im von Luhmann gewünschten Maße verdrängen läßt.

Konstitutiv und folgenreich für die markt- und zahlungszentrierte theoretische Anordnung ist insbesondere die Entkopplung von Zirkulations- und Produktionssphäre.[136] Von daher wird auch der Mangel einer Preisbildungstheorie besser verständlich, denn erst die Thematisierung von Produktion und Zirkulation in ihrem Zusammenhang - was für eine allgemeine Theorie unabdingbar ist - ermöglicht, zwischen Prozessen der *Wertbildung* und der *Wertrealisierung* zu unterscheiden. Die Bedingungen und Prozesse des Verkaufs von Waren, ihrer Wertrealisierung, erklären dann die Prozesse der *Preisbildung*. Eine Preistheorie wäre demnach zumindest in Abhängigkeit von den Produktionsbedingungen, von Angebot und Nachfrage auf dem Markt sowie des Konkurrenz- bzw. Monopolcharakters von Produktion und Distribution zu entwickeln.

Ferner resultiert aus der Betrachtung des Marktes als eines Ortes einfacher Zahlungsereignisse - und der zugrundeliegenden Ausblendung der Produktionssphäre - das allenfalls randständige Thematisieren von Prozessen der *Vermachtung des Marktes* selbst. Es handelt sich dabei um Phänomene, die Luhmanns Gegentext thematisieren kann, die aber die theoretische Textur seines eigenen Textes nicht aufnehmen bzw. begrifflich artikulieren kann. *Konzentrations-* wie *Zentralisations*prozesse entfallen als konstitutive Gegenstände der Wirtschaftstheorie. Geradezu zwangsläufig fehlt auch eine Theorie des *wirtschaftlichen Wachstums*. Die Temporalisierung der Systemelemente und -prozesse stützt das Fehlen einer Theorie der wirtschaftlichen *Krisen*. Statt dessen werden Krisen prinzipiell homogenisiert und zu einem Alltagsphänomen verselbstverständlicht: »Das System kann nie im Gleichgewicht sein.« (Ebd., 54) So kann man Luhmanns Theorie durchaus attestieren, »eine Theorie der Stabilisierung durch Ungleichgewicht« (ebd., Fn. 19) zu sein. Mit dem Fehlen einer Wachstumstheorie und einer Krisentheorie hängt die *Begradigung der Entwicklungsdynamik* zusammen - zu einem schnellen und ständigen Wechsel von Zahlungskonstellationen: »Die totale Temporalisierung führt im Grunde zur gleichen Homogeni-

---

136 Luhmanns perspektivische Einschränkung auf die Zirkulation von Zahlungen läßt sich theoretisch leicht aufbrechen. Denn in der Zirkulation wird verteilt, Verteilung setzt Produktion voraus, und diese die Verteilung auf differentielle Positionen, die gesellschaftliche Produktion ins Werk zu setzen - und an der Verteilung in der Zirkulation teilzuhaben. »Die Distribution in der flachsten Auffassung erscheint als Distribution der Produkte, und so weiter entfernt von und quasi selbständig gegen die Produktion. Aber ehe die Distribution Distribution der Produkte ist, ist sie: 1. Distribution der Produktionsinstrumente, und 2., was eine weitere Bestimmung desselben Verhältnisses ist, Distribution der Mitglieder der Gesellschaft unter die verschiednen Arten der Produktion. (Subsumtion der Individuen unter bestimmte Produktionsverhältnisse.) Die Distribution der Produkte ist offenbar nur Resultat dieser Distribution, die innerhalb des Produktionsprozesses selbst einbegriffen ist und die Gliederung der Produktion bestimmt. Die Produktion abgesehn von dieser in ihr eingeschloßnen Distribution betrachten, ist offenbar leere Abstraktion, während umgekehrt die Distribution der Produkte von selbst gegeben ist mit dieser ursprünglich ein Moment der Produktion bildenden Distribution.« (Marx, MEW 13, 628)

sierung der Struktur und zur Sistierung der Dynamik wie die totale Enttemporalisierung im Dogma der stabilen Gleichgewichtssysteme.« (Bühl 1987, 231) So wundert es auch nicht, daß sowohl die Erklärung wie die Unterscheidung von *Konjunkturen* und von *säkularen Umbrüchen* im wirtschaftlichen Geschehen entfällt.

Als theoretisches Fazit kann man also eine sich in symptomatischen Widersprüchen oder blinden Flecken geltend machende Ausblendung bzw. übermäßige Reduktion der Komplexität gesamtwirtschaftlicher Bedingungs- und Verflechtungszusammenhänge feststellen. Deshalb bleibt Luhmann nicht nur einige Erklärungen ganz schuldig, sondern greift in dem, was er erklären will, auch immer wieder konstitutiv auf solches zu, was durch die theoretische Konzeption eigentlich ausgeschlossen, d. h. ins relativ Unbestimmte der Umwelt verwiesen ist.

Die von Luhmann als Grundsprache des Wirtschaftssystems behandelte »Sprache der Preise« besitzt den Status einer systeminternen Selbstbeschreibung. Eingehender zu beobachten ist nun, wie seine Programmatik soziologischer Aufklärung einerseits nicht nur an diese anknüpft, sondern vor allem sie auch kritisiert bzw. als kontingent, auch anders möglich, aufweist, und andererseits Kritikhorizonte, alternative Denk- und Handlungsmöglichkeiten abklärt.

»Eine Kritik der Preise ist leicht gemacht - und gerade dadurch wird die Sprache der Preise der Kritik entzogen. Preise erscheinen immer als zu hoch oder als zu niedrig, je nachdem, an wessen Wünschen sie gemessen werden. Die Instabilität der Preise reproduziert Kritik als Dauerzustand.« (1988, 40) Wenn »Kritik« nur die Spannbreite des an quantitativem Mehr oder Weniger interessierten Blicks erfaßt, wenn derart »Kritik der Preise so stark suggeriert wird, fällt es um so schwerer, den Preismechanismus als solchen kritisch zu betrachten.« (Ebd.) Gegenüber dieser »innerökonomischen Kritik« - ihrer »Plausibilität« und »Suggestivkraft« - will Luhmann nun »den Zugang zu einer strukturellen Kritik des Preismechanismus« (ebd.) freilegen. Wer nun aber mit einem der Marxschen Wertformanalyse nachgebildeten Argumentationsmuster der Wert- oder Preis*form*kritik - als Kritik der Vergesellschaftungsformen, -mechanismen und -effekte in Ware-Geld-Beziehungen, vor allem solchen unter kapitalistischen Produktionsverhältnissen - rechnet, sieht sich getäuscht bei Luhmanns Aussage, »auf die Form abzustellen, mit der Geldzahlungen erwartbar gemacht werden« (ebd., 41).[137] Denn Luhmann übernimmt diese Form insoweit, als er darauf verzichtet, diese Form sozial-historisch zu reflektieren und zu relativieren. Statt dessen vergleicht er sie »strukturell und funktional mit Formen anderer Funktionsbereiche« (ebd.), »etwa mit Rechtsformen oder mit Erkenntnisformen (Begriffen).« (Ebd., 42) Diese Art funktionalistischen Formvergleichs hypostasiert die Form »wirtschaftlicher Kommunikation« jedoch zur historisch gegebenen Tatsache.

137 Für eine im Marxschen Sinne am Formbegriff ansetzende Interpretations- und Kritikperspektive vgl. Haug 1985.

Formkritik wird theoretisch desartikuliert, wenn »die Absicht, das Geld als solches zu kritisieren«, mit der Tendenz einer »Re-archaisierung des Gesellschaftssystems« (ebd., 41) artikuliert wird. Dient das Geld »dem Prozessieren der Selbstreferenz des Wirtschaftssystems« (ebd., 42), geht eine Kritik, die diese Funktion in Frage stellt, »zu weit« (ebd., 41). Dabei ist allerdings anzumerken, daß die Bedeutung von »Rearchaisierung« sich erst vor dem Hintergrund der diskursiven Prämissen ganz erschließt - dem Primat funktionaler Differenzierung, welche als gesellschaftliches Ordnungsprinzip weder eingeschränkt noch zurückgenommen werden darf, da die selbstreferentielle »Ausdifferenzierung [...] Bedingung [...] für die Leistungsfähigkeit dieses Systems« (ebd., 42) ist. Wenn die »Wirtschaft der Gesellschaft« in der Weise »auf die Sprache der Preise festgelegt« ist, weil es »keine anderen, keine besseren Möglichkeiten gibt, die der Ausdifferenzierung des Wirtschaftssystems entsprechen könnten, bleibt nur die Möglichkeit, sich mit mehr kritischem Bewußtsein darauf einzulassen.« (Ebd., 34) Die indikativische Form »bleibt« suggeriert ein Denkgebot, die theoretischen Anstrengungen darauf zu richten, den Geld-»Code in seiner evolutionären Bedingtheit, seinem Spezialisierungsgrad, seinen Systemfunktionen, seinem Grad an Institutionalisierung und seiner verhaltensformenden Effektivität« (1972, 205) zu erfassen und zu beurteilen.

Eine derartige theoretische und praktische Anerkennung der »Sprache der Preise« als wirtschaftliche Funktionslogik bewirkt zum einen, daß ihre Kontingenz nicht mehr »im Hinblick auf Ausbeutungsverhältnisse oder Mehrwertabschöpfung« (1975a, 164) sichtbar wird, und zum anderen, daß Kritik in einen von vornherein nach- und untergeordneten Status verwiesen wird - unabhängig von der Gewichtigkeit von Aussagen zur Rationalität der »Sprache der Preise«, die nicht in jenem Anerkennungsdiskurs aufgehen. »Es ist nicht zu erwarten, daß mit dem gleichen Instrument auch zureichende Informationen über die Umwelt dieses Systems, über Ressourcen und Motive geliefert werden. Über Daten, die auf der Basis von Preisen gewonnen werden, wird man die Auswirkungen der Wirtschaft auf ihre Umwelt innerhalb und außerhalb des Gesellschaftssystems nicht kontrollieren können. Preise und preisabhängige Daten sind daher keine Grundlage für ein Urteil über die Rationalität der Wirtschaft« (1988, 42). Und inwiefern können sie umgekehrt auch als Indikatoren für ein Urteil über ihre Irrationalität, ihre beschränkte Rationalität dienen?

Durch all diese Dispositionen wird zum Beruf des soziologischen Aufklärers, als Dolmetscher »der Marktwirtschaft« zu fungieren und dabei mehr für deren »Freiheit« denn für die der sie tragenden, an ihr teilnehmenden oder von ihr ausgeschlossenen Individuen einzutreten.

Von den beiden Artikulationsmustern, die Luhmann zur Bezeichnung der dominanten Gesellschaftsstruktur in modernen Gesellschaften anführt, »Kapitalismus« und »funktionale Differenzierung« (vgl. 1986, 235), arbeitet er letzteres diskursiv aus, wobei er ersteres desartikuliert. Da aber eine diskursive Exklusivität sowohl des einen als auch des anderen eine übermäßige Reduktion realer Komplexität darstellt, kann das jeweilige oppositionelle Prinzip entweder subaltern integriert werden oder, wenn es verdrängt wurde, sich symptomal bemerkbar machen. Wenn Luhmann die Wirtschaft der modernen Gesellschaft als generalisierten Markt, als über Zahlungen sich reproduzierende Autopoiesis konzipiert, bleibt die Bezeichnung und Erklärung kapitalistischer Spezifika offen - wie die Differenz von Geld und Kapital oder die Entstehung und Verwendung von Profit. Im folgenden wird die diskursive Besonderheit von Luhmanns Text besonders deutlich, wenn man ihn mit dem Text kontrastiert, gegen den - aber auch an dem entlang - er formuliert wird.

Den epochalen Qualitätssprung zwischen einfacher und kapitalistischer Warenproduktion bzw. -zirkulation artikuliert Luhmann als »Kontrollwechsel vom Eigentum zum Tausch«. »Im Ergebnis kontrolliert dann nicht mehr das Eigentum den Tausch (indem man überflüssiges Eigentum wegtauscht und erwünschtes eintauscht), sondern der Tausch, der in der Form von Zahlungen abgewickelt wird, das Eigentum.« (1988, 197)[138] Die handlungsleitende Regel wird: »Man behält oder verkauft Eigentum unter dem Gesichtspunkt der Verluste oder Gewinne, die es verursacht.« (Ebd.) Die neue Qualität besteht darin, daß letztlich um des Geldes Willen getauscht, und produziert wird. »An die Stelle der Relation Sacheigentum → Geld → Sacheigentum tritt die Relation Geld → Sacheigentum → Geld.« (Ebd.) Leser des Marxschen »Kapital« erkennen hierin die Zirkulationsformen W - G - W (Ware - Geld - Ware) bzw. G - W - G (Geld - Ware - Geld) wieder, wobei die Umkehrung nicht bloß formaler Natur ist, sondern durch die Veränderung des Ziels - Geld statt Ware - eine wesentliche Differenz enthält. Das Geld stellt nicht mehr in erster Linie das vermittelnde Glied, sondern das treibende Motiv ökonomischer Transaktionen dar. Nicht mehr konkrete Waren, sondern Geld als solches fungiert als ihr bestimmender Zweck. Findet jene Zirkulationsform in Bedürfnissen ihre Schranke und in deren Befriedigung ihr zeitweiliges Ende, so diese im Geld ihre Schranken- und Endlosigkeit.

---

138 Wenn man Luhmanns Artikulationsmuster des »Kontrollwechsels vom Eigentum zum Tausch« mit Joan Robinsons Artikulationsmuster der »Kräfteverschiebung vom Eigentum zum Unternehmertum« kontrastiert, fällt symptomatisch der zirkulationistische Akzent auf: »Im Vergleich zu einem reinen Feudalsystem war der Kapitalismus eine großartige Erfindung, um die Akkumulation zu fördern. Er verschob das Gleichgewicht der Kräfte vom Eigentum zum Unternehmertum und setzte den Prozeß der Akkumulation in Bewegung.« (Robinson 1969, 278)

Der in ihr Handelnde kann sich also nicht damit zufriedengeben, Geld zu erlangen, auszugeben und wiederzuerhalten, sondern ist dazu angehalten, sich mehr Geld, und das immer wieder, anzueignen: G - W - G' (Geld - Ware - mehr Geld). Diese beschränkt-unbeschränkte Zirkulationsform ist »die allgemeine Formel des Kapitals« (Marx, MEW 23, 170). Die Zwecksetzungen des Kapitals »organisieren immer nur Episoden, an deren Ende, mit Erreichen des Zweckes, wieder die Zahlungsfähigkeit stehen muß.« (1988, 59) Seine »Autopoiesis ist ein selbstreferentielles und eben dadurch endloses Geschehen.« (Ebd.) Entsprechend ist im System »eine im Prinzip unbegrenzte Zukunft eingebaut. Alle Dispositionen im System sichern zugleich die Zukunft des Systems. Jenseits aller Ziele, aller Gewinne, aller Befriedigungen geht es immer weiter.« (Ebd., 65)

Leser des »Kapital« wissen zudem, daß die gesellschaftliche Bedeutung des Kapitals vom Grad seiner Verallgemeinerung abhängt, was von der Theorie verlangt, unterscheiden zu können zwischen nichtkapitalistischen Verhältnissen, in denen Kapital fungieren kann, und solchen, die von seinen Funktionsprinzipien geprägt sind, zwischen Bedingungen also, die lediglich die Vergrößerung einzelner Kapitale, und solchen, die kapitalistisches Reichtumswachstum auf gesellschaftlichem Niveau ermöglichen. Formal kann nun der jeweilige Stellenwert der Zirkulationsform G - W - G' dadurch unterschieden und bestimmt werden, daß sie auf zwei verschiedene Referenzen bezogen wird: Zum einen bezeichnet sie so Kapital als individuelles Einzelkapital und zum anderen Kapital als gesellschaftlich aggregiertes Gesamtkapital. Im ersten Fall, als vereinzelte Zirkulationsform, kann das Kapital auch in ökonomischen Verhältnissen, die nicht von ihm beherrscht sind, vorkommen; Beispiel für eine entwickelten kapitalistischen Verhältnissen vorausgehende Form ist Handelskapital (vgl. Marx, MEW 25, 337ff.). Im zweiten Fall stellt die Zirkulationsform G - W - G' auch das auf gesellschaftlicher Stufenleiter zirkulierende Kapital dar; als solches ist es an spezifische gesellschaftliche Bedingungen, kapitalistische Produktions- und Zirkulationsverhältnisse, gebunden. Dieser letzte Fall wirft also die Frage nach den *Bedingungen der Möglichkeit der Verallgemeinerung der Kapitalzirkulation G - W - G'* bzw. das Problem der Erklärung *gesellschaftlicher* Akkumulation von Kapital auf. Mit anderen Worten: Die Frage muß beantwortet werden können, wie es nicht nur vom Standpunkt einzelner Kapitale, sondern des gesellschaftlichen Gesamtkapitals möglich sein kann und historisch geworden ist, mehr Geld aus seiner Zirkulationsbewegung herauszuholen, als in sie hineingesteckt worden ist. Prüfkriterien für die Leistungsfähigkeit und Angemessenheit von Theorien des modernen Wirtschaftssystems liegen folglich nicht nur in der Beantwortung dieser Frage, sondern ob und wie sie überhaupt gestellt wird.

»Zunächst und direkt ermöglichen Zahlungen immer die Zahlungen anderer. Nur der Geldempfänger kann das empfangene Geld wieder ausgeben.« (1988, 56) Das ist die einfache Wahrheit der einfachen Warenzirkulation (W - G - W). »Profit« kann dann erlangt werden, »wenn die Zahlung dem Zahlenden selbst zugute kommt« (ebd., 55f.) - etwa durch Übervorteilung im Handel, womit aber noch nichts über die Möglichkeit der gesellschaftlichen Verallgemeinerung der Kapitalform ausgesagt ist. »Das System kann aber so eingerichtet werden, daß indirekt auch der Zahlende selbst Zahlungsmöglichkeiten gewinnt. Dadurch wird die Autopoiesis des Systems ein *reflexiver Prozeß*. Sie richtet sich auf sich selbst. Man zahlt, um die eigenen Möglichkeiten des Zahlens wieder aufzufrischen und nach Möglichkeit zu vermehren (statt nur: um das Objekt oder die Leistung zu erhalten, für die man zahlt).« (Ebd., 56) Aber wie; welches sind die Merkmale der Umrüstung des Systems, die dieses so wundersam produktiv macht?

Da, wo Marx die vielfach gewalttätigen Prozesse der »sogenannten ursprünglichen Akkumulation« analysiert, aus denen die für die kapitalistische Produktionsweise typischen Produktionsverhältnisse - die soziale Komplementarität von Produktionsmittelbesitzern und von bloßen Arbeitskraftbesitzern - hervorgegangen sind (vgl. Marx, MEW 23, Kap. 24), steht bei Luhmann ein Lob auf die »Vorteile der Arbeitsteilung«: »Denn es ist rationaler, die Ergebnisse der Arbeit anderer zu kaufen und sich durch eigene Arbeit (oder sonstwie) die Mittel dafür zu beschaffen, statt alles selber zu tun. Eigentum wird zum Arbeit*geber*, und profitable Verwendung des Eigentums wird Bedingung dafür, daß dies möglich bleibt.« (1988, 218) Hinter dem »oder sonstwie« verbergen sich die Geheimnisse des Ursprungs dieser besonderen Sozialformation;[139] wenn »Eigentum zum Arbeit*geber*« wird, muß es Individuen geben, die, ohne dieses Eigentum ausgestattet, diesem ihre *Arbeit* geben. In dieser Interpretation erschöpft sich jedoch nicht der ganze Sinn des Textes. Zwei nicht kongruente Bedeutungslinien sind in ihm enthalten, woraus ein *in sich widersprüchlicher Sinn* entspringt. Die mit dem genannten, auf kapitalistische Eigentums- und Produktionsverhältnisse verweisenden Sinn vermengte Bedeutungslinie rekurriert offensichtlich auf Arbeitsteilung und deren Vorteile. Ihr Sinn ist in der Tat, daß es »rationaler« ist, die Ergebnisse der Arbeit anderer zu kaufen, »statt alles selber zu tun«. Die soziohistorische Bedingung der Möglichkeit dieser Sinnkonfusion liegt im Sachverhalt begründet, daß Arbeitsteilung ohne kapitalistische Produktionsverhältnisse denkbar ist, diese aber ohne Arbeitsteilung undenkbar sind. In der Folge ergibt sich die ideologisch besonders wertvolle Möglichkeit, das genetische Nacheinander und das strukturell-funktionale Miteinander kurzzuschließen, ineinander zu spiegeln.

Entscheidend für die Auflösung dieser verworrenen Sinnlage ist, wie man den Ausdruck »die Ergebnisse der Arbeit anderer kaufen« interpretiert. Man kann ihn zum einen beziehen auf arbeitsteilige Verhältnisse - dann unterstellt er nicht notwendig sozial entgegengesetzte Positionen - und zum anderen auf Verhältnisse kapitalistischen Eigentums - dann schließt er soziale Antagonismen notwendig ein. Die Ergebnisse der Arbeit anderer kaufen bedeutet im letzteren

---

139 Oder, kapitalistische Produktionsverhältnisse unterstellt, die immer auch vorhandenen Möglichkeiten illegaler oder krimineller Aneignung.

Fall, präziser ausgedrückt, das Nutzungsrecht fremder Arbeitskräfte für einen bestimmten Zeitraum - was die Aneignung der Ergebnisse ihrer Betätigung, der Arbeit, einschließt - zu kaufen. Genau an der Stelle widersprüchlichen Sinns ist in der Folge ein entscheidendes Argument in der Erklärung der Spezifik kapitalistischer Ausbeutung und der Bedingungen der Möglichkeit gesellschaftlicher Akkumulation von Kapital plaziert. Die, von Luhmann des- und von Marx artikulierte, Differenz zwischen dem Produkt der Arbeit und der Fähigkeit, es hervorzubringen, zielt auf eine fundamentale Spezifik kapitalistischer Produktion und Aneignung von Mehrarbeit, die Formen des Arbeitslohns und des Mehrwerts - stellen diese doch sowohl Bedingungen für die produktiv-selbsttragende Verallgemeinerung der Kapitalform als auch für die Nichtevidenz von Ausbeutung dar. Denn die unter der Lohnform sich betätigende Arbeitskraft besitzt die Fähigkeit zur Produktion von mehr Wert, als zu ihrer Reproduktion notwendig ist, so daß die Differenz zwischen Wertprodukt und Lohn, dem Wert der Arbeitskraft, den Mehrwert darstellt, wobei die Lohnform diese Differenz entsinnlicht und entnennt, zum »Wert der Arbeit« (»Ergebnisse der Arbeit«) macht, was Wert der Arbeitskraft ist. Folglich leistet die Lohnform, die Lohnarbeiter als voll, dem Arbeitsprodukt entsprechend entlohnte, als freie und als mit ihren Kontrahenten gleichgestellte vorzustellen.

Die in der »ursprünglichen Akkumulation« von ihrem Boden oder ihrem Handwerk freigesetzten Arbeitskraftbesitzer bezeichnet Marx als »doppelt frei« in dem Sinne, daß sie zum einen die Mittel zur Reproduktion des eigenen Lebens entbehren und so gar nicht mehr in der Lage sind, sich entweder mit Subsistenzproduktion zu erhalten oder selber Produkte als Waren herzustellen und auf dem Markt zu verkaufen; zum anderen sind sie gleichzeitig frei, gegen Geld für die Produktionsmittelbesitzer zu arbeiten, oder auch nicht, denn die Lohnform beruht auf freiem Vertrag und nicht auf außerökonomischem Zwang. An dieser Bestimmung ändert der Umstand nichts, daß die eigentumslosen Arbeiter durch die ökonomischen Verhältnisse gezwungen sind, sich in diese *Form* zu bringen, um überhaupt arbeiten und so das Überleben sichern zu können. Die »doppelte Freiheit« der Lohnarbeiter artikuliert Luhmann nun verschoben als *Aufhebung durch Verallgemeinerung der Sklaverei*:

> »Als Eigentümer seiner körperlichen und geistigen Fähigkeiten wird jedermann zum Sklaven seiner selbst. Die Sklaverei wird allgemein und dadurch aufgehoben. Sie erscheint jetzt als Freiheit. Man bietet sie an als die Gelegenheit, Eigentum zu erwerben. So kann es kurzfristig einen Optimismus geben, der von Knappheit gänzlich absieht.« (Ebd., 215)

Allerdings, wenn die »Sklaverei« wirklich allgemein wäre, gäbe es auch keine »Arbeitgeber«. Quer zu differentiellen Positionen in den Eigentumsverhältnissen könnte man allenfalls, durchweg metaphorisch, von verallgemeinerter Sklaverei im Sinne einer universellen Abhängigkeit vom übergeordneten Systemzusammenhang sprechen.

Luhmann verwendet nicht die Form- und Funktionsbegriffe »Kapital und Lohnarbeit«, wenn er auf die strukturell divergenten Positionen verweist, bei deren prozessualer Kombination die Funktionen des Wirtschaftssystems realisiert werden.

Die »Wiederbeschaffung von Geld [ist] ein Problem, das auf verschiedene, funktional äquivalente Weise gelöst werden kann. Dieser Unterschied hat erhebliche strukturelle Bedeutung. Er differenziert das Wirtschaftssystem nach grundsätzlich verschiedenen Bedingungen, die zusammenwirken müssen, wenn das Problem auf der Ebene des Gesamtsystems gelöst werden soll.« (Ebd., 135)

Die einfache Rede der »Wiederbeschaffung von Geld« verdeckt, daß ihr funktional differenzierte Positionen vorausgehen, von denen aus Geld ganz Unterschiedliches bedeutet und seine Wiederbeschaffung sich auf gegensätzliche, wenn auch jeweils funktional äquivalente Weise gestaltet. Mysteriös bleibt, welche Bedingungen wie zusammenwirken müssen, um Kapitalakkumulation »auf der Ebene des Gesamtsystems« zu ermöglichen.

Wie das Kapital genau zu Geld, zu mehr Geld kommt, erklärt Luhmann nicht. Lapidar heißt es: »Wer warten kann, bis das Geld wieder eingeht, kann sich dieser Möglichkeit bedienen und überdies einen ›Mehrwert‹ herauswirtschaften, etwa als Kompensation für das Risiko einer Fehlkalkulation.« (Ebd., 136) Wie ein Risiko einen Mehrwert kompensatorisch hervorbringen kann, ist schleierhaft - und auf gesellschaftlicher Ebene unmöglich. Entdeckte Marx das Geheimnis in den Prozessen, die mit den gekauften Waren - Arbeitskräften und Produktionsmitteln - in Gang gesetzt werden, so verrätselt Luhmann es aufs neue in der Formel »rentabilitäts- und profitorientierte Zahlungskonditionierung« (ebd.). Aus Zahlungsabfolgen als solchen entspringt ja gesellschaftlich kein Mehrwert oder Profit, und soziale Polarität muß gegeben sein, wenn die einen »die Ergebnisse der Arbeit anderer« (ebd., 218) kaufen können und diese anderen fast alles tun müssen, um selber zu Geld zu gelangen.

Der ökonomischen Position des Kapitals setzt Luhmann den Staat und den »normalen Privathaushalt (soweit er nicht von Kapitaleinkünften leben kann)« (ebd.), entgegen. Jener kommt »der laufend entstehenden Zahlungsunfähigkeit [...] durch *Steuern* oder ähnliche Zwangsabgaben« nach, dieser löst das »Wiederbeschaffungsproblem [...] typisch durch *Arbeit*« (ebd.). Luhmann artikuliert - auf gesellschaftlichem Aggregationsniveau - die drei Positionen in einem »Doppelkreislauf«:

»Der ›innere‹ Kreislauf repräsentiert die Weitergabe der Zahlungsfähigkeit in Richtung der Zahlung. Der ›äußere‹ Kreislauf repräsentiert die Weitergabe der Zahlungsunfähigkeit in Gegenrichtung. Beide Bewegungen können nur uno actu in Betrieb gesetzt werden. Man kann aber auch sagen, daß der äußere Ring den inneren erhält, denn ohne Ausgleich für das laufend entstehende Problem der Zahlungsunfähigkeit kommt jede Möglichkeit des Zahlens sehr rasch zum Erliegen.« (Ebd., 136f., siehe auch das Schaubild 137)

Wundersamerweise sind die Unternehmen gleichsam das Herz des Wirtschaftssystems; ihnen fließt ständig Zahlungsfähigkeit zu, und sie geben ständig Zahlungsfähigkeit ab, die ihnen dann wieder zufließt usw. »Die Rentabilitätsbedingung bezieht den äußeren Kreislauf [...] auf den inneren Kreislauf, nämlich auf das Weiterleiten von Zahlungsfähigkeit.« (Ebd., 139)

> »Mit Recht kann man deshalb die Rentabilitätsrechnung als die Selbstkonditionierung des Systems ansehen und sie darin von Steuern und von Arbeit als quasi zwangsläufigen Erfordernissen unterscheiden.« (Ebd.)

Die »funktionale Differenzierung« sozial komplementärer Positionen wird selbst als notwendiger, unaufhebbarer Antagonismus angedeutet: »Die Einheit des Systems, die Einheit von Zahlungsfähigkeit und Zahlungsunfähigkeit (von Überfluß und von Knappheit) kann nur dadurch entfaltet werden, daß die Weiterleitung von Zahlungsfähigkeit und die Weiterleitung von Zahlungsunfähigkeit getrennt und unterschiedlich konditioniert werden.« (Ebd., 148) Wenn dies »ein weltwirtschaftlicher Tatbestand« ist, »dem keine regionale Wirtschaftsordnung sich entziehen kann« (ebd.), heißt das aber noch lange nicht, daß er »unabhängig von den viel diskutierten Problemen der Wirtschaftsordnung oder der ›Verfassung‹ des Wirtschaftssystems« (ebd.) ist - denn was anderes soll die getrennte und unterschiedliche Konditionierung von Überfluß und Knappheit bedeuten.

Wird »die Autopoiesis des Systems ein *reflexiver Prozeß*« (ebd., 56), das System auf das »Kriterium des Profits als *Gesichtspunkt der Selbststeuerung*« (ebd., 215) umgestellt, kommt »ein abstrakteres Selektionsprinzip zum Zuge, das ebensogut als Stoppregel für Altes wie als Einführungsregel für Neues wirken kann.« (Ebd., 58) Der Zwang zum Überleben auf umkämpften Märkten und der Drang nach Profit und Extraprofit nötigen den dem Kapital hauptverantwortlich Dienenden die Suche aller dafür günstigen und praktikablen Mittel auf - Produktivkraftsteigerungen, Intensivierung der Produktion, Verlängerung der Arbeitszeit, Preiskämpfe, warenästhetische Überformungen etc. - und den Arbeitenden, entweder Schritt oder dagegen zu halten. »Das Prinzip der rekursiven Schließung des Systems erhöht mithin die Freiheitsgrade des Systems bei zugleich verschärfter Selektivität.« (Ebd., 59)

Das Geld wirkt dabei dynamisch verstärkend, insofern es durch seine systemische Plazierung stärker als alle früheren sozialen Mechanismen »selbstmotivierend« (ebd., 241) wirkt. »Man bemüht sich, seine Sachen loszuwerden, und setzt zu diesem Zwecke Rieseninvestitionen und hochkomplexe Produktionsunternehmen ein - nur um des Abgebens willen. Und man bemüht sich, mehr oder weniger unwillkommene Arbeit zu finden - das alles wegen der Zauberformel: weil dafür gezahlt wird.« (Ebd.)

Halten wir fest: Es blieb unklar, wie die beiden Kreisläufe von Zahlungsfähigkeit und -unfähigkeit genau miteinander verbunden sind, worin die sie antreibenden Dynamiken bestehen und begründet sind. Rätselhaft blieb, wie Mehrwert oder Profit entsteht und als gesamtgesellschaftliches Phänomen möglich ist. Arbeit wurde als konstitutiver Bestandteil des Kreislaufs der Zahlungsunfähigkeit vorgestellt - auf mysteriöse Weise sowohl den Kreislauf der Zahlungsfähigkeit nährend als auch von ihm zehrend. Setzte Luhmann »Arbeit« dabei »Steuern«, als wesentlicher Einkommensquelle des Staates, funktional äquivalent, desartikuliert er ihre produktive, (wert-)schöpferische Kraft. Er geht nun aber noch einen Schritt weiter, wenn und wie er sie auf den Funktionscode des ausdifferenzierten Wirtschaftssystems - als zugleich dominant gesetztem Code systemischer Selbstbeschreibung - bezieht.

»Arbeit« wird im Zusammenhang mit »Eigentum« und »Knappheit« eingeführt; sie wird bestimmt als die Operation, die unmittelbar der Beseitigung von Knappheit dient. Luhmann sieht nun »Arbeit in einem problematischen Verhältnis zur Codierung wirtschaftlicher Operationen« (ebd., 210).

> »Im Falle der Codierung von Knappheit durch Eigentum (und später: durch Geld) muß gerade das ausgeschlossen werden, was im unmittelbaren Verhältnis zur Knappheit steht: die Arbeit.« (Ebd., 212)

Das »muß« wendet sich gegen eine Verknüpfung der Differenz Eigentum/ Nichteigentum mit der Differenz Arbeit/Nichtarbeit - wo Eigentumsverhältnisse über die Verfügung über Produktionsmittel und den Zugang zur Arbeit entscheiden.

> »Es wird leicht erkennbar sein, daß wir uns hier ein »dialektisches« Argument versagen, dem zufolge Arbeit eine Synthese des Gegensatzes von Eigentum und Nichteigentum sein könnte, die den Gegensatz ›aufhebt‹. Gewiß: Arbeit schafft Eigentum; aber immer doch nur als bestimmtes Eigentum, also als Nichteigentum der anderen.« (Ebd., Fn. 69)

Präziser müßte das eigentlich heißen: als Nichteigentum derjenigen, für die man nicht arbeitet; vor allem aber auch: als Nichteigentum von sich selbst. Das vom Lohnarbeiter selbst Geschaffene wird von einem anderen, seinem Arbeit*geber*, angeeignet. An dieser Artikulation »stört« aber, daß »Eigentum [...] als bloßes Privateigentum behandelt« und »problematisiert« wird, so daß man es auch »für eliminierbar halten« (ebd., 211) kann.

Dagegen setzt Luhmann die zwei sozio-historischen - und empirisch falschen - Generalisierungen, wonach »Eigentum immer Privateigentum« (ebd., 149) und die Differenz von Eigentum/Nichteigentum allgemein sei. In der Folge kann er die hyperradikale, von Naturnotwendigkeiten absehende Frage stellen, ob

»Arbeit ohne die Differenz von Eigentum/Nichteigentum überhaupt möglich« (ebd., 211) wäre. Diese sozial-historischen Verallgemeinerungen zeitigen als diskursive Effekte die Entspezifizierung und Naturalisierung von gesellschaftlich Besonderem.

»Mit Ausschließung der Arbeit« aus dem Funktions- bzw. Selbstbeschreibungscode des Wirtschaftssystems »erreicht, oder symbolisiert zumindest, der Eigentumscode die Totalität der Kontrolle der Knappheit, die Universalität der Ordnung seines Bereichs und der technischen Eindeutigkeit der Informationsverarbeitung.« (Ebd., 212) Die Folge: »Arbeit bleibt eine diffuse Kategorie. Sie bleibt natürlich unvermeidbar und bleibt im System erhalten. Man arbeitet weiter.« (Ebd.)[140] Doch die »Arbeit«, der vom Eigentumscode »schematisch, ganz ohne Rücksicht auf Lebenssachverhalte und assoziativ einleuchtende Zusammenhänge« (ebd., 211) ausgeschlossene Wert, »kehrt in veränderter Form zurück.« (Ebd., 212) »Arbeit ist demnach das ausgeschlossene eingeschlossene Dritte - der Parasit im Sinne von Michel Serres.« (Ebd.) Wenn »die Differenz von Haben und Nichthaben [...] den Parasiten Arbeit [...] stimuliert« (ebd.), kann Luhmann offenbar das zurückgewiesene »›dialektische‹ Argument« doch nicht ganz vermeiden. »Arbeit wird zur Möglichkeit, Eigentum zu gewinnen - und sei es nur: Eigentum an Nahrungsmitteln zum sofortigen Verzehr.« (Ebd.) Plötzlich zeigt sich »Eigentum« wieder als »Privateigentum« und als »problematisch« - insofern »es gesellschaftsstrukturell hochproblematisch werden muß, wenn Nahrung eigentumsfähig, schließlich sogar käuflich wird, denn das führt fast zwangsläufig zum Abbau von Solidarität - ein Begriff, der erst im 19. Jahrhundert, erst für das Verschwundene geprägt wird.« (Ebd., Fn. 71) Und wenn ferner von der Dominanz von Eigentum, bzw. seiner Akkumulation, die Rede ist, kann dies nichts anderes bedeuten als Privat-, Kapitaleigentum: »Der Bedarf für, und die Zulassung zur, Arbeit finden im Eigentum ihre Prämissen; oder genauer gesagt: sie werden durch den Kontingenzraum ermöglicht, den der Code Eigentum/Nichteigentum aufhält. Daher vermehrt sich die Arbeit nach Maßgabe der Kondensierung und Evolution von Eigentum. Sie nimmt im Laufe der Evolution zu; denn sie gewinnt zusätzlich die Funktion, Eigentumsbestände zu schaffen - sei es für den Arbeitenden selbst, sei es für andere.« (Ebd., 212f.)

Die Bezeichnung der Arbeit als »Parasit« besitzt einen doppelten Sinn. Zum einen bedeutet sie, im Rekurs auf Serres, diejenige Position innerhalb einer Unterscheidung, die in ihr zugleich enthalten und ausgeschlossen ist - ihr vorausgesetzt, doch unsichtbar (vgl. Serres 1981). Zum anderen wird diese begrifflich-abstrakte Bedeutung politisch akzentuiert. Dann stellt sie eine Um- oder Verkehrung realer Sachverhalte dar, wenn aus der Arbeit als produktiver Ver-

---

140 Die Dominanz des Eigentumcodes - »Arbeit reproduziert die Codierung und hebt sie nicht auf« (ebd.) - bedeutet auch, daß es für das System zunächst vollkommen irrelevant ist, was genau produziert wird und ob dies für die Arbeitenden selbst oder die Gesellschaft insgesamt sinnvoll ist. Der dominante Code unterlegt eine Gleichgültigkeit gegenüber dem konkreten Inhalt von Arbeit wie auch ihren Folgen.

ausgabung, schöpferischem Prinzip, tätiger Aneignung konsumtives Verzehren, schmarotzendes Prinzip, passive Aneignung wird. Unter dem Titel Parasit wird die Eigentümlichkeit kapitalistischer Lohnarbeit pervertiert: Sie wird nicht nur als ausgebeutete Arbeit - abhängige Arbeit, aus der fremdes Eigentum entsteht, erhalten und vergrößert wird - entnannt, sondern darüber hinaus zum schmarotzenden Nutznießer des kapitalistischen Eigentums erklärt. Aber auch hier kann der gegenteilige, nichtintendierte Sinn symptomal herausgelesen werden: Wenn »Eigentum« als »Arbeit*geber*« fungiert »und profitable Verwendung des Eigentums [...] Bedingung dafür [ist], daß dies möglich bleibt«, ist die Grundlage dieser Möglichkeit letztlich allein die Arbeit. »Entsprechend wird der Nutzen des überflüssigen Reichtums umbestimmt: Reichtum wird nicht mehr, wie einst, *verteilt* [...]; er dient jetzt als Kapital zur Schaffung von *Arbeit*.« (Ebd., 218) Kapital wird also dann »zur Schaffung von *Arbeit*« - präziser: von Arbeitsplätzen, die von Arbeitskräften eingenommen werden, dazu bestimmt, zu arbeiten - eingesetzt, wenn es der Profitabilität des Eigentums, der Realisierung der Funktion dient, »Eigentumsbestände zu *schaffen*« (ebd., 213; Hervorhebung D. B.); damit wird also zumindest eingestanden, daß Arbeit eine produktive und schöpferische, vom Kapital in Dienst genommene und ausbeutbare, Kraft ist, so daß es keineswegs an etwa gütigen Charakterzügen der »Arbeit*geber*« - eigentlich umgekehrt: der *Nehmer* fremder Arbeit - liegt, »überflüssigen Reichtum« zur Beschäftigung von mehr Arbeitskräften - den Parasiten ihres Eigentums! - einzusetzen, da diese ja - wenn auch in der systemischen Selbstbeschreibung als Arbeit*nehmer* entnannt - zu nichts anderem da sind, als noch mehr »überflüssigen Reichtum« (ebd., 218) zu schaffen. Die Krönung von Luhmanns verkehrter Akkumulationstheorie lautet dagegen: »Damit ist, wie leicht zu sehen, ein Statusgewinn der Parasiten verbunden: sie empfangen nicht nur, sie arbeiten.« (Ebd.)

Die Sinndisposition Eigentum/Parasit nötigt den von bestimmtem Eigentum beschäftigten Arbeitskräften subalterne Dankbarkeitsgefühle ab. Das verrückte dabei ist: in Zeiten, wo Arbeitsplätze knapp sind, sogenannte Arbeitslosigkeit herrscht, müssen diejenigen, die die Notwendigkeit und das Bedürfnis, daß das Vermögen zu arbeiten überhaupt zur wirklichen Möglichkeit wird, realisieren können, froh sein; denn erst der Zugang zur Arbeit ermöglicht die eigene Lebenssicherung, und einen aktiven Beitrag zum gesellschaftlichen Leben und dessen Erhalt zu leisten. Luhmanns Bezeichnung und Bekämpfung der Arbeit als Parasit kann nun als Versuch interpretiert werden, die gesellschaftliche Herrschaft des kapitalistischen Eigentumcodes zu schützen, indem die Theorie die Dinge ihm gemäß benennt, also Herrschaftsmomente entnennt, und zuweilen sogar gegen das Beherrschte wendet. Der unbestritten herrschende Sachverhalt ist: »Der Bedarf für, und die Zulassung zur, Arbeit finden im Eigentum ihre Prämissen« (ebd., 212). Luhmanns Problemstellung geht aber noch darüber hinaus. Sie betrifft den Schutz der Codierung funktionaler Differenzierung:

Es ist »bemerkenswert, wie zentral der Parasit Arbeit sich in der Begrifflichkeit festgesetzt hat. Macht der ausgeschlossene eingeschlossene Dritte die Wirtschaft zur

Gesellschaft? Oder doch zum Schicksal der Gesellschaft? Markiert er, daß der Code mehr ist als nur ein Code und daß die Funktion mehr ist als nur eine Funktion, indem er genau dies zugleich unkenntlich macht dadurch, daß er es auf ein Sonderproblem »Arbeit« bezieht und in endlose Diskussionen über Humanisierung der Arbeit, Recht auf Arbeit, Zukunft der Arbeit usw. auslaufen läßt? Transformiert der Parasit, ohne es zu wissen, die Paradoxie [der Knappheit; D. B.] in Geschwätzigkeit? Oder sind hier schon andere Parasiten am Werk: die Intellektuellen, die davon profitieren, daß ihr Vorparasit sich so tief ins System eingefressen hat?« (ebd., 222)

Dieses Infragestellen des dominanten Codes der Wirtschaft der modernen Gesellschaft mit Forderungen, die seine Korrektur betreffen, wehrt Luhmann nun - auch wenn er in der eben zitierten Formulierung durchscheinen läßt, daß Code und Funktion nicht einfach Code und Funktion sind, so daß gemessen an ihrer prinzipiellen Kritik die Diskussionen um Humanisierung der Arbeit etc. möglicherweise Nebenschauplätze darstellen - durch Verkehrung ab, indem das oberflächliche Echo des Codes in vereinseitigt politischer Tendenz verstärkt wird: »Die Parasiten beherrschen das System, sie invertieren den Code und sie stellen das System so dar, als ob das Eigentum nur dazu da wäre, ihnen Arbeit zu beschaffen.« (Ebd.) Als böse Buben im Hintergrund wirken dabei die Anwälte der Parasiten, »die Monopolherren der Arbeit, die Gewerkschaften« (ebd., 223), denen nicht nur attestiert wird, »die Paradoxie der Knappheit« (ebd., 222) »lamentierfähig«, sondern auch angelastet wird, den »Arbeitsmarkt [...] unelastisch« (ebd., 223) gemacht zu haben - womit Luhmann ihnen auch eine besondere Schuld an dessen beschränkter Aufnahmefähigkeit und Rationalität zuweist.

4.3   Positionierung politischer Paradigmen

Wie Luhmanns theoretische Paradigmen nicht einheitlich, sondern widersprüchlich sind, so sind es auch die politischen Paradigmen. Gibt es in jedem der Luhmannschen Theoriebereiche Aussagen, die ihre Gegenstände in einer bestimmten Begrifflichkeit eindeutig fixieren und das theoretische Dispositiv autoritativ als einzig richtiges setzen, so aber auch Aussagen, die die Theorie selbst reflexiv relativieren, die Bezeichnungen und Beschreibungen als beobachtungsabhängig kontingent, und damit in ihrem Wahrheitsgehalt oder ihrer Wirkungsmacht als fragwürdig, zu erkennen geben.

Die Beobachtung von Luhmanns begrifflichen Bestimmungen und theoretischen Beschreibungen der modernen Gesellschaft zeigte, daß diese zwar hauptsächlich aus Strategien der Bildung und des Schutzes ihrer Identität resultieren, gleichwohl sich gegenüber dem methodologischen Anspruch einer Beobachtung zweiter Ordnung rechtfertigen müssen und damit weder als einzig mögliche noch sinnvolle darstellen können. Die Berechtigung anderer Begrifflichkeiten und Beschreibungsperspektiven wird nicht nur durch die faktische Existenz und die Ansprüche konkurrierender Ansätze reklamiert, sondern in gewisser Weise durch Luhmanns Theoriekonstruktion selbst zugestanden bzw. ermöglicht - zuweilen auch unfreiwillig in blinden Flecken oder symptomatischen Widersprüchen offenbart.

Ins Feld der Politik übersetzt, korrespondiert mit der Strategie der fixierenden Identifizierung der modernen Gesellschaft als binär codierte, funktional differenzierte und selbstreferentiell operierende die strategische Position eines alternativ- und ziellosen Evoluierens der Gesellschaft als Ganzer und einer weitgehend machtlosen und überforderten Politik. Neben dieser diskursiv vorherrschenden, quasi zukunftsblinden Option zeichnet sich bei Luhmann auch eine Konzeption der modernen Gesellschaft als einer zwar nicht vereinheitlichbaren, aber doch durch rekursive Beobachtungen prinzipiell verknüpfbaren Perspektivenaggregierung ab - eine Option, die im Anschluß an Luhmanns neueres Konzept einer politischen Kultur nichtüberzeugter Verständigung erschlossen werden könnte.

Die Spezifik der politischen Dimensionierung von Luhmanns Theorie, ihrer Art, Politik in der modernen Gesellschaft zu positionieren und ihre Möglichkeiten zu bestimmen, ergibt sich aus den theorietechnisch wie politisch dominanten Paradigmen, aus der Spannung zwischen den beiden, eben knapp umrissenen Perspektiven und daraus, wie Luhmann im Feld der Politik mögliche weitere Standpunkte bezieht und Perspektiven entfaltet - oder verwirft.

4.3.1   »Muddling through« und kompensatorische Modernisierung

Luhmanns Konzept der modernen Gesellschaft präsentiert funktionale Differenzierung als universelles Strukturprinzip und Morphogenese als globale Perspektive gesellschaftlicher Entwicklung - wobei die Behauptung ihrer generellen Alternativlosigkeit mit der ihrer einzigartigen Effizienz kombiniert, und mit dem Hinweis auf unvermeidbar katastrophenträchtige Reproduktionsformen und Wirkungen ambivalent eingefärbt wird (vgl. 4.1, 4.2).

Da die funktional differenzierte Gesellschaft insgesamt wie auch ihre Subsysteme im einzelnen durch je beschränkte Rationalitäten gegenüber den jeweiligen Umwelten gekennzeichnet sind, bleibt als Handlungsorientierung nur die »Konsequenz«, »daß die Rationalität nicht in irgendwelchen Effizienzkriterien oder Optimierungen zu suchen ist, sondern in der Robustheit: in der Fähigkeit, fremde und eigene Irrtümer zu überstehen.« (Ebd., 122) In die Autopoiesis des Wirtschaftssystems - wie auch der anderen Subsysteme - ist so »eine im Prinzip unbegrenzte Zukunft eingebaut.« (Ebd., 65) »Jenseits aller Ziele, aller Gewinne, aller Befriedigung geht es immer weiter.« (Ebd.) Als Handlungsgrundlage bleibt demnach nur die Sicherheit, daß »nicht Sicherheit, sondern nur Unsicherheit sich auf Dauer stellen läßt« (ebd., 121f.).

Luhmanns Bestimmung funktionaler Differenzierung als durch binäre Codes strukturell bestimmte und vermittelte Selbstreferentialität der gesellschaftlichen Subsysteme zeigt diese als operational verselbständigt, kognitiv und kommunikativ borniert, praktischen Eingriffen unzugänglich. Diese als unausweichlich vorgestellte Grundtatsache der modernen Gesellschaft konstituiert als einzig mögliche Option gesellschaftspolitischen Agierens die Strategie des »muddling-through«.[141]

In und zwischen den Systemen sowie in ihrer Umwelt durch die Systeme entstandene Probleme können demnach weder wirklich gelöst noch unter umfassenderen Gesichtspunkten kommuniziert werden. Entsprechend »zwingt« die operationale Selbstreferenz »zum laufenden Verschieben der Probleme von einem ins andere System.« (1986, 208)[142] »Strukturänderungen« laufen so nur »entweder ad hoc als Anpassungen oder unkontrolliert morphogenetisch ab« (1984, 486).

Gegen diese Anordnung können generell zwei Argumentationsrichtungen entwickelt werden: eine empirische und eine theoretische.

Erstens wird mit dieser begrifflichen Anlage dem Umstand keinerlei Rechnung getragen, in welchem Ausmaß tatsächlich reguliert und interveniert wird oder Strukturen gezielt verändert werden. Auch wenn das Verschieben von Problemen, Verantwortungen oder Schuldzuweisungen ein ständig zu beobachtendes Phänomen ist, handelt es sich trotzdem um eine theoretische oder politische Konstruktion, der »Gesellschaft [...] *nur* diese Möglichkeit« zuzugestehen, »nur in Ausnahmefällen zu reagieren.« (1986, 220) Im Blick auf die Empirie systemspezifischer oder systemübergreifender Politikfelder greift die Konzeption der Autopoiesis als systemische Selbstregulierung ein ums andere Mal zu kurz.

Zweitens impliziert das Autopoiesistheorem als solches nicht notwendig die benannten politischen Schlußfolgerungen. Vor allem bei Teubner, und abgeschwächter bei Willke, ist die theoretische wie politische Paradigmatik deutlich anders akzentuiert als bei Luhmann, auch wenn sie sich durch ihn stark beeinflußt zeigen. So schränkt Teubner den Referenzraum des Autopoiesiskonzepts gegenüber Luhmanns Fassung erheblich ein, wenn er es an spezifische Prozesse sozialer Autonomisierung bindet. Bei ihm steht »Autopoiesis«, gerade umgekehrt zu Luhmann, für das Interesse, die Determination und wechselseitige Beeinflussung gesellschaftlicher Systeme besser denken zu können. Beim Rechtssystem etwa die durch Politik und Wirtschaft: »Die Rechts-Autonomie verstanden als Zirkularität der Rechtsoperationen ist als Hypothesen-Generator für Kausalzusammenhänge vorzüglich geeignet. Wenn das Recht intern zirkulär organisiert ist, dann müssen Kausalmodelle seiner externen Beeinflussung komplizierter werden.« (Teubner 1987a, 440f.) Dementsprechend sind Interventionen in und Steuerungen von Systemen nicht per definitionem unmöglich wie bei

---

141 Für die frühe Phase der Luhmannschen Theoriearbeit vgl. 1971a, da allerdings mit deutlich anderen Akzentensetzungen im Hinblick auf Möglichkeiten und Perspektiven politischer, insbesondere verwaltungsmäßiger Planung.

142 Vgl. im Anschluß auch Offes Krisentheorie, die, zeitweilig sehr einflußreich, vom Autor inzwischen aufgegeben worden ist (Offe 1972, 96ff.).

Luhmann, sie sind lediglich komplexer zu denken.[143] Und Willke verspricht sich gerade von der »Radikalität des Autopoiese-Konzepts«, »mit einer präzisen Begründung der Ursachen des [...] Auseinanderfallens von Interventionslogik und Prozeßlogik des intervenierten Systems [...] brauchbarere Strategien zur Lösung dieses Grundproblems jeglicher Intervention zu entwickeln.« (Willke 1987b, 354f.) Sein Hauptkonzept der Intervention »in autonome, selbstreferentielle Systeme« lautet »Kontextsteuerung« (ebd., 355) - was heißt, daß Interventionen notwendigerweise »auf den indirekten Weg non-hierarchischer Kontextsteuerung verwiesen [sind], weil sie andernfalls unweigerlich an der Barriere der operativen Geschlossenheit dieser Systeme scheitern.« (Ebd.; vgl. auch Willke 1987c, Kap. 6, 1987, 269) Derartige Überlegungen diskutiert er vor allem an empirischen Feldern, die nahe an »Kommunikation oder instruktiver Interaktion« (1987a, 354) liegen - wie Therapie, Organisationsentwicklung und Politik (vgl. auch 6.6).[144]

Eine prinzipielle »Absage an die Notwendigkeit konkreter (ergebnisorientierter) politisch-rechtlicher Steuerung des Wirtschaftssystems (das Autonomie-, Homöostase- und Selbstregulationstheorem) und [die] Verneinung ihrer Möglichkeit (die Theoreme ›selbstreferentieller Geschlossenheit‹ und ›basaler Zirkularität‹)« (Nahamowitz 1988, 46) - wie Luhmann sie vornimmt - bedeuten nun in der Tat nichts anderes, als gesellschaftstheoretisch das Paradigma des Neoliberalismus zu befördern (vgl. 4.1.2, 4.2.3).

An wenigen und insgesamt randständigen Stellen versieht Luhmann die Diagnose, die ausdifferenzierten Funktionssysteme könnten »ihr *eigenes* Wachstum nicht *selbst* kontrollieren«, da »in die jeweiligen Funktionsperspektiven [...] ein Steigerungsaspekt eingebaut« (1987d, 57) sei, was problematische Auswirkungen in der natürlichen Umwelt des Gesellschaftssystems haben oder für dieses »zu einem Problem disbalancierter Veränderung« (ebd., 58) werden kann, mit dem gegenläufigen Hinweis, die Wachstums- und Steigerungsperspektive könne

---

143 Das ermöglicht auch, das Autopoiesiskonzept auf dem Feld von Diskussionen um »relative Autonomie« auszuarbeiten. Dadurch soll dem Vorwurf, lediglich mit einem Verlegenheitsbegriff eine Problemstelle zu bezeichnen, konstruktiv in der Weise begegnet werden, daß abgestufte Bestimmungsverhältnisse genauer zu beschreiben versucht werden (vgl. Teubner ebd. und insbesondere Jessop 1987, des weiteren Kleger 1987).

144 Auch Bendel kritisiert Luhmanns paradigmatische Akzentuierungen. Sein Vorschlag setzt bei anderen Akzentsetzungen an, so daß er zunächst ohne begriffliche Modifikationen auskommt. Möglichkeiten der Intervention in Systeme und auch der Steuerung gesellschaftlicher Entwicklungen ergeben sich nun dadurch, daß er die systemische Fähigkeit zur Berücksichtigung von Fremdreferenz und damit die Bedeutung der Ebene der Programme für größer veranschlagt (vgl. Bendel 1993, 267ff.) Überzeugen die diesbezüglichen Überlegungen zur Möglichkeit intersystemischer Koordination, so überzieht er meines Erachtens in der Begründung der dafür notwendigen intersystemischen Kommunikation den Stellenwert der »universalistischen Struktur sprachlicher Verständigung« (vgl. ebd., 273ff.).

»durch komplexe Anforderungen, durch Rücksicht auf Nebenwirkungen, durch Gleichgewichtserfordernisse in einem multidimensionalen Zielraum unter Beschränkungen gesetzt werden.« (Ebd., 57) Den in den Funktionssystemen vorkommenden Reflexionstheorien spricht Luhmann die Fähigkeit ab, dafür geeignet zu sein, insofern diese »ihrerseits autonomisiert und nicht als Bremsvorrichtung angelegt« (ebd.) sind. In der Folge schlägt er zu überlegen vor, »ob und wie die Reflexionsleistungen *innerhalb* einzelner Funktionssysteme verstärkt werden können mit dem Ziel, die Umsetzung der Funktion auf Ziele zu relativieren, die Wachstum auslösenden Impulse unter Kontrolle zu bringen und die Funktion so zu interpretieren, daß Verzichte auf Funktionserfüllung miteinbezogen sind.« (Ebd., 62) Allerdings bleibt es bei der Benennung des Problems, und dessen Lösung ist nicht über das Postulat hinaus ausgearbeitet, systeminterne Ansatzpunkte »gemäßigter Funktionserfüllung« und dadurch gebremster Folgendynamik zu finden.

Weitergehende Hinweise, wie diese Lücke ausgefüllt werden könnte, ergeben sich aus Offes Diskussion von moralischen wie institutionellen Formen der Selbstbindung und Beschränkung (vgl. Offe 1989). Solche werden in seiner Diagnose vor allem im Falle von Sozialverhältnissen kollektiver Selbstschädigung - also den komplexen und sozial schwer oder gar nicht zurechenbaren Risikolagen - an Stelle oder in Ergänzung von Recht und staatlicher Politik notwendig. Sie zu denken wie zu realisieren erfordert allerdings - wogegen sich Luhmanns Anordnung sperrt -, den Haltungen und dem Verhalten der einzelnen einen größeren Stellenwert zuzumessen und in der Folge auch institutionalisierte Kompetenzverteilungen zur Debatte zu stellen (vgl. ebd., 743f., 760ff.).

Luhmann identifiziert die subsystemaren, symbolisch generalisierten Kommunikationsmedien in der Weise als dominante Formen und Instanzen der Vergesellschaftung in der modernen Gesellschaft, daß er sie als abgehobene, gesellschaftlichen Zugriffen entzogene Mächte hypostasiert.

In diesem Zusammenhang unterscheidet Luhmann zwischen System- und Sozialintegration, um damit die Abkopplung von Lebenssphären, ihre unüberwindbare Trennung, zu artikulieren.[145] Demnach ist in der modernen Gesell-

---

145 Begrifflich ist Sozialintegration definiert als »auf die Kopräsenz derjenigen angewiesen, deren Verhalten integriert wird. Sie läuft über Wahrnehmung und über Wahrnehmung des Wahrnehmens anderer« (1990e, 122). Die Unterscheidung von Sozial- und Systemintegration koppelt Luhmann mit der These einer grundlegenden Differenz zwischen komplexen modernen und weniger komplexen vormodernen Gesellschaften, die das Bild der eigenen Gesellschaft wie auch fremder Gesellschaften reproduziert: »In komplexen Gesellschaften verliert aber Sozialintegration die Fähigkeit, auch Systemintegration zu leisten, weil fernliegendes Verhalten in der Interaktion nicht mehr ausreichend über bekannte andere Rollen und Verpflichtungen der Beteiligten erfaßt werden kann. Dann und nur dann kommt es zu einer Differenzierung von Sozialintegration und Systemintegration. An die Stelle *eines* Mechanismus treten *zwei;* und das bedeutet, daß auch die Sozialintegration, die jetzt von Aufgaben

schaft die Differenz zwischen Sozial- und Systemintegration, die »Kluft zwischen Interaktion und Gesellschaft [...] unüberbrückbar breit und tief geworden«. (1984, 585) So wie die Logik der dominanten Funktionssysteme bestimmt, was als vorherrschende gesellschaftliche Realität gilt, so auch, welche Bereiche gesellschaftlicher Realität ihr subaltern untergeordnet sind, den einzelnen überhaupt noch zugänglich sind und unmittelbarere Gemeinschaftsformen darstellen können. Von Grund auf wird der gesellschaftliche Zusammenhang gedacht als seine Abtrennung von Gemeinschaftlichem, als Verselbständigung und gegenseitige Abdichtung von System- und Lebenswelten (vgl. 4.3.2).

»Die Gesellschaft ist, obwohl weitgehend aus Interaktionen bestehend, für Interaktion unzugänglich geworden.« (Ebd.) Dabei ist der »Einzelmensch [...] an seiner sozialen Justierung stärker beteiligt, dadurch eher bewußt engagiert, damit aber auch rückzugsfähiger und unzuverlässiger geworden.« (Ebd., 544) Innerhalb der Trennungsstruktur zwischen Funktionssystem- und Interaktionsbereichen können aber nun »dem Menschen« getrost »höhere Freiheiten im Verhältnis zu *seiner* Umwelt konzediert [werden], insbesondere Freiheiten zu unvernünftigem und unmoralischem Verhalten.« (Ebd., 289) Luhmanns Zugeständnis höherer Freiheiten beruht darauf, daß die gesellschaftliche Trennungsstruktur unangetastet bleibt.[146] So ist der einzelne nicht nur nicht das »Maß der Gesellschaft« (ebd.), sondern die Freiheitsspielräume verbleiben auch ohne gesellschaftliche Relevanz. Die Möglichkeit, das Verhältnis zwischen System- und Sozialintegration offener zu denken und dabei den Individuen, oder auch Assoziationen von Individuen, einen tatsächlichen Gestaltungseinfluß zuzugestehen, wird ausgeschlossen.[147]

»Im öffentlichen Raum dominieren« die »Medien, neben Geld vor allem rechtlich strukturierte politische Macht und wissenschaftlich unbestreitbare Wahrheit.« (1988, 243) Sie ersetzen die Gemeinschaftselemente älterer Gesellschaftsformen wie »Nachbarschaftshilfen, Freundlichkeiten und schließlich die Religion selbst«, die unter den neueren Bedingungen »›privatisiert‹ und auf dieser Basis dann wieder ›kultiviert‹ werden« (ebd., 242f.) können. Der den symbolisch generalisierten Kommunikationsmedien zugeschriebene gesellschaftliche Stellenwert erkennt einer demokratischen Öffentlichkeit und Gestaltungsmacht weder Existenzraum noch -berechtigung zu; damit sind sie als Instanzen gesell-

---

der Fernsteuerung entlastet ist, ein eigenes Kolorit annehmen kann. Sie gewinnt mit den modernen Erwartungen an Freundschaft, Liebe, Intimität und Sympathie eine andere, intensivere Färbung; aber gerade deshalb wäre es unsinnig, von hier aus Erwartungen an die Gesamtgesellschaft zu adressieren [...], so als ob durch Sozialintegration Systemintegration nach wie vor mitgeleistet werden könnte.« (Ebd., 122f.)

146 Allerdings sind Bewertungen von Freiheitsarten und -graden, die die modernistische Soziologie im mehr oder weniger expliziten Vergleich mit nichtmodernen Gesellschaften trifft, mit Skepsis aufzunehmen, zumal wenn sie unabhängig von historischsystematischer Forschung erfolgen.

147 Zum Zusammenhang der Bestimmung des Gehalts von Freiheit und dem Charakter von Gesellschaftstheorie vgl. Halfmann/Knostmann 1990.

schaftlicher Reflexion und Orientierung, Auseinandersetzung und Verständigung, Kontrolle und Veränderung sowohl desartikuliert als auch delegitimiert. An ihrer Stelle werden »Moral und Recht« lediglich »kompensatorische Funktionen« (1972, 190) zugestanden. Dabei können diese von durchaus substantieller Bedeutung sein, so wenn Recht antagonistisch reklamiert und darüber auch von den Machtunterworfenen politische Macht ausgeübt werden kann - allerdings ohne Grundstrukturen der Kompetenzverteilung zu tangieren.[148] Bemühungen eines praktischen Humanismus werden als private und kompensatorische Erscheinungen bezeichnet, die lediglich in der Weise in »die Öffentlichkeit zurückgespielt werden, um dort die diabolische Funktion eines permanent schlechten Zivilisationsgewissens zu übernehmen.« (1988, 243) Auf breiter Front - in Unternehmen etwa als Bemühen um »corporate identity« - werden so Formen nachgefragt, »Gemeinschaft, wenn nicht Familie zu mimen.« (Ebd., 107)

Luhmanns Standpunkt, als allein der modernen Gesellschaft angemessener vorgestellt, ist konservativ, insofern er der Bewahrung des Prinzips funktionaler Differenzierung gilt, er ist es jedoch nicht im Hinblick auf bestimmte Werte[149] - abgesehen von der Behandlung »funktionaler Differenzierung« selbst als Wert. Innerhalb dieses anti-normativistischen, funktionalistischen Konservatismus braucht nun die Aufrechterhaltung der herrschenden gesellschaftlichen Ordnung nicht mehr mit einem status quo oder gar mit Konfliktfreiheit gleichgesetzt zu werden.

Demgegenüber verweist Luhmann auf mögliche produktive Wirkungen, ja gar die Notwendigkeit von Konflikten für die Systemreproduktion. »Widersprüche« sind in Luhmanns Perspektive produktiv insofern, als sie »die Entwicklung eines *Immunsystems* fördern.« (1984, 504) Bedingung für Konflikte, als Immunsystem fungieren zu können, ist, »mit Selbstreproduktion unter sich ändernden Bedingungen kompatibel« (ebd.) zu sein. »Es ist nicht einfach ein Mechanismus der Korrektur von Abweichungen und der Wiederherstellung des status quo ante; es muß diese Funktion selektiv handhaben, nämlich vereinbaren können mit dem Akzeptieren brauchbarer Änderungen.« (Ebd.) Änderungen sind innerhalb des Dispositivs »funktionaler Differenzierung« dann brauchbar, wenn - in autopoiesistheoretischer Terminologie formuliert - sich die Variabilitätsbreite

---

148 Wenn moderne Gesellschaft für Luhmann heißt, daß die Inklusion der Menschen nur nach Maßgabe der Codes ihrer Funktionssysteme erfolgt, bedeutet das für politische Macht, daß sie in Form des Rechtsstaats zu entfalten ist - »teils zur Selbstkontrolle der politischen Souveränität durch Gewaltenteilung, teils als Instrument der immensen, durch die Rechtsform vermittelten Ausweitung des Zugriffs der politischen Gewalt auf das tägliche Leben. Deshalb erhält der Bürger subjektive Rechte, damit er die Maschinerie der politischen Gewalt gleichsam von unten benutzen, sie für eigene Ziele in Anspruch nehmen kann.« (1987g, 134)

149 Treffend wurde er so einmal als »Avantgarde-Konservativer« bezeichnet (vgl. 1987l, 58).

von Strukturarrangements lediglich innerhalb der sie beschränkenden und vereinheitlichenden Organisation, also den funktional differenzierten Subsystemen der modernen Gesellschaft, bewegt.

»Das System immunisiert sich *nicht gegen das Nein*, sondern *mit Hilfe des Nein;* es schützt sich *nicht gegen Änderungen*, sondern *mit Hilfe von Änderungen* gegen Erstarrung in eingefahrenen, aber nicht mehr umweltadäquaten Verhaltensmustern. Das Immunsystem schützt nicht die Struktur, es schützt die Autopoiesis, die geschlossene Selbstreproduktion des Systems. Oder [...]: es schützt durch Negation vor Annihilation.« (Ebd., 507)

Auf gesamtgesellschaftlicher Ebene hat für Luhmann insbesondere das *Recht* »die Funktion eines Immunsystems zu erfüllen und ist dafür freigestellt.« (Ebd., 512) In dieser Funktion ist es »gesellschaftsadäquat nicht nur dann, wenn es hinreichend viele Konflikte erfaßt, sondern eigentlich erst dann, wenn es hinreichend viele Konflikte erzeugen und für deren Behandlung hinreichende eigene Komplexität zur Verfügung stellen kann.« (Ebd.) Wenn Recht bereits »*im Vorgriff auf mögliche Konflikte* gebildet wird« (ebd., 510), besitzt es bessere Chancen, »die Autopoiesis des Kommunikationssystems Gesellschaft [zu] sichern gegen möglichst viele Störungen, die dieses System aus sich selbst heraus produziert.« (Ebd., 512) Konflikte können in der Folge selbst geschürt oder auch in der Perspektive organisiert werden, daß sie selbst System werden. Gesellschaftliche Auseinandersetzungen erwirken eine höhere Ebene der Normalisierung, wenn es gelingt, sie in einer »selektiven Formierung von Widerspruch und Konflikt« (ebd., 550) zu stabilisieren. Die »Stärkung von Ablehnungspositionen durch Recht und die Artikulation von Unruhe, Kritik und Protest in der Form sozialer Bewegungen« beispielsweise, gewinnen so »komplementäre Bedeutung« (ebd.).

Der Konservatismus der Systemerhaltung wird modernisiert, wenn es gelingt, »Erwartungsstruktur und Immunsystem« (ebd.) in ein dynamisches, miteinander kompatibles Verhältnis zu bringen. Diesem Unterfangen gelten Luhmanns *politische* Einsätze in der *Theorie* - z. B. die soziologische Programmatik der Abklärung der Aufklärung bzw. die den Struktureigentümlichkeiten der funktional differenzierten Gesellschaft geltenden Identitäts- und Latenzschutzstrategien.[150] Und eine *theoretische* Intervention in gesellschaftliche *Politik* ist der sowohl an die Agenten »des Systems« als auch an ihre Kritiker gerichtete Vorschlag, nicht mehr den »politisch-ökonomischen Komplex des modernen Kapitalismus« und die »dadurch stimulierte Gesamtheit der sozialen Bewegungen« (ebd.) gegeneinander auszuspielen. Wenn statt dessen die moderne Gesellschaft als ambivalent zu bewertende Verknüpfung von Rationalität und Borniertheit, Effektivität und Destruktivität vorgestellt und als alternativlos anzuerkennen postuliert wird, entwerfen Luhmanns theoretische Interventionen zugleich poli-

---

150 Vgl. zum Streit um die Position politischer Aufklärung Kleger 1989.

tische Vorschläge, arbeiten also bestimmten gesellschaftlichen Politiken und Orientierungen zu.[151]

Da Luhmann gesellschaftliche Widersprüche lediglich als kommunikative in Betracht zieht - in »radikal konstruktivistischer« Wendung Theorieansätze verwirft, »die behaupten, es gäbe ›strukturelle Widersprüche‹ im Sinne von Strukturen, die relativ zeitbeständig vorhanden sind und einen Widerspruch enthalten, ihm sozusagen Dauer und permanente Wirkung verleihend« (ebd., 507) -, gewinnt die als funktional differenziert konzeptionalisierte, moderne Gesellschaft eine durch keine strukturellen Schranken bzw. Widersprüche begrenzte Zukunft. Durch die Einschränkung auf die kommunikative Dimension werden aber auch relevante Möglichkeiten ausgeblendet, tiefer-, außerhalb ihrer liegende Ursachen für widersprechende Kommunikationen und die Konflikthaftigkeit von Themen zu bestimmen oder gar die kommunikative Aktualisierung von Widersprüchen oder Konflikten vorauszusehen. Die Exklusion struktureller Widersprüche aus der Theorie verschafft den dominanten Gesellschaftsstrukturen Latenzschutz, da sie, als theoretisch unbedachte, weder existent noch von »Bedeutung« (ebd.) sind, also gar nicht problematisch, veränderungsbedürftig oder veränderbar erscheinen können. Wenn Widersprüche als rein kommunikative Problematiken - Konflikte, Divergenzen und Ereignisse - verstanden werden, heißt das auch, daß sie kommunikativ, im Medium des Sinns, zu überbrücken oder eliminieren sind.

Luhmanns Ansatz, Konflikte nicht einfach stillstellen zu wollen, sondern soziale Systeme zur auch offensiven Austragung von Konflikten zu befähigen, erschließt gerade dadurch neue Perspektiven normalisierender Stabilisierung:

Es »ist kaum zu erwarten, daß die das Gesellschaftssystem tragenden Institutionalisierungen sich durch Umbau der alten Institutionen wie Kirche, Staat, Familie erbringen lassen werden. Eher dürften sie in Prozessen zu entdecken sein, in denen eine Theorie der Institution sie kaum erwarten würde: in verfeinerter und frühzeitiger Sensibilität gegen Störungen, im Planungsmodus des Status quo, im Tempo des Wechsels politischer Präferenzen, in Trivialisierungen und Psychiatrisierungen der Moral, in den Illusionen einer konsumreichen Lebensführung, in verfahrensmäßiger Begründung des Rechts, in der Ermöglichung von Privatheit und intimer Sozialisierung für alle, kurz: in der Beschaffung von unterstellbarem Konsens für strukturelle Labilität und Änderungsfähigkeit von Systemen.« (1970g, 40f.)

---

151 Eine wirkungsmächtige politische Theorie, die Luhmann befördert und von der er selbst beeinflußt ist, ist der »fortschrittliche Neokonservatismus« Lübbes. Dabei kann man das Verhältnis der Wirkungsweise beider Ansätze in der Weise begreifen, daß Lübbe gleichsam die Exoterik von Luhmanns Esoterik darstellt, indem er das, was bei Luhmann zumeist auf der Ebene generalisierter Konzepte und Orientierungen formuliert wird, auf die Ebene operationalisierender Begriffe und Politikvorschläge bringt; vgl. dazu Kleger 1990.

Die Perspektiven und Instanzen gegenwärtiger und zukünftiger Gesellschaftsreproduktion werden nicht im verpflichtenden Rekurs auf ihre traditionellen Institutionen, Normen und Werte gewonnen, sondern in einer gesellschaftlichen Evolutionsweise projektiert, die der Dominanz der funktional differenzierten Subsysteme bzw. ihren Kommunikationsmedien absolute Priorität einräumt, einzelne institutionelle Einrichtungen oder Werte aber diesen unterordnet, sie nach ihrer Funktionalität oder Kompatibilität mit dieser Ordnung beurteilt und entsprechend behandelt. Gegen mögliche Mißverständnisse ist festzuhalten, daß Luhmann, trotz der Orientierung auf die Konfliktfähigkeit der modernen Gesellschaft, Konfliktpotentiale von ihr fernzuhalten versucht und harsch bekämpft, wenn diese, wie im Falle des zivilen Ungehorsams, ihre eigenen Äußerungsformen und Bestimmungsrechte beanspruchen und mehr oder weniger stark an die grundlegenden Kompetenzverhältnisse und institutionellen Regelungsformen rühren - auch wenn von den einzelnen zivilen Widerständen nicht zu erwarten ist, daß sie »die Systemfrage« oder »die Machtfrage« stellen.[152]

Fragen der gesellschaftlichen Kompetenzverteilung und Gestaltungsmacht von Zukunft werden nicht zur Debatte oder Disposition gestellt. Selbst für die soziologische Analyse und Projektierung der Zukunft der modernen Gesellschaft wird in entscheidendem Maße »eine beabsichtigte Distanz zu Perspektiven des Wissens und Wollens« (1992e, 129) unterlegt. Kein in die Gegenwart zur Aufklärung der Zukunft eingreifendes und auf ihre praktische Verbesserung hin orientiertes Denken wird als positiv oder gar möglich angesehen. Zurückgewiesen wird die Erörterung der Zukunft unter den Gesichtspunkten der »Prognose« und des »Bewirkens von Wirkungen« bzw. die dabei anfallende Bearbeitung der Probleme »der wahren Kenntnis von Gesetzmäßigkeiten« und »der Mittel und Kosten« (ebd.). Allein auf einer theoretisch verallgemeinerten und der Praxis enthobenen Ebene werden sie zugelassen und berücksichtigt.

Kernpunkt in Luhmanns projektierender Beschreibung der Zukunft ist die Diagnose, daß »wie nie zuvor [...] in unserer Zeit die Kontinuität von Vergangenheit und Zukunft gebrochen« (ebd., 136) ist. Demnach können wir »nur sicher sein, daß wir nicht sicher sein können, ob irgendetwas von dem, was wir als vergangen erinnern, in der Zukunft so bleiben wird, wie es war. Aber das ist nicht alles. Wir wissen außerdem, daß viel von dem, was in künftigen Gegenwarten der Fall sein wird, von Entscheidungen abhängt, die wir jetzt zu treffen haben. Und beides hängt offenbar zusammen: die Entscheidungsabhängigkeit künftiger Zustände und der Bruch der Seinskontinuität von Vergangenheit und Zukunft.« (Ebd.) Diese Konstellation erfordert Flexibilität in sachlicher, sozialer und zeitlicher Hinsicht, was von Luhmann artikuliert wird als Verlust jeglicher

---

152 »Wenn politische Macht in der modernen Gesellschaft rechtlich codierte Macht sein muß und sich mit eben dieser Codierung selbst limitiert, kann eine solche Ordnung nicht punktuell, kann sie vor allem nicht durch Provokation der Zentralmacht aus den Angeln gehoben werden.« (1987i, 167f.)

teleologischer Zukunftsperspektive, als Verlust der Autorität von auf Wissen oder Macht aufbauenden Positionen, ja von Wissen und Macht selbst, sowie als Verlust zeitlich beständiger Orientierungsgrundlagen. Allerdings kontrastiert die Feststellung eines Kontinuitätsbruchs zwischen Vergangenheit und Zukunft auf eigentümliche Weise mit der Behauptung der übergreifenden Kontinuität funktionaler Differenzierung. Diese beiden Vorstellungen sind, zuspitzend formuliert, grundverschieden und widersprüchlich, oder, harmonisierend interpretiert, lediglich spannungsvoll, als funktionale Differenzierung den festgelegten Rahmen und die fluktuierende Dynamik nicht diesen selbst betrifft, sondern lediglich in ihm stattfindet.

In der Folge arbeitet Luhmann in die dominanten, durch die »Autopoiesis funktionaler Differenzierung« grundierten Theorie- und Politikparadigmen der modernen Gesellschaft die vielschichtige Problematik von Risiken, in der sich die genannten gegenläufigen Tendenzen bündeln, und die Perspektive einer neuartigen Verständigungspolitik ein. Erstere stellt, vor dem Hintergrund universalisierter Unsicherheit, den Grundzusammenhang her zwischen Entscheidungsoptionen in der Gegenwart und wahrscheinlichen Zukünften, und bei letzterer wird angesichts der grundlegenden Unsicherheiten die Notwendigkeit abgeleitet, jenseits gemeinsamer Überzeugungen und gesicherter Handlungsweisen Verständigungen und neue Orientierungen anzupeilen. Dadurch erhalten die Abklärungs- und Abwehrtendenzen von Luhmanns soziologischer Aufklärung eine zumindest teilweise weiterführende Kontrastierung (vgl. Kap. 5, 6.5, 6.6).

4.3.2   Zur Desartikulation der »Lebenswelt« als privilegierte Instanz der Kritik

Luhmanns distinkte Leitunterscheidung ist die von System und Umwelt, nicht von System und Lebenswelt. Letztere - in der gegenwärtigen Debatte vor allem mit Habermas assoziiert - dient dazu, einerseits insbesondere den Funktionssystemen Wirtschaft und Politik eine durch ihre Mediencodes dirigierte und von gesellschaftlichen Bestrebungen ihrer Durchbrechung unbehelligte Existenzform zuzuerkennen, andererseits in den Lebenswelten einen residualen Raum zu behaupten, der von systemischen Imperativen frei zu halten und so zum Ort gesellschaftlicher Verständigung wie subjektiver Sinnbestimmung werden kann - insbesondere im Medium eines anzustrebenden vernünftigen, d. h. dem Maßstab verallgemeinerbarer Begründungen von Gründen gerecht werdenden, Diskurses.

Ist im letzten Abschnitt deutlich geworden, daß Luhmann zumindest implizit, mit der Unterscheidung von Gesellschaft und Interaktion bzw. System- und Sozialintegration, über eine System/Lebenswelt-Unterscheidung verfügt, so fragt sich doch, inwiefern über die politische Ablehnung der von Habermas zurückhaltend formulierten, mit dem Begriff der Lebenswelt verknüpften Reformperspektive hinaus die gesellschaftliche Abtrennung und Irrelevanz der den Individuen zugänglichen Lebensbereiche begründet wird, und ob Luhmann überhaupt über einen theoretisch begründeten Begriff der Lebenswelt verfügt. Der Einsatz in der Kontroverse mit dem großen soziologischen und sozialphilosophischen Antipoden Luhmanns in Deutschland sind insbesondere die Existenzberechtigung bzw. die Positionierung und Ausgestaltung eines Raumes, der nicht der Logik der gesellschaftlich dominanten Funktionsmedien gehorcht, ihr Widerstand bietet und in der Folge gegenläufige Tendenzen und Projekte zu entfalten vermag - als Ressourcen, Kristallisationsmomente und Mechanismen neuer Sinn- und Zweckbestimmungen.[153]

Nach Habermas versorgt die Lebenswelt »mit unproblematischen, gemeinsam als garantiert unterstellten *Hintergrundsüberzeugungen*« (Habermas 1981, 191). Wenn in der Theorie, so Luhmann, nicht die Annahme von als garantiert unterstellten Gemeinsamkeiten problematisiert wird, »kann die Lebenswelt für ihn so etwas wie eine unerschöpfliche Ressource der Konsensbildung sein.« (1986c, 175) Meines Erachtens zu Recht wendet Luhmann dagegen ein, man könnte auch genau umgekehrt von der Lebenswelt »annehmen, daß es sich um eine nichtgemeinsame Quelle endloser Dissense handele, die bei jedem Aufgreifen eines Themas zur Bifurkation von Konsens und Dissens führt. Aus dem Weltbegriff läßt sich ohne metaphysische Interpretation keine Präferenz für Positivität herleiten. Und erst recht ist nicht zu sehen, wieso diese Lebenswelt die Kolonisierung durch Systeme abwehren, die Kolonisierung durch Begründungsdiskurse dagegen hinnehmen müsse.« (Ebd.) Was für Habermas quasi selbstverständlicher Ausgangspunkt ist, ist für Luhmann zu erklärendes Problem. Lebenswelten, wie erst recht die Welt, entbehren eines festen, in Vertrautheit, individueller wie intersubjektiver Gewißheit gründenden Bodens; entsprechend ermangeln die von ihr aus entworfenen Perspektiven und Horizonte auch einer vorweg gegebenen Konsensualität.[154]

Luhmanns theoretisches Argument dafür lautet, daß jeder Sinn polykontextural, »die Welt folglich in polykontexturaler Komplexität gegeben ist.« (1986c, 180)[155] Damit gibt es keine Zentralität vertrauten oder konsensuellen Sinns und nicht dessen Primat gegenüber Ungewißheiten oder Dissens.

---

153 Für die Rekonstruktion der langanhaltenden Debatte zwischen Habermas und Luhmann vgl. Kleger 1989.

154 Folgender an Habermas gerichteter Vorwurf fällt allerdings teilweise auf Luhmann zurück: »Von der Position aus, die Habermas einnimmt, wird es schwer fallen, für klärende Konflikte, Revolutionen oder auch für das Mehrheitsprinzip Verständnis aufzubringen. Die aufkommenden Tendenzen, Mehrheitsentscheidungen nicht mehr zu akzeptieren und statt dessen auf stabilem Dissens, wenn nicht auf Konflikt zu bestehen, lassen sich in der Perspektive dieser Theorie nicht adäquat behandeln« (1982a, 377, Fn. 45).

155 »Die Welt ist damit in jeder sinnhaften Aktualität mitgegeben; aber dies nur als Horizont, dem man sich nur durch Wahl eines Kontextes für spezifische Operationen nähern kann und der, wenn man dies tut, zurückweicht. Es ist deshalb nicht möglich, kontextierende Prädikate wie Vertrautheit, Gewißheit oder Konsens auf die Welt anzuwenden, und also auch nicht auf die Lebenswelt als Welt.« (Ebd.)

»Für die Welt ist [...] jede Aktualität Zentrum - auch die unvertraute, unsichere, neue, dissentierte. Gerade die Sicherheit des steten Mitführens von Welt bei allem Prozessieren von Sinn schließt Unsicherheit ein, nicht aus. Es muß also erst noch geklärt werden, wie es überhaupt zur Konstitution von Vertrautheit und Verläßlichkeit kommt; und erst dann könnte man ausmachen, ob und in welchem besonderen Sinne die Verweisungshorizonte des vertrauten Sinnes eine ›Lebenswelt‹ konstituieren.« (Ebd.)

An die Stelle einer Konsensorientierung setzt Luhmann die Orientierung an der Differenz von Konsens und Dissens. Dadurch wird die dargestellte theoretische Bestimmung des Begriffs der Lebenswelt, wie auch die der Lebenswelt zugeschriebenen realen Eigenschaften, hinfällig - und entsprechend auch die mit dem Begriff der Lebenswelt verknüpften phänomenologischen Begriffe Boden und Horizont. Sich gegen ihre kurzschlüssige, kongruentsetzende Artikulation wendend, reartikuliert Luhmann nun diese beiden Metaphern im Hinblick auf »eine Analyse der Unterscheidung von Vertrautem und Unvertrautem.« (Ebd.) Dabei »repräsentiert die Metapher Boden das Immer-schon-gegeben-Sein des Vertrauten, die Metapher Horizont dagegen das Immer-mitgegeben-Sein des Unvertrauten.« (Ebd.)

Luhmanns eigener Begriff der Lebenswelt ist denkbar einfach. Er formuliert eine »Theorie der Genese von Lebenswelt aus der bloßen Zwangsläufigkeit des Unterscheidens heraus« (ebd., 182), indem er auf Spencer Browns Konzepte distinction und indication, un-/marked space und insbesondere form of condensation bzw. form of cancellation rekurriert. Wenn Bezeichnungen wiederholt werden, wenn »von Wiederholung zu Wiederholung immer nur dieselbe Bezeichnung« verwandt wird, verändert sich in diesem Prozeß doch unweigerlich der Sinn: Denn »in der Welt läßt sich nichts zweimal bezeichnen, ohne seinen Sinn zu verändern.« (Ebd., 181) Neben einem »sinnhaften Mehrwert« resultiert aus der Wiederholung auch »*Vertrautheit*. Bei wiederholter Bezeichnung wird das Bezeichnete vertraut, und zugleich gewinnt die Unterscheidung, von der man ausgegangen war, die Zusatzqualität von *vertraut/unvertraut*.« (Ebd.) Vertrautheit wird Effekt selbstreferentieller Rekursivität und deren Selbstverstärkung. Hat sich durch Wiederholung eine »Unterscheidung als vertraut/unvertraut etabliert«, kann man »in dem Maße, als das Vertraute angereichert ist, [...] sich auch auf Unvertrautes einlassen«, so daß das »Überwechseln« innerhalb der Unterscheidung die »Unterscheidung, die das Vertraute vertraut sein läßt, laufend reaktiviert und dem Vertrauten damit Differenzqualitäten zuführt.« (Ebd., 182) Somit bezeichnet Luhmann mit Lebenswelt »den Verweisungszusammenhang aller vertrauten Sinnkondensate« oder »die Welt, wenn sie kontextspezifisch durch die Unterscheidung vertraut/unvertraut repräsentiert wird« (ebd.).[156]

---

156 Das vorgeführte Begriffsspiel reicht bereits, um damit die Begriffe Mythos, Symbol, Ritual und Tabu zu formulieren. So präsentieren beispielsweise Symbole »die Einheit

Luhmanns formale Bestimmung der »Lebenswelt« entkoppelt diese von inhaltlichen Festlegungen und normativen Ansprüchen; die Bestimmung, daß »Lebenswelt sich zwangsläufig herstellt« (ebd., 183), bindet sie nicht an inhärente, essentielle Zwecke und Ziele. Lebenswelt ist schlicht ein spezifischer Ausschnitt der Welt - nicht mehr, aber auch nicht weniger. Sie ist »Welt nur insofern, als das Vertraute nur in Horizonten erfahren werden kann, die letztlich Unvertrautes einbeziehen«; sie ist ein spezifischer Weltausschnitt, da im Unterschied zur »Welt schlechthin, deren Horizonte weder erreichbar noch, wie Grenzen, überschreitbar sind«, sich die Lebenswelt in der Welt etabliert als »eine Differenz von vertraut/unvertraut, die ein Überschreiten der Grenze ermöglicht.« (Ebd.) Dabei kann natürlich »die Grenze zum Unvertrauten wie ein Welthorizont wirken, wenn die Lebenswelt, in der Vertrautes auf Vertrautes verweist, als Normalwelt genügt.« (Ebd.) In dem Falle ist der Horizont der Lebenswelt abgeschlossen, soll nicht in der Perspektive seiner Erweiterung durchbrochen werden; so genügt er als Welthorizont, wodurch die Welt als Welt belassen wird, wie sie ist - unsichtbar, unerschlossen, unangetastet.

Da es in der Welt aber immer auch möglich ist, »ins Unvertraute überzuwechseln, ohne ins weltlose Nichts zu fallen«, kann man etwa »vertraute Unterscheidungen ins Unvertraute projizieren mit der Modifikation, daß man nicht sicher ist, ob sie auch hier funktionieren oder nicht« (ebd.), oder mit neuen Unterscheidungen auf bestimmte Probleme hin gedanklich experimentieren. In dem Falle kann die Lebenswelt ein Boden sein, der genug Sicherheit bietet, um von ihm aus unvertraute Perspektiven zu entfalten, Horizontgrenzen zu überschreiten und neue Weltdimensionen zu erschließen; dabei genügt die Lebenswelt als Welt nicht sich selbst, sie wird verändert und mit ihr bzw. von ihr aus auch die Welt. Nun vermag die Lebenswelt als Laboratorium der Selbst- und Fremdverunsicherung, des Experimentierens mit anderen Welt- und Selbstentwürfen zu fungieren.

Wenn man Luhmanns Begriff der Lebenswelt in der Weise expliziert, textnah interpretiert - was er selber so nicht tut -, liegt einerseits die Frage nahe, wieso er nicht theoretisch prominenter plaziert wird - was nicht heißen würde, ihn mit normativen Implikationen oder Ansprüchen aufzuladen -, und andererseits die Vermutung, dies könne an der mit ihm theoretisch wie praktisch möglichen Kritik an der gesellschaftlichen Verselbständigung der gesellschaftlichen Funktionssysteme bzw. der gesellschaftlichen Entmächtigung der Gesellschaftsmitglieder und ihren Assoziationen liegen. In der Folge wird der apodiktische und politische Charakter der theoretischen Operation deutlich, die Lebensweltdimension der Welt der gesellschaftlichen Funktionssysteme ontologisch entgegenzusetzen oder den Begriff der Lebenswelt als normativ gegen die Gesellschaft

---

der Differenz von Vertrautem und Unvertrautem im Vertrauten«, wobei der »Gegenbegriff zum Symbolischen [...] nicht etwa die (bezeichnete) Realität, sondern das Diabolische [ist]: der Verlust der Einheit der Differenz und das beliebige Durchmischen von Vertrautem mit Unvertrautem.« (Ebd., 184)

gerichtet zu unterstellen und deshalb aus dem Begriff der Gesellschaft auszuschließen. In solcher Begriffsverwendung liegt eine ernsthaftere Schwäche der Luhmannschen Theorisierung der modernen Gesellschaft.

Eine Stärke von Luhmanns Begriffsbestimmung liegt hingegen darin, die Bedeutung der Lebenswelt zu selbstverständlichen, sie als Nahbereich nicht von vornherein auf- bzw. die Fernbereiche abzuwerten oder als Bereiche des Konkreten bzw. des Abstrakten zu verklären. »Die Lebenswelt kann nicht verschwinden, die ›form of condensation‹ stellt sie immer wieder her. Jede in Gebrauch genommene, zur Bezeichnung verwendete, die Bezeichnung wiederholende Unterscheidung erneuert sie. Jede Unterscheidung, auch die abstrakteste (!).« (Ebd., 187f.) Die Erlebnisqualität von Lebenswelt ist zumindest, oder insbesondere, in einer systemisch hochorganisierten Welt notwendigerweise ambivalent: Die Welt der Funktionssysteme und Organisationen muß bei aller Involviertheit unvertraut bzw. unbekannt bleiben, stellt also mehr Welt denn Lebenswelt dar, zugleich kristalliert und absorbiert sie immer wieder Lebenswelt, als ja an allen Unterscheidungen und damit in allen Systemzusammenhängen Lebenswelten kondensieren.

So ist es konsequent und richtig, der Vorgehensweise, »vom Vertrauten ausgehend das Unvertraute zu kritisieren« (ebd., 188), den Sinn abzusprechen. In der Tat ist »die Zuordnung von Kritik zu einer Seite einer Unterscheidung, auf deren anderer Seite wir die Lebenswelt finden« (ebd.), kurzschlüssig. »Die Unterscheidung vertraut/kritisierbar spannt allzu Heterogenes in eine Opposition, und sie postuliert auch eine falsche wechselseitige Exklusivität.« (Ebd.) Auch ist kein Lebensweltbereich »unkritisierbar, so wenig wie Kritik lebensweltlos operieren könnte.« (Ebd.) Allerdings muß man hier einwenden, daß diese Kritik Luhmanns, so berechtigt sie generell ist, gegenüber Habermas insofern zu kurz greift, als dieser Spezifik wie normativen Wert der Lebenswelt in den Aspekten der Begründung und Anerkennung intersubjektiver Geltungsansprüche sieht.

Gleichwohl ist die innere Abtrennung vom gesellschaftlichen Funktionszusammenhang eine Schwäche von Luhmanns Lebensweltbegriff. Denn der Lebenswelt genannte Bereich ist eine wichtige Vergesellschaftungsdimension - zentral sowohl hinsichtlich gesellschaftlicher Integration und Kohäsion als auch bei der Individuation und Enkulturation der einzelnen. Dabei sind die lebensweltlichen Charakteristika als durch die umfassenderen Gesellschaftsstrukturen mit determiniert zu denken. Von der Beschaffenheit der Lebenswelt hängt zu einem guten Teil die Lebensqualität ab, von ihrer Umwelt, worin Möglichkeiten ihrer Verbesserung liegen, und von beider Verhältnis, inwiefern sich diese realisieren lassen. Einen strategischen Knotenpunkt im Verhältnis von Lebenswelt und Gesellschaft stellen Gemeinschaftsformen dar - seien sie nun real oder imaginär, entwickelt oder residual; denn anhand ihrer Analyse und Bewertung lassen sich Kriterien und Aspekte der Kritik von Lebenswelt und Gesellschaft, Perspektiven und Ansatzpunkte ihrer kognitiven und kommunikativen Reorientierung sowie praktischen Veränderung gewinnen.

Ist Luhmann einerseits zuzustimmen, daß der Analyse vorgegebene bzw. sich ihr entziehende Standpunkte und Perspektiven der Kritik abzulehnen sind, so muß ihm andererseits entgegengehalten werden, daß es nicht nur legitim, sondern auch notwendig ist, überhaupt Standpunkte und Perspektiven der Kritik zu entwickeln sowie analytisch und gesellschaftlich zu verorten. Dabei kann natürlich nicht ausgeschlossen werden, daß die Lebenswelt und ihr Verhältnis zur Gesellschaft legitime, begründbare Standpunkte der Kritik markieren und sinnvolle Perspektiven abgeben. Das soll aber keineswegs heißen, daß die Lebenswelt nicht selbst der Kritik, möglicherweise von Standpunkten außerhalb ihrer, zu unterziehen ist. Auch trotz des Wohlklangs, den das Wort Lebenswelt ausstrahlt, gibt es Lebenswelt, wie Gesellschaft auch, nur in spezifischen Formen, mit besonderen inneren und äußeren Strukturen, Merkmalen etc.; und allein davon, und nicht von der schlichten Vertrautheit oder Unvertrautheit, hat deren jeweilige Beurteilung abzuhängen.

Überraschend groß ist bei Luhmann der Stellenwert seiner Polemik gegen Angstkommunikation (vgl. 5.2.1.2). Die Verbindung zwischen Angst- und Lebensweltthematik liegt darin, daß durch die Temporalstruktur der Entwicklung der modernen Gesellschaft die Lebenswelten unter Druck geraten, was sich bei den davon Betroffenen mitunter als Angst äußert. Eine in Form der Beschleunigung erlebte Gegenwart und bedrohliche Vorfälle in ihr rücken nicht nur die Grenze des Unvertrauten immer näher von der Zukunft an die Gegenwart heran bzw. treiben sie tiefer in sie hinein, sondern bewirken auch eine Besorgnis um die Zukunft und entziehen zudem der Gegenwart feste Grundlagen der Sicherheit.[157] Mindestbedingung gesellschaftlicher Reproduktion ist auch dann, daß die ausdifferenzierten Funktionssysteme »im Sinne alltäglich-selbstverständlicher Kontakte«, als »*Differenz* von Lebenswelt und Technik [...] immer noch funktioniert« (1987d, 56).

4.3.3   *Finale Paradoxie der modernen Gesellschaft als historisches Schicksal*

Luhmann spricht »der sogenannten Frankfurter Schule oder auch der auf sie folgenden Theorie des kommunikativen Handelns von Jürgen Habermas« schlicht ab, »daß sie überhaupt den philosophischen Diskurs der Moderne vertreten.« (1990g, 233) Diese Aussage erfolgt von einem für sich selbst reklamierten Standpunkt der »Moderne«, nicht der »Postmoderne«. In Luhmanns Diagnose befindet sich die moderne Gesellschaft, die insgesamt noch gar nicht richtig begriffen sei, im Stadium ihrer vollen Entfaltung, nicht ihres epochalen Umbruchs oder gar Endes; sie ist irreversibel geworden. Die moderne Gesellschaft besitzt demnach ihre Kontinuitäten in der Dimension sozialstruktureller und institutioneller Entwicklungen - weshalb sie auch nach wie vor als modern zu bezeichnen ist - und Diskontinuitäten in der Dimension ihrer Selbstbeschrei-

---

157 Vgl. als Beispiel einer prominenten Thematisierung Lübbe 1992.

bungen und Semantiken. »Die Kontinuität auf der Ebene sozialstruktureller Entwicklungen [...] ist unübersehbar; nur die Ausnutzung der darin liegenden Chancen und die Wahrnehmung ihrer Folgeprobleme verstärken sich. Nur in der Beschreibung dieser Phänomene und der darin liegenden Ambitionen und Risiken kann es Diskontinuitäten geben. Bei kontinuierender sozialstruktureller Evolution also eine Diskontinuität, eine gleichsam schreckhafte Diskontinuität der Semantik.« (1992b, 17f.)

Dabei verbucht Luhmann als Verdienst der »Postmoderne«, daß sie »bekannt gemacht [hat], daß die moderne Gesellschaft das Vertrauen in die Richtigkeit ihrer eigenen Selbstbeschreibungen verloren hat.« (1992a, 7) Obsolet gewordene Charakterisierungen der Moderne, die »aus dem Repertoire gesellschaftlicher Selbstbeschreibungen« stammen, sind insbesondere »die Assoziation des Begriffs der Moderne mit der Vorstellungswelt der Vernunftaufklärung« sowie »die Bedeutung, die sie dem sich selbst bestimmenden Individuum« (1992b, 12) zuweist. Wenn nun heute in beiden Hinsichten »lange Enttäuschungslisten« geführt werden mit der Folge, daß »entsprechend leichtfüssig [...] die Beschreibung von modern auf postmodern umgestellt« (ebd., 13) wird, ist dies kein rein akademisch spitzfindiger oder belanglos modischer Streit, da mit der Bezeichnung des Gegenwärtigen die Beziehung zur Vergangenheit markiert und die Perspektivierung des Zukünftigen - das Zukunftsbild einer Gesellschaft - projiziert wird.[158] »Während die, sagen wir: klassische, Moderne die Erfüllung ihrer Erwartungen in die Zukunft auslagerte und damit alle Probleme der Selbstbeobachtung und Selbstbeschreibung der Gesellschaft sich durch das ›noch nicht‹ der Zukunft abnehmen ließ, ist ein Diskurs der Postmoderne ein Diskurs ohne Zukunft.« (Ebd.) In einer Situation allerdings, wo in historisch einmaligem Maße von der Gesellschaft hervorgebrachte Effekte auf diese zurückwirken, sie also mit sich selbst konfrontiert wird, kommt diese Konstruktion in die Krise, das, was Zukunft sein wird, wird entselbstverständlicht, muß theoretisch wie praktisch neu relationiert und realisiert werden. Dabei sind Bezeichnungen mit Bewertungen, Disponierungen des Denkens mit solchen des Handelns, Erwartens und Fühlens, Gegenwart mit gegenwärtiger Zukunft und zukünftiger Gegenwart verknüpft.

Die »Unterscheidung von affirmativ und kritisch, die in Frankfurt so beliebt ist«, attackiert Luhmann dahingehend, »den Anschluß an das [zu verfehlen], was sich der Beobachtung bietet«, er wirft ihr vor, »ein spezifischer Fall von Blindheit« (1990g, 233) zu sein. Dies begründet er mit dem Ausschluß der Möglichkeit, »daß das, was als Gesellschaft sich realisiert hat, zu *schlimmsten Befürchtungen* Anlaß gibt, *aber nicht abgelehnt werden kann.*« (Ebd.)

Allerdings ist gerade auch Luhmanns Aussage mit spezifischer Blindheit geschlagen: Wenn selbst Ursachen schlimmster Befürchtungen nicht abgelehnt

---

158 Zum spannungsvollen Verhältnis zwischen den beiden einflußreichen Diskursen zum Ende des Subjekts, der Geschichte und der Metaphysik - dem postmodernen und dem feministischen - vgl. Benhabib 1993.

werden können, heißt das nicht nur, daß sie nicht praktisch ausgeräumt werden können, sondern auch, daß erst gar nicht versucht werden soll, sie zu beseitigen. So wird praktisch die Ohnmacht im Hinblick auf die »gravierenden ökologischen Probleme, die Kurzfristigkeit der in der Wirtschaft und der Politik tragfähigen Perspektiven und vieles andere« (ebd.) mehr zementiert. Theoretisch wird versucht, dies in die Behauptung eines besonders scharfen Sehens der evolutionären Unwahrscheinlichkeit der modernen alias funktional differenzierten Gesellschaft und ihrer tragenden Strukturen - »die ins Extrem getriebene Autonomie und wechselseitige Abhängigkeit der Funktionssysteme« (ebd.) - zu wenden (vgl. 4.1.2., 5.1, 5.2.1, 6.5).

»Jedenfalls können die negativen Aspekte der Moderne, die in der bürgerlichen Bewegung seit Anfang mitbeobachtet worden sind, heute weder als vorübergehende Erscheinung, noch als notwendiger Kostenfaktor des zivilisatorischen Fortschritts gebucht werden. Erst heute findet die Gesellschaft sich mit den Folgen ihrer Strukturwahl voll konfrontiert. Das gilt insbesondere für die ökologischen Probleme, die sich aus ihrer eigenen Rationalität ergeben haben. Daher liegt es nahe, die Selbstbeobachtung und Selbstbeschreibung zu radikalisieren bis hin zu dem Punkt, an dem evident wird, daß dies auf eine Paradoxie hinausläuft, nämlich auf die Einsicht, daß man will, was man nicht will.« (1987m, 172)

Diese Paradoxie fungiert als *finale Paradoxie*, wenn sie nicht in der Perspektive ihrer theoretischen und politischen Überwindung artikuliert wird. Durch Luhmanns Art der zuspitzenden Zusammenfassung von Sachverhalten in einer Paradoxie werden sie in ein Verhältnis der Unauflösbarkeit gebracht. Statt in der Form der Paradoxie, wie Luhmann es tut, können aber die Beziehungen zwischen den gesellschaftlichen Grundstrukturen, den zweckorientierten Tätigkeiten in ihnen und ihren vielfältigen Folgen einerseits auch als Verhältnis primärer Effizienz und Rationalität angeordnet werden, was heißt, daß kaum Veränderungsbedarf besteht; oder andererseits auch als wachsende Destruktivität und Irreversibilität, wo dann Veränderungsnotwendigkeiten in Denkmöglichkeiten zu überführen und als Handlungsmöglichkeiten praktisch zu realisieren sind.

Die Paradoxie der modernen Gesellschaft ist eine final abschließende, wenn sie sowohl konsequentes Ergebnis ihrer historischen Entwicklung ist als auch ein nicht überschreitbares Ende der Geschichte markiert. In die Handlungsdimension übersetzt, bedeutet das zum einen, daß die Negativität willentlich hervorgebracht und aufrechterhalten wird, und zum anderen, daß sie ein unentrinnbares und unaufhebbares Schicksal darstellt. Diese Konstellation beider Seiten der Paradoxie disponiert die Wahrnehmungen der Eigenheiten und Aussichten der modernen Gesellschaft als gespaltene, die Haltungen als solche des ambivalenten Hinnehmens und die Handlungsmöglichkeiten als wesentlich ohnmächtige.

Akzentuiert man hingegen nur eine Seite der Paradoxie - den systematischen Zusammenhang der willentlichen Produktion von Effekten, die man eigentlich gar nicht will -, ohne darüber hinaus diese Dialektik zugleich zum historisch unabänderlichen Schicksal zu erklären, eröffnen sich neue Kritikperspektiven gegenüber den dominanten gesellschaftlichen Funktionszusammenhängen sowie alternative Optionen der Zukunftsgestaltung. »Sucht man nach Positionen, von denen aus die moderne Gesellschaft sich in diesem Sinne selbst beobachten könnte, so gerät man in den Einzugsbereich sozialer Bewegungen.« (Ebd.) Die Entfaltung der Einsicht in die Paradoxie, daß der herrschenden Funktionslogik der modernen Gesellschaft folgend »man will, was man nicht will«, in der Perspektive eingreifenden Denkens bzw. deren Artikulation innerhalb eines Projekts gesellschaftlicher Veränderung, versucht Luhmann durch die Behauptung abzuwehren, »daß diese Bewegungen in der Gesellschaft gegen die Gesellschaft zu operieren versuchen, so als ob sie von außen kämen.« (Ebd.)

Diese paradoxe Formulierung eines *außerhalb* der Gesellschaft liegenden Standpunkts *in* der Gesellschaft organisiert Positionen illegitimer und legitimer Äußerungen. Insofern Luhmann die neuen sozialen Bewegungen als »thematisch breiter« und deshalb »auch heterogen motiviert«, »zugleich radikal und nicht-radikal eingestellt«, dabei oft »widerspruchsvoll orientiert« und »in sich gespalten« (ebd., 173) sieht, sind sie in seiner Sicht der modernen Gesellschaft sowohl mit dieser kompatibel als auch unvereinbar - je nach konkreter Position entweder das eine oder das andere. Die Frage der Legitimität oder Illegitimität sozialer Bewegungen, ihrer Kompatibilität oder Inkompatibilität mit der Grundverfaßtheit der modernen Gesellschaft, wird danach entschieden, ob ihnen radikale Sichtweisen und Veränderungsabsichten zugeschrieben werden können. »Im Keime enthalten diese Bewegungen die Möglichkeit zu einer radikalen Kritik der Gesellschaft, die weit über das hinausgeht, was Marx hatte sehen und wagen können. Sie befassen sich auf breiter Front mit einer Vielzahl von Folgen der Ausdifferenzierung von Funktionssystemen, und wenn ihnen eine radikale Intention zugeschrieben werden darf, dann die Kritik funktionaler Differenzierung.« (Ebd.)

Entscheidend und zu unterscheiden ist nun folgendes: Das Kriterium der Unterscheidung zwischen legitimer und illegitimer Kritik ist *politisch*.[159] Das wird *theoretisch* damit zu begründen versucht, daß man mit einer grundsätzlich ansetzenden Kritik der Grundstrukturen und -prinzipien einer Gesellschaft »an die Grenzen der Alternativität« (ebd.) gerate. »Eine Gesellschaft kann eine Änderung ihres Prinzips der Stabilität, und das heißt: ihrer Form der Differenzierung, ihrer Form, Systemgrenzen zu ziehen, nur als Katastrophe vorstellen.« (Ebd.)[160]

---

159 Was sich exemplarisch in seiner Auseinandersetzung mit dem zivilen Ungehorsam zeigt; vgl. 1987i, zur Einordnung in die Diskussion Kleger 1993, zur Kritik auch Frankenberg 1989.

160 Anzumerken ist, daß Luhmann hier Gesellschaft gleich einem Subjekt behandelt, wo er doch sonst darauf besteht, daß sie nur als Effekt des Operierens ihrer voneinander geschiedenen Subsysteme gedacht werden kann und als gesellschaftliche Einheit weder Identität noch Begriff von sich selber besitzt. So wie die Artikulation der modernen Gesellschaft als funktional differenzierte die des soziologischen Beobach-

Möglichkeitsbedingung dieses theoretischen Arguments und politischen Entscheidungskriteriums ist eine fehlende Unterscheidung - nämlich die Möglichkeit, zwischen Gesellschaft als übergreifendem Sozialzusammenhang als solchem und spezifischen gesellschaftlichen Formen und Strukturprinzipien, in und mit denen er sich jeweils realisiert, unterscheiden zu können. Denn im einen Fall geht es lediglich darum, daß bestimmte Funktionen gesellschaftlicher und ökologischer Reproduktion überhaupt erfüllt werden, und im anderen Fall auch noch darum, daß sie in besonderen Formen und gemäß spezifischen Funktionsprinzipien realisiert werden.

Als zusätzliche Dimension der Kritik an der Kritik funktionaler Differenzierung bietet Luhmann die Moral auf. »Die Kritik funktionaler Differenzierung ist [...] eine moralische Kritik, die nicht ausmachen und nicht angeben kann, was statt dessen evoluieren könnte.« (Ebd.) Tritt Kritik moralisch auf, entzieht sich ihr ein gesellschaftsstrukturell verankerter Standpunkt und damit gesichertes Terrain, sie wird bodenlos und illegitim, so der Vorwurf Luhmanns. Doch im Gegenzug fällt diese Argumentationsweise gleich mehrfach auf ihn zurück: Er selbst unterscheidet sein Konzept funktionaler Differenzierung der Gesellschaft nicht von anderen möglichen Formen funktionsorientierter Differenzierung. In der Folge wird nur die Alternative der Existenz oder Nichtexistenz funktionaler Differenzierung - also binäre Codierung selbstreferentiell operierender Funktionssysteme als die einzige Form, das Prinzip funktionaler Differenzierung schlechthin - präsentiert. Es ist folglich eine die Gesellschaft selbst, ihre innere Konstitution betreffende Unterscheidung, die fehlt. Gerade das ermöglicht es Luhmann, Kritiken als von außerhalb der Gesellschaft kommend zu bezeichnen. Die *mangelnde Unterscheidungsfähigkeit* läßt Kritiken unterschiedslos als moralische diskriminieren. Im Gegenzug konstituiert seine der Identitätsfindung und -sicherung der modernen Gesellschaft verpflichtete Strategie »funktionale Differenzierung« gleichsam als moralische Instanz und setzt diese als Richtmacht über Legitimität und Illegitimität der Kritik und den Kritikern voraus.

Kritisiert Luhmann an der Gesellschaftsbeschreibung im Zeitschema »modern«, daß dabei »ihre Neuheit durch Abstempelung des Alten« markiert und »damit zugleich die Verlegenheit, nicht zu wissen, was eigentlich geschieht«, verdeckt wird, die »moderne« Gesellschaft »also sich selbst mit Hilfe eines Differenzverhältnisses zur Vergangenheit« (1992b, 14) identifiziert, so ist hinzuzufügen, daß Luhmann die Besonderheit der modernen Gesellschaft durch Abstempelung des »Anderen« bestimmt und damit zugleich die Notwendigkeit, bessere

---

ters Luhmann ist, so ist die Bestimmung dieses Strukturprinzips als Form der Einheit der modernen Gesellschaft bzw. als ihr Identitätsmuster eine der Theorie entspringende, für diese wie die Gesellschaft selbst imaginäre Repräsentation.
Und wieso soll denn eine Gesellschaft nicht - genau umgekehrt zu der im Zitat unterstellten einzigen Möglichkeit - die Änderung ihres Differenzierungs-, Grenzziehungs- und Stabilitätsprinzips statt als Katastrophe vielmehr als Rettungsmöglichkeit verstehen können?

Alternativen zu erschließen, verdeckt. Ignoriert Luhmann zwar keineswegs die Schattenseiten und die Katastrophenträchtigkeit der modernen Gesellschaft, so leistet er doch über deren Beschreibung hinaus nichts dafür, ihr eine andere Dialektik der Reproduktion und Zukunftsgewinnung zu erschließen. In der Folge geht es »nicht um Emanzipation zur Vernunft, sondern um Emanzipation von der Vernunft, und diese Emanzipation ist nicht anzustreben, sondern bereits passiert.« (Ebd., 42) Verwechselt werden so Vernunftmythos und Perspektive der Installierung gesellschaftlicher Vernunft überhaupt, beide miteinander werden verabschiedet. »Wenn man unter Postmoderne das Fehlen einer einheitlichen Weltbeschreibung, einer für alle verbindlichen Vernunft oder auch nur einer gemeinsam-richtigen Einstellung zur Welt und zur Gesellschaft versteht, dann ist genau dies das Resultat der strukturellen Bedingungen, denen die moderne Gesellschaft sich selbst ausliefert. Sie erträgt keinen Abschlußgedanken, sie erträgt deshalb auch keine Autorität. Sie kennt keine Positionen, von denen aus die Gesellschaft in der Gesellschaft für andere verbindlich beschrieben werden könnte.« (Ebd.) Gleichwohl versucht Luhmann, die Bezeichnung der modernen Gesellschaft als funktional differenzierte autoritativ durchzusetzen und für andere verbindlich festzuschreiben - wobei darüber hinaus mit dem die moderne Gesellschaft abschließenden Denken zugleich die Option Realität transformierender und Grenzen transzendierender Praxis ausgeschlossen werden soll.

Das desaströse Ende des staatsmonopolistischen Sozialismus steht dabei für den unmöglichen Anfang einer dem menschlichen Überleben und der Erhaltung der Naturgrundlagen dienlichen Gesellschaftsentwicklung. Denn jener habe »in einer Art kostspieligen Riesenexperiments gezeigt, daß es keinen Weg zurück zu menschlicheren Verhältnissen gibt.« (Ebd., 25) Luhmanns Theorie leistet einiges dafür, dessen Scheitern als eine Extremform der »organisierten Moderne« (Wagner 1994) zu erklären, als Beispiel für den unmöglichen Versuch, ein die Gesellschaft selbst repräsentierendes Steuerungszentrum in der Gesellschaft zu installieren. Dennoch wird damit die Frage nicht obsolet, ob es denn nicht andere, neu zu entwerfende Wege zu »menschlicheren Verhältnissen« geben kann.[161] Wenn Luhmann gerade diese Möglichkeit negiert, wird damit das Paradox verdeckt, daß er im Gegenzug die Zukunft der modernen Gesellschaft als in historisch einmaligem Maße offen beschreibt. Entfaltet oder vielmehr verschoben wird dies Paradox dadurch, daß die Offenheit und Kontingenz der Zukunft der modernen Gesellschaft durch »funktionale Differenzierung« geschlossen und auf sie als Rahmenkonstruktion fixiert wird. Wenn Luhmann fatalistisch fragt: »Was hilft dann die viele Kontingenz, wenn sie sich nicht organisieren, nicht benutzen läßt, um die Evolution der Gesellschaft auf andere Bahnen umzulenken?« (1992d, 95f.), ist gegen ihn nicht illusionär das freie Flottieren von Kontingenz zu postulieren,

---

161 »Luhmanns Gesellschaftskonzept ist inkonsequent, da es die entwicklungsgeschichtlich katastrophale Drift einer Gesellschaft, die ihre Teilprozesse nicht orientiert, deutlich vor Augen führt, aber alle Lösungsansätze, die die Ausgangsbedingungen dieser Gefahr antasten, verwirft.« (Engler 1991, 80)

sondern die eingeschränkte Bestimmung dieses Rahmens zu kritisieren, seine Festgelegtheit als das eigentliche Problem zu attackieren.

Statt dessen begegnet Luhmann dem geläufigen Eindruck, daß nicht nur »der Einzelne dem Gesellschaftssystem nahezu hilflos ausgeliefert ist«, sondern »vielleicht sogar: daß die Gesellschaft sich selbst hilflos ausgeliefert ist und sich unaufhaltsam nach eigener Logik zugrunderichten wird - wenn nicht ›kapitalistisch‹, dann jedenfalls ›ökologisch‹« (ebd., 95), an einer Stelle lapidar mit dem Abbruch der theoretischen Erörterung (vgl. ebd.), und an einer anderen mit der Forderung, einzusehen und zu akzeptieren, daß die »gesellschaftsstrukturell bedingten« Probleme »eine nichteliminierbare Ursache und dadurch ein anderes Format als jede denkbare Lösung« haben, wonach allein möglich und erlaubt sein soll, »sich *im System* Alternativen vorzustellen, mit denen die Folgelast des prinzipiell Bejahten umverteilt und ins Aushaltbare abgeschwächt werden kann.« (1987d, 61) Die Evidenz auch dieses Befunds wird durch fehlendes Unterscheidungsvermögen organisiert: Luhmanns Art der theoretischen Identifizierung der gesellschaftlichen Grundstrukturen legt die Aussage zwingend nahe, daß »die Auslöser der Probleme nicht beseitigt werden können« (ebd.), daß statt der Eliminierung von Ursachen oder der grundlegenden Umdirigierung von Wirkungen lediglich die Oberflächenprofile von Problemlagen gestaltet oder die Auftreffstrukturen ihrer Wirkungen verschoben bzw. kompensiert werden können. Diese Devise und Weisheit letzter Schluß entfaltet die Grundparadoxie von Luhmanns soziologischer Aufklärung, sehenden Auges blind und in der Tat untätig zu sein.

5. Anordnung ökologischer Reproduktion und gesellschaftlicher Kommunikation

Die Entwicklung der modernen Gesellschaft ist inzwischen in einen Bereich vorgestoßen, wo neben ihrer eigenen Zukunft auch die Überlebensfähigkeit der Menschheit auf dem Spiel steht. Entscheidend für Zukunfts- und Überlebensperspektiven ist die Gestaltung des Gesellschaft/Natur-Verhältnisses, welches bestimmt ist von der Art und Weise, wie - abhängig von gesellschaftlichen Bedingungen und Formen, Strukturen und Dynamiken, Techniken und Orientierungen - einerseits in Naturprozesse eingegriffen wird und wie Naturobjekte angeeignet werden, und wie andererseits ökologische Probleme gesellschaftlich wahrgenommen und behandelt werden. Sind die Ursachen und die Charakteristika ökologischer Probleme wie die Handlungsmöglichkeiten ihnen gegenüber nicht einfach evident, so ist ihre Bestimmung selbst ein strategisches und natürlich umkämpftes Moment dieses Zusammenhangs.

Die ökologischen Probleme verortet Luhmann »im Verhältnis des Gesellschaftssystems zu seiner Umwelt.« (1992f, 153) Dem ökologischen Wissen wirft er vor, nicht adäquat darauf bezogen zu sein. Er kritisiert, es werde zwar »mehr und mehr ökologisches Wissen« gesammelt, was aber gerade »zum Nichtwissen über die Beziehungen zwischen der Gesellschaft und ihrer ökologischen Umwelt« (ebd., 158) führe. Luhmanns Kritik vernachlässigt, daß ein wesentlicher Bestandteil des ökologischen Wissens - nicht nur der Definition, sondern auch den Tatsachen nach - gerade im Aufweis von Verursachungsmomenten ökologischer Probleme in der Gesellschaft selbst bzw. ihrer Organisation des Verhältnisses zur Natur besteht. Gleichwohl ist festzuhalten, daß damit ein Anspruchsniveau bei der Erklärung ökologischer Probleme vorgegeben wird, das auch von Luhmanns eigener Theorie einzuholen ist.

Luhmann weist strikt sowohl einen Ökologiebegriff zurück, der die natürliche Umwelt der Gesellschaft als System, als auch einen solchen, der beider Zusammenhang als System zu konzeptionalisieren versucht. Die Begründung für ersteres liegt im systemtheoretischen Umweltbegriff, der »Umwelt« gerade in Differenz, als Komplement zu »System« bestimmt, was vom Umstand nicht berührt wird, daß es Systeme in der Umwelt von Systemen gibt;[162] das Argument für letzteres lautet, daß »nicht jeder Zusammenhang [...] jedoch ein

---

162 Allerdings äußert sich Luhmann zuweilen im Widerspruch zu dieser Bestimmung der Differenz von System und Umwelt, wenn er die Möglichkeit, Umwelt selbst als System zu denken, in der Form einräumt, daß dies abhängig von Beobachtern bzw. deren konstruktiven Aktivitäten ist.

System« (1986, 21, Fn. 17) ist,[163] »in der ökologischen Fragestellung [...] die Einheit der Differenz von System und Umwelt zum Thema« wird, »nicht aber die Einheit eines umfassenden Systems.« (Ebd., 21) Gegen beide Begründungen kann man einwenden einerseits, daß die gegebene theoriekonstruktive Festlegung nicht zwingend ist, und andererseits, daß wenn zwar nicht jeder Zusammenhang ein systemischer ist, so aber die Einheit der Differenz von System und Umwelt doch auch einen übergreifenden Systemzusammenhang darstellen, zumindest unter bestimmten Aspekten als systemischer Zusammenhang untersucht werden kann.

Luhmanns Bestimmung der ökologischen Fragestellung läßt die Möglichkeit offen, unterschiedliche Formen der Einheit der Differenz von System und Umwelt ökologisch zu unterscheiden; und auch die Thematisierung umfassender Zusammenhänge zwischen Systemen und Umwelten ist mit der vorliegenden Begrifflichkeit nicht einfach ausgeschlossen. Für die Beurteilung von Luhmanns Theorie ist allerdings festzuhalten, daß diese Perspektiven nicht entfaltet sind, es also vor allem auf die jeweiligen Paradigmen und die Formulierungen im einzelnen ankommt.

»Ökologisch (im Unterschied zu schlicht systemtheoretisch) ist eine Problematik nur, wenn sie auf Einheit trotz Differenz oder gar auf Einheit durch Differenz abstellt, nämlich darauf, daß ein System/Umwelt-Zusammenhang gerade dadurch strukturiert ist, daß das System sich aus seiner Umwelt herausnimmt, sich gegen sie differenziert und auf dieser Basis ein hochselektives Verhalten zur Umwelt entwikkelt. Die ökologische Fragestellung steht mithin quer zur systemtheoretischen [...] Für die Ökologie der menschlichen Gesellschaft sind jedoch zahllose Systeme (etwa das in sich geschlossene genetische System der lebenden Tradierung lebenden Erbguts) relevant, ohne daß die Einheit dieser Systeme und ihrer Umwelt mit der Ökologie der Gesellschaft, das heißt dem System/Umwelt-Verhältnis der Gesellschaft identifiziert werden dürfte.« (Ebd., 21f., Fn. 17)

Fallen systemtheoretische nicht mit ökologischen Fragestellungen zusammen, so erlaubt die systemtheoretische Paradigmatik, System/Umwelt-Differenzen nicht nur als Außenverhältnisse, sondern auch als Binnenverhältnisse zu konzeptionalisieren - was für eine ökologische Paradigmatik bedeutet, das Gesellschaft/Natur-Verhältnis auch im Hinblick auf die menschliche Natur zu thematisieren. Für ökologische Theorie und Praxis in einer übergreifenden Perspektive relevant ist in der Folge, sowohl Formen der Einbettung der Gesellschaft in Naturzusammenhänge als auch Formen der Inkorporierung und Dienstbarmachung von

---

163 »Von System sollte man nur sprechen, wenn ein Zusammenhang sich selbst gegen eine Umwelt abgrenzt.« (Ebd.) Luhmanns Einsicht, nicht jeder Zusammenhang sei als System zu bezeichnen, sollte allerdings von ihm selbst radikaler weitergedacht werden, da in seiner Theorie, wie gezeigt, mehr Sachverhalte als Systeme identifiziert werden, als sie in der Tat als solche fungieren, systemische Zusammenhänge gleichsam von der Theorie in die Realität hineinkonstruiert werden.

Naturobjekten und -prozessen durch die Gesellschaft theoretisch zu analysieren und praktisch zu berücksichtigen. Dabei ist nach den vielfältigen Bedingungs- und Bestimmungs-, Anpassungs- und Dominanz- sowie Ausbeutungsverhältnissen zu fragen.

In die Bestimmung ökologischer Problemlagen eingeschlossen ist die Zuordnung von Problemen einerseits auf Ursachen und andererseits auf gesellschaftliche Orte der Problembearbeitung. Dabei ist der Zusammenhang zwischen der materiellen Natur ökologischer Probleme und sozial-historisch spezifischen Wahrnehmungs- und Bearbeitungsweisen strategisch, geht es doch hier immer auch um die Zurechnung von Verantwortlichkeiten und die Formulierung von Lösungsansätzen, um Perspektiven der Veränderung gesellschaftlicher Organisations- und Praxisformen. Die Beschreibung der Gesellschaft und ihrer Entwicklungsperspektiven, ökologischer Problematiken und ihrer Folgen, von Handlungsanforderungen, -restriktionen und -möglichkeiten sind so aufs engste miteinander verknüpft, und nicht nur für die Theorie, sondern auch für gesellschaftliche Praxis relevant.

In Luhmanns Theorie liefern die um »Risiko« gruppierten Theoreme den allgemeinen Problemhintergrund und Artikulationshorizont für die Beschreibung von Zustand und Perspektiven der modernen Gesellschaft als solcher wie für die ihres ökologischen Verhältnisses (vgl. 5.1). Im spezifisch risikosoziologischen Kontext fungiert der Risikobegriff als Beobachtungsbegriff der gesellschaftlichen Konstruktion von und Auseinandersetzung um Risiken in ganz verschiedenen Handlungszusammenhängen (vgl. 5.2.2). Die risikosoziologische Problematik ist mit der der »ökologischen Kommunikation« nicht deckungsgleich, wenngleich es Überschneidungen gibt. Sie unterscheiden sich durch die Relationierung einerseits von Beobachtung und Parteinahme, andererseits von ökologischen Problemlagen und Gesellschaft. Die »ökologische Kommunikation« schließt paßgenau an Luhmanns Konzept funktionaler Differenzierung und seine Programmatik soziologischer Aufklärung an (vgl. 5.2.1). Luhmanns dritte ökologierelevante Problematik, die einer »Ökologie des Nichtwissens«, verhält sich nun seltsam quer zu den beiden anderen, indem sie, neben neuen Aspekten, bestimmte ihrer Elemente zum einen verstärkt und zum anderen abschwächt (vgl. 5.2.3).

5.1 »Risiko« als Endformel der modernen Gesellschaft

Luhmann projektiert die Zukunft der modernen Gesellschaft, indem er ihr ontologische Sicherheiten entzieht und an deren Stelle Unsicherheiten setzt, die aus ihrer funktional differenzierten Grundstruktur, ihrer selbstreferentiell autopoietischen Operations- und morphogenetischen Entwicklungsweise resultieren. Unsicherheiten werden für die sachliche, soziale und zeitliche Dimension veranschlagt, mit der Folge des Verlusts stabiler Operationsgrundlagen, von Entwicklungskontinuitäten wie Fixpunkten der Orientierung. Die verschiedenen ökologischen Problematiken werden innerhalb dieses Horizonts verallgemeinerter Unsicherheit formuliert, wobei aus der spezifischen Art ihrer Artikulation und Frontstellung ihre je besonderen und teilweise gegensätzlichen Charakteristika entspringen. Vor ihrer Erörterung im einzelnen soll der allgemeinere, mit der Formel Risiko charakterisierte Problemhorizont umrissen werden, in dem sie entfaltet werden.

Wenn Luhmann die Zusammenhänge zwischen Vergangenheit, Gegenwart und Zukunft der modernen Gesellschaft, zwischen Intentionen und Erwartungen, Resultaten und Wirkungen in der Form einer finalen Paradoxie erfaßt, scheint diese Bestimmung selbst paradox. Denn einerseits wird damit eine unüberwindbare Entwicklungstendenz, gleichsam Entwicklungsblockade, der modernen Gesellschaft ausgedrückt, wogegen andererseits aber doch die Notwendigkeit von Entscheidungen, und damit die Möglichkeit mehrerer Optionen, formuliert wird. Die unbedingte Alternativlosigkeit der durch funktionale Differenzierung charakterisierten Moderne kontrastiert eigentümlich mit dem Umstand, daß es, wenn es Entscheidungen gibt, auch Optionen und Alternativen geben muß. Beide Seiten werden durch den Risikobegriff zusammengehalten. Vor dem Hintergrund verallgemeinerter Unsicherheit steht »Risiko« für eine Konstellation, wo es unhintergehbare Zwänge gibt, denen man aber nicht einfach zu genügen hat, sondern die man immer wieder zu wählen hat. Der Risikobegriff repräsentiert so die Entscheidungsform des Dilemmas, die Notwendigkeit und Möglichkeit, zwischen problematischen Alternativen zu entscheiden.

Der scheinbare Widerspruch kann demnach in der Form aufgelöst werden, daß entweder die unterschiedlichen Optionen *gar nicht wirklich als Alternativen erkannt werden können* oder daß sie *sich in der Tat gar nicht als wirkliche Alternativen erweisen*. Im einen Fall hat man unter Bedingungen zu entscheiden, für die ein mangelndes oder mangelhaftes Wissen über die Eigenschaften der unterschiedlichen Optionen und die Folgen ihrer Wahl kennzeichnend sind, und im anderen Fall wirken sich die Bedingungen, unter denen die einzelnen Entscheidungen getroffen werden, in der Weise aus, daß sie zu gleich oder ähnlich problematischen Folgen führen, unabhängig davon, wie die Entscheidungen im einzelnen aussehen. Somit sind in dieser Denkanordnung die *Wissensgrundlagen* und die *Handlungsbedingungen*, die Möglichkeiten, im Medium der Erkenntnis *bestimmte Ergebnisse zu antizipieren* bzw. im Medium des Handelns *bestimmte Ziele zu realisieren*, von Grund auf als prekäre, eigentlich »unmögliche«, unterstellt.

Die Tendenz wachsender Unsicherheit bei gegebener Alternativlosigkeit faßt Luhmann unter der »Endformel *Risiko*« (1992e, 141) zusammen. Dadurch werden Ge- und Mißlingen, Produktivität und Destruktivität in einen unauflösbaren Zusammenhang gebracht, zukünftige Folgen auf getroffene oder unterlassene

Entscheidungen zugerechnet, die jedoch dilemmatische Zwangsstrukturen nicht überwinden können. Wenn die moderne Gesellschaft »ihre Zukunft in der Form des Risikos von Entscheidungen« (ebd., 141f.) erlebt, wenn Situationen »unter dem Gesichtspunkt von Entscheidung und Risiko thematisiert werden, gibt es kein Entkommen mehr.« (Ebd., 143) »Die Logik der Situationsdefinition überträgt sich auf alle Alternativen«, so daß es beim Risikobegriff »um ein universelles Prinzip der Thematisierung von Zeit und Zukunft [geht], das nur noch Abwägungen in bezug auf Schadenshöhe und Wahrscheinlichkeit zuläßt - eben die übliche Risikokalkulation.« (Ebd.)

Differenziert man die verschiedenen Aspekte für die Sach-, Sozial- und Zeitdimension, die »Risiko« als Endformel der modernen Gesellschaft konstituieren, ergibt sich folgende Konstellation. Für die sachorientierte Dimension menschlichen Handelns in der Moderne ist nach Luhmann »die *Referenz* aller Zeichenverwendung, allen Sprachgebrauchs, aller Informationsverarbeitung zum Problem geworden« (ebd., 137). An manchen Stellen wird diese Aussage dahingehend zu- und überspitzt, die Beziehung zwischen Referent und Referenz, Signifikanten und Signifikaten, sei gekappt, aufgelöst. Daraus zieht Luhmann den Schluß, wofür auch der Begriff der Autopoiesis steht, daß »jede teleologische Zukunftsperspektive, sowohl die naturale wie auch die mentale, radikal aufgegeben« (ebd., 138) worden ist. »Intentionen und Zwecke« sind demnach generell »nur noch Selbstsimplifikationen der Systeme.« (Ebd.) Ihre »Diskrepanz zur Realität« - und dadurch erweisen sie sich notwendig als ohnmächtig und obsolet - »zeigt sich alsbald an den unerwarteten, nicht als Kosten einplanbaren Nebenfolgen.« (Ebd.) Dabei ist die negative Schlußfolgerung von teleologischen Geschichts- und Handlungskonstruktionen auf Zwecksetzungen überhaupt überzogen, wenn in einem mit der Verabsolutierung jener der Sinn des Verfolgens von Projekten und Zielen desartikuliert wird.[164] Als Fazit und Option

---

164 Hierin findet man eine Zuspitzung Luhmanns gegenüber eigenen früheren Formulierungen. Bei diesen ging es, vor dem Hintergrund der Kritik an Rationalmodellen von Organisationen oder des Handelns, allgemein um die in organisationssoziologischen oder handlungstheoretischen Ansätzen in der Form nicht gestellte Frage nach der Funktion des Zweck/Mittel-Schemas oder kausalistischer Deutungen für Organisationen oder allgemein für menschliches Handeln, wobei Luhmann mit Zwecken die Leistungen bezeichnete, »die das System an seine Umwelt abführen muß, um sich zu erhalten« (1968, 48), und kausalistische Erklärungen für die Funktion standen, »die im natürlichen Erleben sich zeigenden Erfahrungs- und Verhaltenspotentialitäten zu systematisieren und so zu interpretieren, daß sie für Vergleichszwecke verfügbar, also rationalisierbar werden« (1973, 29). Luhmanns Kritik ist inzwischen so weit radikalisiert, daß die positive Reartikulation des Kritisierten verschwunden ist. Unabhängig davon, was man im einzelnen von seinen früheren Antworten hält, ist von seiner Frage, wie Hans Joas betont, festzuhalten, daß niemand in der soziologischen Theorietradition die scheinbare Selbstverständlichkeit des Zweck/Mittel-Schemas so explizit in Zweifel gezogen hat wie Luhmann (vgl. Joas 1992, 218ff.). In seiner Reinterpretation von Luhmann versucht Joas die interessante Wendung, statt wie jener

verbleibt, an Stelle wirkungsmächtiger Alternativen und wirklicher, zumindest erheblich besserer, Problemlösungen, nur noch das sich Hin- und Herbewegen innerhalb der finalen Paradoxie: »Es geht gut, solange es gut geht. Das ist die Botschaft. Und der technische Rat zielt auf Wechsel der Präferenzen.« (Ebd.)

In der Sozialdimension sieht er »Ähnliches in der Form eines Autoritätsverlustes«, wobei mit Autorität die Fähigkeit gemeint ist, »die Welt in der Welt zu repräsentieren und andere entsprechend zu überzeugen«, gründend »auf Wissen oder auf Macht«, »auf die Kenntnis der Zukunft oder auf die Fähigkeit, sie wunschgemäß herzustellen« (ebd., 139). Gegen Luhmanns Desartikulation von Autorität - im positiven wie im negativen Sinne - ist einzuwenden, daß funktionale Differenzierung Autorität nicht ausschließt, und auch Macht- und Wissensbasen als Grundlagen des Autoritätsaufbaus nicht zum Verschwinden bringt.[165] Da diese nicht einfach zu identifizieren oder deduktiv abzuleiten sind, ist es vielmehr eine empirisch wie theoretisch anspruchsvolle Aufgabe, Formen und Ausprägungen von Autorität zu rekonstruieren und im Hinblick auf ihre Funktionen, ihre gesellschaftliche Umkämpftheit sowie ihren historischen Wandel zu analysieren.

In der Zeitdimension ist nach Luhmann, für welche Gegenwart und welchen Handlungszusammenhang auch immer, Zukunft »nur noch im Modus des Wahrscheinlichen gegeben« (ebd., 140). Prognosen werden durch diesen »Bruch zwischen der gegenwärtigen Zukunft und den künftigen Gegenwarten [...] nicht unbedingt« (ebd.) ausgeschlossen. Aber Wert gesteht er ihnen »nur noch in der Schnelligkeit [zu], mit der sie korrigiert werden können«; so gibt es »nur ›provisorische‹ Voraussicht«, deren Wert »nicht in der Sicherheit, die sie gewährt« (ebd.), liegt, »sondern in der raschen und spezifischen Anpassung an eine Realität, die anders ausfällt, als man erwartet hatte.« (Ebd., 140f.) So plaziert - was

---

»die Grenzen einer handlungstheoretischen Analysierbarkeit von Organisationen aufzuzeigen und als Konsequenz den Sprung zur Übernahme systemtheoretischer Modelle akzeptabel zu machen«, in umgekehrter Richtung »durch eine Umorientierung der Handlungstheorie den Übergang zur Verwendung systemtheoretischer Mittel für die Untersuchung ordnungstheoretischer Fragen gerade zu vermeiden.« (Ebd., 220)

165 Anders wird dies noch in 1988f (1. Aufl.: 1975) formuliert. Da wird darauf hingewiesen, daß es »nicht nur Schranken der Generalisierung und Abstraktion von Einflußbeziehungen, sondern zugleich auch *Schranken der funktionalen Ausdifferenzierung* von sozialen Systemen« (1988f, 77; Hervorhebung D. B.) gibt. Als sich wechselseitig voraussetzende Dimensionen generalisierten Einflusses bestimmt Luhmann »Autorität« für die Zeit-, »Reputation« für die Sach- und »Führung« für die Sozialdimension (vgl. ebd., 75). In der Folge heißt es, daß »zeitliche Motivgeneralisierung [...], bei allem Interesse an ›Gesetzmäßigkeiten‹ des sozialen Lebens, nicht ganz aus der faktischen Systemgeschichte mit ihren vielseitig-konkreten Engagements herausgelöst werden« kann und Reputation »bei aller Begriffsabstraktion und hochentwickelter verbaler Geschicklichkeit, immer einen Bezug auf das vorhandene Wissen« (ebd., 77) behält.

können und sollen Prognosen und Planungen überhaupt noch leisten? Luhmanns Aussage ist, jenseits ihres unbestrittenen Wahrheitsgehalts, jedenfalls überspitzt in der Hinsicht, daß Wissen im Sinne von erkennen können und Macht im Sinne von machen können so weitgehend verunsichert bzw. verunmöglicht werden, daß nicht nur Wissens- und Realisierungsmachtillusionen attackiert, sondern selbst Versuche, widrigen Bedingungen und Verhältnissen, statt von ihnen beständig überwältigt zu werden, mit aller Erkenntnis- und Handlungsmacht entgegenzuarbeiten, von Grund auf als überholtes und widersinniges Vorhaben erscheinen müssen.

Die verschiedenen Aspekte des Risikobegriffs stehen in der Folge für ein spezifisches »Sozialprogramm«: Bei allen Versuchen, sich zu verständigen, könne man von der Unsicherheit des anderen ausgehen; und wer sie leugne, dem könne man sie nachweisen (vgl. ebd., 141). An die Stelle von bestehender Sicherheit soll Unsicherheit treten, und an die von Gewißheit, ja selbst Wissen, Verunsicherung und Nichtwissen. Hiermit wird von Luhmann nicht nur eine zu beobachtende Tendenz formuliert, sondern sogar ihre Erfüllung postuliert. In Fortführung dieser Tendenz haben »Verhandlungen [...] dann den Sinn, die Unsicherheit aller so zu vergrößern, so daß man sich nur noch verständigen kann.« (Ebd.) »Nichtwissen« und »Nichtkönnen« - als Begriffe zu begreifender Ohnmacht - zeigen sich in der Konsequenz als *disponierende Anordnung*, die als *Resultat* das hervorbringt, was ihr als *Voraussetzung* vorgegeben ist (vgl. 5.2.3).

Die sachliche, soziale und zeitliche Verunsicherung, die Luhmann artikuliert und befördert, läßt sich als Ausdruck einer gesellschaftlich verbreiteten Erfahrung der Boden- und Ziellosigkeit des weltgesellschaftlichen Zustands und historischen Prozesses am Ende des 20. Jahrhunderts begreifen.[166] Dabei tragen seine diskursiven Überspitzungen und Überdehnungen allerdings dazu bei, daß die zugrundeliegenden Ursachen und Situationskonfigurationen unbegriffen bleiben. Durch die mitunter pauschalisierende Abkopplung von Vergangenheit, Gegenwart und Zukunft werden Interdependenzen zwischen gesellschaftlichen und historischen Strukturen, Prozessen und Tendenzen als unsichtbare oder unerkennbare vorgestellt, statt sie so weit als möglich sichtbar zu machen. Die gleichwohl zugrundegelegte Unterstellung und Bezeichnung von Kontinuitäten der modernen Gesellschaft ist umgekehrt viel zu allgemein, wenn man an die Spektren zukünftiger Entwicklungsmöglichkeiten dieses Gesellschaftstyps denkt, und falsch auch schon im Hinblick auf Diskontinuitäten und Brüche in der Vergangenheit.

Offengeblieben ist, insofern mit der Risikokategorie auch dimensionsübergreifende Reproduktionsprobleme der modernen Gesellschaft thematisiert werden, wie genau mit ihr reproduktionsrelevante Zusammenhänge zwischen Gesellschaft und natürlicher Umwelt erfaßt und artikuliert werden. Prüfend zu beobachten bleibt im weiteren, in welcher Form Luhmann die Risiken von

---

166 Als eine prominente, in anderer Perspektive verfahrende Thematisierung dieser historischen Erfahrungslage vgl. auch Rorty 1989.

Entscheidungen präsentiert, welche Entscheidungen zur Disposition stehen und welche nicht, wer die Kompetenz hat, sie zu treffen, inwiefern Entscheidungsoptionen Alternativen darstellen bzw. wie mit ihnen umgegangen wird.

5.2 Positionierung und Artikulation ökologischer Paradigmen

5.2.1 »Ökologische Kommunikation«

5.2.1.1 Verschiebung des Gesellschaft-Natur-Verhältnisses in die Problematik innergesellschaftlicher Kommunikation

Die Erfassung und Behandlung ökologischer Problemlagen ist schon erheblich vorbestimmt, wenn »unter Gesellschaft ganz einfach das umfassende soziale System aller aufeinander Bezug nehmenden Kommunikationen zu verstehen« (1986, 24) ist. Die Identifizierung der Einheit von Gesellschaft durch »Kommunikation« - bzw. die Bestimmung von Kommunikation als distinktivem Grundbegriff von Sozialtheorie - wird durch weitere theoriekonstruktive Festlegungen wie strikte »Emergenz« des Weltaufbaus, »Selbstreferenz« der systemischen Operations- und Orientierungsweisen befestigt. Durch das Theoriedispositiv werden die Naturgrundlagen menschlich-gesellschaftlichen Lebens im Status einer bloßen, wenn auch unerläßlichen Bedingung fixiert; sie werden als lediglich außergesellschaftliche Voraussetzung von Gesellschaft anerkannt. Diskursiver Effekt dieser theoretischen Anlage ist, daß die gesellschaftliche Reproduktion sich autonom und mitunter unabhängig von der Natur zu vollziehen scheint. So stellt sich der strukturelle Aufbau der Gesellschaft als rein aus kommunikativen Regeln resultierend, und in keiner Weise als durch das gesellschaftliche Naturverhältnis bestimmt dar. Entsprechend der Konstitution und Reproduktion von Gesellschaft im Medium des Sinns werden Fragen ihrer materiellen Konstitution und ökologischen Reproduktion aus dem Theorieraum ausgeschlossen. Konsequenterweise gehört das, was üblicherweise unter dem Titel »ökologische Probleme der Gesellschaft« behandelt wird, gar nicht in den Einzugsbereich von Luhmanns Theorie:

»Es geht nicht um die vermeintlich objektiven Tatsachen: daß die Ölvorräte abnehmen, die Flüsse zu warm werden, die Wälder absterben, der Himmel sich verdunkelt und die Meere verschmutzen. Das alles mag der Fall sein oder nicht der Fall sein, erzeugt als nur physikalischer, chemischer oder biologischer Tatbestand jedoch keine gesellschaftliche Resonanz, solange nicht darüber kommuniziert wird. Es mögen Fische sterben oder Menschen, das Baden in Seen oder Flüssen mag Krankheiten erzeugen, es mag kein Öl mehr aus den Pumpen kommen und die Durchschnittstemperaturen mögen sinken oder steigen: solange nicht darüber kommuniziert wird, hat dies keine gesellschaftlichen Auswirkungen.« (Ebd., 62f.)

An die Stelle der auch wesentlich materiellen ökologischen Probleme tritt in der Problematik ökologische Kommunikation als eine »Schlüsselfrage, wie denn die Verarbeitungsfähigkeit der Gesellschaft für Umweltinformationen strukturiert ist.« (Ebd., 68)

Überraschenderweise präsentiert Luhmann seinen Ansatz ganz allgemein als »ökologischen«. Zu dieser Bezeichnung berechtige die an der Leitdifferenz von System und Umwelt ausgerichtete Theorie, die sich, »auf welcher Ebene der Systembildung auch immer, mit den Konsequenzen der Differenzierung von System und Umwelt für die Umwelt des Systems« (ebd., 267) befasse. Allerdings verdankt sich die Auszeichnung als ökologische Theorie zunächst lediglich dem systemtheoretischen Umweltbegriff. Dadurch ist aber die Frage noch nicht erledigt, inwiefern bzw. auf welche Weise unter der Leitfrage der gesellschaftlichen Aufnahme- und Verarbeitungskapazität von Umweltinformationen Zugänge zu den vielfältigen ökologischen Problemlagen und ihren Bearbeitungsweisen gefunden werden können. Daran hat sich die Leistungsfähigkeit von Luhmanns Theorieansatz zu erweisen. In Anbetracht seiner theoretischen Voraussetzungen ist dafür etwa zu klären, wie denn die Gesellschaft oder andere soziale Systeme, also Kommunikationen, Auswirkungen auf die nichtkommunikative Umwelt haben können. Oder, was unter »ökologischer Selbstgefährdung« zu verstehen ist, »bedrohlichen Lagen« und »der Möglichkeit, daß ein System so auf seine Umwelt einwirkt, daß es später in dieser Umwelt nicht mehr existieren kann« (ebd., 38).

»Ökologische Selbstgefährdung« wird nun von Luhmann generell in zweierlei Richtungen interpretiert, im Hinblick auf das gesellschaftliche Naturverhältnis einerseits und innergesellschaftliche Kommunikationsverhältnisse andererseits. Beide Bedeutungslinien werden auf kommunikationstheoretischer Grundlage entwickelt: Bei der ersten geht es vor allem um die gesellschaftliche Verursachung, Wahrnehmung und Bearbeitung ökologischer Probleme, die zweite, im nächsten Abschnitt zu behandelnde, betrifft insbesondere die Frage der Notwendigkeit oder Legitimität der neuen sozialen Bewegungen bei der gesellschaftlichen Thematisierung und Verhandlung ökologischer Problemstellungen.

Innerhalb des Luhmannschen Theoriedispositivs ist mit dem Begriff der Codierung von Kommunikation zu denken, daß bzw. wie Systeme über ihre eigenen Grenzen hinausgreifen, auf ihre materielle oder natürliche Umwelt einwirken und dies wiederum reflektieren können. Die Reichweite von Kommunikationen wird, wie gezeigt, durch eine zweifache Generalisierung ausgedehnt: Erstens gegenüber allen Situationen mit doppelter Kontingenz - so daß beispielsweise Zahlungen als wirtschaftsspezifische Kommunikationsakte artikuliert werden können - und zweitens gegenüber den Operationen, die von den jeweiligen Kommunikationen codiert bzw. programmiert werden - so daß etwa Arbeit zwar in die Umwelt des Gesellschafts- oder Wirtschaftssystems verbannt wird, doch über zahlungsmäßige Codierung wieder ans gesellschaftliche Kommunikationssystem angeschlossen werden kann (vgl. 3.2.2.2, 4.2.1, 6.2). Dementsprechend wird die ökologische Problematik des Wirtschaftens konstituiert: »Immer wenn, direkt oder indirekt, Geld involviert ist, ist Wirtschaft involviert, [...] nicht jedoch bei dem Pumpvorgang, der Öl aus dem Boden holt, sondern nur bei der ökonomischen Regulierung dieses Vorgangs mit Rücksicht auf einen in Geld ausdrückbaren Ertrag.« (Ebd., 101) Der doppelten Einschränkung von Wirtschaft auf Kommunikation und dieser auf Zahlungen entspringt nun die eingeschränkte Bestimmung der wirtschaftlichen Wahrnehmung oder Nichtwahrnehmung ökologischer Probleme - wie beispielsweise der Raubbau an begrenzten Ressorcen eines darstellt.

Luhmanns hauptsächlicher Begriff, der für die »Verarbeitungsfähigkeit der Gesellschaft für Umweltinformationen« (ebd., 68) steht, ist »Resonanz«. Mit dem »Begriff der *Resonanz*« (ebd., 40) werden die Bedingungen, die Struktur und das Ausmaß bezeichnet, in dem soziale Systeme oder die Gesellschaft insgesamt durch Sachverhalte und Ereignisse in der außersozialen Umwelt in Schwingung versetzt werden, auf sie Widerhall geben können. Die »Resonanzfähigkeit der Gesellschaft und ihrer Funktionssysteme« (ebd., 96) wird durch ihre Codes und Programme bestimmt. Daraus ist die Beurteilung ihrer »ökologischen Rationalität« (ebd., 247) abzuleiten. Das Kriterium für »ökologische Rationalität« sieht Luhmann generell dann erfüllt, »wenn die Gesellschaft die Rückwirkungen ihrer Auswirkungen auf die Umwelt auf sich selbst in Rechnung stellen könnte.« (Ebd.)

»Resonanz« bezeichnet ein Verhältnis, in dem die Wahrnehmungsfähigkeit der einen Seite die Wahrnehmbarkeit der anderen Seite bestimmt. In der modernen Gesellschaft wird durch die funktionsorientierten, binär strukturierten Systemcodes sowie die diesen nachgeordneten Programme die jeweilige Bedeutung der Umwelt erst konstituiert bzw. die Selektivität ihrer Resonanz im System organisiert. In die Struktur des Resonanzbegriffs ist so von Grund auf die Differenz von Relevanz und Resonanz - der Relevanz ökologischer Problemlagen und ihrer gesellschaftlichen Resonanz - eingebaut. Diese Divergenz kann auf ganz verschiedene Weise konkret bestimmt sein, insofern Probleme überhaupt nicht, zu schwach oder zu stark oder umgekehrt sogar als Erfolg wahrgenommen werden können. Das ist etwa aus dem Grund möglich, »daß die sozio-kulturelle Evolution darauf beruht, *daß die Gesellschaft nicht auf ihre Umwelt reagieren muß* und daß sie uns anders gar nicht dorthin gebracht hätte, wo wir uns befinden.« (Ebd., 42)[167]

Der diskursiv dominante Status des Theorems der funktionalen Differenzierung bzw. die Weise seiner Artikulation bestimmt in erster Linie die begriffliche Fassung der Resonanz gesellschaftlicher Systeme auf ökologische Problemlagen sowie die Einschätzung ihrer ökologischen Rationalität, d. h. der Kapazitäten der Problemwahrnehmung und -lösung. »Funktionale Differenzierung« besagt ja nicht nur, daß Codierung und Programmierung »*der Schlüssel für das Problem der*

---

167 Salopp überspitzt schließt Luhmann an: »Die Landwirtschaft beginnt mit der Vernichtung von allem, was vorher da wuchs.« (Ebd.)

gesellschaftlichen Resonanz auf Gefährdungen durch die Umwelt« (ebd., 91) ist,
sondern auch, daß es keinen gesellschaftlichen Standpunkt gibt, der den Differenzierungslinien gegenüber eine übergreifende Perspektive zu formulieren
erlaubt. Demnach gibt es keine gesamtgesellschaftliche Rationalität jenseits der
partikularen Perspektiven der einzelnen, voneinander separierten Funktionssysteme, weder als eigenständige Instanz noch in Form einer »Aggregation« der
einzelnen »Systemrationalitäten zu einer gesamtgesellschaftlichen Systemrationalität«; denn bei funktionaler Differenzierung »kalkuliert [...] jedes Funktionssystem nur die Eigenrationalität« und »behandelt [...] die Gesellschaft als Umwelt«
(ebd.). Wird von ihnen gesagt, sie seien »für funktionsspezifische Hochleistung
ausdifferenziert«, so nur um den Preis, daß sie »endogen unruhig und leicht irri-
tierbar« sind, »das inkorporierte Risiko [...] leicht freigesetzt werden« (ebd., 223)
kann, sie »zum laufenden Verschieben der Probleme von einem ins andere
System« (ebd., 208) gezwungen sind und sie die ein Sichaufschaukeln der Resonanz »auslösenden Umweltanlässe nicht kontrollieren« (ebd., 224) können.

Bei der Erörterung der Resonanz und Rationalität der einzelnen gesellschaftlichen Subsysteme beginnt Luhmann mit der Wirtschaft. Da heißt es - was muta-
tis mutandis für die anderen Systeme auch gilt -, daß, wie »die Entscheidungsein-
heiten des Wirtschaftssystems niemals für das gesamte System entscheiden« (ebd.,
116), sondern sich statt dessen am Markt orientieren, »eine gesamtökonomische,
auf die Umwelt bezogene Entscheidungsregel nirgendwo Anwendung finden«
(ebd., 117) kann.[168] Hat das Wirtschaftssystem zwar gesellschaftliche Funktionen zu erfüllen, so hat es »selbst« doch »keine Ziele, weil es als geschlossenes
autopoietisches System sich nicht an einem zu erzielenden Output orientiert. Es
ist mithin allenfalls denkbar, daß Produktionsorganisationen Umweltschonung
als Nebenziel beachten« (ebd., 119). Und insofern die »Regulierung der systeminternen Operationen« als »Programmierung der Zahlungen« (ebd., 104) durch
Preise erfolgt, müssen die ökologischen Probleme generell »in die Form von
Kosten gebracht werden.« (Ebd., 120) In dieser Form unterscheidet das System
»zwischen lösbaren und unlösbaren (nicht finanzierbaren bzw. nicht rentabel zu
finanzierenden) Problemen.« (Ebd., 121) Wenn die Preise das ökonomische Kal-
kül diktieren, wird die »Asymmetrie von internen Vorteilen und externen
Kosten« (ebd., 115) - in den Unternehmen oder der Gesellschaft bzw. in der
Gesellschaft oder der Natur - wahrscheinlich, es sei denn, es kann umweltscho-
nend an der »Umwelt« Geld verdient werden. Gerade die verallgemeinerte »Perspektive« der Sprache der Preise sowie die »Ergebnisse« des »Kostenkalküls«
erachtet Luhmann aber auch als »problematisch, weil die Problemdefinition
durch den Kostenbegriff und durch das Schema zahlen/nichtzahlen nicht alle
Aspekte der Problematik von Problemen abdeckt«; ferner »hier wie auch sonst
keine Problemlösung folgenneutral« ist und deshalb »nicht nur das Nichtlösen,
sondern auch das Lösen der Probleme durch die Wirtschaft zum Problem für
andere Bereiche der Gesellschaft« (ebd., 121) werden kann. Die »strukturelle

---

168 Zu Recht vgl. ebd., 124ff., zu Wissenschaft 150ff., zu Politik 167ff.

Beschränkung auf Preise« erachtet Luhmann aber nicht nur als Nachteil, insofern sie nämlich auch »*garantiert* [...], daß das Problem, *wenn* es in Preisen ausgedrückt werden kann, *im System auch bearbeitet werden muß*.« (Ebd., 122f.) Strukturell besteht das grundsätzliche Problem also darin, daß sowohl die operative Selbstreferenz als auch die damit kompatible Beobachtung zweiter Ordnung in der Sprache der Preise - dem »Schlüssel des ökologischen Problems [...], was Wirtschaft betrifft« (ebd., 122) - verfahren, keine andere Möglichkeit als diese besitzen. In solcher Alternativlosigkeit wird als »Alternative« nur die der »Destruktion der Geldwirtschaft mit unabsehbaren Folgen für das System der modernen Gesellschaft« (ebd.) eingeräumt.

Die vorgestellte Betrachtungsweise von Umweltsachverhalten oder ökologischen Problemen bleibt notwendig beschränkt, insofern sie nur unter dem Aspekt der Codierung, nicht aber als das dieser Zugrundeliegende selbst erfaßt werden. Eine über die Logik und Resonanz der Systemcodes hinausgehende Beobachtung der Auswirkungen der gesellschaftlichen Operationssysteme auf ihre natürliche Umwelt ist so nicht möglich. Das gilt auch für Beobachtungen zweiter Ordnung, insofern diese durch die dominanten Systemcodes und -programme orientiert bzw. diszipliniert werden. In der Folge kann man aber auch in einer kritischen Wendung den sinnvollen Geltungsbereich der Luhmannschen Aussagen bestimmen: Möglich ist da, wo Luhmanns theoriekonstruktive Einschränkungen tatsächlichen Beschränkungen entsprechen, praktische Restriktionen in der Wahrnehmung und Behandlung ökologischer Probleme zu rekonstruieren und im Anschluß daran zu Einschätzungen über die Chancen, Kapazitäten und Richtungen von Problemlösungen in der modernen Gesellschaft zu gelangen.

Die Frage nach der Resonanz und Rationalität gesellschaftlicher Systeme gegenüber ökologischen Problemlagen bildet den Hauptfokus von Luhmanns gesellschaftstheoretischer Problematik ökologischer Kommunikation, und »funktionale Differenzierung«, »binäre Codierung« und »Kommunikation« ihre Eckpfeiler. Die in dieser Perspektive vorgenommene Analyse der gesellschaftlichen Funktionssysteme, die in der These gipfelt, daß die Gesellschaft »*nur* diese Möglichkeit [hat], nur in Ausnahmefällen zu reagieren«, also »angesichts ökologischer Gefährdungen *zu wenig Resonanz* aufbringt« (ebd., 220), bildet die stärkere Seite der Problematik ökologischer Kommunikation. Sie ist im Rahmen der zugrundeliegenden Prämissen plausibel. Die gesellschaftlichen Verursachungsgründe der Naturzerstörung und der ökologischen Selbstgefährdung der Gesellschaft können jedoch nur sehr partiell aufgedeckt bzw. thematisiert werden. Und aufgrund der theoretischen Unterbelichtung der Dimension der Handlungsprogramme und der Verkürzung intersystemischer Zusammenhänge wird die Beobachtung des empirischen Zusammenspiels verschiedener gesellschaftlicher Instanzen in der Bestimmung und Behandlung ökologischer Probleme extrem eingeschränkt sowie ferner die Möglichkeit verschenkt, Hinweise für schärfere Problemwahrnehmungen, neue Eingriffs- und verbesserte Regulierungsmöglichkeiten zu geben.

5.2.1.2 Zur Delegitimierung der neuen sozialen Bewegungen

»Ökologische Kommunikation« ist auch als kommunikativer Beitrag zur Aufklärung über die strukturellen Besonderheiten und die historische Notwendigkeit, d. h. die prinzipielle Unabänderlichkeit funktionaler Differenzierung als Grund- und Identitätsprinzip der modernen Gesellschaft zu verstehen. Deckt sich Luhmanns Befund mangelnder Resonanz dieses Gesellschaftstyps gegenüber ökologischen Problemlagen mit einer in der Öffentlichkeit verbreiteten Meinung, will er aber unbedingt vermeiden, daß »sich gesellschaftliche Kommunikation zu mehr Aktivität [...] alarmiert und stimuliert«, »ohne freilich diese Forderung in die Sprache der Funktionssysteme übersetzen zu können.« (Ebd.) Ist das der Fall, sieht er das Problem von »zu viel Resonanz«, bei dem »das System [...], ohne von außen zerstört zu werden, an internen Überforderungen zerspringen« (ebd.) kann.[169]

Vor dem Hintergrund der Bestimmung der Funktions- und Rationalitätsprinzipien der modernen Gesellschaft besitzt diese Dimension der »ökologischen Kommunikation« in der »moralischen Kommunikation« und der »Angstkommunikation« der neuen sozialen Bewegungen sowie in den meist konservativen Ansätzen einer »ökologischen Ethik« ihre spezifische Frontstellung. Diese schwächere Seite der Problematik ökologischer Kommunikation ist ins Gesellschaftsinnere gerichtet, dem Schutz der autopoietischen Funktionssysteme geltend, die ihnen entsprechenden Grenzziehungen und Interdependenzen selbst als ökologische Problemlage behandelnd. Sie bezeichnet den eigentlich politischen Einsatzort in Luhmanns »ökologischer Kommunikation«.

Neben der zuvor ausschnitthaft behandelten Frage, welche Resonanz die gesellschaftlichen Subsysteme auf ökologische Probleme geben, wie ihre Codes sie wahrnehmen oder nicht wahrnehmen und wie sie programmatisch behandelt werden, wirft Luhmann als zweite Frage auf, welches im Verhältnis dazu gesellschaftlich legitime Kommunikationen sind. Die Verhältnisse unterschiedlicher gesellschaftlicher Kommunikationen zueinander behandelt Luhmann nun selbst

---

169 Dieser Befund von »zuviel Resonanz« ist auf merkwürdige Weise paradox. Einerseits ist theorietechnisch die Möglichkeit von zuviel Resonanz dadurch *ausgeschlossen*, daß sich Kommunikation entweder in die Sprache der Funktionssysteme übersetzen läßt, wo sie dann auch verarbeitet werden kann, oder störendes »Rauschen« bleibt, was dann aber nicht zuviel Resonanz bedeutet. Andererseits verweist Luhmanns Bemerkung auf die theorietechnisch nicht realisierte Möglichkeit, daß systemische Operationen zwischen den Polen eines Zuviel und eines Zuwenig sich doch auf ein machbares Optimum ausrichten ließen, und insbesondere darauf, daß auch externe Interventionen positive Wirkungen im System zeitigen könnten.

als ökologische Problematik. Ökologische Rationalität von Kommunikationen bemißt sich so nicht mehr nach ihrem Bezug auf natürliche Umwelt und deren Schädigung, sondern nur noch nach ihrer Beziehung zu der durch die Funktionssysteme dominant gesetzten Kommunikationsweise - bzw. dem Grad ihrer theoretischen und praktischen Infragestellung.

Das Verhältnis beider Fragestellungen zueinander stellt sich als paradoxe Anordnung dar - wodurch Interferenzen und Konfusionen erzeugt werden. Werden im ersten Schritt die Gesellschaft/Natur-Verhältnisse auf kommunikative Resonanzverhältnisse reduziert, so im zweiten Schritt die Verhältnisse gesellschaftlicher Kommunikation auf subsystemisch beschränkte und den dominanten Funktionssetzungen gegenüber subalterne. Besitzen in jenem Fall die naturökologischen Probleme noch eine Relevanz, so nicht mehr in diesem.

Zuweilen wird die »gesellschaftsökologische« mit der »naturökologischen« Problematik kurzgeschlossen, indem sie gleich einer solchen präsentiert wird. Dann meint ökologische Selbstgefährdung tatsächlich Gefährdung durch Kommunikation, »ein ausschließlich gesellschaftsinternes Phänomen.« (Ebd., 62) Genauer gesagt: Nun soll »der Begriff der ökologischen Gefährdung [...] jede Kommunikation über Umwelt bezeichnen, die eine Änderung von Strukturen des Kommunikationssystems Gesellschaft zu veranlassen sucht.« (Ebd.) Der politische Standpunkt der Abwehr gesellschaftsverändernder Bemühungen wird also in eine sachlich unhaltbare Aussage verkehrt, wenn bestritten wird, daß im Hinblick auf ökologische Naturprobleme gesellschaftliche Strukturen zu verändern nicht äußerst sinnvoll oder notwendig sein kann, sondern wenn dies vielmehr als generell schädlich präsentiert wird.

Die ökologische Problematik der Gefährdung der Natur selbst und damit auch der gesellschaftlichen Lebensgrundlagen wird *übersetzt und verschoben* in die Frage der Gefährdung von Gesellschaftsstrukturen, d. h. der sozio-historisch spezifisch verfaßten Grundlagen einer Gesellschaft. Die Bewahrung gesellschaftlicher »Gleichgewichte« auf Kosten natürlicher verdrängt so die Notwendigkeit der Veränderung gesellschaftlicher Zusammenhänge zur Bewahrung natürlicher. Die Gefahren, die der Erhaltung der Grundlagen menschlichen Lebens und der Natur drohen, treten zurück gegenüber den Gefahren, denen sich die grundlegenden Strukturen der funktional differenzierten Gesellschaft durch Transformationsbestrebungen ausgesetzt sehen - eine globale und allgemein menschliche Problematik wird verdrängt zugunsten der Partikularität sozio-historisch besonderer Organisations- und Machtverhältnisse.

In dieser Perspektive fragt Luhmann etwa, ob die neuen sozialen Bewegungen für die gesellschaftliche Wahrnehmung und Kommunikation von Umweltfragen überhaupt notwendig sind,[170] und befindet, daß die Grüne Partei bloß

---

170 Überhaupt sieht er ein ganz wesentliches Problem darin, »ob die moderne Gesellschaft für Selbstbeschreibung auf die ganz unzulängliche Basis sozialer Bewegungen angewiesen ist.« (Ebd., 236) Dem ist entgegenzuhalten, daß die Basis der modernen Gesellschaft, ihre monofunktionale Differenzierung, selbst unzureichend ist. Und

stört, wenn sie die durch den politischen Code vorgegebenen Spielregeln der parlamentarischen Bühne nicht einhält.[171]

Die begrifflichen Interferenzen werden durch den systemtheoretischen Umweltbegriff zusammengehalten, der von außer- oder innergesellschaftlichen, natürlichen oder sozialen »Umwelten« zu sprechen erlaubt. Durch die in diesem Grundbegriff - dem systemtheoretischen Sammelbegriff par excellence - angelegte widersprüchliche Disposition wird darüber hinaus ermöglicht, reale - und unbestreitbare - Gefährdungen und Zerstörungen der Natur *zu benennen, ohne* ihnen in der theoretischen Anlage einen eigenen begrifflichen Raum zu gewähren.

Die Diskursivität der neuen sozialen Bewegungen attackiert Luhmann als moralische Kommunikation oder Angstkommunikation, weil beide Äußerungstypen sich nicht an die Logik der funktional spezifizierten Codes halten - also Sichtweisen unterlegen, die demnach keine gesellschaftsstrukturelle Verankerung haben, und Haltungen unterstellen, die Forderungen an imaginäre Instanzen adressieren, die aber schon aufgrund von Machtlosigkeit für sie selbst nicht gelten.[172] Dementsprechend desartikuliert Luhmann zum einen überhaupt die kommunikative Berechtigung von Moral und übergeneralisiert zum anderen die Bedeutung von Angst in der ökologischen Kommunikation bzw. Politik der neuen sozialen Bewegungen. Das Mißliebige an der Moral ist, daß sie Werte als unbestreitbar und möglicherweise auch unbestreitbare Werte kommuniziert, und an der Angst, daß diese für sich eine unmittelbare Wahrhaftigkeit reklamiert und möglicherweise emotional aufgeladen vorgebracht wird.

> »Wenn Angst kommuniziert wird und im Kommunikationsprozeß nicht bestritten werden kann, gewinnt sie eine moralische Existenz. Sie macht es zur Pflicht, sich Sorgen zu machen, und zum Recht, Anteilnahme an Befürchtungen zu erwarten und Maßnahmen zur Abwendung der Gefahren zu fordern. Die ökologisch Besorgten rüsten daher nicht nur, wie einst Noah, ihre eigene Arche mit den für die spätere Evolution genetisch notwendigen Materialien. Sie werden zu Warntätern - mit all den moralischen Risiken, die das impliziert. Die ökologische Kommunikation wird auf diese Weise über Angst mit Moral aufgeladen, und Kontroversen werden wegen ihres polemogenen Ursprungs unentscheidbar.« (1986, 245f.)

---

daß sie im Hinblick auf besseres Operieren auch auf die Kritik, die Vorschläge und den Druck sozialer Bewegungen angewiesen ist (vgl. Jänicke/Mönch 1988).

171 Zur Kritik an Luhmanns Auffassung politischer Codierung und den umweltpolitischen Implikationen vgl. Jäger 1988; als Stimmen in diesem Kontext vgl. Fischer 1989a, Luhmann 1989e und Lyotard 1989.

172 Aus »der Logik dieser Differenzierung [folgt], daß sich Formen des Forderns und Appellierens entwickeln, die *an andere* adressiert sind, nämlich an die Systeme, die es vermeintlich können. Manches wird als ›Ethik‹ verkleidet.« (1992f, 153) Da »diejenigen, die fordern, selbst nicht in der Lage sind, Abhilfe zu leisten, fehlt ein wesentliches Moment aller ethischen Regulierung, nämlich Selbstanwendung oder das Verbot der Selbstextension. Die Verantwortungsethik ist nur für die anderen gedacht. Man kann sich ihr formal unterstellen, aber die Selbstanwendung kommt mangels durchgreifender Handlungskompetenz ohnehin nicht in Betracht.« (Ebd., 153f.)

Ist die Lage zwar dadurch charakterisiert, daß keine Entwarnung gegeben werden kann, sollen gerade diejenigen, die warnen, in eine unmögliche Lage gebracht werden. Dagegen ist einzuwenden, daß es durchaus Gründe selbst für eine forcierte Angstkommunikation geben kann, wozu in bestimmten Situationen, wissenschaftlich fundiert und politisch überlegt, Intellektuelle wie Günther Anders und Robert Jungk ermutigt haben. Im Kampf gegen die herrschende »Apokalypseblindheit« angesichts der atomaren Aufrüstung Ende der 1950er Jahre forderte etwa Anders: »Habe keine Angst vor der Angst, habe Mut zur Angst. Auch den Mut, Angst zu machen. Ängstige deinen Nachbarn wie dich selbst.« (Anders 1972, 98) In Luhmanns Anordnung hingegen soll der Druck, der durch Warnungen, Kritik und Forderungen auf die etablierten Systeme ausgeübt wird, umgedreht und an die Äußernden selbst zurückgegeben werden.

»Angst« ist dafür ein geeignetes Kampfterrain, macht sie doch möglich, den Gegner zwischen tatsächlichen Gründen und »blasierter moralischer Selbstgerechtigkeit« (1986, 235) zu positionieren, und zugleich verständlich, daß er kaum zu eliminieren ist. Die Front gegen »Angstkommunikation« ist demnach ein verschobener Kampf und Einsatz: »Angst widersteht jeder Kritik der reinen Vernunft. Sie ist das moderne Apriori - nicht empirisch, sondern transzendental. Sie ist das Prinzip, das nicht versagt, wenn alle Prinzipien versagen.« (Ebd., 240) Für das Apriori funktionaler Differenzierung ist das Problem, daß Angst »von den Funktionssystemen aus nicht zu kontrollieren« (ebd., 239) ist. »Sie ist gegen alle Funktionssysteme abgesichert.« (Ebd.) Und nicht nur schlechte, sondern auch gute Funktionserfüllung kann problematische Auswirkungen, und in ihrem Gefolge Angst, hervorrufen: »Gerade bessere Funktionsleistung kann mit mehr Angst korrelieren, ohne sie beheben zu können.« (Ebd.) Dabei verbucht Luhmann als ein Ergebnis der sozio-kulturellen Evolution, das ihre Verbreitung begünstigt, daß »die neuen Angstthemen [...] vor allem eine neue Eigenschaft [haben]: Man braucht keine Angst zu haben, Angst zu zeigen.« (Ebd., 241) So »fällt kein negatives Licht auf den, der in ›Krisen‹ oder vor ökologischen Entwicklungen, Technikfolgen und dergleichen Angst hat« (ebd.). Allerdings muß das aber auch an der Qualität der Gefahren liegen, so daß es »keine individuelle Tüchtigkeit« mehr gibt, »die man der Gefahr entgegensetzen könnte.« (Ebd.) In kritischer Wendung von Luhmann kann man nun sagen: Angst ist eine durchaus rationale Antwort auf bestimmte Gefahren - wie sie im Fall der Atomtechnologie an »Tschernobyl« konkret erfahrbar wurden und sich bestätigten (vgl. Brede 1990).

Konstatiert Luhmann zwar einen »unbestrittenen (und schwer bestreitbaren) Anspruch auf angstfreies Leben«, unterstellt er doch als unvermeidliches Resultat der gesellschaftlichen »Freigabe des Ausdrucks von Angst« - die »zugleich die Souveränität des Individuums in der Authentifikation von Angst« fördert, so daß, »wenn jemand sagt, er habe Angst«, »man ihm nicht gut entgegenhalten [kann], er irre sich« -, daß Angst »somit in kriterienloser Geltung« (1986c, 190) steht. In der Folge kann Angst »den Anspruch erheben, allgemein zu sein:

volonté générale.« (1986, 242) Gegen Luhmanns Überspitzung - dabei aber auch ihren wahren Kern rettend - kann man einwenden, daß, wenn auch der Anspruch auf angstfreies Leben unbestreitbar sein mag, von den Angst Äußernden - bzw. von den diese verstehend Beobachtenden - Verursachungsmomente von Angst angebbar und Ängste selbst begründbar sein müssen. Denn in der Tat ist gegen authentisch oder selbstgerecht energisch kommunizierte Angst zu kommunizieren schwer; und gewiß ist Angst selbst als Kriterium der Wahrnehmung oder Maßstab der Bewertung zuwenig. Doch gerade deshalb braucht man Formen, Angst zu kommunizieren, sinnvolle Unterscheidungen, sie zu beobachten, und kommunikationsfähige Kriterien, sie zu beurteilen. Dies ist natürlich möglich. Fehlen sie, was Luhmann als notwendig unterstellt, ist nicht nur »von der klassischen Ethik her gesehen« dies »eine ganz neuartige und gesellschaftlich hochproblematische Situation.« (1986c, 190) Das Ausklinken des »uralten Prinzips der Reziprozität« (ebd.) beklagend, wehrt er, statt mögliche Formen der Kommunikation von Angst und ihrer Beurteilung zu erwägen, diese schlicht ab. Gegen die Spontanevidenz von Angst und aus ihr abgeleitete, möglicherweise überzogene Ansprüche vorzugehen, braucht und sollte nicht zugleich bedeuten, Angst und ihre Äußerungsformen nicht weiter ernst zu nehmen. Denn die interessante Frage ist ja nicht nur, »in welchen Formen das Unvertraute das Leben in seinem vertrauten Kontext bedrängt, und zwar auch und gerade dann, wenn das Unvertraute in unvertrauten Formen auftritt« (ebd.), sondern auch, welche *Ursachen* dem zugrunde liegen und inwiefern Angst als deren wohlbegründeter - möglicherweise nicht bloß lebenswelt-, sondern gar lebensbedrohender - *Indikator* fungiert.

So wie Luhmann den Stellenwert von Angst in den Diskursen der neuen sozialen Bewegungen überbetont bis zu dem Punkt, wo sie mit Angstkommunikation gleichgesetzt, darauf reduziert werden,[173] so kann er mit deren Dekonstruktion zugleich sozialen Bewegungen - zumindest als systemkritischen - die Existenzberechtigung absprechen, sie delegitimieren. Sie erscheinen dann schlicht als störend und nicht einmal, wie an anderer Stelle formuliert, als möglicherweise produktives Element im Rahmen eines gesellschaftlichen Immunsystems. Diese Operation verhilft zur Verdeckung der Tatsache, daß entgegen Luhmanns Tenor eine Leistung der neuen sozialen Bewegungen gerade darin besteht, gegenteilige Interpretationen der gesellschaftlichen Verursachung der diversen Umweltprobleme und andere Ansätze ihrer politischen Bearbeitung bzw. alternative Perspektiven gesellschaftlicher Entwicklung vorzuschlagen. Es sind nicht einfach nur Angst als »selbstsicheres Prinzip, das keines theoretischen Fundaments bedarf« (1986, 246), nicht »nur Widerstand aufgrund abgelehnter Wertsetzungen«, worauf diese Bewegungen beruhen, sondern auch, was Luhmann zuweilen einräumt, Ansätze eines, Marx nicht unbedingt nachstehenden,

---

173 Bei diesen Bewegungen geht es ja um mehr: die Kritik einer produktivistischen Lebensweise, technokratischer Entscheidungsstrukturen, Machtverflechtungen und anderes mehr.

»großen Paradigmas«, »einer Aktion und Widerstand übergreifenden theoretischen Konstruktion« (ebd., 235).

Wenn Luhmann die neuen sozialen Bewegungen bekämpft, insofern sie fundierte Kritiken gesellschaftlich verselbständigter Funktionslogiken und diese verselbstverständlichender Theorien repräsentieren, verweist das darauf, daß im Schutz der funktionalen Differenzierung als besonderem Theorie- und Politikkonzept das eigentliche theoriepolitische Motiv der Desartikulation bzw. Disziplinierung der neuen sozialen Bewegungen liegt.[174] Allerdings haftet der Polemik gegen »Angstkommunikation« der auch theorieimmanent bedeutsame Makel an, diese nicht funktional - wie im Falle ihrer funktionalistischen Integration innerhalb eines gesellschaftlichen Immunsystems - zu interpretieren,[175] sondern schlicht abzulehnen. Frappierend an Luhmanns Perspektivierung ökologischer Kommunikation ist, daß er ja selber die kognitiven und praktischen Kapazitäten funktionaler Differenzierung als unzulänglich beschreibt, und soziale Bewegungen gerade im Hinblick auf Reflexionsdefizite der modernen Gesellschaft positiv bewertet werden könnten. Da Luhmann das Problem der über binäre Codes vermittelten gesellschaftlichen Regelung des Naturverhältnisses mit der Abwehr der Veränderung der funktional differenzierten Gesellschaftsstrukturen koppelt, resultiert als politische Option, die Umweltprobleme so weit zu lösen, wie sie innerhalb dieses Dispositivs gelöst werden können. Das Denken und Handeln unter der Zielsetzung, das Verhältnis der Gesellschaft zur Natur - der menschlichen wie der außermenschlichen - für diese möglichst adäquat zu gestalten, erscheint in Luhmanns Perspektive nicht nur unmöglich, sondern auch gefährlicher als die ökologischen Probleme selbst zu sein. Da Luhmann keine anderen Standpunkte als diejenigen akzeptiert, die mit der Struktur der funktional differenzierten Gesellschaft kompatibel sind, attackiert er insbesondere kapitalismuskritische - d. h. die Sichtweisen, die ökologische Probleme im Rekurs auf die in der modernen Gesellschaft dominante Produktionsweise artikulieren - als veraltet, reduziert die Ökologiebewegung auf Angstkommunikation oder versucht mitunter zumindest, deren Problematisierungen von Risiken und Gefahren »an funktionaler Differenzierung statt an Bürgerlichkeit« (1987l, 124) zu orientieren. Für das Einnehmen einer solchen Perspektive verteilt Luhmann Lob, zugleich zugestehend, daß diese für die Bewegungen selbst als »trojanisches Pferd« (ebd.) wirken dürfte. Sollten sie an ihrer Subalternität politisch nicht zugrunde gehen, könnten Bewegungen und Initiativen mit kleinmaschigen Vorschlägen und Eingriffen innerhalb einer mit »funktionaler Differen-

---

174 Wenn so denjenigen, die warnen, »vermeidbare Aufregungsschäden« angelastet werden, bleibt nur abgeklärtes Hinnehmen: »Unsere Gesellschaft hat im Horizonte möglicher Katastrophen zu leben, und zwar ganz normal und unaufgeregt zu leben« (1986d, 21).

175 Das soll natürlich nicht heißen, daß auch die funktionalistische Interpretation als Frühwarnsystem als problematische Verkürzung kritisiert werden kann; vgl. als frühe Stimme Offe 1971.

zierung« kompatiblen Struktur dann doch, statt nur zu stören, wertvolle Dienste leisten.[176]

5.2.2   »Soziologie des Risikos«

Die beiden Mindestanforderungen, auf die Risikosoziologie zu antworten hat, sind einerseits Erklärungen zur gesellschaftsstrukturellen Verursachung und sozio-historischen Bedeutung von Risikoproblematiken und andererseits Beobachtungen zur Art und Weise, wie sie von den unterschiedlichen Akteuren gesellschaftlich kommuniziert und in den verschiedenen gesellschaftlichen Handlungsfeldern behandelt werden. Dafür erforderlich ist die Fähigkeit, zwischen unterschiedlich gearteten Risiken unterscheiden zu können, und somit auch zwischen dem, was in der sogenannten Risikokommunikation und -politik auf dem Spiel steht (vgl. Halfmann/Japp 1990, Jungermann/Rohrmann/Wiedemann 1991, Bechmann 1993, Krohn/Krücken 1993). Zu prüfen ist im folgenden, inwiefern Luhmanns risikosoziologischer Ansatz gegenüber dem bisher Dargestellten neue oder widersprechende Antworten bereithält.

---

176 Als Fazit eines Überblicks, in dem sie die Entwicklung der Luhmannschen Aussagen zu neuen sozialen Bewegungen analysieren, kommen Dieter Rucht und Roland Roth zu einem einigermaßen vernichtenden Urteil: »Fern von einer ernsthaften Rezeption der einschlägigen Fachliteratur und ungetrübt von empirischen Kenntnissen über den konkreten Gegenstandsbereich schwadroniert Luhmann über die Essenz der neuen sozialen Bewegungen, greift durchaus richtige Einzelbeobachtungen heraus, um sie als das Ganze zu stilisieren, bekräftigt längst in der Literatur Gesagtes, läßt aber auch Entscheidendes weg, weil es ihm weder theoretisch noch praktisch-politisch in den Kram paßt.« (Rucht/Roth 1992, 31) Daran knüpfen sie die Beobachtung, daß »dieses Selektionsverhalten [...] ihn auch zu einer eigenwilligen Sortierungsleistung gegenüber einzelnen Bewegungen [führt], die dann wahlweise mit Abwehrsemantik oder Streicheleinheiten bedacht werden.« (Ebd.) So stellen sie zum einen fest, daß »die Kritik gegenüber der Studenten-, Frauen- und Alternativbewegung« sehr scharf ist, ihnen »Aufgeregtheit, falsche Moralisierung, theoretische Unbekümmertheit, Kritik an der falschen Stelle, gegenüber den falschen Adressaten und dazu noch ohne rechten Grund« (ebd.) bescheinigt wird. Zum anderen konstatieren sie ein »relatives Wohlwollen [...] gegenüber den konstruktiven Teilen der Ökologiebewegung«, die »»mit den notwendigen Kenntnissen über Halbwertzeiten und Meßverfahren, Dioxinverbrennungs- und Abfallsortierungstechniken‹ (1988d)« (ebd.) ausgestattet sind und damit aber, ohne das System beunruhigende Alternative, harmlos bleiben (vgl. 1986e).

5.2.2.1 »Risiko/Gefahr-« vs. »Risiko/Sicherheit-Differenz« als Beobachtungskategorien

Mit der Generalisierung von Risiken geht die Generalisierung von Unsicherheiten einher. Dabei bezeichnet »Unsicherheit« weniger die Möglichkeit von Schadensfällen als die Ungewißheit von Ereignisverläufen. Die Verallgemeinerung von Risiko und Unsicherheit dient Luhmann dazu, gegen »Sicherheit« als Leitmotiv gegenüber den vielfältigen und vielfach verunsichernden Risikoproblematiken vorzugehen. Und zwar in der Weise, daß das Streben nach Sicherheit nicht einfach als sinnlos, sondern daß Sicherheit zu erreichen als unmöglich vorgestellt wird. Demnach verbleibt nur die Wahl zwischen mehr oder weniger gleichwertigen, guten oder schlechten Alternativen. Entsprechend liegen für Luhmann »Sinn und Funktion der Unterscheidung Risiko/Sicherheit« darin, sehen zu können, »daß es Sicherheit in Bezug auf das Nichteintreten künftiger Nachteile gar nicht gibt.« (1990f, 134) Die Unmöglichkeit risikofreier Sicherheit wird gerade dadurch konstituiert, daß auch das Ausbleiben eines Vorteils als Nachteil, also als die andere Seite eines Risikos, artikuliert wird.

»Soziologisch gesehen heißt dies, daß der Sicherheitsbegriff eine soziale Fiktion bezeichnet und daß man, statt nach den Sachbedingungen der Sicherheit zu forschen, fragen muß, was in der sozialen Kommunikation als sicher behandelt wird.« (Ebd.) Diese Formulierung transportiert eine unnötig ausschließende Unterscheidung: Nach Bedingungen, und gerade auch sachlichen Bedingungen von Sicherheit zu fragen, ist ein sinnvolles oder gar unabdingbares Unterfangen, das die Beobachtung sozialer Konstruktionen von Sicherheit keineswegs ausschließt. Interessant ist gerade die Verknüpfung zwischen Sach- und Sozialdimension, woraus die spezifische Organisation und Produktion von Leistungen und Problemen, Wirkungen und Effekten resultiert.

Luhmann behandelt den Sicherheitsbegriff mithin als »Leerbegriff« (ebd.) - ähnlich wie der Begriff der Gesundheit in der Unterscheidung Krankheit/Gesundheit einen Leerbegriff darstellt. So fungiert er »nur als Reflexionsbegriff«, was heißt, daß er im Zweierschema dieser Unterscheidung die Position darstellt, »von der aus alle Entscheidungen unter dem Gesichtspunkt ihres Risikos analysiert werden können.« (Ebd.) Wenn »Sicherheit« in der Unterscheidung Risiko/Sicherheit als Reflexionsbegriff von »Risiko« fungiert, heißt dies aber gerade nicht, wie Luhmann unterstellt, daß er notwendigerweise als Leerbegriff fungiert, sondern nur, daß er zwar zunächst unbestimmt sein kann, aber in der Folge mit konkreten Bestimmungen präzisiert und damit angereichert werden kann. So leuchtet auch Luhmanns Schlußfolgerung nicht ein, daß gerade die seit dem 17. Jahrhundert über Sicherheitsthematiken vermittelte Universalisierung des Risikobewußtseins erlaube, fortan auf den Sicherheitsbegriff *zu verzichten*. Dessen generelle Ersetzung durch den Risikobegriff wird nun durch die These zu begründen versucht, »daß es keine Entscheidung ohne Risiko gibt« - wodurch sich aber »das Risikoproblem, wenn man es auf die Einheit der Gesellschaft projiziert und von zeitlichen und sozialen Verteilungen zunächst absieht, als para-dox« (ebd., 134) erweist. In ähnlicher Stoßrichtung wird gegen den Sicherheits-begriff angeführt, daß Versuche, ein Risiko zu mindern, selber riskant sind - »*nur* Zeitpunkte, Größenordnungen und Verteilungen von Nutzen bzw. Schäden« (ebd., 134f.; Hervorhebung D. B.) differieren mögen. Luhmanns Abkopplung des Risikobegriffs vom Sicherheitsbegriff bedeutet also einerseits, daß alle mit Entscheidungen und Nichtentscheidungen verbundenen Ereignisse und Nicht-ereignisse als mögliche Schäden angesehen werden können, und andererseits, daß die Unterscheidung von Bedingungen, Formen und Graden von Sicherheit sekundär oder gar hinfällig geworden ist.

Statt wie Luhmann danach zu trachten, Risiken im Hinblick auf Un-/ Sicherheiten zu desartikulieren, »Risiko« und »Sicherheit« als Gegensätze zu behandeln, könnte nach ihrem wechselseitigen Kombinationsverhältnis gefragt werden, wobei Sicherheit ein Aspekt von Risiko oder Risiko ein Aspekt von Sicherheit darstellen könnte. Ferner könnte die Unterscheidung von Risiko und Sicherheit in Kombination mit weiteren Unterscheidungen reicher entfaltet werden - etwa den Unterscheidungen von Vertrauen und Gewißheit sowie Risi-ko und Gefahr.[177] Dies bedeutete eine komplexere, und wohl auch problemad-äquatere, Artikulation von Risikoproblematiken. Um diese Möglichkeit weiß Luhmann, ohne sie allerdings zu realisieren: »Möglicherweise sind viele Unter-scheidungen zu kombinieren, um einen komplex lokalisierten Begriff klar zu bestimmen. Das macht das Vorgehen kompliziert, erspart aber nicht die Frage nach den jeweiligen Gegenbegriffen.« (Ebd., 133) Da methodisch »jede Präzisie-rung von Begriffen davon [abhängt], daß geklärt wird, im Rahmen welcher Unterscheidung der Begriff die eine (und nicht die andere) Seite bezeichnet« (ebd.), ist zu prüfen, was Luhmanns weitgehende Desartikulation der Risi-ko/Sicherheit-Differenz - und ihre Ersetzung durch die Risiko/Gefahr-Differenz - noch für epistemologische und praktische Konsequenzen hat.

Beide Seiten der Unterscheidung von Risiko und Gefahr »haben ein gemeinsa-mes Element. Von Risiken und von Gefahren spricht man im Hinblick auf mög-liche Schäden. In bezug auf den Schadenseintritt besteht im gegenwärtigen Zeit-punkt, also im Zeitpunkt des Risikos bzw. der Gefahr, Unsicherheit. Diese Unsicherheit kann, da der Schadenseintritt von künftigen Ereignissen abhängen wird, nicht ausgeschlossen werden (oder man würde, wenn sie ausgeschlossen werden kann, nicht mehr von Risiken bzw. Gefahren sprechen). Beide Bezeich-nungen, Risiko und Gefahr, lassen sich auf jede Art von Nachteil anwenden« (ebd., 138). Demnach behandelt Luhmann die Begriffe Risiko und Gefahr »als in der Sachdimension beliebig generalisierbar.« (Ebd., 139) Ist in dieser Formulie-rung die Sachdimension nicht irrelevant, so wird doch die Problematik der bei-den Begriffe »und damit die Notwendigkeit, zwischen Risiko und Gefahr zu

---

177 In diesem Sinne vgl. Giddens 1990, 29ff.

unterscheiden«, »im Verhältnis von Zeitdimension und Sozialdimension« (ebd.) verortet.

Die begriffliche Differenz zwischen Risiko und Gefahr wird von Luhmann im Hinblick auf ihre Zurechenbarkeit auf Entscheidung bestimmt. »Der Unterscheidung von Risiko und Gefahr liegt ein Attributionsvorgang zugrunde«, der danach zu unterscheiden ist, »von wem und wie etwaige Schäden zugerechnet werden. Im Falle von Selbstzurechnung handelt es sich um Risiken, im Falle von Fremdzurechnung um Gefahren.« (Ebd., 148) Es kommt also darauf an, ob »etwaige Schäden als Folge der eigenen Entscheidung gesehen« oder ob sie »auf Ursachen außerhalb der eigenen Kontrolle zugerechnet« (ebd., 149) werden. Allerdings können beide Aspekte »am selben Sachverhalt und in Mischperspektiven auftreten.« (Ebd.) Generell gilt, daß die Ausweitung von Entscheidungsmöglichkeiten »zu einer Problemverschiebung aus dem Gefahrbereich in den Risikobereich« führt, was »Rationalitätszumutungen im Risikobereich« (ebd., 150) mit sich bringt.[178] Soziologisch fruchtbar wird so die Beobachtung von Fällen, wo Entscheidungsmöglichkeiten sichtbar sind oder sichtbar gemacht werden können, so daß sowohl getroffene als auch unterlassene Entscheidungen oder nicht gesehene, aber an sich bekannte Entscheidungsmöglichkeiten zum Problem werden können. Nützlich ist die Unterscheidung auch dann, wenn das Risikoverhalten des einen zur Gefahr für den anderen wird, oder die Gefahr des einen für den anderen bloßes Risiko ist. Zudem kann man mit ihr sehen, daß sich die Bereitschaft, eine bedrohliche Zukunft hinzunehmen, erheblich unterscheidet je nachdem, ob das Problem im Schema Gefahr oder im Schema Risiko wahrgenommen wird. Besonders brisant wird die Unterscheidung in den Fällen, wo sie an die soziale Unterscheidung von Entscheidungsbefugten und -betroffenen gekoppelt ist. Dabei kann ein Risiko noch so rational kalkuliert sein, für diejenigen, die an der Entscheidung nicht beteiligt sind, entsteht daraus eine Gefahr.[179] Und darin liegt ein Unterschied, der Konsenschancen untergräbt.

Gegenüber den mit Risiken verbundenen, vielschichtigen Problemkonstellationen und Konfliktpotentialen gibt es unterschiedliche Ansätze des Umgangs. Diese können danach unterschieden werden, inwiefern sie zur Lösung oder zur Verschiebung von Problemen beitragen. Luhmann behandelt drei Ansätze der Problembehandlung: das Postulat der Partizipation, das Desiderat der Information und die Abbildung im Schema rational/irrational.

---

178 Das auch schon in dem Fall, wo mit der Entwicklung medizinischer, chemischer etc. Kenntnisse Krankheit aus einer möglichen Gefahr zu einem Risiko wird.

179 »Die Organisation definiert Entscheidungszuständigkeiten und damit auch Einflußchancen, wenn nicht offizielle Einflußkanäle. Damit wird klargestellt, wer es als Entscheider, so oder so, mit für ihn unvermeidbaren Risiken zu tun hat und wer als Betroffener nicht anders kann als dasselbe Problem als Gefahr zu klassifizieren.« (Ebd., 153)

Angesichts der sozial divergenten, dissensuellen Positionen gegenüber Risiken und Gefahren weist Luhmann die Forderung nach Partizipation - Fokus vielfältiger Konflikte in der modernen Gesellschaft und Ansatzpunkt neuer Modelle ihrer Bearbeitung - als illusionär zurück. Ganz simpel schon deshalb, weil »nicht alle Entscheidungen von allen gemeinsam getroffen werden können.« (Ebd., 152) Außerdem aus dem Grund, »daß bei begrenzter Eröffnung von Partizipationsmöglichkeiten an wichtigen und folgenreichen Entscheidungen die Risiko/Gefahr-Differenz eher Enttäuschungen und Unzufriedenheiten produzieren wird als Einigung.« (Ebd.) Allerdings vermögen diese Einwände nicht, die Notwendigkeit neuer Entscheidungsformen und die Frage, wie sie umgesetzt werden können, zu desartikulieren. Statt dessen wendet Luhmann die Risiko/Gefahr- bzw. Entscheider/Betroffenen-Differenz offensiv gegen Ansinnen nach Partizipation, indem er sie als produktiv im Hinblick auf die öffentliche Wahrnehmung und Problematisierung von Gefährdungen behauptet.

So sei »zu bedenken, daß die Entscheider mitsamt denen, die an Entscheidungen partizipieren und deshalb die Risikoperspektive teilen müssen, eine in manchen Hinsichten ungünstige Position einnehmen. Sie müssen Beschränkungen hinnehmen, müssen mit den Unvollkommenheiten der Welt zurechtkommen und trotzdem sich aufführen als diejenigen, die die Verantwortung für die Folgen zu tragen haben. Die Betroffenen haben es leichter. Sie können sich aufs Warnen beschränken und können bei jedem ›Störfall‹ ihre Klagefrequenzen steigern. Um der öffentlichen Meinung diese Mobilisierungsressource zu erhalten, sollte man deshalb gerade vermeiden, alle an allen Entscheidungen zu beteiligen, selbst wenn es möglich wäre. Die Betroffenheit hat eine für die Selbstbeobachtung der modernen Gesellschaft positive Funktion.« (Ebd., 152f.)

In der Tat stellen Betroffenheit und ihre Artikulation eine gesellschaftliche Mobilisierungs- und Sensibilisierungsressource dar. Doch bleibt diese auch bei Partizipation erhalten. Luhmann hingegen verfolgt gegenüber den Betroffenen eine Ausgrenzungsstrategie, die die herrschenden Kompetenzverhältnisse befestigt und die Entscheidungsverfahren in den verschiedenen Funktionssystem- und Organisationsbereichen abschottet. Dadurch ergibt sich als Akzentverschiebung gegenüber der »ökologischen Kommunikation«, daß soziale Bewegungen nicht als »Angstkommunikation« delegitimiert und aus dem gesellschaftlichen Raum verbannt werden sollen, sondern als gesellschaftliches Warnsystem anerkannt und subaltern, d. h. ohne wirklich etwas zu sagen zu haben, in die Rationalitätslogik »funktionaler Differenzierung« integriert werden sollen. Wurden die neuen sozialen Bewegungen zuvor auf »Angstkommunikation« reduziert, so nun auf »Protestbewegungen«. Werden diese als autopoietische Systeme beschrieben, gilt Protest als Katalysator der Systembildung, wobei dieser lediglich als systeminterner Sachverhalt behandelt wird: »Protest ist kein Sachverhalt, der aus der Umwelt in das System importiert wird; sondern er ist eine Konstruktion des Systems selbst, deren Gründe dann in die Umwelt verlagert werden.« (1991, 137) Das Eingeständnis, der Betroffenenprotest kompensiere »deutliche

Reflexionsdefizite der modernen Gesellschaft« (ebd., 153) - der in einer veränderten Situation, dem Zeitpunkt genereller Anerkennung ökologischer Belange oder auch der Partei der Grünen erfolgt - denunziert ihn zwar nicht mehr als quasi pathologisches Phänomen, anerkennt aber trotzdem die Artikulationspotentiale von Betroffenen, Partizipationsforderungen und -formen sowie soziale Bewegungen und Initiativen nicht als Elemente einer sich erneuernden und lernfähigen Demokratie - einer Demokratie, die über strikte Repräsentations- und Entscheidungsmodelle hinausgeht.[180]

Die Forderung nach Partizipation wird in sozialen Auseinandersetzungen von Betroffenen oft abgeschwächt zur Forderung nach umfassender Information; oder von seiten der Entscheidungsträger wird ihr mit dem Versprechen einer sachgerechten Information und verantwortungsbewußten Kommunikation zu begegnen versucht. »Das Problem der kollektiven Entscheidungen, die niemanden ausschließt, wird beiseitegedrängt und ersetzt durch das Problem der sachkundigen, verantwortungsbewußten Kommunikation über Risiken.« (1990f, 153) Doch diese Kommunikation, so Luhmann, findet sich in einem Dilemma: Entweder muß sie sich selbst »manipulativ verstehen - oder sie läuft auf die Perspektivdifferenz von Risiko und Gefahr auf.« (Ebd.) Demnach läßt sich die Differenz von Risiko und Gefahr »durch Kommunikation schwer überbrücken« (ebd., 156), als objektive, quasi Entscheidungen enthobene ist diese unmöglich. So kann Risikokommunikation selbst riskant werden, wobei ihr Risiko gerade für Entscheidungsträger darin besteht, daß sie als Entscheidende sichtbar werden. Luhmanns diesbezügliche Diagnose beobachtet beide Seiten und ist dadurch treffend.[181] Bei der Risikokommunikation vermutet er in der Folge »eine paradoxe Kommunikation [...], die dazu tendiert, ihre eigenen Grundlagen, nämlich das Vertrauen der Problemlösung durch Information, zu zerstören.« (Ebd.) Doch schließt er daraus nicht, »daß Kommunikation unter diesen Bedingungen unmöglich sei und bestenfalls die Differenzen irreversibel festigen könne«; jedoch setze ein Überwinden der Schwierigkeiten »mindestens voraus, daß jeder

---

180 Als hauptsächliche Charakteristik der bisherigen Bundesrepublik - neben ihrer Bestimmung als »soziale Marktwirtschaft« - bezeichnet Luhmann die Kultivierung von »Protest« (vgl. 1992h). Dieser fungiert demnach gleichsam als Milieu, in dem soziale Bewegungen gedeihen. Systematisch unterschieden wird »Protest« dabei auch von legitimer politischer »Opposition«.

181 »Was man gegenwärtig als Kommunikation der Entscheider und der Betroffenen beobachten kann, läuft eher auf eine wechselseitige Verunstaltung der Standpunkte hinaus. Zumeist treffen vororganisierte Differenzen mit der hier erörterten Differenz von Entscheidung und Betroffenheit zusammen, etwa die Differenz von Arbeitgeber- und Arbeitnehmerorganisationen oder, heute wichtiger, die Differenz von Organisationen der Funktionssysteme und Protestbewegungen. Das verschärft das Problem. Auch vorsichtiger ansetzende Empfehlungen, die die Schwierigkeiten einer solchen Kommunikation und die Akzeptanzhindernisse einzuplanen versuchen, gehen immer noch davon aus, daß den Betroffenen irgendwie nahegebracht werden müsse, wie sorgfältig Risiken kalkuliert würden und wie unvermeidlich sie seien.« (Ebd., 156)

Teilnehmer die Notwendigkeiten der anderen Seite erkennt, ihnen Rechnung zu tragen versucht und sie in die eigene Positionsbestimmung einbezieht.« (Ebd.) Wenn Luhmann trotz aller Schwierigkeiten also einen Bereich sieht, in dem Kommunikation um Risiken möglich ist, ist zurückzufragen, ob dafür nicht eine zusätzliche Absicherung zumindest von Nutzen wäre - gerade etwa in Form partizipativer Modelle, die ermöglichen, neue Kompromisse auszuhandeln, ja möglicherweise selbst schon auf einem Kompromiß beruhen, wodurch kohäsive Effekte bewirkt werden.

Den Schwierigkeiten der Risikokommunikation - wie den ihr zugrundeliegenden Problemen - ist mit den Unterscheidungen rationaler/irrationaler und subjektiver/objektiver Positionen nicht einfach beizukommen. So kann man der beliebten Abbildung von Konflikten im Schema rational/irrational nachsagen, daß sie eine besondere Form der Verkennung des Standpunkts der je anderen Seite darstellt.[182] Denn angesichts der vielfachen Differenzierungslinien in der Gesellschaft haben »sozial garantierte Rationalitätsstandards«, »vernünftige‹ oder ethisch universell begründbare Kriterien des Sicheinlassens auf Risiken [...] kaum noch Chancen« (ebd., 162). Aufgrund der fehlenden Allgemeinverbindlichkeit von Kriterien bzw. dem »Fehlen einer gesellschaftlichen Repräsentation des Richtigen« (ebd., 163) greift die Unterscheidung von rational und irrational weitgehend ins Leere. Nicht nur gibt es »strukturelle Anlässe für die laufende Reproduktion von Betroffenheitskonflikten«, sondern auch »keinen Standort, von dem aus diese Konflikte superrational oder ethisch entschieden werden könnten.« (Ebd.) Wenn ferner als »objektiv« entweder gilt, worin die Mehrheit aller Beobachter übereinstimmt, oder was dem wissenschaftlichen Standard entspricht, ist unter Berufung darauf weder »unvernünftigen« oder wissenschaftlich nicht ausreichend gerüsteten Beobachtern beizukommen noch die Objektivierung der Urteilsgrundlagen zu leisten. Statt Konsens hervorzurufen, geht Luhmann davon aus, daß die entsprechenden »Versuche der Verwissenschaftlichung, der Präzisierung von Kausalverläufen, der immer raffinierteren Auswahl von Meßtechniken und statistischen Verfahren« vielmehr »kontraintuitive Effekte« haben: »Sie multiplizieren nur die Gesichtspunkte, in denen man verschiedener Meinung sein kann je nach dem, wie man zu Risiko bzw. Gefahr eingestellt ist.« (Ebd., 157) Wenn die »Arbeit am Objektivieren von Risikoeinschätzungen« gleichsam den »subjektiviert« (ebd.), der sich im Namen der Wissenschaft darum bemüht, ergibt das auch einen Zugang zur Problematik des Vertrauensschwunds

---

182 Werden in Risikokalkulationen und Risikokommunikation die »Rationalitätsprämissen« eng gefaßt, wird zu unterstellen und garantieren versucht, »daß andere in der gleichen Situation ebenso handeln würden«: »Wer rational kalkuliert, kann sich fühlen wie ›jedermann‹ und Andersdenkende als emotional gestört behandeln.« (Ebd., 136) Dadurch gewinnt, und das ist als Verkürzung des Kommunikativen und des Politischen wichtig festzuhalten, die Sozialdimension »kein eigenes Gewicht, sie wird durch das Rationalitätsprogramm aufgesogen.« (Ebd.)

von Experten, ja teilweise der wissenschaftlich-technischen Zivilisation insgesamt.

Mögliche Lösungen der beschriebenen Probleme sieht Luhmann zum einen darin, daß das Recht eines jeden zu eigener Objektivität respektiert wird, und zum anderen darin, die Unterscheidung subjektiv/objektiv überhaupt aufzugeben und sie in eine Kybernetik beobachtender Systeme zu überführen. Statt auf Eigenschaften der zugrundeliegenden Realität werden dann alle Aussagen auf beobachtende Systeme bezogen. Bedeutet das zum einen, darauf zu verzichten, »den Beobachter über Objektivitätsprämissen zu eliminieren« (ebd.), so zum anderen aber auch - was Luhmann nicht explizit sagt -, daß es auch keine »Objektivität« im Sinne einer primären Richtigkeit der Logik der Funktionssysteme geben kann. Folglich gibt es nicht nur allgemein »keinen Standpunkt [...], von dem aus Risiken richtig und für andere verbindlich eingeschätzt werden können« (ebd.), sondern auch die Systemcodes können keinen solchen Standpunkt abgeben. Diese Schlußfolgerung verweist auf eine Inkonsistenz in Luhmanns theoretischer Konstruktion, insofern sie der vom Standpunkt »funktionaler Differenzierung« vorgenommenen Delegitimierung bzw. Marginalisierung sozialer Bewegungen widerspricht. Würde dies von Luhmann thematisiert, müßten weite Teile seiner Problematik »ökologische Kommunikation« aufgegeben bzw. berichtigt werden.

Luhmann schreibt als für die Risikoproblematik konstitutiv die Differenz von Gegenwart und Zukunft in sie ein. Veranschlagter Erkenntnisgewinn ist ein vertieftes Verständnis der Dramatisierung von Risikoperspektiven und ihres Zusammenhangs mit Veränderungen der Temporalstrukturen der modernen Gesellschaft. Zur Semantik von Risiko und Gefahr gehört so, »daß das Unwahrscheinliche wahrscheinlich wird in dem Maße, als sich ohnehin alles (oder doch fast alles) in einer absehbaren Zukunft ändern wird.« (Ebd., 158) Dem liegt die strikte Unterscheidung zwischen den *künftigen Gegenwarten* und der *gegenwärtigen Zukunft* zugrunde, die weder durch Beobachtung noch durch Induktion überbrückt werden kann. In der Folge verstärkt Luhmanns Entfaltung der Risiko/Gefahr-Differenz in der Zeitdimension die für die Sozialdimension herausgearbeiteten Bestimmungen: die Verallgemeinerung von Ungewißheit, die Unmöglichkeit von Objektivität und den Verlust von Konsenschancen.

Innerhalb der rigiden und zudem sich schnell wandelnden Differenz von gegenwärtiger Zukunft und zukünftigen Gegenwarten gibt es demnach »keinen gewissermaßen zeitlosen Platz, keine integrierende Mitte« (ebd., 159), »*und das macht es unmöglich, für Risikobeurteilungen und Risikobereitschaften objektive Kriterien zu finden.*« (Ebd., 158)[183] Aus diesem notwendigen Auseinanderfallen leitet Luhmann nun eine Verdoppelung der Schadensperspektiven ab - mit

---

183 Zwar kann man »solche Kriterien errechnen und ihre Konsensfähigkeit zu begründen versuchen - aber man weiß zugleich, daß sie morgen von gestern sein werden.« (Ebd., 158f.)

unausweichlich schädlichen Wirkungen. Da in *künftigen Gegenwarten* ein Schaden eintreten kann oder auch nicht, man dies in der *gegenwärtigen Gegenwart* aber nicht sicher wissen kann und also für ihre *gegenwärtige Zukunft* als unsicher in Rechnung stellen muß, ist dies ein bereits gegenwärtiger Schaden, wenn man sich etwa Sorgen macht, sich unwohl fühlt, vorbeugt, Kosten in Kauf nimmt, die sich möglicherweise als unnötig erweisen werden.[184]

Luhmanns Unterscheidung zwischen gegenwärtiger Zukunft und zukünftigen Gegenwarten, so sinnvoll sie generell ist, ist mitunter zu scharf gezogen. Entscheidungen operieren nicht nur im Ungewissen, sondern auch vor dem Hintergrund von Wissen; Wirkungen können nicht in allen, doch immerhin in einigen Hinsichten antizipiert werden. Diese Beobachtung kann man nun auch kritisch auf Luhmanns Beschreibung eines Sachverhalts beziehen, den man, paradox formuliert, als »risikofreie Gefahr« bezeichnen könnte. Eine solche, nicht auf Einzelentscheidungen zurechenbare Gefahr sieht er im Falle von »Globaleffekten« und »Überraschungseffekten« gegeben. Diese unterlaufen prognostische Möglichkeiten und entziehen sich ihren spezifischen Ursachen - was Luhmann zuweilen zu pauschal und überspitzt artikuliert, wenn er als gleichsam einzige Möglichkeit unterstellt, »daß sich beim Zusammenwirken vieler Einzelentscheidungen deren Gesamteffekte und deren überraschende Koinzidenzen jeder Prognose entziehen.« (Ebd., 167) Denn auch wenn teilweise die Chancen der Voraussicht sehr begrenzt sind und in vielen Fällen die Zurechnung von Schäden auf einzelne Entscheidungen kaum möglich ist, so kann doch die generelle Entscheidungsabhängigkeit von Schäden insgesamt nicht bestritten werden - wobei man ja oft auch weiß, welche Entscheidungen und Handlungen zu welchen Effekten, wenn nicht in ihrer Ganzheit, so doch in relevanten Ausschnitten, führen.[185] Insofern man darüber Bescheid weiß, lassen sich bestimmte Entscheidungen und Risiken nicht damit verdecken und entnennen, daß sich die Gesellschaft im Falle globaler oder überraschender Effekte ihre Zukunft nur noch im Modus der Gefahr vorstellen kann. Insoweit also Entscheidungsmöglichkeiten oder, angesichts drohender Gefahren, Entscheidungsnotwendigkeiten gegeben sind, lassen sich auch, zumindest partiell, objektive Kriterien für Risikobeurteilungen und Risikobereitschaften finden - oder umgekehrt klare Gründe für offenen Dissens angeben.

---

184 Solche Vorkehrungen zum Abfangen von Störungen, Fehlern, Mißgeschicken etc., von Luhmann »Sorgeschäden« genannt, gestalten sich nun im Falle von Gefahren tendenziell als »Aufbau von Robustheit, Elastizität, stoischer Gelassenheit und gutem Gewissen oder nach außen gerichteter Aggressivität« und im Falle von Risiken als »Kalkulation und Kalkulationskosten« (ebd., 159), die reflexiv werden und sich in sich selbst verwickeln können beim »hoffnungslosen Versuch, die Differenz von künftigen Gegenwarten und gegenwärtiger Zukunft in der Entscheidung zu verrechnen.« (Ebd., 160)

185 Das gilt etwa für die globale Klimaproblematik oder für den Zusammenhang von FCKW-Gebrauch und Zerstörung der Ozonschicht.

Wenn Luhmann Zukunft im Modus einer »risikofreien Gefahr« stilisiert, schließt er daraus auch, »daß diejenigen, die vor den Gefahren der technischen Zivilisation warnen, sich heute in einer argumentativ überlegenen Position befinden.« (Ebd., 166f.) Das vermag sowohl die Heftigkeit seiner Attacken gegen die neuen sozialen Bewegungen zu erklären, als auch den Umstand, daß er deren Bemühungen als vergebliche Unterfangen diskreditiert. Nun ist auch deutlich, wie die Konzepte einer »risikofreien Sicherheit« und einer »risikofreien Gefahr« miteinander kommunizieren. Angesichts des Zukunftsmodus der Gefahr entzieht sich deren unprognostizierbare Un-/Wahrscheinlichkeitskonstellation der Zurechnung auf Risiken und Entscheidbarkeiten, und diese entziehen sich dem Streben nach Sicherheit. Die Vermittlung zwischen zukünftiger Gegenwart und gegenwärtiger Zukunft der modernen Gesellschaft ist gebrochen. Das Extrem »risikofreier Sicherheit«, so berechtigt es in der Frontstellung gegen »Sicherheit« als absolute oder garantierte, also gegen Sicherheitsfiktionen ist, ist diskursiv übergeneralisiert, wenn es allein als »(wie so viele Unterscheidungen der bürgerlichen Gesellschaft) [...] illusionärer Gegenbegriff« (ebd., 164) behandelt und mit ihm das Trachten nach Sicherheit diskreditiert wird. In dieser Stellung fungiert es dann bloß »als Basis für Klagen und Anklagen«, wodurch »nur Kontroversen stimuliert [werden], die sich selbst gesellschaftlich nicht verorten können.« (Ebd.) Dagegen ist folgendes einzuwenden: Selbst unterstellt, daß es keine risikofreie Sicherheit gibt, können und sollten doch unterschiedliche Risiken im Hinblick auf ihre spezifische Problematik und Charakteristik unterschieden werden. Damit können dann auch die vielfältigen Bedingungen, Formen und Grade von Sicherheit unterschieden werden. Vor dem Hintergrund der Erörterung solcher Unterschiede kann es dann durchaus begründet und angezeigt sein, entweder Sicherheit einzuklagen und bestimmte Risikobereitschaften anzuklagen oder umgekehrt bestimmte Risiken oder Gefährdungen hinnehmen zu müssen. Eine gesellschaftliche Verortung solcher Konfliktlagen dürfte dabei weniger ein generelles Hindernis denn wesentlich ein Problem theoriekonstruktiver Arbeit und politischer Auseinandersetzungen sein.

Festzuhalten ist, daß Luhmann »Risiko« zu einer allen Entscheidungssituationen inhärenten, an der Differenz von Entscheidern, Nutznießern und Betroffenen kristallisierenden, Problematik generalisiert. Die Verallgemeinerung von »Risiko« zu einem Grundcharakteristikum der Moderne macht diese Kategorie zu einem die gesamte Gesellschaft übergreifenden, zu einem für alle Lebensbereiche gültigen Querschnittsbegriff. Dadurch wird er zu einem begrifflichen Ausdruck verallgemeinerter Gefährdung der modernen Gesellschaft. Die in der historischen Entwicklung, im Vergleich zu Gefahrsituationen, in der Tendenz ihrer Ausdehnung gesehenen Risikosituationen werden als in der Sozial- und Zeitdimension und nicht in der Sachdimension situierte Probleme gefaßt. Sachliche Gefährdungen stellen trotzdem das gemeinsame Dritte der Risiko/Gefahr-Differenz dar. Dadurch wird die Sachdimension etwas beide Seiten der Unterscheidung Verbindendes - und fungiert so gleichwohl als blinder Fleck, das nicht weiter Thematisierte, von Luhmanns Risikobegriff. Dieser blinde Fleck, der wohlgemerkt auf eine bewußte Entscheidung Luhmanns zurückgeht, ist insofern nicht notwendig, als in die Konturen von Luhmanns Risikobegriff verstärkt sachliche Risikodimensionen eingezeichnet, diese begrifflich konstitutiv entfaltet werden könnten. Denn als gemeinsames Drittes der Risiko/Gefahr-Unterscheidung sind sachliche Schadensdimensionen als sachlich beliebig generalisierbar unterstellt oder in der einen oder anderen Weise enthalten. In diesem Status sind sie aber unvermeidlicherweise übergeneralisiert und damit entspezifiziert - man könnte auch sagen: entsachlicht. In extremer Formulierung heißt es sogar, analog zur »ökologischen Kommunikation«: »Nur Kommunikation über Technik und vor allem: Kommunikation von Entscheidungen über Einsetzen oder Nichteinsetzen von Technik ist riskant.« (1991, 7) Luhmanns Desartikulation von sachlich dimensionierten Risiko- und Sicherheitsbedingungen beruht nun auch auf einer anderen Desartikulation, die sie wiederum fundiert: der Abstraktion von den Bedingungen und Formen der Gefährdungsproduktion.[186]

Mit der Zurückdrängung der Sachdimension von Risiken einher geht ihre soziale Relativierung im Zusammenhang der Festschreibung des Risikobegriffs nicht als Begriff bestimmter Weltsachverhalte, sondern als Begriff der Beobachtung von Beobachtung, als Zurechnungsbegriff. Daraus erwachsen die spezifischen Stärken wie Schwächen von Luhmanns risikosoziologischem Ansatz. Die Bestimmung des Risikobegriffs durch das Kriterium der Zurechenbarkeit auf Entscheidungen konstituiert die Entscheidungs- als Machtproblematik, situiert und entfaltet den Risikobegriff innerhalb des Mediums der Macht.[187] Die Leistung sozialer Relativierung besteht darin, zu »rekonstruieren, daß Beobachter (und das schließt immer ein: Entscheidende, Handelnde) auf der Ebene der Beobachtung erster Ordnung davon ausgehen, daß es Risiken bzw. Gefahren gibt und daß es möglich ist, die Phänomene unabhängig von den jeweiligen Beobachtern [...] entsprechend zu sortieren«, jedoch auf der Ebene der Beobachtung dieser Beobachter solche Annahmen als Konstruktionen zu durchschauen und zu spezifizieren, »wie diese Konstruktionen angefertigt werden« (1990f, 137). Umgekehrt allerdings besteht das Problem im Ausschluß von Risiken als Sachverhalten, die unabhängig davon bestehen, »daß man davon spricht, also eine beobachterunabhängige Realität« (ebd.) bezeichnen. Kann ein Doppelblick der Beobachtung von Beobachtern also erfassen, »was die Beobachter sehen und was sie nicht sehen« (ebd.), so vernachläßigt diese Konstruktion des Problems als

---

186 Vgl. dagegen insbesondere Beck 1986 und Perrow 1987.

187 Denn Macht ist »eine soziale Beziehung, in der *auf beiden Seiten anders gehandelt werden könnte.* Der Machtunterworfene erfährt Macht und fügt sich der Macht nur, wenn er andere Möglichkeiten eigenen Handelns sieht und bevorzugen würde. Aber auch der Machthaber selbst übt eigene Macht nur aus, wenn er dies nicht zwangsläufig tut wie ein Automat, sondern wenn er sich dafür entscheidet, einen bestimmten Verhaltenskurs durchzusetzen.« (1987e, 117)

Zurechnungsproblem einerseits die Beobachtung und Theorisierung der gesellschaftlichen Produktion der vielfältigen, insbesondere auch ökologischen Schadens- und Selbstgefährdungspotentiale und ermöglicht andererseits über schlichte Positionsnahmen hinaus die distanzierende und reflektierende Beobachtung von Akteuren bzw. deren Interaktionsdynamiken.

5.2.2.2 Suche nach einem neuen Kommunikationsmedium zur Risikobewältigung

Die in Luhmanns Beschreibung alle Lebensbereiche der modernen Gesellschaft durchdringende Gegenwart von Risiken, deren Verallgemeinerung zu einer Grundproblematik gesellschaftlicher Reproduktion und Zukunftsbestimmung, verweist gerade da, wo ihnen Katastrophenpotentiale innewohnen, auf Grenzen der Strukturtypik und Prozeßlogik dieser Gesellschaftsform, insbesondere der durch das Prinzip binär codierter funktionaler Differenzierung vermittelten Regelung der grundlegenden System- und System/Umwelt-Zusammenhänge.

Luhmann führt aus, daß auch die vergesellschaftungsmächtigsten Systeme Ökonomie und Recht mit ihren Medien und Programmen der Risiko/Gefahr-Problematik nicht gewachsen sind. Selbst wenn er im allgemeinen theoretisch und politisch rigoros gegen Ansätze argumentiert, die die binär codierten autopoietischen Systemlogiken nicht als solche anerkennen, sie zu überwinden oder zu kompensieren versuchen, hebt er aber nicht auf »die geläufige Alternative hierzu, die liberale Ideologie der Freiheit«, ab: Denn auch diese »scheitert an der Differenz von Risiko und Gefahr« (ebd., 164). Er begründet dies damit, daß »die Freigabe von Handlungsmöglichkeiten und mit ihr der gesamte konstitutionelle Apparat der Freiheitsrechte« ja auf der Annahme beruhte, »daß es einen umfangreichen Bereich von Handlungsmöglichkeiten gebe, bei deren Wahrnehmung man sich selbst nützen könne, ohne jemandem anderen zu schaden.« (Ebd.) Allerdings hatten bereits der Vertragsbegriff und die Freigabe der Vertragsfreiheit

> »diese Maxime, gleichsam wider besseres Wissen, stützen müssen, denn der Schaden dessen, der freiwillig zugestimmt hatte, brauchte nicht berücksichtigt zu werden. Die daran anschließende Kritik der sogenannten ›bürgerlichen‹ Ideen gewinnt neue Schärfe, wenn man das Risikoproblem mit in Betracht zieht. Denn im Bereich des riskanten Handelns (und welches Handeln wäre nicht riskant) kommt der Fall des eigennützigen Handelns ohne Gefährdung anderer gar nicht (oder allenfalls extrem selten) vor.« (Ebd., 164f.)

In der Konsequenz heißt das, daß für die Gewähr von Freiheitsrechten jenseits der liberalen Ideologie der Freiheit eine neue Rechtfertigung gefunden werden muß, »die ohne Berufung auf jenen (seltenen) Bereich paretooptimalen Handelns auskommt.« (Ebd., 165)

Zu Luhmanns Problembeschreibung der Reproduktion und Zukunftsgewinnung der modernen Gesellschaft gehört die Feststellung der grundlegenden Beschränktheit von Wirtschaft, Recht und Politik, wobei nun mit der Risikoproblematik eine zusätzliche und grundlegende Akzentsetzung hinzukommt. So könnte es sein,

»daß normative Regulative (Recht) und Knappheitsregulative (Wirtschaft) nicht mehr ausreichen, um die soziale Relevanz der Zukunft zu institutionalisieren oder doch in eine Form zu bringen, deren Restprobleme dann als politische Probleme abgearbeitet werden können. Es könnte sein, daß die symbolisch generalisierten Kommunikationsmedien der rechtlich durchstrukturierten politischen Macht und des eigentumsbasierten Geldes am Problem des Risikos Grenzen finden, ohne daß man sähe, ob und wie ein risikobezogenes Kommunikationsmedium entwickelt werden könnte. Es könnte sein, daß die soziale Problematik des Entscheidungsverhaltens sich heute grundlegend verändert.« (Ebd., 138)

Diese Aussagen markieren gegenüber Luhmanns hauptsächlicher, oben dargestellter, theoretischer und politischer Paradigmatik der modernen Gesellschaft eine überraschende Verschiebung: Die in der bisherigen historischen Entwicklung herausgebildeten gesellschaftlichen Grundinstitutionen werden im Hinblick auf die kognitive Erschließung und praktische Realisierung einer allgemein tragfähigen Zukunft als prinzipiell beschränkt, im Sinne von historisch obsolet, eingeschätzt. Und zwar in der Weise, daß die bisher als Einheit vorgestellte, dem Prinzip funktionaler Differenzierung folgende Beschreibung und Projizierung der modernen Gesellschaft aufgebrochen wird. Die Orientierungsmacht und Vergesellschaftungskompetenz der dominanten Kommunikationsmedien werden nicht zu einem notwendigen, historisch irreversiblen und unüberwindbaren, morphogenetischen Prinzip stilisiert und im Namen seiner evolutionären Hochspezialisiertheit, Fragilität und Leistungsfähigkeit gerechtfertigt, sondern als prinzipiell korrektur- und ergänzungsbedürftig vorgestellt, zwar noch im Gestus der Ratlosigkeit, doch auf der Suche nach Besserem.

Mit dieser perspektivischen Verschiebung ist die Notwendigkeit eines gesellschaftspolitischen Umbaus und, damit zusammenhängend, eines dies sowohl reflektierenden als auch orientierenden theoretischen Umbaus angezeigt. Es ist eine Problemstelle markiert, die theoretisch und politisch praktisch zu erschließen und auszufüllen ist. Wenn die Institutionalisierung der Vertragsfreiheit, die Positivierung des Rechts und die Monetarisierung der Wirtschaft hochkomplexe soziale Regulierungen erzeugt haben, »die im Alltagsleben eine tägliche, ja stündliche Relevanz besitzen und eine hochverfeinerte Sensibilität gegenüber Bedingungen (Vorschriften, Preisen) und deren laufenden Änderungen erzeugen«, so ist das alles »für Probleme des Risikos und der Gefahr nicht, oder jedenfalls bei weitem nicht in gleichem Maße der Fall« (ebd., 144). Der Befund ist schlüssig, »daß weder der semantische Komplex Normen/Regeln/Werte noch der semantische Komplex Knappheit/Güter/Interessen ausreicht, um in der heute sichtbaren Gesellschaft das Verhältnis von Zeitdimension und Sozialdimension zu repräsentieren« (ebd., 145). In der Folge wäre dann auch »die traditionelle Doppelorientierung an Normfragen und Knappheitsfragen, also an Recht und Wirtschaft, durch eine weitere Perspektive« zu ergänzen, insofern »das Risiko/Gefahr-Problem weder als ein Normproblem noch als ein Knappheitsproblem angemessen behandelt werden kann.« (Ebd.)[188]

Im Hinblick auf das angezeigte Problem spricht Luhmann zwei Lösungs- bzw. Bearbeitungsformen an, von denen die erstere die innovativere, noch hervorzubringende darstellt und die letztere die faktisch vorherrschende, teilweise vielleicht unverzichtbare. Die eine Lösungs- bzw. Bearbeitungsform wird als »ein risikobezogenes Kommunikationsmedium« (ebd., 138) veranschlagt, d. h. als eine auf quasi derselben Ebene wie Recht oder Geld angesiedelten Vergesellschaftungsinstanz. In den vorzufindenden Formulierungen sind allerdings dessen Bedingungen der Möglichkeit, konkrete Existenzform und Funktionsmodus noch prinzipiell offengelassen. Die andere Form der Bearbeitung wird in der zu beobachtenden Überschwemmung des politischen Systems mit Anforderungen, »die ihre Problematik in der Gefährlichkeit der Risiken haben« (ebd., 165), gesehen. Dadurch, daß diese Probleme »rational (ethisch, konsensuell) unlösbar« sind, also »politisch gelöst« werden müssen, d. h. »durch (ihrerseits riskante) Entscheidungen, die auch ohne vernünftigen Konsens kollektiv binden«, wird der Staat »zur letzten Instanz der Transformation von Gefahren in Risiken.« (Ebd.)[189] Inwieweit diese Bewegungsform - die den Staat nicht nur als notwendige, sondern auch als Instanz in Not zeigt - auch im Falle eines gesellschaftlich installierten risikobezogenen Kommunikationsmediums wirksam bleiben würde, wird von Luhmann nicht thematisiert. Staat als Letztinstanz der Risikobearbeitung heißt nun jedenfalls dreierlei.

Erstens: Daß »dann eben Politik einspringen muß«, wenn alle anderen Systeme und Akteure sich für unfähig oder nicht zuständig erklären - in der Funktion, »den Mechanismus kollektiv bindender Entscheidung zu benutzen, um das zu entscheiden, was weder richtig noch falsch entschieden werden kann.« (Ebd., 168) Mag man gegen diese Formulierung einwenden, daß oft aber auch richtig oder falsch entschieden werden kann, ist doch anzuerkennen, daß mit dieser paradoxen Überspitzung auf nüchterne Weise eine erzwungenermaßen

---

188 Derselbe Gedanke in schärferer Formulierung: »Nicht nur die normative, auch die Knappheitsregulierung des Verhältnisses von Zeitdimension und Sozialdimension wird also überfordert (und wird darauf mit Unschärfen reagieren), sobald Risikoprobleme in den Blick kommen. Das heißt nicht, daß die in Jahrtausenden entwickelten Spezifikationen dieser Rationalitätsmodelle unbrauchbar geworden wären. Sie behalten ihren Sinn im Kontext je ihrer Problemstellung. Sie taugen aber nicht zur Lösung der Risikoprobleme, die in der heutigen Gesellschaft an Prominenz gewinnen.« (Ebd., 147)

189 »Die alten Normsetzungs- und Verteilungsprobleme werden damit nicht obsolet, sie werden nur durch eine weitere Unruhequelle beiseitegedrängt. Die Legitimation von Entscheidungen wird schwieriger.« (Ebd.)

notwendige, weder zu über- noch zu unterschätzende Funktion von Politik angesprochen wird.

Zweitens: Daß »auch die Hoffnung auf eine regulative Ethik wenig sinnvoll« (ebd., 148) ist. Ein Grund dafür liegt in der Eigenmacht und Eigensinnigkeit der gesellschaftlichen Funktionssysteme und ihren Organisationen, wie Luhmann immer wieder betont. Ein anderer Grund erwächst der Diagnose, daß, wenn es um Zukunft in der Perspektive von Risiko geht, »*weder* Faktenkonsens *noch* Wertkonsens zu helfen, und sogar *beides* den Konflikt zu verschärfen« (ebd.) scheint. Demnach kann man auch bei genereller Übereinstimmung in der Faktenlage oder gegenüber bestimmten Werten gerade »*trotzdem und gerade deshalb in Streit geraten über die Form der Lösung dieses Wertkonflikts*« (ebd.) - Wertkonflikt verstanden als Bewertungskonflikt hinsichtlich Kriterien, Prioritätensetzungen etc. (vgl. auch 1993d).

Drittens: Daß wenn nicht die Hoffnung auf Ethik als Orientierungs- oder Regulationsinstanz, dann aber vielleicht die »auf eine stärker reflexive Form der Kommunikation« (1990f, 148) sinnvoll ist. Eine solche ist notwendig allein schon aufgrund der Tatsache, daß in der Kommunikation von Risiken oft »plumpe, aggressive, die Gegenposition verzerrt darstellende Argumentation auf *beiden* Seiten« anzutreffen ist - was Luhmann als ein »Anzeichen« dafür liest, »daß beide Parteien im Grunde wissen, daß sie gegen Werte agieren, die sie selbst anerkennen.« (Ebd.) Die Gegenperspektive einer reflexiven Kommunikation wird von Luhmann ausgebaut und zugespitzt im Kontext einer gegenüber dem risikosoziologischen Ansatz weiter radikalisierten Epistemologie des Nichtwissens - als Vorschlag einer politischen Kultur nichtüberzeugter Verständigung (vgl. 5.2.3).

Im Hinblick auf die Problemstellungen der »ökologischen Kommunikation« ist noch festzuhalten, daß Luhmanns Risikosoziologie insofern an diese anschließt, als die systemischen Bedingungen von Problemwahrnehmungen und -behandlungen, die Resonanzformen der funktional differenzierten, binär codierten gesellschaftlichen Subsysteme Ausgangspunkt und Grundlage der Analyse sind. Diese werden nun aber in der Perspektive gezeigt, daß sie der institutionellen Ergänzung bedürfen; so werden sie im Prinzip nicht totalisiert als je allein richtiger Standpunkt der denkend- wie politisch-praktischen Orientierung vorgestellt - zumindest in den innovativeren und tragenden Formulierungen -, sondern durchaus als unterschiedliche Positionsnahmen ermöglichend dargestellt. Dabei wird immerhin die Notwendigkeit der Überwindung ihrer Beschränkungen markiert, auf gängige Wahrnehmungs- oder Ausweichformen als illusionäre Fallen aufmerksam gemacht.

Weist Luhmann in der Problematik ökologischer Kommunikation systemspezifische Bedingungen der Problemproduktion und Problemresonanz auf, die in den weiteren Analysezusammenhängen ihre Gültigkeit behalten, so bezieht und befördert er da die Positionen, die den systemisch dominanten Codes entsprechen. In der Risikosoziologie wird verstärkt beobachtet, daß und wie die kontroversen, sich bekämpfenden oder gegenseitig leugnenden Positionen miteinander zusammenhängen, beidseitig mehr oder weniger verzerrt bzw. partiell richtig sind. Im folgenden spitzt Luhmann diese in den Auseinandersetzungen beobachtbaren Vereinseitigungen zu einer Problematik einer Ökologie des Nichtwissens zu, wobei »Nichtwissen« als verallgemeinerte Grundlage und Medium von Weltwahrnehmung und Handlungsorientierung bestimmt wird - wodurch gerade im Hinblick auf Risikokontroversen sowohl eine Begründung ihrer notwendigen Vereinseitigung als auch ein Vorschlag einer neuartig ansetzenden Auseinandersetzungs- und Verständigungsform zu formulieren beansprucht wird.

Dargestellt wird nun zunächst das Konzept des Nichtwissens in seinen verschiedenen Akzentuierungen, deren eine in einer global verallgemeinernden Bestimmung von Nichtwissen liegt - welches die vorherrschende Begriffsverwendung bzw. -bedeutung ist - und deren andere in einer graduell differenzierenden Bestimmung von Nichtwissen. Daraufhin wird die daran anknüpfende Perspektive einer nicht nur moralabstinenten, sondern auch dezidiert nicht konsensorientierten Verständigungsform vorgestellt.

5.2.3.1 Zur Konstitution von »Nichtwissen« als Grundparadigma

Die Generalisierung von Nichtwissen zum Erkenntnis- und Handlungsmedium schlechthin bedeutet, daß Bezugspunkte verschwinden, die in sozial übergreifender Weise kognitive und als objektiv kommunizierbare Gewißheiten darstellen. So wird aus Wissen etwa bloß »vermeintliches Wissen«. Als lediglich auf vermeintlichem Wissen gründend verweist Luhmann »die Alarmierungsrhetorik auf der einen Seite und die Resistenz im Hinblick auf Notwendigkeiten« in die Schranken, wobei für ihn gerade »der forsche, oft verständnislose Stil der Kontroversen verrät, daß dies Wissen auf ungesicherten Annahmen beruht.« (1992f, 154) Damit korrespondiert die Hypothese, »daß die ökologische Kommunikation ihre Intensität dem Nichtwissen verdankt« (ebd.). Dem pauschalisierenden Akzent dieser Aussage kann entgegengehalten werden, daß tatsächlich, ob von allen geteilt oder auch nicht, in den Kontroversen um zivilisatorische Konflikte zumindest teilweise gesichertes Wissen eingesetzt wird, so daß die Heftigkeit in Auseinandersetzungen vielmehr aus der Relevanz der Streitgegenstände herrühren kann - wobei auch die wechselseitige Bewertung dessen, was als relevant gilt und wie dem Rechnung zu tragen ist, den Streit bis zum Gegensatz steigern kann.

Die Behauptung bloß vermeintlichen Wissens untermauert Luhmann durch die Charakterisierung ökologischen Wissens als Nichtwissen. Dabei bestreitet er zwar nicht, daß das ökologische Wissen beständig wachse, will das aber so verstanden wissen, daß damit »das Nichtwissen über die Beziehungen zwischen der Gesellschaft und ihrer ökologischen Umwelt« (ebd., 158) einhergehe, wodurch die wesentliche Bedeutungsdimension von »Ökologie« systematisch vernachlässigt werde. Dieser Widerspruch verdankt sich allerdings in erster Linie Luhmanns eigener Voraussetzung, daß das, was als ökologisches Wissen bezeichnet wird, eigentlich gar keins ist. Dagegen kann man nun einwenden, daß die Entgegensetzung der Wirklichkeit ökologischen Wissens und ihres Begriffs so nicht stimmt, insofern ein wesentlicher Bestandteil des vorhandenen ökologischen Wissens - wie es aus der vorliegenden Literatur zu ersehen ist - gerade im Aufweis von gesellschaftlich bedingten Verursachungsmomenten ökologischer Probleme besteht. Auch wenn man ganz allgemein in bezug auf ökologische Interdependenzen zwischen Natur und Gesellschaft davon sprechen kann, daß an Stelle von fundiertem Wissen Nichtwissen oder bloß hypothetisches Wissen überwiegt, wäre doch zum einen das vorhandene Wissen kritisch zu würdigen und zum anderen zu versuchen, den Bereich des Nichtwissens durch Wissen zu erschließen, statt den Topos allgemeinen Nichtwissens zu befördern.[190]

Das Konzept des Nichtwissens ist übergeneralisiert, wenn es nicht nur zu einer Bedingung und zu einem Aspekt, sondern zur Voraussetzung wie sogar zum Resultat von Erkenntnisprozessen und Handlungsprozessen in der modernen Gesellschaft gemacht wird. So reichert sich die beanspruchte *antiontologische Perspektive* und Stoßrichtung mit *ontologisierenden Stellungnahmen* und Aussagen an, und zwar solchen, die Qualitäten des »Nichtwissens« - und in der Folge des »Nichtkönnens« - totalisiert und generell festschreiben. Als epistemologischen Ausgangspunkt Wissens- und Könnenskapazitäten, Wissens- und Handlungskompetenzen in Frage zu stellen oder zu problematisieren, ist sinnvoll, nicht jedoch, ihre Möglichkeit und Aggregationsfähigkeit pauschal abzustreiten. Das Fehlen einer Akteurstheorie bei Luhmann - insbesondere einer solchen, die über einen Begriff der Handlungsfähigkeit verfügt, der zwischen unterschiedlichen Formen und Graden von Handlungsfähigkeit unterscheiden kann - wird

---

190 Die Anforderung, von der Wittgenstein im Verhältnis von Philosophie und Naturwissenschaft spricht, stellt sich auch generell gegenüber dem Nichtwissen. »4.113 Die Philosophie begrenzt das bestreitbare Gebiet der Naturwissenschaft. 4.114 Sie soll das Denkbare abgrenzen und damit das Undenkbare. Sie soll das Undenkbare von innen durch das Denkbare begrenzen. 4.115 Sie wird das Unsagbare bedeuten, indem sie das Sagbare klar darstellt.« (Wittgenstein 1963, 42) Mithilfe der Unterscheidung zwischen Denkbarem und Undenkbarem ließe sich auch der Begriff des Nichtwissens eingrenzen, durch eine Grenzziehung bestimmen.

gleichsam verdeckt durch und verkehrt in das Theorem allgemeiner Handlungs-unfähigkeit.

Der in praktischer Hinsicht harte Kern, der strategische Einsatz der These einer Ökologie des Nichtwissens liegt darin, daß die »Kommunikation von Nichtwissen [...] von Verantwortung [freistellt]«: »Wer Wissen kommuniziert, absorbiert Unsicherheit und muß folglich die Verantwortung dafür überneh-men, daß sein Wissen wahr und nicht unwahr ist. Wer Nichtwissen kommuni-ziert, ist schon dadurch entschuldigt.« (Ebd., 178)[191] Kommunikation von Nichtwissen spezifiziert Luhmann für Organisationen als »*Kommunikation von Unzuständigkeit*« (ebd.), wobei er diesen eine eigentliche »Organisationsethik der Inanspruchnahme von Unzuständigkeit« (ebd., Fn. 31) zuschreibt. Da es in Organisationen üblicherweise eine Stelle gibt, die über »Kompetenzkompetenz« verfügt, erfordert die Kommunikation von Unzuständigkeit, daß diese Stelle »nicht leicht zu finden, nicht leicht anzusprechen, nicht leicht zu aktivieren« (ebd., 178) ist.

Die Behauptung der Allgemeinheit von Nichtwissen erlaubt die Inan-spruchnahme von Unzuständigkeit für die Bearbeitung von Problemen, entlastet von der Verantwortung für Folgen, zumindest ihrer antizipativen Berücksichti-gung - zumal Luhmann die Alternative von getätigten und unterlassenen Hand-lungen als unüberwindbares Dilemma vorstellt. Gegen die Botschaft, »man solle für die Folgen, die man technisch oder wie immer auslöst, die Verantwortung übernehmen«, sei zwar »zunächst nichts zu sagen« (ebd., 182), »doch wenn der-jenige, der Folgen auslöst (derjenige also, der zu handeln wagt), nicht weiß und nicht wissen kann, welche Folgen er auslöst, *und wenn ihm erlaubt ist, dies zu sagen*, liegt das Dilemma auf der Hand: entweder Nichthandeln (aber wer über-nimmt dann die Verantwortung für die Folgen des Unterlassens?) oder ins Ungewisse hinein.« (Ebd., 183) Doch es ist nicht zwingend, daß diese Alternative sich in der Form stellt, so daß sie als verkürzt formuliert zu bezeichnen ist - was auch auf die Begründung von Nichtwissen als allgemeinem, übergreifendem Paradigma zurückwirkt. Erstens ist die Alternative zwischen Handeln und Unterlassen nicht notwendig symmetrisch, gibt es doch nicht nur die Alterna-tive zwischen Handeln und Unterlassen, sondern immer auch die zwischen die-

---

191 Ein Aspekt des Zusammenhangs von Autorität und Wissen ist Spezialisierung, so daß normalerweise in der Kommunikation unterstellt werden kann, »daß eine mit Auto-rität versehene Kommunikation erläutert und begründet werden könnte; aber man unterläßt die Rückfrage, weil dafür die Zeit fehlt, oder die Kompetenz zur Formulie-rung der Frage, oder auch die courage.« (Ebd., 175) Nach Luhmann zerbricht unter Bedingungen funktionaler Differenzierung die in Status und Spezialisierungswissen gründende »Einheit von Autorität und Verantwortung« - die bedeutete, »daß der, der Verantwortung hatte, nicht auch für jeden Fehler, geschweige denn für Folgen ver-antwortlich gemacht werden konnte«, so daß er, »von Krisenfällen abgesehen, durch seinen Status geschützt« (ebd.) war -, wogegen aber wieder eingewandt werden kann, daß sich unter neuen Bedingungen veränderte Formen von Autorität und ihrer Legi-timation und auch von Verantwortung herausbilden.

sem einen und jenem anderen Handeln, zweitens lassen sich Folgen, oft oder zumindest partiell, antizipieren, drittens können sie bewertet und gemäß Kriterien bevorzugt oder verworfen werden, viertens müssen Folgen nicht als Kompaktgröße betrachtet werden, sondern können in ein Bündel einzelner Auswirkungen dekomponiert werden, das fünftens, zumindest partiell, auch anders konditionierbar ist, wofür sechstens die Akteure, im Rahmen ihrer Handlungs- und Entscheidungsmöglichkeiten, auch die Verantwortung zu übernehmen haben oder übernehmen können. Dementsprechend gibt es zwar zumeist kein einzig richtiges Handeln, doch immerhin Handlungsalternativen mit jeweils unterschiedlichen, im Prinzip einsehbaren Gründen und Antrieben, zumindest ansatzweise antizipierbaren Wirkungen und Folgen. Und insoweit dies der Fall ist, ist Wissen vorhanden, können Wahlen getroffen, Veränderungen, auch in den Handlungsbedingungen und -kontexten, eingeleitet und Korrekturen versucht werden.

In einer graduell gestuften oder ausschnitthaft beschränkten Bestimmung von Nichtwissen, wie sie bei Luhmann auch zu finden ist, wird ein nicht übergeneralisierter Begriff von Nichtwissen geliefert, der angemessenere und pragmatischere Verwendungsweisen ermöglicht. Hier fungiert »Nichtwissen« als allgemeine Chiffre der in Gewußtes und Ungewußtes, Sichtbares und Unsichtbares *gespaltenen* Welt - bei Vorherrschaft des Ungewußten und Unsichtbaren.

In bezug auf Handeln ist nun der Grad und das Ausmaß von Nichtwissen abhängig vom »Verhältnis der vorhergesehenen zu den nichtvorhergesehenen Handlungsfolgen«, und dieses »abhängig von den Zeithorizonten, die beim Handeln veranschlagt werden.« (Ebd., 185) Dabei gilt, daß je weiter der Zukunftshorizont, desto wahrscheinlicher ein Übergewicht der nichtvorhergesehenen Folgen ist. Besonders in der modernen Gesellschaft macht sich der Umstand geltend, daß sich Strukturen schneller und weitergehend als früher ändern. Insgesamt rückt so »die Unprognostizierbarkeitsschwelle der Zukunft näher an die Gegenwart heran.« (Ebd., 186) Eine Folge davon ist, daß sachlich wie zeitlich »die Bedeutung des Nichtwissens auch und gerade in Horizonten zu[nimmt], die als handlungsrelevant entworfen werden.« (Ebd.) »Nichtwissen« fungiert in dieser Begriffsverwendung also mehr als *Grenze,* die den Bereich des Wissens und der Kontrolle von dem des Nichtwissens und der Unkontrollierbarkeit trennt, wobei deren Verlauf nicht von vornherein fixiert ist, sondern erst konkret festgelegt werden muß und auch verschiebbar ist.

Angesichts der Dominanz der Seite des »Nichtwissens« wirft Luhmann der Handlungs- inklusive Steuerungstheorie vor, daß »die von der Zwecksetzung aus projektierte Unterscheidung von vorhergesehenen und nichtvorhergesehenen Folgen« (ebd.) sowie die Anreicherung von Handlungsperspektiven durch »weitere Beschränkungen in der Form ethischer Imperative« (ebd., 187) zu kurz griffen. Doch kann man dieser Bewertung entgegenhalten, daß es immer noch besser ist, solche Unterscheidungen und Einschränkungen vorzunehmen, als auf sie zu verzichten. Zugleich kann man Luhmanns Aussage aber auch so interpretieren, daß, jenseits der negativen Bewertung, immerhin zugestanden wird, daß Wissen dem Bereich des Nichtwissens abgerungen werden kann, die Wirkungen und Folgen von Handlungen zumindest partiell antizipiert, kontrolliert oder umgelenkt werden können.[192]

Im folgenden sei auf einige Bemerkungen Luhmanns verwiesen, die in der Tat für eine Problematik des Nichtwissens sprechen, allerdings nicht im Sinne einer generellen Desartikulation von Wissens- und Handlungsfähigkeit, sondern einer differenzierenden Bestimmung der Bedingungen ihrer Möglichkeit. Dabei ist zu unterscheiden, wo Luhmann die Möglichkeit, in diese Richtung zu denken, bereitstellt, wo er sie selber wahrnimmt und wo er sie letztlich wieder umbiegt in eine pauschalisierende Verneinung. Wenn auch, worauf Luhmann hinweist, nicht mehr in Evidenzen gewußt wird, »daß und wie die Welt sich über Raum und Zeit expliziert« (ebd., 170), man statt dessen nur beobachten kann, »daß die Wahl von Unterscheidungen und Bezeichnungen, Gegenwarten und Raumstellen Konsequenzen hat für das, was von da aus beobachtet bzw. nichtbeobachtet werden kann« (ebd.), bezeichnet dies doch, bei anzuerkennender sozialer Relativität, gerade eine Möglichkeit, tatsächliches Wissen hervorzubringen und nicht einfach die Gewißheit seiner Unmöglichkeit.

Erschwert, aber nicht verunmöglicht, wird die Kommunizierbarkeit von Wissen in der Tat dadurch, daß die Bedingungen und Formen der gesellschaftlichen Kommunikation von Wissen und die seiner Hervorbringung andere sind, möglicherweise sogar auseinanderlaufen.[193] Auf Giddens verweisend bemerkt Luhmann, daß zum einen die Kommunikation generell »an Volumen, Komplexität, Speicherfähigkeit und Tempo zugenommen hat« (ebd., 166), daß aber »diese räumlich-zeitlichen Veränderungen in der gesellschaftlichen Kommunikation nicht, oder jedenfalls nicht direkt, zusammenhängen mit der immensen

---

192 In diesem Sinne findet man im Hinblick auf Risiken die theoretisch wie praktisch fruchtbaren Fragestellungen: »Von welcher Gegenwart aus soll bestimmt werden, was wann nicht mehr zu ändern ist und was noch weit in der Zukunft liegt? Welche Raumstelle bestimmt Betroffensein? [...] Wie weit müssen wir jetzt schon beachten, daß das, was wir jetzt tun, künftig Vergangenheit und dann nicht mehr zu ändern sein wird - wenn wir doch gegenwärtig noch nicht wissen und nicht wissen können, welche Änderungspotentiale eine heute noch verborgene Zukunft bereithalten wird? Und wie können wir Vorsorge dafür treffen, daß wir jetzt nicht verhindern, daß die entsprechenden Vorarbeiten für das eventuell Mögliche unternommen werden? Wer soll hier entscheiden?« (Ebd., 171) Allerdings schöpft Luhmanns Antwort das Potential der Frage nicht aus, die Information, man könne es schlicht nicht wissen, greift viel zu kurz. Ein Erkennen und Handeln ist möglich, das nicht darin aufgelöst werden kann, daß die Natur verstummt ist und die Beobachter sich streiten.

193 Vgl. auch für den angrenzenden Zusammenhang von gesellschaftlichen Bedingungen und Technologien der Kommunikation 1989c.

Ausdehnung der heute vorstellbaren Welt« (ebd., 166f.).[194] Die Schlußfolgerung, die möglich gewordene Ausdehnung von Raum und Zeit ins Große und ins Kleine lasse sich nicht mehr in handhabbares oder anschlußfähiges Wissen übersetzen, ist allerdings nicht zwingend. Dies trifft nur für den Fall von Entwicklungen zu, bei denen eine Katastrophenschwelle irreversibel überschritten worden ist. Dann kann in der Tat Wissen nicht mehr in adäquates Handeln umgesetzt werden. Im Falle der Entwicklungen, die eine solche Schwelle nicht überschritten haben, ist es aber noch möglich, einerseits Wissen anschlußfähig zu machen für Praxis und andererseits Praxis durch solch neues Wissen zu reorientieren. An Stelle einer derartigen Unterscheidung steht bei Luhmann die Behauptung der generellen Beobachtungstatsache nicht mehr handhabbaren, anschlußfähigen Wissens - so daß diese Aussage mit seiner These generalisierten Nichtwissens korrespondiert und nicht das Verständnis von Nichtwissen als einer in zwei Richtungen überschreitbaren Grenze, von Nichtwissen zu Wissen und von Wissen zu Nichtwissen, befördert.[195]

---

194 Diese raum-zeitliche Ausdehnung wird wie folgt beschrieben: »In Zeit und Raum werden minimalste (jedenfalls unsichtbare) Differenzen erfaßbar zugleich mit riesigen Distanzen und Langzeitbewegungen, die ebenfalls nur indirekt erschließbar sind. Nicht zuletzt haben die technisch ausgelösten ökologischen Probleme und die Meßbarkeit ihrer Variation zu einer immensen Ausdehnung der Raum/Zeit-Horizonte ins Große und ins Kleine geführt. Katastrophen sind nicht mehr zeitlich und räumlich begrenzbar wie der Zusammensturz eines Bauwerks, die Explosion eines Dampfkessels, der Absturz eines Flugzeugs oder der Bruch eines Staudamms. Solche Schadensfälle werden durch das loose coupling der Natur in Schranken gehalten. Was heute Sorge bereitet und was erst eigentlich Katastrophe in einem ökologischen Sinne ist, sind Veränderungen schneller oder langsamer Art, die in winzigen oder riesigen räumlichen und zeitlichen Ausmaßen stattfinden, und sehr typisch in winzigen und in riesigen zugleich. Sie sprengen die an Dingen und an Kausalitäten orientierten Realitätsvorstellungen des Einzelmenschen und der kommunikativen (sprachlichen) Praxis der Gesellschaft. Sie können nicht mehr in handhabbares, nicht mehr in anschlußfähiges Wissen überführt werden, auch wenn es Berechnungen, Halbwertzeiten etc. gibt.« (Ebd., 167) Entgegen dieser interessanten Ausführung ist die theoriekonstruktive Anmerkung zu machen, daß Luhmanns Theorieansatz eigentlich über keinen Begriff des Raums verfügt. Bei der Bestimmung der Sachdimension, wo man einen solchen Begriff erwarten würde, kommt er jedenfalls nicht vor. Man findet lediglich einen Begriff des Raumes, ohne daß er so bezeichnet würde, im Sinne von Räumen, die von sozialen Systemen im Medium der Kommunikation abgesteckt werden.

195 Nicht zu bestreiten ist, daß die rasanten Veränderungen in den Kommunikationstechnologien offenbar nicht dazu dienen, »die räumlich-zeitlich unheimlich gewordene Welt besser zu repräsentieren«, da die Reproduktionslogik der gesellschaftlichen Kommunikationen von den »Veränderungen der Extension der Raum/Zeit-Dimensionen des Weltwissens« (ebd., 167f.) abgekoppelt ist. Allerdings müßte dieser Umstand nicht einfach als gegebener und hinzunehmender vorgestellt werden. So könnte an die Entwicklung gesellschaftlicher Kommunikationsweisen bzw. an die Nutzung von Kommunikationstechnologien nebst vielen anderen auch die Anforderung gestellt werden, die Raum/Zeit-Dimension der Weltverhältnisse - gerade auch

Untermauert wird die von Luhmann auch als »Rückzug des Wissens aus Raum und Zeit« (ebd., 171) bezeichnete Tendenz, die das Problem der kognitiven Konstruktion und kommunikativen Vermittlung von Realität bis zur Universalität von Nichtwissen verschärfen soll, durch die These, daß es keine gesellschaftlichen Instanzen mehr gibt, von denen aus sozial übergreifend Positionen der Richtigkeit überzeugend vertreten werden können. Wenn Luhmann nun in der modernen Wissenschaft die hauptsächliche Macht sieht, gegen die sich »vermeintliches Wissen« nicht halten kann, so gesteht er wissenschaftlichen Verdikten Relevanz nur im Hinblick auf nachgewiesene Unwahrheiten zu. Demnach könne »das wissenschaftliche Wissen selbst [...] als nur hypothetisch geltend vertreten« (ebd., 172) werden - wogegen man allerdings feststellen kann, daß die gesellschaftlich anerkannte Wirksamkeit von Wissenschaft weit darüber hinausgeht. Auch wenn Wissenschaft generell nicht den Status einer unhinterfragten Autorität besitzt, nimmt sie doch eine mit Autorität versehene gesellschaftliche Position ein. Ihre Überzeugungsgrundlagen sind nicht einfach in Auflösung begriffen, sondern erweisen sich, was für andere gesellschaftliche Mächte in ähnlicher Weise gilt, in historisch veränderter und sich verändernder Form. Zu den modifizierten Überzeugungsgrundlagen von Wissenschaft gehört nun der Sachverhalt, daß insbesondere gegenüber Risikolagen (fach-)wissenschaftliche Autorität politische Konflikte über Szenarien, Kausalattributionen, Schuldzuweisungen etc. nicht mehr beilegen kann und Versuche, Risiken wissenschaftlich »objektiv« und »rational« zu bestimmen, gemeinhin zum Scheitern verurteilt sind. In der Folge fungiert Wissenschaft nicht nur als in Frage gestellte, sondern mitunter auch als antagonistisch reklamierte Instanz, was für Streitfälle etwa heißt, die jeweils gegnerische Seite von den eigenen wissenschaftlichen Grundlagen und Argumenten zu überzeugen zu versuchen.

5.2.3.2 Perspektive einer »politischen Kultur nichtüberzeugter Verständigung«

Die Problematik der Repräsentation im »Doppelsinn von: Vertretenkönnen und Gegenwärtigmachen« spitzt Luhmann also in der Weise zu, daß dem Begriff »beide Sinngebungen entzogen« (ebd., 174) werden, daß Wissen nur noch als vermeintliches Wissen fungiert, Nichtwissen zur generellen Grundlage und zum allgemeinen Medium von Erkenntnis-, Auseinandersetzungs- und Verständigungsprozessen wird. Überspitzt wird diese Problematik dadurch, daß die Möglichkeit des Vertretenkönnens und Gegenwärtigmachens von Sinn in den Bereich der Unmöglichkeit gezogen wird, behauptet wird, daß Sinn diesen Dimensionen entzogen, statt lediglich - wie man treffender sagen müßte - transformiert wird. Denn die Alternative zu einer quasi natürlich bzw. eineindeutig

---

hinsichtlich ihrer problematischen Aspekte - als Kriterium und Horizont in die eigene Orientierung einzubauen.

gegebenen Repräsentation von Sinn ist nicht, daß dieser referenz- und trägerlos ist, sondern, da dieser immer auch Produkt von Aktivität, Interpretation und Kommunikation ist, daß Sinn in sich selbst gespalten und vielschichtig, auf verschiedene Weise zugänglich, in der Konsequenz also historisch variabel, sachlich umstritten und sozial umkämpft ist.

Statt um die sichere Orientierung in einer unsicheren Welt, um die Kommunikation eindeutiger Information sowie um die Verständigung auf gesicherten Wissensgrundlagen und vor dem Hintergrund gemeinsam geteilter Ziele und Zwecke kann es nur darum gehen, neue Formen der Kommunikation, Auseinandersetzung und Verständigung anzustreben, solche, die von Differenzen ausgehen, Konflikte einbeziehen und unaufhebbaren Dissens nicht leugnen. So ist eine Widerspruchs- und Streitkultur zu entwickeln, die Verständigung weder erzwingt noch in illusorische Bahnen verschiebt, sondern pragmatisch nur soweit wie nötig, aber doch soweit wie möglich zu bewerkstelligen versucht.

Wie bereits angemerkt, muß die Alternative zwischen Nichtwissen/Unzuständigkeit und Wissen/Verantwortung nicht polar angeordnet sein und sich wechselseitig ausschließen. So muß das Einklagen eines Wissens um das Handeln und seine Folgen, also von Verantwortung für sein Tun und Lassen, nicht notwendig ein normativ verschobenes, bloß ethisch motiviertes Manöver sein, wie dies im folgenden unterstellt wird: »Wenn jeder eigene Unkenntnis mitteilen und zugleich prätendierte Kenntnis anderer entlarven kann, so daß Unkenntnis als Summe der Kommunikation übrig bleibt, wird das nicht hingenommen, sondern *statt dessen* die Übernahme der *Verantwortung für Folgen* angemahnt. Aus größerer Distanz gesehen ist das ein recht merkwürdiges semantisches Manöver: aus der Not wird zwar keine Tugend, aber ein Appell an die Tugend anderer gemacht. Das Schicksal - das sind die anderen.« (Ebd., 179) Wenn Probleme der gesellschaftlichen Kommunikation von Nichtwissen »aus einem kognitiven Kontext in einen normativen Kontext verschoben« (ebd.), lediglich als ethische Probleme behandelt werden, ist dies in der Tat ein Problem. Denn in dem Fall werden sie gleichsam auf der falschen Ebene behandelt.

Dafür, daß nach Luhmann in der gesellschaftlichen Kommunikation »die Wertorientierung ungebrochen« vorherrscht bzw. Werte ethisiert werden, macht er zum einen ein starkes »Bedürfnis nach Orientierung« und zum anderen den Umstand aus, daß Wertorientierung »offenbar ihrerseits besondere kommunikative Vorteile bietet, nämlich eine eigentümliche Verbindung von Festlegung auf Werte und Nichtfestlegung für den Fall, der allein interessiert: daß Werte in Konflikt geraten.« (Ebd., 182) In diesem Zusammenhang diene ein »*normatives* Verständnis von Werten (= Präferenzen) dazu, einer Ethik die Erlaubnis zu geben, moralische Forderungen an das Verhalten *anderer* zu formulieren, *die auch und gerade angesichts ständiger Enttäuschung aufrechterhalten werden können.*« (Ebd.)

Tatsächlich greift die Ethik, wenn es um die Bestimmung und Bewertung von Risiken bzw. des zu akzeptierenden Risikobewußtseins geht, gleichsam ins

Leere. Denn dafür hat sie, »bisher jedenfalls, keine Kriterien andienen können.« (Ebd., 183)[196] Überhaupt handelt es sich bei der Ethik um keine Instanz, die feste Grundlagen besitzt und von der zeitbeständige oder sozial allgemein anerkannte Urteile realistisch erwartet werden können. Sie ist vielmehr ein spezifisch beschaffenes Medium, in dem um Aspekte und Kriterien dessen, was als gut und schlecht gelten soll, gerungen werden kann (vgl. 1990i, 1989a). Dementsprechend klagt Luhmann als eine Anforderung von Ethik ein, Kriterien bereitzustellen, »nach denen man über Akzeptanz bzw. Rejektion der Anwendung des Moralcodes entscheiden kann.« (1990f, 195, Fn. 53)

Gegen das Verfahren, den Mangel an Kriterien von gut und schlecht oder Paradoxien zwischen gut und schlecht durch Maximen zu begegnen, die moralisch zulässige Risikokalküle auf den Bereich jeweils eigener Zuständigkeit beschränken, die andere also nicht tangieren dürfen, wendet Luhmann ein: »Aber das copiert nur die altliberale Theorie, die Eigennutz freigegeben hatte unter der Voraussetzung, daß dies niemandem (der nicht zugestimmt hat) schade. Der Anwendungsbereich solcher Maximen tendiert, das weiß man heute, gegen Null. Und das zeigt einmal mehr, daß die Ethik hier ein ethisch unerlaubtes doping praktiziert.« (Ebd.)

Luhmanns Kritik an der Ethik betrifft folglich zum einen ihren praktisch wie theoretisch beschränkten Radius als gesellschaftliche Instanz und zum anderen den prekären oder unangemessenen Stellenwert der Orientierung auf gemeinsam geteilte bzw. zu teilende Werte. Besonders scharf bzw. schroff ablehnend ist seine Kritik dann, wenn die Grenzen der Ethik verkannt werden oder diese gleichsam als universale Lösung präsentiert wird (vgl. für den Kontext der Wirtschaftsethik 1993b).

Selbst wenn Verständigungen oder gar konsensuelle Einigungen auf bestimmte Werte gelingen, werden diese kontinuierlich durch Veränderungen in der Sozial-, Sach- und Zeitdimension gefährdet oder unterlaufen. »Die Vielzahl der Urteile, die einer jeden Verständigung zugrundeliegen, können sich jederzeit ändern. Es gibt zwar massenhaft funktionierende Verständigungen, aber es gibt keine a priori gegebenen Grundlagen, die sicherstellen könnten, daß diese Verständigungen (oder wenigstens einige von ihnen) für alle Zukunft gelten werden.« (1992f, 187f.) Überhaupt schätzt Luhmann Konsens - bzw. die Orientierung darauf - gering: »Wenn mit ›Konsens‹ das [= die Bindung von psychischen Kapazitäten; D. B.] gemeint ist, ist Konsens weder möglich noch sinnvoll. Es würde sich ja sofort die Frage stellen: wie wird man ihn wieder los und wie schmerzlich wären die Opfer?« (Ebd., 194)

---

196 »Es gibt allerdings formale Kriterien wie etwa dies: daß nicht alles erlaubt ist, was man tun kann. Aber solche Auskünfte leiden an der Schwäche aller Begründungsethiken: daß daraus keine Handlungsanweisungen abzuleiten sind. Man hört nur, daß dies der Situation überlassen bleiben müsse. Aber das kann man auch ganz ohne Ethik wissen, ohne zu wissen, wie die Entscheidung dann ausfällt oder wer sich in der Situation durchsetzen kann (oder: darf).« (Ebd., Fn. 36)

Statt auf bindenden Konsens orientiert er auf eine nicht engagierende, nicht bindende Form der Verständigung: »Man muß sich in der Kommunikation vielmehr mit Verständigungen begnügen, die nicht engagieren, wohl aber spezifizieren, unter welchen Bedingungen sie gelten und welche Veränderungen die ›Geschäftsgrundlage‹ tangieren würden. Dazu gehört ein Sozialstil, der Diskretion praktiziert und gar nicht erst versucht, diejenigen, die sich verständigen müssen, von ihren Überzeugungen abzubringen, zu bekehren oder sonstwie zu ändern.« (Ebd.) Eine solche Verständigungsform nennt Luhmann Politik der Verständigungen, die an die Stelle von Autorität, von auf Status gegründeten Überzeugungsgrundlagen, treten soll:

> »Verständigungen sind ausgehandelte Provisorien, auf die man sich eine zeitlang berufen kann. Sie besagen weder Konsens, noch bilden sie vernünftige oder auch nur richtige Problemlösungen. Sie fixieren nur dem Streit entzogene Bezugspunkte für weitere Kontroversen, an denen sich Koalitionen und Gegnerschaften neu formieren können. Gegenüber jeder Inanspruchnahme von Autorität haben Verständigungen einen großen Vorteil: sie können nicht diskreditiert werden, sie müssen nur immer wieder neu ausgehandelt werden. Ihr Wert nimmt mit Alter nicht zu, sondern ab. Und auch das läßt ahnen, daß das eigentliche Problem der Moderne in der Zeitdimension liegt.« (Ebd., 139f.)

Dieser Perspektive liegt die *Unterscheidung zwischen Verständigungs- und Überzeugungsarbeit* zugrunde. Das erlaubt Luhmann, die »übliche, am Begriff der ›Verständigung‹ orientierte Diskussion« zu kritisieren, da sie zu wenig »zwischen psychischen und sozialen Systemen« unterscheide und »daher den Begriff der Verständigung mit Überzeugungsarbeit« (ebd., 194, Fn. 52) überlaste.

> »Es geht, wenn entgegengesetzte Interessen im Spiel sind, nur um Waffenstillstand. Es geht um Tagesordnungen und um Punkte, über die eine Verständigung erreicht werden kann - vielleicht gerade deshalb, weil ohnehin niemand über das Wissen verfügt, das es ihm erlauben würde, andere zur Zustimmung zu zwingen. Es geht um ein Prozessieren von Kommunikation auf der Grundlage des augenblicklichen Informationsstandes und von Prognosen, die erkennen lassen, welche weiteren Informationen ihre Revidierung veranlassen würden.« (Ebd., 194f.)

In der Folge versteht es sich als »verständigungsförderlich [...], Moralisierungen zu unterlassen, also Bedingungen der Selbstachtung und der Fremdachtung nicht in die Kommunikation einzubeziehen.« (Ebd., 195) Da demnach »Achtung« »immer ein Indikator für moralische Inklusion der Person in die Gesellschaft [ist] und eben damit auch für ihre Exklusion, wenn Achtung negiert wird«, ist »Verständigungskommunikation gehalten, moralabstinent vorzugehen und Moral nur ins Spiel zu bringen, wenn man es darauf anlegt, Kommunikation abzubrechen.« (Ebd., 195f.)[197] In anderer Formulierung bedeutet das, »daß politisches Handeln mit Rücksicht auf Demokratie auf einer *Ebene höherer Amoralität* ablaufen muß«, also auf die »Moralisierung der politischen Gegnerschaft« (1987f, 131) zu verzichten hat.[198] Allerdings ist, gegen Luhmann, darauf hinzuweisen, daß überzeugte Kommunikation oder eine solche, die überzeugen will, nicht mit moralischer oder moralisierender Kommunikation zusammenfällt. Faktenkonsens etwa ist ja nicht gleich Wertkonsens.

Die eigentliche Gefahr moralischer Kommunikation, gegen die Luhmann vorgeht, sieht er darin, daß man sich mit Moral »gegen die Evidenz des Nichtwissens [immunisiert], weil die moralisch bessere Meinung sich mit ihren eigenen Argumenten bestätigen kann.« (1992f, 196) Moral nimmt, im Gegensatz zu Nichtwissen, Gewißheiten in Anspruch, wobei moralische Positionen sich übereinander erheben, im »Nichtwissen« situierte Positionen aber ihre wechselseitige Gleichstellung nicht vermeiden können. So zwingt Moral »in der Kommunikation zur Übertreibung, und Übertreibung läßt eine Verständigung rasch als aussichtslos erscheinen.« (Ebd., 197) Demgegenüber muß »eine auf Verständigung abzielende Kommunikation [...] daher zunächst einmal Unsicherheit vermehren und das gemeinsame Wissen des Nichtwissens pflegen. Da Nichtwissen reichlich vorhanden ist, sollte dies nicht besonders schwer fallen.« (Ebd.) Allerdings kann, wie angemerkt, auch die Förderung der Kultur des Nichtwissens zu weit gehen - etwa dann, wenn dieses in den Status einer Gewißheit zu bringen versucht wird, bewahrenswertes Wissen pauschal desartikuliert wird.

Es versteht sich, daß jede Kritik leerläuft, »wenn sie ohne weitere Prüfung mit der Unterstellung arbeitet, daß man könnte, wenn man nur wollte, und deshalb zur Fuchtel der moralischen Ermahnung greift.« (Ebd., 211) Insofern scheint es ein sinnvoller Ansatzpunkt zu sein, »die Kommunikation mit der Kommunikation von Nichtwissen beginnen zu lassen, statt sie innerhalb und außerhalb von Organisationen an die Aufrechterhaltung eines ›illusion of control‹ zu binden.« (Ebd., 211f.)[199] Wenn Nichtwissen aber nicht bloß als sinnvoller Ausgangspunkt von Verständigungsprozessen, sondern als ihr verpflichtender Bezugspunkt veranschlagt wird, geht das zu weit. Ausgeblendet wird so die Möglichkeit tatsächlichen Wissens, und die Notwendigkeit, es dann auch durchzusetzen. Daß es Fakten geben kann, auf die man sich auch konsensuell einigen sollte

---

197 Zur Kritik und kritischen Reinterpretation von Luhmanns Moraltheorie bzw. der von ihr ausgehenden Faszination der Amoralität vgl. Neckel/Wolf 1988.

198 Dementsprechend lobt Luhmann als »befreiende Ideen der Pädagogik und der Verfassungstheorie des Liberalismus [...], den äußeren Schein der Moral zu prämieren, ohne auf die päpstlichen Maschinen, das holy watching der Puritaner oder die Guillotine der Jakobiner zum Zwecke der Herstellung moralischer Zustände zurückgreifen zu müssen«, räumt umgekehrt jedoch ein, »daß immer dort, wo die Differenz der politischen Codewerte auf dem Spiel steht, Moral Einlaß findet.« (1991d, 499)

199 Als Variablen dieser illusion of control nennt Luhmann familiarity, involvement, competition, choice (vgl. ebd., 212, Fn. 76).

oder könnte, wird durch Luhmanns Kritik moralisch ansetzenden Überzeugens verdeckt. So wird »Überzeugung« auf moralische Kommunikation enggeführt; es fehlt die Unterscheidung anderer, nicht spezifisch moralischer Überzeugungsformen. Ferner ist meines Erachtens Luhmanns Perspektive einer Kultur nichtüberzeugter Verständigung in zweierlei Hinsicht auszubauen: einerseits in der Perspektive eines Projekts gesellschaftlicher Veränderung und andererseits im stärkeren Rekurs auf die Eruierung und Bearbeitung der wirklichen Probleme.

Im Kontext seiner »Ökologie des Nichtwissens« bestimmt Luhmann »Protestbewegungen« als Resultante »aus dem Umschlag von Nichtwissen in Ungeduld.« (Ebd., 202) Protest als bloße Ungeduld wäre in der Tat eine problematische Aussicht, doch ist diese ja durch die Diagnose dramatisiert. Umschlag von Nichtwissen in Ungeduld soll heißen, daß das Nichtwissen durch das Wissen ersetzt wird, »daß wir uns Abwarten jedenfalls nicht mehr leisten können, weil Wissen, wenn überhaupt, zu spät kommen würde.« (Ebd.) Dadurch, durch diese »Reflektiertheit«, sind die Protestbewegungen »allem überlegen, was ihnen Widerstand leistet. Aber genau daraus ergibt sich eine Unbestimmtheit, die in Verantwortungslosigkeit übergehen kann.« (Ebd.) Eine Unbestimmtheit, die lediglich die Apokalypse beschwört, kann in der Tat verantwortungslos sein. Aber genauso verantwortungslos kann es sein, abzuwarten und die Suche nach neuen Handlungsoptionen zu unterlassen, überkommene Handlungsweisen fortzuführen, statt neue Alternativen zu entfalten. Ein Weg zwischen beiden Fronten könnte sein, Gründe, Motive und Äußerungen der Besorgnis, des Warnens und des Protestierens, anstatt sie zu diffamieren oder auflaufen zu lassen, ins Symbolische abzulenken oder in die dominanten Handlungsimperative bloß subaltern zu integrieren; oder aber auch einfach für bare Münze zu nehmen und aktionistisch umzusetzen zu versuchen, kritisch zu prüfen und durchzuarbeiten - wobei anerkennenswertes Wissen der Protestbewegungen anzuerkennen wäre - und in ein Projekt systemischer, gesellschaftlicher Transformation zu überführen. Dann hätte man weder bloß »eine Kultur der Ziele suchenden Besorgnis, um nicht zu sagen: der gepflegten Angst« - wie Luhmann moniert -, noch eine über das Ziel hinausschießende Abwehr auch berechtigter Sorgen und Ängste. Statt dessen könnte man versuchen, vermittelt durch eine »Kultur der nichtüberzeugten Verständigung« (ebd.) auch eine Kultur überzeugter Verständigung zu erarbeiten.

Eine solche Perspektive transzendierte praktisch den Horizont der »Botschaft, Probleme durch Nichtlösung zu lösen, das heißt: sie als Moment der Autopoiesis des Systems durch laufende Zielsuche und durch ein Umdirigieren von Strukturen (Optimisten sagen: durch Lernen) zu erhalten.« (Ebd., 209) Denn die Formulierung: »je unlösbarer das Problem, desto größer sein Reproduktionswert« (ebd.) postuliert geradezu das Fortwuchern von Problemlagen, deren Ungelöstheit lediglich dem sozialen Konflikt möglicherweise dauerhafte Aufrechterhaltung verleiht, die in den Interdependenzen der gesellschaftlichen und natürlichen Ökologie liegenden Reproduktionsprobleme, um die es hier geht, aber unter der Drohung ihres Destruktionspotentials vernachlässigt. Die eben zitierte Maxime ist so allein als Provokation und Sabotage der beruhigenden Hoffnung berechtigt, »man könne ökologische Probleme in das Aufgabenheft der Organisationen hineinzwingen und auf diese Weise dafür sorgen, daß damit sachgemäß umgegangen wird.« (Ebd.)

Überblickt man das vorliegende Textmaterial zum Konzept einer Ökologie des Nichtwissens, so kann man in bezug auf sein theoretisches und praktisches Distanzierungs- und Beobachtungspotential festhalten, daß es im Prinzip in der Lage ist, »die Einheit von Destruktion und Überleben«, »die Einheit von guten und bösen Beteiligten« (ebd., 161) zu bezeichnen - die Einheit einer Differenz, die den gegenhandelnden Subjekten normalerweise verborgen bleibt. Allerdings besitzen die bisherigen Formulierungen den Makel, die genannte Einheit in zweierlei Hinsicht einseitig zu bestimmen. So formuliert Luhmann erstens das Sehen besagter Einheiten in erster Linie gegen »die Warner« (ebd.), was dann berechtigt ist, wenn diese so tun, als ob es möglich wäre, einen Standpunkt außerhalb der Kritik oder außerhalb der Konfliktdynamik einzunehmen. Doch ist den Warnern, gegen Luhmann, zugute zu halten, daß sie zumindest einen wichtigen Beitrag zur Problemwahrnehmung, wenn auch nicht unbedingt zur Problemlösung, leisten. Die Stoßrichtung gegen »die Warner«, wenn auch nach der faktischen Textlage vorherrschend, entspringt aber keiner theoretischen Begriffsfestlegung, werden doch auch die vorherrschenden »Reaktionen auf ökologiepolitische Vorstöße nicht anders« (ebd., 162) beurteilt. Zweitens befördert die Akzentuierung von Nichtwissen vor allem die Desartikulation ökologischer Problemlagen sowie von Ansätzen, die diese in Theorie und Praxis engagiert anzugehen versuchen. Somit arbeitet er, ob gewollt oder nicht, den Ansätzen in Wissenschaft, Politik und Industrie zu, die sich auf Problemabwehr oder -verschiebung kaprizieren.

Die beiden Vereinseitigungen laufen zusammen in Luhmanns Haltung zur ökologisch motivierten Kritik. Begrifflich wirft er ihr vor, nicht oder zu wenig »organische, psychische und soziale Systeme« voneinander zu trennen, »mehr noch als jede humanistische Tradition [...] Gesellschaft und Menschen, wenn nicht zu einem Begriff, so doch zu einer Schicksalsgemeinschaft zusammen[zufassen]« (ebd., 163). Das impliziert thematisch, daß von Luhmann die ökologische Kritik auf Katastrophen- und Untergangsszenarien eingeschränkt, also auf einen Extremfall zugespitzt wird - für den wiederum er jene Zusammenfassung als berechtigt einräumt. So liegt hier, angesichts der Vielfalt von Bedingungs- und Wirkungsdimensionen und Referenzebenen, die in der ökologischen Debatte angesprochen werden, eine unzulässige Reduktion vor. Folglich ist es, bei aller möglicherweise berechtigten Kritik, zunächst ein Effekt von Luhmanns eigener theoretischer Konstruktion, der »Konstellation der ökologischen Beschreibung« vorwerfen zu können, »mithin Theoriemöglichkeiten [zu beschneiden]« (ebd.), und sie vor allem als moralisierend auftretende und wirkende Formation zu denunzieren, wonach dann »Theorieentwicklungen Gefahr laufen, in die Gabelungen der ökologischen Deskription zu geraten und nach dem Muster: wer nicht für uns ist, ist gegen uns, behandelt zu werden.« (Ebd.) Demgegenüber ist nochmals daran zu erinnern, daß Luhmanns Theorieanlage selbst vielfache Beschreibungsmöglichkeiten beschneidet. Ebenso gibt es die ökologische Deskription nur im Plural - Luhmann selbst beansprucht ja auch, über einen ökologischen Theorieansatz zu verfügen -, so daß schon von daher klar sein sollte, daß ökologische Perspektiven nicht notwendig polar strukturiert sind bzw. polarisierend wirken. Auch Luhmanns Operationen können also den allgemein gültigen Sachverhalt nicht verdecken, daß auch im Bereich ökologischer Interdependenzen zwischen Natur und Gesellschaft theoretische wie politische Ansätze und Konzepte im Prinzip immer reartikulationsfähig sind.

5.2.4   Exkurs: Zum ambivalenten Stellenwert von »Technik«

Auf Luhmanns Begriff von Technik ist noch kurz einzugehen, da er in einer Weise an bestimmte theoretische Prämissen anknüpft, daß sich zum Teil theoriekonstruktive Verschiebungen und damit auch neue Perspektiven auf ökologische Sachverhalte ergeben, zumindest im Vergleich mit den dargestellten Paradigmen - wo beispielsweise nicht der Einsatz von Technik, sondern die Kommunikation darüber als riskant beschrieben wird.

Die Theorisierung von Technik ist generell ökologisch relevant, weil die Entwicklung und Nutzung von Techniken zentrale Bestimmungs- und Wirkungsfaktoren innerhalb des Gesellschaft/Natur-Verhältnisses, wie auch seiner Veränderung, darstellen. Techniken werden gesellschaftlich genutzt und sind eine Form gesellschaftlicher Nutzung von Natur; sie werden gesellschaftlich geprägt und sind eine Form gesellschaftlicher Prägung von Natur; gesellschaftliche Prozesse können selbst als technische organisiert werden und bleiben, je nachdem, von gesellschaftlichen wie natürlichen Bedingungen abhängig. Der jeweils zugrundegelegte Technikbegriff ist strategisch dafür, wie Ursachen und Wirkungen aufeinander zugerechnet werden, ja welche Ursachen und Wirkungen überhaupt ins Blickfeld gerückt und thematisiert werden.

Luhmanns Technikbegriff übergreift die Sozial- wie die Sachdimension. Bedeutend für seine eigene Paradigmatik ist das größere Gewicht, das hier dem Materiellen zukommt. Die sachlichen Aspekte werden nicht zugunsten des Sozialen desartikuliert. Und im Vergleich zu anderen Theorieansätzen ist wichtig festzuhalten, daß Technik nicht einfach gegenständlich aufgefaßt und auch Soziales auf seine technischen Aspekte hin betrachtet wird.

Luhmanns Definition von Technik - bzw. Technologie - lautet, in Anknüpfung an das systemtheoretische Grundproblem der Reduktion von Komplexität, daß sie eine »*funktionierende Simplifikation im Medium der Kausalität*« darstellt, wobei »innerhalb des simplifizierten Bereichs *feste* (im Normalfall funktionierende, wiederholbare usw.) *Kopplungen* eingerichtet werden«, was allerdings nur »möglich ist, wenn die Interferenz externer Faktoren weitgehend ausgeschaltet wird.« (1991, 97) So läßt sich Technik als »weitgehende *kausale Schließung* eines Operationsbereichs begreifen« (ebd., 97f.), und das »Resultat von Technisierungen« als »eine mehr oder weniger erfolgreiche Isolierung von Kausalbeziehungen mit der Folge, daß (1) Abläufe kontrollierbar, (2) Ressourcen planbar und (3) Fehler (einschließlich Verschleiß) erkennbar und zurechenbar werden.« (Ebd., 98) Technik als funktionierende Simplifikation hat sich gegen »die immense Komplexität von gleichzeitig auch noch ablaufenden Kausalvorgängen« (ebd.) zu profilieren, wobei sie, gerade im Unterschied zur Natur, die Vorteile loser Kopplung in viel geringerem Maße in Anspruch nehmen kann.

Technik wird nun gerade dann problematisch, »wenn der Technikbereich der funktionierenden Simplifikation mit mehr und mehr Komplexität angereichert wird, wenn also die festen Kopplungen zunehmen und es zugleich immer weniger gelingt, den dadurch festgelegten Bereich nach außen abzudichten.« (Ebd., 99) Oder wenn »eine allmähliche Akkumulation der Effekte einer minimalen Meßungenauigkeit oder eines minimalen Materialfehlers« über eine Schwelle hinausgehen, wo »abrupt eine andere Ordnung ausbricht.« (Ebd.) Oder wenn Effekte resultieren, die sich »aus dem massenhaften Einsatz immer neuer Techniken, die auf Interferenzen mit vorhandenen oder ebenfalls neu eingeführten Kausalitäten nicht ausreichend geprüft werden« (ebd.), ergeben. Oder wenn »sehr seltene, unwahrscheinliche Kausalkombinationen« auftreten, »aus denen man, weil sie zu selten sind und sich kaum wiederholen werden, auch nicht lernen kann.« (Ebd., 100) Oder einfach wenn aus dem massenhaften Gebrauch auch relativ einfacher Techniken unerwünschte Kausalitäten resultieren.

Demgegenüber stoßen die Versuche, »die Probleme der Technik mit technischen Mitteln zu lösen« (ebd.), zunehmend auf prinzipielle Schranken. Und das dominante Sozialmodell des wirtschaftlichen Einsatzes von Technik - der Markt - erweist sich selbst als prinzipiell beschränkt, als »ein technisches Modell der Regulierung des Einsatzes von Technik mit entsprechender Vernachlässigung der für dieses Modell ›externen‹ Kausalitäten.« (Ebd., 99) In Luhmanns Sichtweise ist gerade »die Form der Technik« ein Problem, die Handhabung der »Grenze zwischen eingeschlossenen und ausgeschlossenen (aber gleichwohl realen) Kausalitäten.« (Ebd., 100) Augenscheinlich kommt es insbesondere im Falle von Hochtechnologien »laufend zu Überschreitungen dieser formbestimmenden Grenze, zur Einschließung des Ausgeschlossenen, zu unvorhergesehenen Querverbindungen.« (Ebd.)

Das alles führt Luhmann zur »paradoxen Frage, *ob die Technik,* auch wenn sie kausal funktioniert, *technisch überhaupt möglich ist.*« (Ebd.) Dementsprechend wird der vorherrschende Sprachgebrauch, der für die Technik selbst »die Sprache der regulären Wiederholung, für die Störung die Sprache der singulären Ereignisse« (ebd., 101) verwendet, als inadäquat entlarvt. Betrachtet man auch technisierte Prozesse als »prinzipiell kontingente Ereignissequenzen« (ebd.), sind, je nach technischer Spezifik, zur Sicherung technischer Abläufe vor allem Zusatz-technologien zu installieren oder an Stelle maschineller menschliche oder organi-satorische Regelsysteme, die auch auf Standardisierungen beruhen, in Anspruch zu nehmen. Doch der Versuch, sich gegen die Risiken der Technik durch Tech-nik zu schützen, greift gleichsam ins Leere, denn gerade bei Hochtechnologien - aufgrund der »Komplexierung bis an die Grenzen des noch Simplifizierbaren und darüber hinaus« (ebd., 103) - ist impliziert, »daß man in vielerlei Hinsichten nur an ihnen lernen kann, also nur dadurch, daß man sie einrichtet und sie aus-probiert.« (Ebd., 104) Diese Systeme sind dann auch »zu komplex für eine wis-senschaftliche Prognose.« (Ebd.) Bei Technologien mit hohen Risiken können gerade auch Sicherheitstechnologien riskant sein, wenn sie auf gefährliche Weise beruhigend wirken, oder die Umsetzung von Technologien in Gebrauchstechno-logien, ihre Verwendung über experimentell beschränkte und kontrollierte Kon-texte hinaus kann durch Kontextwechsel, andere Zeit-, Bedingungs- und Out-putkonstellationen, zu unvorhergesehenen Gefährdungen führen.

»Die Technik hat keine Grenzen, sie ist eine Grenze; und sie mag letztlich nicht an der Natur, sondern an sich selber scheitern.« (Ebd., 105) Technik hat also neben vielem anderem »ökologische Konsequenzen«; »schließlich ist sie selbst ein ökologischer Sachverhalt.« (Ebd.) »Ökologisch« bezieht sich hier eigentlich auf zwei Grenzen, die zwischen kontrolliertem und unkontrolliertem Bereich und die zwischen Sozialem und Natürlichem. Die ökologische Charak-teristik und Relevanz von Technik »zu ignorieren, hieße: sich auf ein soziales Konstrukt der Technik zu verlassen, das eine komplette Schließung mit Aus-nahme der Öffnungen für Outputs verspricht.« (Ebd.) Luhmanns Ansatz kon-terkariert nun dieses soziale Konstrukt, zeigt das Funktionieren von und die Verfügung über Technik als notwendig begrenzt. Und ökologische Probleme werden in der Konsequenz nicht vornehmlich als unerwünschte Nebenfolgen planmäßigen Handelns bzw. Technikeinsatzes akzentuiert oder als Folgen des Nichtfunktionierens von Technik, sondern vielmehr gerade als Folge davon, »daß die Technik funktioniert und ihre Ziele erreicht.« (Ebd., 106)

Die Beliebtheit der Beschreibung ökologischer Probleme als »unerwünschte Nebenfolgen« ist mit ein Effekt der in den gesellschaftlichen Subsystemen domi-nanten Wahrnehmungs- und Funktionsweisen, in oder nach denen ökologische Probleme keinen Ort haben. Darauf weist Luhmann ausdrücklich hin, und er nimmt auch die Wissenschaft von der Kritik nicht aus, in deren Disziplinen ökologische Probleme nirgendwo genuin beheimatet sind »und zumeist auch nicht die Form eines wissenschaftlichen Problems annehmen.« (Ebd., 107) In Luhmanns Beschreibung sind die gesellschaftlichen Funktionssysteme »Abbilder der Technik« insofern, »als sie auf operative Schließung und funktionale Spezifi-kation angewiesen sind.« (Ebd.) Luhmanns Technikbegriff trifft so durchaus auf die Funktionssysteme der modernen Gesellschaft selbst zu - insbesondere, wenn man seine diskursive Zuspitzung auf binäre Codierung und autopoietische Selbstreferenz in Rechnung stellt -, denn gegenüber ökologischen wie auch anderen Problemlagen verhalten auch sie sich als »funktionierende Simplifikation«, stellen eine »kausale Schließung« oder eine »Grenze zwischen kontrollierter und nichtkontrollierter Kausalität« (ebd., 108) dar.

Die Leistungsfähigkeit von Luhmanns Technikbegriff besteht nun, insbesondere auch für seine eigene Theorieanlage, darin, daß es bei ihm primär »um materielle Realisationen *außerhalb* des Sozialsystems der Gesellschaft und daher um *nichtkommunikative Operationen*« (ebd.) geht. »Technik in diesem Verständnis ist Teil der ökologischen Zusammenhänge, mit denen es die Gesellschaft zu tun hat - ein Sachverhalt, der dadurch verdeckt wird, daß man weiterhin von einer Entgegensetzung von Natur und Technik ausgeht. Tatsächlich lassen sich die ökologischen Effekte und mit ihnen die ökologischen Risiken der Technik nur erklären, wenn man berücksichtigt, daß die technischen Artefakte selbst auf der Ebene der physischen, chemischen und organischen Realität installiert sind und *diese* Realität durch die Differenz von kontrollierter und nichtkontrollierter Kausalität zu strukturieren versuchen.« (Ebd.) Auch wenn Natur und Technik nicht ontologisch entgegenzusetzen sind, Technik nicht einfach im Rekurs auf Natur als »unnatürlich« kritisiert werden kann, ist doch bezüglich unterschiedlicher Beziehungen zwischen Natur und Technik zu unterscheiden, inwieweit Naturprozesse und -objekte Technisierungen überhaupt unterworfen werden sollen, welche Eingriffstiefen von Techniken in Natur festzustellen bzw. sinnvoll zu praktizieren sind.[200] Denn das sind Unterscheidungen, die einen Unterschied machen.

Das Verhältnis zwischen Gesellschaft und Technik faßt Luhmann mit dem Begriff der strukturellen Kopplung. Das schließt ein, »daß den technischen Realisationen eine soziale, kommunikativ verfügbare Realitätskonstruktion zu Grunde liegt«, meint aber vor allem, daß zwischen ihnen »kein Kausalverhältnis [...] und erst recht keine zweckgerichtete Beziehung« (ebd.), sondern vielmehr ein Verhältnis der »Unkontrollierbarkeit« (ebd., 109) besteht, das aus co-evolutionärer Eigenständigkeit, wie Angepaßtheit, entspringt. Dabei geht Luhmanns Desartikulation des Zweck/Mittel-Schemas der Technik mitunter zu weit (vgl. 1990d, 72f.), da es seine Berechtigung für das Verständnis von Technikentwicklung und -gebrauch behält - wenn auch nur eingeschränkt, ist doch Technik in der Tat nicht einfach »eine zweckrationale Weise der Umgestaltung von Natur und Gesellschaft.« (Ebd., 74) Sozialformen besitzen Techniken gegenüber eine eigentümliche Trägheit und Blindheit, wenn etwa neue, insbesondere risikoreiche Sachverhalte im Rahmen eingespielter Praktiken und bisheriger Erfahrungen behandelt, möglicherweise notwendige Umstellungen gescheut oder erst gar

---

200 Sozialwissenschaftlicher Beobachtung zu unterwerfen ist die sozio-historische Konstitution der Unterscheidung zwischen Technik und Natur selbst, wozu unter anderem zu untersuchen gehört, was in der Gesellschaft überhaupt als Ergebnis technischer Eingriffe und was als Natur angesehen wird - worunter dann auch historisch weit zurückliegende oder sonstwie naturalisierte Technisierungsprozesse fallen können.

nicht beachtet werden (vgl. 1991, 109f.). So heißt »strukturelle Kopplung« auch, daß sich »die Gesellschaft im normalen Alltag auf ein Funktionieren der Technik« einstellt und »ihre eigenen Strukturen mehr und mehr auf der Basis dieser Voraussetzung« (ebd., 110) entwickelt, entsprechend aber durch Funktionsprobleme und Katastrophen gleichsam überfallen wird und so nur hilflos reagieren kann.

Erkenntnisfördernd an Luhmanns Zuschnitt des Technikbegriffs ist, daß »funktionierende Simplifikation« nur bedeutet, daß »in die unübersehbar komplexe Kausalkonstellation der wirklichen Welt [...] Kleinkontexte mit gut überblickbaren Selektionsmustern eingelagert [werden] mit der Folge, daß man einiges besser übersehen und handhaben kann«, wodurch aber, was ein häufiges Mißverständnis ist, »nicht unbedingt bessere Zielerreichung gewährleistet [wird] - es sei denn, daß man die Ziele von vornherein technologieintern definiert.« (1990d, 74) In der Konsequenz bedeutet das auch, »daß Technologien leichter destruktiv einzusetzen sind als konstruktiv.« (Ebd.) Und daß für die gesellschaftliche Technikregulation, -entwicklung und -anwendung die Frage vordringlich wird, »wie weit die Abdichtung funktionierender Technologien gegen den gleichzeitig wirksamen Makrokausalkontext immer wieder gelingt oder ob die Gesellschaft an eine Grenze stößt, jenseits derer die Realität sich durchsetzt, was immer auf den Rationalitätsinseln der Technologien beabsichtigt und erreicht wird.« (Ebd., 75)

6.   Resümee: Universalistische Theorie und die Politik des Nichtwissens

Zum Schluß dieser Arbeit sind die im einzelnen dargelegten Befunde im Zusammenhang darzustellen. Dabei wird, wie schon zuvor, die Verbindung zwischen Theorietechnik und Politik von der theorietechnischen Seite aus angegangen, um dann in zunehmendem Maße in der politischen Dimension entfaltet zu werden. Die Quintessenz der hier angestellten Beobachtungen kann man dann in der paradoxalen Zuspitzung ersehen, auf welche Weise ein Theorieansatz mit doppelt universalistischem Anspruch - Wissen thematisch übergreifend erfassen und dabei reflektieren zu können - sowohl theoretisch als auch politisch »Nichtwissen« als Medium konstituiert, in dem Denken wie Handeln stattfinden und dem sie letztlich auch nicht zu entrinnen vermögen.

6.1   Paradigmenwechsel und epistemologische Hindernisse

Die Rede eines mit der autopoietischen Systemtheorie einhergehenden Paradigmenwechsels erweist sich in mehrfacher Hinsicht als brüchig. Mag man zustimmen, daß ihr Systembegriff gegenüber dem der Bertalanffy-Tradition den Mechanismen ihrer eigenen Konstitution und Reproduktion größeres Gewicht zumißt, und darin auch einen Fortschritt sehen, ist aber festzustellen, daß mit der Fokussierung auf autopoietische Systeme und Systemmechanismen allopoietische vernachlässigt werden. Darüber hinaus ist die exklusive Zurechnung eines Paradigmenwechsels in der Systemtheorie auf die um Selbstorganisation, Selbstreferenz und Autopoiesis zentrierten Theorieansätze überzogen, da damit eine Reihe anderer neuer Ansätze in der Systemtheorie wie die Chaos- oder Katastrophentheorie, die ebenfalls paradigmatische Innovationen für sich in Anspruch nehmen, ausgeblendet werden (vgl. 2.1, 2.2). Schließlich sind die Theorien der Selbstorganisation, Autopoiesis oder Selbstreferenz in sich nicht einheitlich, die Bestimmung von Begriffen, ihre Abgrenzung und Verknüpfung, ihr Geltungsbereich und ihre Verallgemeinerungsfähigkeit durchaus divergent. Für diejenigen, die als überzeugte, einen Paradigmenwechsel repräsentierende Gemeinschaft auftreten, ist dies durchaus ambivalent. Einerseits kann dies einen Überzeugungseffekt nach außen bringen, andererseits können kritische Einwände negativ zurückwirken - zugrundeliegenden Differenzen zum Trotz.[201]

---

201 Für den weiteren Diskussionskontext vgl. von Beyme 1991, Müller 1992, Krüger 1993.

Luhmann selbst spricht zwar nach wie vor von einem Paradigmenwechsel, doch in zunehmendem Maße mit weniger Emphase. So weist er inzwischen prononciert die pauschalisierte Inanspruchnahme eines Paradigmenwechsels zurück, indem er die Prämissen und Ansätze bestimmter Theoretiker als überkommen, idealistisch oder solipsistisch geprägt charakterisiert. Auch findet man, was Luhmanns eigenen Theoriestand betrifft, eine vorsichtige Distanzierung gegenüber der autopoiesistheoretischen Rigorosität, wenn er ihre Gegenstandsabhängigkeit, die Notwendigkeit empirischer Überprüfung und Präzisierung, eingesteht (vgl. 1993, 8). Das zeigt an, daß Luhmanns Theorieentwicklung und -reflexion in Bewegung bleibt.

Die Untersuchung der auf den Konzepten der Autopoiesis und Selbstreferenz aufbauenden unterschiedlichen Konstruktionen allgemeiner Systemtheorie sowie der entsprechenden bereichsspezifischen Systemtheorien ergab, daß die einzelnen Begriffe und ihr Zusammenhang teilweise ganz unterschiedlich bestimmt werden, was auch aus divergenten Strategien des Theorieaufbaus resultiert. Diese zeichnen sich in der Folge durch ein je unterschiedlich gelagertes Verhältnis von theoretischer Leistungsfähigkeit und Beschränkung aus. Im Hinblick auf die hier vor allem interessierenden sozialwissenschaftlichen Perspektiven und Begriffsbildungen zeigen sich in bedeutendem Umfang - am wenigsten noch bei Luhmann - Sackgassen in den Strategien des Theorieaufbaus, epistemologische Hindernisse dabei, was die jeweilige Theoriekonstruktion zu begreifen erlaubt.[202]

Der Referenzrahmen, die begrifflichen Bestimmungen und die Generalisierungsmöglichkeit des Autopoiesisbegriffs sowie seine Verknüpfung mit anderen Begriffen erweisen sich nicht nur im Verhältnis zwischen biologischem und sozialwissenschaftlichem Feld als unklar oder umstritten, sondern auch schon innerhalb der Biologie, als Dissens zwischen den Protagonisten einer biologischen Autopoiesistheorie (vgl. 2.2.1). Besteht da Einigkeit, den Begriff der Autopoiesis keinesfalls über die Biologie hinaus auszudehnen, so jedoch nicht darin, welches genau die Bereiche seiner empirischen Absicherung sind - ob er also für die Funktionsweise eingegrenzter Systeme wie Zellen, von Organismen allgemein oder gar der Evolution von Leben insgesamt stehen soll. So besteht Uneinigkeit auch darin, welches der legitime Ausdehnungsbereich des Autopoiesisbegriffs ist und welches sinnvolle, ihn ergänzende Generalisierungsbegriffe sind. Diskursiv vorherrschend ist das Verständnis von Autopoiesis als Theorie biologischen Lebens, von Organismen überhaupt. In bezug auf diese generalisierte und doch spezifische Referenzebene kann Autopoiesistheorie sowohl in einem strengen biologischen Sinne als auch als Bioepistemologie fruchtbar sein (vgl. Köck 1990, insbesondere 166ff.). Diese Kombination von Besonderheit und Allgemeinheit enthält jedoch eine zweifache Abstraktion, die unbedingt beachtet werden muß: Erstens wird abstrahiert von tierischer Artspezifik; von spezifischen organischen Ausstattungen, spezifischen Relationen der Festgelegtheit und

---

202 Zum Begriff des epistemologischen Hindernisses vgl. Bachelard 1974, 170ff.

Modifikabilität des Verhaltens, spezifischen Lebensräumen, Lebensgewinnungs- und Reproduktionsweisen. Zweitens wird abstrahiert von der Tier/Mensch-Differenz; von spezifisch verschiedenen organischen Ausstattungen, die im Falle des Menschen erst eine ihm eigene - über Arbeit und gesellschaftlichen Stoffwechsel vermittelte - gesellschaftliche Lebensweise und historische Entwicklung ermöglicht (vgl. Schurig 1976).[203] Im Wissen um diese doppelte Abstraktion kann man sowohl die Aussagemöglichkeiten als auch die epistemologischen Grenzen von Autopoiesistheorie erkennen.[204]

Als sozialwissenschaftlich ungeeignet erweisen sich all die Theorieansätze, bei denen sich ein Primat des Biologischen ausmachen läßt. Ein solcher findet sich bei Biologen in der Form, daß über den Bereich hinaus, der als empirisch abgesichert und theoretisch stichhaltig - zumindest begründet vertretbar - gilt, Verallgemeinerungen getroffen werden, die zudem oft mit politischen, moralischen, religiösen, kurz: ideologischen Bedeutungen aller Art aufgeladen bzw. artikuliert werden. Ihr sozialwissenschaftlicher Gehalt besteht in der Folge aus nichts mehr denn »spontanen Philosophien«, die in diesem Fall insbesondere spiritualistischer Machart sind.[205]

Bei Sozialwissenschaftlern gibt es einen - theoriekonstruktiv blockierenden - biologischen Primat in der Theorie dann, wenn der Bereich des Sozialen dem Biologischen nachgeordnet ist - der Theorieaufbau vom Organismus ausgeht, die ihn betreffenden Theorien als Maßstab und vorausgesetzte Grundlage für die

---

203 Daß die spezifische Organizität des Menschen unberücksichtigt bleibt, stimmt insofern nicht, als die Komplexität des menschlichen Gehirns in der Diskussion autopoietischer oder selbstreferentieller Systeme eine wichtige Rolle spielt. Das Problem ist allerdings - was meine Vereindeutigung rechtfertigt -, daß die Erörterung auf dem Standpunkt des kognitiven Apparats verbleibt, d. h. von seiner praktischen Betätigung im Rahmen spezifischer Lebensverhältnisse abstrahiert.

204 Vgl. als weiterführende Aneignung im Modus der »rettenden Kritik« Krüger 1991a.

205 Reklamiert man wie Köck einen genau umgrenzten Geltungsbereich biologischer Autopoiesistheorie, kann man dies gegen ihre Autoren selbst, die ja zugleich die Urheber ihrer übermäßigen Generalisierung sind, anführen - etwa mit dem Hinweis, gerade diese sei verschärft beobachterabhängig, beispielsweise den konkreten Subjekten Maturana oder Varela geschuldet (vgl. ebd., 176ff.). In der Folge versucht Köck eine scharfe Trennlinie zu ziehen. So könnte, auch wenn Maturana zwar in ganz bestimmter Weise von der Notwendigkeit von »Liebe«, »Humanität« etc. spricht, aus dessen Bioepistemologie »aber keinerlei lebenspraktische Aussage abgeleitet werden, weder eine solche, die sich auf die Art unserer Lebensgestaltung bezieht, noch eine solche, die ein Menschenbild oder ein Wertsystem begründet oder rechtfertigt. Alles dieses gehört zum Phänomenbereich der Interaktionen, des Beobachters, also zu unseren historischen Lebenswirklichkeiten.« (Ebd., 180) »Biologisch gesehen ist jede Lebensweise, jede Gesellschaft, jede Ethik möglich, die den autopoietischen Prozeß nicht beendet« (ebd.). Im Ergebnis hat Köck die biologische Autopoiesistheorie von allen überschießenden Bedeutungen gereinigt: »Maturanas Theorie ist völlig neutral, was historische Selektionen der Verhaltensbereiche und deren Steuerungskriterien angeht. Aus ihr sind alle bzw. keine Wertungen ableitbar« (ebd.).

Sozialtheorie genommen werden. Diese als sozialwissenschaftliche Aufbaustrategie bezeichnete und als begriffliches Abbildverfahren charakterisierte methodologische Vorgehensweise führt dann dazu, daß spezifisch soziale Lebensdimensionen nur als Epiphänomen analysiert werden können und die Spezifik menschlicher Lebensgewinnung und Vergesellschaftung systematisch verfehlt wird (vgl. 2.2.2.1). Das ist, im Blick auf die biologische Debatte, nicht weiter verwunderlich. Die dort getroffenen unterschiedlichen Bestimmungen und Verknüpfungen von Autopoiesis und Kognition, Selbstreferenz und Autonomie finden sich hier, als Problemstellung wie als Antwort, wieder. Biologisch können nur die Komponenten und Operationen des Systems erklärt werden, die die Kognitionen, wie wir sie als Beobachter wahrnehmen, erzeugen, kann nur die Tatsache einer physiologischen Grundlage aller Orientierungsaktivitäten und aller Kommunikationen begründet werden, nicht aber die sozio-historisch spezifischen Formen und Ergebnisse von Wahrnehmungs- und Kommunikationsprozessen. Eine solche Betrachtungsweise ist mit dem Standpunkt des einzelnen Organismus und kognitivistisch-apparativen Perspektiven verwachsen. Können zwar die organismischen Bedingungen der Möglichkeit spezifisch menschlicher Lebensweise und Aktivitäten von sozialwissenschaftlichem Interesse sein, so muß sich Sozialwissenschaft aber in erster Linie für die gesellschaftlich und geschichtlich spezifischen Realisierungen menschlicher Lebensmöglichkeiten interessieren. Diese stellen die je konkreten Wirklichkeiten dar, die konzeptionell erschlossen und erklärt werden müssen. Weiß man, daß die Menschen kognitiv konstruktiv tätig sind, und kann man dies darüber hinaus auch biologisch begründen, so weiß man noch nicht, wie sie innerhalb ihrer vielfältigen Lebenspraxen, wie sie unter immer auch vorgegebenen Bedingungen kognitiv - und anderswie praktisch - konstruktiv tätig sind.

Aus der Einsicht in epistemologische Hindernisse von sozialwissenschaftlichen Ansätzen mit biologischem Primat setzt Luhmanns Theorietechnik als »Analogisierungsstrategie« an (vgl. 2.2.2.2). Statt direkt material wird nun indirekt formal an die biologischen Ursprungskonzepte angeknüpft. Diese Strategie erlaubt, die verschiedenen Bereiche, die in allgemeine Systemtheorie eingehen, nicht nach und nach, unter Dominanz eines, hier vornehmlich des biologischen, Bereichs zu erschließen, sondern formal so anzuordnen, daß sie, vermittelt über eine vertikal und horizontal gegliederte Architektur, relativ zwanglos Bestandteile allgemeiner Systemtheorie werden. Dabei können sie einerseits mit demselben formalisierten Begriffsinstrumentarium konzeptionalisiert, andererseits aber auch potentiell stärker in ihrer jeweiligen Spezifik untersucht werden. Die epistemologische Schranke dieser Strategie - als Kehrseite ihrer Leistungsfähigkeit - liegt nun gerade in dem Ausmaß, in dem wesentliche theoriekonstruktive Bestimmungen vorweggenommen sind. So ist die Architektur allgemeiner Systemtheorie vorgegeben und, damit einhergehend, die Gliederung von Ebenen und Bereichen durch das Emergenztheorem vorstrukturiert, wobei mit dem analytischen Verfahren von Generalisierung und Respezifikation bereits einige

Bestimmungen ihres realen Zusammenhangs - bzw. der Art und Weise, ihn zu rekonstruieren - angezeigt sind.

Zwei Wege, die Analogisierungsstrategie umzusetzen bzw. das Autopoiesiskonzept sozialwissenschaftlich zu spezifizieren, sind vorzufinden. Besteht zwischen ihren Hauptrepräsentanten Luhmann und Teubner Einigkeit darin, die Spezifik des Sozialen im Begriff der Kommunikation zu fassen, so unterscheiden sie sich dadurch, daß jener die Einheit des Sozialen mit den Begriffen Autopoiesis und Selbstreferenz identifiziert, wohingegen dieser Selbstreferenz als generalisiertes, für die Einheit aller Kommunikationen stehendes Konzept verwendet und den Autopoiesisbegriff für begrenzte, an den Begriff des Hyperzyklus gebundene, Funktionskreise reserviert (vgl. Teubner 1987, 101; Teubner 1987a, 429f.). Damit will Teubner unterschiedliche Typen sowie Verschachtelungen selbstreferentieller bzw. autopoietischer Systeme denken können, aber weitergehend und auf andere Weise, als dies im Rahmen der an Maturana anschließenden Strategie kumulierenden Aufbaus möglich ist (vgl. Teubner 1987, 97ff., 91ff.). Als fruchtbar zeigen sich seine Spezifizierungen bei der Analyse der historischen Entwicklung und von gesellschaftlichen Funktionsproblematiken des Rechtssystems (vgl. ebd., 106-121; Teubner 1987a, 432-443; Teubner 1989). Und als politisch bedeutsam erweisen sich die begrifflichen Gradualisierungen von Autonomie im Kontext steuerungstheoretischer Überlegungen (vgl. auch 4.3.1).

6.2   Probleme von Theorietechnik und Empirie

Luhmanns Ansprüche universalistischer Theoriebildung - auf der Ebene allgemeiner Systemtheorie, einer allgemeinen Theorie sozialer Systeme, einer Theorie der modernen Gesellschaft, sowie für relevante Dimensionen des sozialen Lebens - erzwingen, eine Fülle von Thematiken nicht nur zu behandeln, sondern auch noch miteinander in einem theoretischen Netzwerk zu verknüpfen (vgl. 3.1.1). Je nachdem, wie die einzelnen Elemente von Theorieanlage und Begrifflichkeit gestaltet sind, können die verschiedenen Thematiken zum einen empirisch mehr oder weniger gut fundiert oder auch nur völlig ungenügend abgedeckt, zum anderen theoretisch mehr oder weniger differenziert bestimmt und artikuliert oder auch nur formal bewältigt bzw. miteinander verbunden werden. Die verschiedenen Konzepte greifen nun aber nicht in der Weise ineinander, daß sie ein geschlossenes und in sich kohärentes theoretisches System ergeben. Sie sind miteinander vielmehr in einem Verweissystem verknüpft, das auch Widersprüche, Spannungen und Brüche enthält. Die Theorieanlage ist so durch eine spezifische Verteilung von Stärken und Schwächen gekennzeichnet. Diese können nun nicht mithilfe eines Generalschlüssels identifiziert und auf einen theoriekonstruktiven Ursprung zurückgeführt werden, sondern müssen analytisch auseinandergelegt und rekonstruktiv bestimmt werden.

Die einzelnen Elemente von Luhmanns Theorie - wie die Möglichkeiten, sie miteinander zu verknüpfen - zeigen sich von vornherein weder ganz festgelegt oder in ihrem Sinn eindeutig noch umgekehrt beliebig bestimmbar. Die theoretischen Bestimmungen und Begriffe, von denen er ausgeht, bleiben oft nicht in der zunächst festgelegten Form bestehen, sondern erfahren nachträgliche Modifikationen und Spezifikationen. Mit fortschreitender Ausarbeitung der Theorie werden sie in zunehmendem Maße als Momente eines Theoriedispositivs artikuliert, wodurch ein epistemologischer Raum mit spezifischen Determinationen - Möglichkeiten, Einschränkungen, blinden Flecken - konstituiert, aber wiederum nicht gänzlich festgelegt oder eindeutig bestimmt wird. Die Untersuchung des Theoriedispositivs hat also zu differenzieren zwischen den unterschiedlichen theoretischen Elementen, der Art ihrer Verknüpfung sowie ihrer terminologischen Akzentuierung.

Bei der Aufschlüsselung von Luhmanns Theoriekomplex hat man zu unterscheiden, was daran *kompliziert* und was *komplex* ist. Denn mag die Aneignung der Theorie kompliziert sein, heißt dies nicht zugleich, daß ihre Grundkonzepte komplex sind. Kompliziert wird die Aneignung von Luhmanns Theorie etwa durch die Übereinanderlagerung verschiedener Begrifflichkeiten und ihre innere Verfeinerung. Das ist beispielsweise dann der Fall, wenn über die Tiefenschicht von Kategorien, die zur Gehlenschen Anthropologie analog gebildet sind, solche einer Theorie selbstreferentieller, subjektloser Systeme aufgebaut werden (vgl. Fn. 118). Dabei kann die zugrundeliegende Konstruktion der Theorie durchaus *einfach* sein - wie dies bei der übermäßigen Weltkomplexität und der Notwendigkeit ihrer Reduktion, deren Umsetzung in umweltabhängigen und eigengesteuerten Systemen, der Fall ist (vgl. 3.2.1.1). Damit ist aber noch kein Urteil über die Leistungsfähigkeit von Luhmanns Theorietechnik gefällt bzw. darüber entschieden, welcherart Ergebnisse sie hervorzubringen vermag. Denn seine theoretische Konstruktionsarbeit besteht ja ganz wesentlich auch in einer eingehenden Bestimmung und systematischen Verknüpfung von Begriffen - wodurch überraschende Denkmöglichkeiten sich eröffnen und vielfältige Einsichten hervorgebracht werden können. Insofern allerdings seine Theorietechnik als selbstreferentiell bezeichnet werden kann, sie formal-abstrakt auf die verschiedensten Gebiete angewandt und da zu unspezifisch konkretisiert wird, realisieren sich die universalistischen Ansprüche mitunter als imperialistische Ausdehnung der Theorie, so daß diese dann weitgehend auf Übergeneralisierungen beruht. In dem Fall ist dann Luhmanns Theoriegebäude auch eher kompliziert anzueignen denn realitätsadäquat komplex.

Nichtsdestotrotz: Vor allem anderen sind Luhmanns Bemühungen um universale Theoriebildung zu würdigen.[206] Fachuniversalität ist angesichts der Aufsplittung des sozialen Universums in eine Vielzahl von Bindestrichsoziologien ein kaum mehr angestrebtes oder für möglich gehaltenes Ziel. Dieses Vorhaben

---

206 Der neben dem fachuniversalen zweite Aspekt, die Befähigung zur Selbstreflexion, wird im nächsten Abschnitt (6.3) behandelt.

wird nun in der Form realisiert, daß in der Tradition allgemeiner bzw. soziologischer Systemtheorie ein distinkter Ansatz sozialwissenschaftlicher Universaltheorie hervorgebracht wird. Dabei wird strikt das Ansinnen zurückgewiesen, eine solche durch die Auswertung und Aggregation des Bestands soziologischer Theorie zu gewinnen. Der Vorteil davon ist, daß man es mit einem klar unterscheidbaren Ansatz zu tun hat, der Nachteil, daß relevante andere Ansätze nicht systematisch gesichtet und als differenzielle Elemente in eine übergreifende Theorie eingehen oder aus angebbaren Gründen auch nicht. Dieser Rezeptionsmodus findet sich nun auf den verschiedenen Ebenen, auf denen Luhmann universalistische Theoriebildung betreibt: Neben der allgemeinen Theorie sozialer Systeme sind es die Theorie der modernen Gesellschaft sowie Theorien ganzer institutioneller Bereiche wie Wirtschaft, Wissenschaft und Recht.

Ein Brennpunkt theorietechnischer Probleme liegt nun in der Art und Weise, in der Begriffe hergeleitet und begründet werden. So findet man eine ganze Reihe tragender Elemente von Luhmanns Theorieanlage, die sich theoretischen Festlegungen und begrifflichen Ableitungen verdanken, die vor und unabhängig von ihrer empirischen Erforschung und Überprüfung getroffen werden. Von Momenten deduktionistischer Begriffsableitung ist so kaum ein Theoriebaustein frei. Zugleich ist die Art und Weise, in der Begriffe eingeführt werden, ein Modus ihrer Begründung. Der Grad, in dem sie begründet werden, entscheidet mit über ihre Konsistenz und Reichweite. Die meisten Momente theoretischer Setzung korrespondieren in der Folge mit Aspekten konzeptioneller Übergeneralisierung, verweisen also auch auf Schwachstellen der Begründung der Theorie.

Vorgegeben ist zunächst die Architektur allgemeiner Systemtheorie, in die die Theorie sozialer Systeme eingebaut wird (vgl. 2.2.2, 3.1.1). Integriert wird sie durch den Begriff der Selbstreferenz, die Voraussetzung, daß es selbstreferentielle Systeme gibt. Ihre Gliederung folgt dabei der Voraussetzung eines nach Emergenzniveaus geschichteten Weltaufbaus, die in der Verbindung von Emergenzbegriff und System/Umwelt-Differenz theoretisch umgesetzt wird. Der Vorteil dieser Anordnung besteht darin, daß sie die Aufmerksamkeit darauf lenkt, Aussagen strikt auf bestimmte Ebenen oder Dimensionen zu beziehen. Nachteile resultieren aber daraus, daß nicht selbstreferentielle Systeme von der Thematisierung ausgeschlossen und die jeweiligen Systemtypen in einer Weise voneinander geschieden werden, daß Wechselbeziehungen zwischen ihnen auf bloße Funktionsbedingungen reduziert werden. Dieser Theorieaufbau befördert auch eine konstruktive Klarheit und Eleganz. So gibt er vor, welches die Generalisierungs- und Spezifikationsebenen sind, was womit sinnvoll verglichen werden kann. Damit geht die Vorstellung einher, Systemtypen durch nur für sie geltende Funktionsmedien unterscheiden und anhand exklusiver Einheitsprinzipien identifizieren zu können. Diese Voraussetzungen bringen nun eine Reihe negativer Folgen mit sich. So führt die Identifizierung von Sinn als Funktionsmedium und Grundcharakteristikum sozialer und psychischer Systeme dazu, daß sie von allem Materiellen abgetrennt bzw. von ihm gereinigt werden. Materielles kann allein noch den Status von systemischen Voraussetzungen, nicht aber von konstitutiven Bestandteilen der Systeme selbst einnehmen (vgl. 3.2.1.2). Verstärkt durch den Begriff selbstreferentieller Schließung werden psychische Systeme auf Bewußtsein reduziert und soziale Systeme auf Kommunikation. Die Anordnung der unterschiedlichen Systeme zueinander schreibt nun ihre wechselseitige Intransparenz und Unzugänglichkeit fest. Aus einer möglichen Form des System/Umwelt-Verhältnisses oder der Konstitution systemischer Einheit und Funktionsweise wird so die einzig wirkliche. Darüber hinaus werden Akteure, individuelle wie kollektive, prinzipiell in die Umwelt sozialer Systeme verbannt. Demnach können sie keinesfalls konstitutiver Bestandteil sozialer Systeme sein, was umgekehrt die Stilisierung sozialer Systeme selbst zu Subjekten bedeutet. Mit der Konzipierung sozialer Systeme vermittels der Autopoiesistheorie werden allopoietische Sozialsysteme und Wirkungsmechanismen von der Thematisierung ausgeschlossen, oder es wird gar verneint, daß es sie gibt. Was für biologische Systeme galt, gilt nun auch für soziale Systeme: die Operationen des Systems dienen in erster Linie systemintern festgelegten Zwecken bzw. dessen Selbsterhaltung, autopoietische Autonomie widersetzt sich strikt allopoietischen Interventionen oder externen Regulationsversuchen. An Stelle möglicher Veränderungen im Verhältnis von System und Umwelt - bzw. korrespondierendem systeminternem Wandel - gibt es allein die Alternative: Aufhören oder Weitermachen für soziale Systeme; Weiterleben oder Tod für biologische Systeme.

Eine generelle Implikation allgemeiner Systemtheorie ist, daß in ihrem Rahmen alles als »System« zu thematisieren ist. Alles Soziale wird so von der Theorie sozialer Systeme als systemisch vorausgesetzt und folglich begrifflich in die Form sozialer Systeme gebracht. Daß es sich dabei um eine systemtheoretische Projektion handelt, wird anhand von Luhmanns Behandlung sozialer Kontingenz besonders deutlich. Denn anders als in der systemtheoretischen Tradition vor ihm, die kritisiert wurde, am Status quo sozialer Systeme und deren Bestandssicherung orientiert zu sein, ist es Luhmanns Ausgangsproblem zu erklären, wie soziale Systeme überhaupt zustande kommen und daß sie sich nur erhalten können, indem sie sich verändern. Doch Luhmann entfaltet das Problem der doppelten Kontingenz in der Weise, daß die Unwahrscheinlichkeit sozialer Ordnung diskursiv mit der Gewißheit sozialer Systeme kurzgeschlossen wird (vgl. 3.2.2.1). Ausgeblendet werden so Zwischenschritte und Formen des Sozialen, die nicht systemisch geordnet werden. Kontingenz, zunächst Horizont aller Denk- und Handlungsmöglichkeiten, erscheint in der Folge nur noch, soweit sie für soziale Systeme relevant ist. Darüber hinaus führt die theoretische Plazierung des Problems der doppelten Kontingenz - als Ausgangspunkt bei der Bildung und Grundproblem der Reproduktion sozialer Systeme - zu seiner gesellschaftlichen und historischen Überbewertung. Zudem befördert es - durch die Festlegung des Sozialen schlechthin auf Kommunikation - die Tendenz der Entsachlichung bzw. Intersubjektivierung des Sozialen (vgl. 3.2.2.3).

Auf der Ebene der Gesellschaftstheorie ist die Voraussetzung primärer gesellschaftlicher Differenzierungsprinzipien äußerst folgenreich. Theoriekonstruktiv ermöglicht sie, ohne großen Aufwand sowohl geschichtliche Epochen der Gesellschaftsentwicklung als auch deren hauptsächliche Struktureigenschaften zu bestimmen (vgl. 3.2.3.2). Allerdings werden die Gesellschaftstypen dadurch, daß am jeweiligen primären Differenzierungsprinzip ihre Identität festgemacht sowie davon die sekundären Differenzierungsprinzipien abgekoppelt werden, unterkomplex bestimmt. Die so abgeleiteten Gesellschaftsepochen sind derart globalisiert, daß sie in sich nur sehr unzureichend nach divergenten Gliederungsstrukturen und Entwicklungsweisen differenziert werden. Für die moderne Gesellschaft heißt das, daß sie mit funktionaler Differenzierung identifiziert wird. Diese erhält ihren präzisen, und im weiteren strukturierenden, Sinn durch die Artikulation mit den Konzepten der Selbstreferenz, der binären Codierung und der symbolisch generalisierten Kommunikationsmedien. Dadurch wird sie zum charakteristischen Struktur- und Entwicklungsprinzip der modernen Gesellschaft. Als solches füllt sie den gesamten gesellschaftlichen Raum aus, die Möglichkeit quer zu ihr verlaufender, produktiv sie ergänzender Strukturen verneinend. In der geschichtlichen Dimension wird funktionale Differenzierung als Morphogenese artikuliert, welche als durchschlagender Entwicklungsmodus der modernen Gesellschaft bedeutet, daß strategisches Handeln und das, auch erfolgreiche, Verfolgen von Projekten von der theoretischen Erörterung ausgeschlossen wird (vgl. 3.2.3.1, 4.1.4). Morphogenese als gesellschaftliches Entwicklungsprinzip gleichsam verallgemeinernd, treten in Luhmanns universaltheoretischem Ansatz evolutionstheoretische Konzepte an die Stelle von geschichtstheoretischen. Die einzelnen evolutionstheoretischen Begriffe sind nun formalistisch und reduktionistisch aus dem naturwissenschaftlichen in den gesellschaftstheoretischen Bereich übertragen - indem einfach nach sozialen Entsprechungen für die evolutionsbiologischen Funktionen der Variation, Selektion und Restabilisierung gefragt wird. In bezug auf die moderne Gesellschaft ist Morphogenese in dichotomischer Unterscheidung zu Planung bestimmt. Das Prinzip funktionaler Differenzierung ordnet sich so zur globalen Zukunftsperspektive, unhintergehbar festgelegt auf selbstreferentielle Autonomie, wechselseitige Intransparenz und Unkontrollierbarkeit bzw. Unsteuerbarkeit der Subsysteme der modernen Gesellschaft.

Funktionale Differenzierung stellt insgesamt ein Universalkonzept dar, das den ganzen gesellschaftsstrukturellen, handlungspraktischen und zukunftsperspektivischen Raum der Moderne prägt (vgl. 4.). Ein paradoxer Effekt dieser Anordnung besteht darin, daß die gesellschaftstheoretische Plazierung und Bestimmung funktionaler Differenzierung zur rigiden Unterscheidung und Konzeptionalisierung der einzelnen Systeme führt, dabei aber eine darüber hinausgehende Thematisierung ihrer Wechsel- und Kooperationsbeziehungen sowie des gesellschaftlichen Gesamtzusammenhangs vernachlässigt wird. Neben den benannten Problemen sind weitere Grenzen von Luhmanns Differenzierungstheorie, daß sie vorgibt, welche Funktionen von gesellschaftlichen Subsystemen zu bearbeiten sind, daß es sich jeweils um genau eine Funktion handelt, welche Systeme ihnen exklusiv zugeordnet sind und in welcher institutionalisierten Form sie dabei operieren; schließlich ist auch das Verhältnis der ausdifferenzierten Systeme zueinander als horizontale Gleichrangigkeit ohne Dominanz vorausgesetzt. Das alles verweist auf den theoretischen Grundmangel, auf begriffliche Ableitung statt auf historisch empirische Forschung zu setzen.

Diesen findet man auch bei Luhmanns Codebegriff. Sein strategischer Stellenwert rührt daher, daß er dafür steht, wie in der Gesellschaft Informationen konstituiert und prozessiert, d. h. Umweltsachverhalte wahrgenommen und Systemoperationen orientiert werden. In der geschichtsmächtigen Institution der symbolisch generalisierten Kommunikationsmedien ist mit deren Codes der zentrale Funktionsmechanismus bezeichnet, der die Informationsverarbeitung und operative Steuerung der ausdifferenzierten Funktionssysteme anleitet (vgl. 3.2.2.2, 3.2.4). Somit ist mit dem Codebegriff weitgehend darüber verfügt, in welcher Form Vergesellschaftung realisiert wird. Luhmanns Begriff der Codierung zeichnet sich nun durch eine einfache Struktur aus, deren Gültigkeit im Prinzip für die verschiedensten Gesellschaftsbereiche veranschlagt wird. Allerdings liegen gerade darin die theoriekonstruktiven Probleme. Eines besteht in der theoretischen Voraussetzung eines bestimmten Begriffs und dem Zwang, ihn anschließend in der Wirklichkeit zu identifizieren, ein anderes in der strikten Festlegung von Codes auf eine binäre Grundstruktur. Diese Bestimmung ist um so überraschender, als sie sich einer Analogiebildung aus dem Bereich der Biogenetik - und nicht der Linguistik oder Semiotik - verdankt, wodurch auf komplexere Begriffsbildungsmöglichkeiten mit größerer theoretischer oder empirischer Flexibilität verzichtet wird.

Im Hinblick auf die Ortung empirischer Stärken und Schwächen geben die genannten theorietechnischen Problem- oder Kritikpunkte keinen einfachen Maßstab ab. So ist selbst nicht ausgeschlossen, daß neben den Forschungen mit ausgeprägtem Sinn für das empirische und historische Material oder den elaborierten Verbindungen von Theorie und Empirie selbst auch deduktionistische Ableitungen - und sogar offensichtlich gegen empirische Forschung gerichtete Begriffsfestlegungen - gleichwohl empirisch starke Stellen enthalten. Die Kritik an der Theorietechnik bezeichnet insofern generelle Mängel der Theorie, als theoretische Festlegungen vor empirischer Forschung oder gegen sie getroffen werden in der Weise, daß theoretische Aussagen durch empirische Befunde nur sehr bedingt korrigiert werden können. Doch diese Kritik bedeutet nicht notwendig die mangelnde empirische Triftigkeit der theoretisch vorausgesetzten Bestimmungen und der unter ihrer Anleitung hervorgebrachten oder hervorbringbaren Ergebnisse. Zu unterscheiden ist so zwischen in empirischer Hinsicht problematischen Eigentümlichkeiten der Theorietechnik, die aus der Beobachtung des Theoriedispositivs gewonnen werden können, und dem empirisch möglicherweise problematischen Gehalt theoretischer Aussagen, der nur anhand der Erörterung spezifischer Gegenstandsbereiche erschlossen werden kann. Mit anderen Worten: Die rekonstruktive Analyse von Luhmanns Theorietechnik erlaubt, als einen ersten Schritt, grundlegende epistemologische Schlußfolgerungen zu ziehen und daraus Beobachtungssonden zur Beurteilung ihrer empirischen Leistungsfähigkeit zu entwickeln. Doch erst die Analyse der Anwendungen und Auswirkungen der einzelnen theorietechnischen Momente auf spezifische Gegenstände ermöglicht es, als einen zweiten Schritt, fundierten Aufschluß über die Verteilung empirischer Stärken und Schwächen der Theorie zu erlangen.

Es lassen sich also weder die theorietechnisch noch die empirisch starken und schwachen Stellen der Luhmannschen Theorieanlage an einem Generalschlüssel ablesen, und in der Folge die einzelnen Befunde auch nicht generell auf sie zurückspiegeln. Luhmanns Theorie hält auf verschiedenen Abstraktionsniveaus und hinsichtlich unterschiedlich gelagerter Sachverhalte und Ereignisse einen Realitätskontakt aufrecht - mal viel oder wenig, mal überzeichnend und mal abdunkelnd. Gleichwohl könnte ein vereinfachender Befund folgendermaßen lauten: Luhmanns Schriften sind da stärker und realitätsgesättigter, wo er selber eingehend empirisch geforscht hat oder über eigene praktische Erfahrungen verfügt - also beispielsweise im Zusammenhang von Rechtssystem und Organisationen der Verwaltung (vgl. 1987o, 1964, Dammann u. a. 1994). Sie sind da schwächer und dünner, wo universalistische Konstruktionen - unterschiedlichen sachlichen, sozialen und zeitlichen Generalisierungsgrads - aufgespannt werden. Dabei wiederum sind Begriffe da besser verankert, wo sie in Beziehung zu einem realen Sachverhalt oder Problem stehen - also das Problem der doppelten Kontingenz und der Kommunikationsbegriff etwa da, wo es um Interaktionsverhältnisse oder Verständigungsschwierigkeiten geht (vgl. 1982). Sie sind jedoch um so bedeutungsleerer, je mehr sie sachlich, soziohistorisch oder raumzeitlich verallgemeinert und dabei übergeneralisiert werden.[207]

Die übermäßige Ausdehnung, die Übergeneralisierung von Begriffen hat spezifische theorietechnische Korrekturen - in Form von Begriffen mit Kompensationsfunktion - zur Folge. Als markanteste seien folgende genannt. Aus der rigiden Bestimmung der System/Umwelt-Differenz entspringt der Begriff der Interpenetration. Mit ihm werden nun funktionale Abhängigkeiten zwischen den selbstreferentiell geschlossenen und funktional autonom operierenden Systemen als strukturelle Kopplung, Beziehungen wechselseitiger Bedingtheit und Zurverfügungstellung von Komplexität bezeichnet (vgl. 3.2.1.2).

Die Verbannung von Akteuren - individuellen und kollektiven Akteuren oder auch Akteursnetzwerken - in die Umwelt der Systeme bewirkt kompensatorisch den Begriff des partizipierenden Systems. Dies ist ein Verlegenheitsbe-

---

207 Vgl. für den Diskussionshorizont von Kommunikationsbegriffen bzw. -theorien Krüger 1990.

griff, da etwas, was strikt der Umwelt zugerechnet wird, im Gegenzug nicht am Systemgeschehen teilnehmen, gleichsam ein konstitutiver Bestandteil von ihm sein kann. Der Begriff des partizipierenden Systems signalisiert also einen Widerspruch in Luhmanns Theoriekonstruktion (vgl. 4.2.3).

Die Reduktion alles Gesellschaftlichen auf Kommunikation, mit der auch die Abtrennung von jeglichem Materiellen einhergeht, wird mit dem Begriff der Codierung gleichsam aufzufangen versucht. Dies gelingt jedoch nur insoweit, als Materielles unter Sinn subsumiert wird; erfaßt wird dann neben der gesellschaftlichen Wahrnehmung und Thematisierung von Sachverhalten der materiellen oder natürlichen Umwelt der Aspekt der Steuerung von Operationen, die der Systemumwelt zugerechnet werden und als solche materielle Sachverhalte darstellen oder materielle Auswirkungen zeitigen. Unter dem Steuerungsaspekt werden allerdings die konkreten Realisierungsformen und Auswirkungen der Steuerung nicht erfaßt (vgl. 3.2.1.2, 3.2.2.2, 3.2.2.3). Mit der Reduktion nicht nur sozialer, sondern auch psychischer Systeme auf Sinnsysteme ist nun ein weiterer Widerspruch in Luhmanns Theorie verbunden. Wenn Luhmann zum einen die Konzeption des humanistischen Subjekts und das Subjekt/Objekt-Paradigma attackiert, ihr Ende proklamiert, schreibt er zum anderen gleichwohl Bestände der Bewußtseinsphilosophie fort, indem individuelle, psychische Systeme auf Bewußtsein reduziert werden, indem die Unterscheidung von System und Umwelt, Beobachter und Welt bzw. Welt von Beobachtern dem Subjekt/Objekt-Paradigma nachgebildet wird (vgl. 3.1.2, 3.2.1.1, 3.2.2). Luhmann verbannt zwar philosophisch völlig zu Recht das Subjekt von seiner zentralen Position - indem er ihm imaginäre Zuschreibungen von Souveränität, Vernunft und Handlungsmacht aberkennt -, doch bewerkstelligt er dies in einer Weise, daß zugleich akteurstheoretische und handlungspraktische Leerstellen aufgerissen werden. Der Versuch, diese Lücke wiederum mit dem Konzept des Beobachters bzw. der Beobachtung von Beobachtungen zu schließen, vermag dies aber nur unzureichend, da das Konzept kognitivistisch akzentuiert und handlungspraktisch unterbestimmt ist (vgl. 3.2.1.2).

Der aus Luhmanns Artikulation primärer gesellschaftlicher Differenzierungsprinzipien resultierende Mangel, historische Epochendifferenzierungen und gesellschaftsformationelle Binnenunterscheidungen nur unzureichend bestimmen zu können, wird auf zweierlei Weise zu kompensieren versucht. Zum einen in der Form semantischer Studien, die einen Reichtum historischer Äußerungsvarianten in die soziologische Analyse einbeziehen, welche dabei mit sozialstrukturellen Aspekten verknüpft werden können (vgl. 3.2.3.2). Und zum anderen wird dem Komplexitätsmangel bei der Bestimmung epochaler Charakteristika der modernen Gesellschaft mit der These begegnet, daß die gleichbleibende, funktional differenzierte Grundorganisation der Gesellschaft gerade mit einem schnellen, und sich weiter beschleunigenden, Wandel etlicher ihrer Strukturen einhergeht (vgl. 4.3.3). Beide Ansätze greifen aber insofern nicht weit genug, als die Annahme einer raum-zeitlich durchgängigen Grundstruktur im wesentlichen nicht berührt wird.

Die an Luhmanns Codebegriff festgestellte übermäßige Reduktion von Komplexität, die darin besteht, daß komplexe Möglichkeiten von Codierungen durch die Fixierung auf binäre Strukturen ausgeschlossen werden, wird nun durch die Verbindung mit dem Programmbegriff aufzuheben versucht. Die Unterscheidung von Codes und Programmen ist in der Tat plausibel, als damit festere von flexiblen Orientierungsstrukturen abgesetzt werden können. Allerdings ist der Begriff des Programms dem des Codes nur subaltern nachgeordnet, was bedeutet, daß die auf die Ebene von Programmen verlagerten Varianzmöglichkeiten nicht auf die der Codes übergreifen können, diese gegenüber struktureller Veränderung abgedichtet sind (vgl. 3.2.4).

6.3 Beobachtungskybernetik und blinde Flecken

Mit dem konstitutiven Einbau der sogenannten Kybernetik zweiter Ordnung in die Theorieanlage reinigt Luhmann den Universalitätsanspruch von der zuvor mitbeförderten Bedeutung, zugleich Ansprüche wissenschaftlicher Wahrheit einzulösen. Mit dem Konzept der Beobachtung von Beobachtungen ist Wahrheit generell nicht mehr als präexistente Wirklichkeit gegeben, die es bloß noch zu erkennen gilt - und die die Systemtheorie auch am besten abzubilden vermag. Realität stellt nicht mehr etwas dar, dessen sich ein Subjekt der Erkenntnis zu vergewissern hat und sie dabei erkennen kann, sondern nur noch ein Effekt, der sich aus Verhältnissen und Operationen rekursiven Beobachtens von Beobachtungen ergeben kann (vgl. 3.1.2). Diese Konzeption bringt unbestreitbare reflexive Vorteile, eine Schwäche liegt allerdings dann vor, wenn sie als Unerkennbarkeit der Welt artikuliert wird. Eine konstitutive Stärke des Ansatzes besteht darin, daß die Position eines neutralen Beobachters als unerreichbare und imaginäre erkannt, eine solche selber einzunehmen aufgegeben wird. Damit wird von Grund auf die Relativität der eigenen Aussagen als notwendig und unüberwindbar eingeräumt, und mit der daraus erwachsenden sozialkonstruktivistischen Erkenntniskonzeption wird beansprucht, eine neuartige und zu distanzierter Reflexivität befähigende Epistemologie zu begründen. Die Kybernetik zweiter Ordnung ist eine Theorie des Beobachtens und Erkennens, des Beobachtetwerdens und Erkanntwerdens. Als solche lädt sie prinzipiell dazu ein, alle Operationen von Beobachtern auf die verwandten Unterscheidungen und Bezeichnungen, die damit bewerkstelligten Vereinheitlichungs- und Ausblendungseffekte sowie die sie antreibenden Zweckorientierungen und die zugrundeliegenden Funktionsbestimmungen zu beobachten.

Ein grundlegendes Problem von Luhmanns Konzeption einer Beobachtungskybernetik ist die generalisierte Bestimmung, daß jede Form der Verwendung von Unterscheidungen Beobachtung ist. Dadurch werden auch zweckorientiertes Handeln und maschinelle Operationen mit Unterscheidungswert unter den Begriff der Beobachtung subsumiert. Dieser ist kognitivistisch akzentuiert und als theoretischer Praxisbegriff par excellence übergeneralisiert. Ein Effekt der theoretischen Anordnung ist, daß der Beobachter als Beobachter kognitiv in sich eingeschlossen und in seinem Verhältnis zur Welt von dieser abgeschlossen wird. Dabei findet zwar die Besonderheit der von Beobachtern benutzten Unterscheidungen, und insbesondere auch deren blinder Fleck, Berücksichtigung, nicht aber der Umstand der besonderen Positionierung von Beobachtern in den gesellschaftlichen Verhältnissen bzw. ihren besonderen Institutionen. Das bedeutet, daß die sozialwissenschaftliche Beobachtung auf die Untersuchung von Unterscheidungen und deren Verkettung in Diskursen eingeschränkt wird, abgetrennt von den Wechselbeziehungen mit den Kontexten und Akteuren ihrer Formulierung und Verwendung. Und die Unterscheidungen werden nur soweit auf die zugrundeliegenden Bedingungen bezogen, aus denen sie erwachsen bzw. mit denen sie verwachsen sind, als es sich um binär codierte Funktionssysteme handelt.

Als widersprüchlich erweist sich nun auch der Status und die Umgangsweise mit der Einsicht in die Notwendigkeit eines blinden Flecks jeder Unterscheidung und Bezeichnung, jeden Wahrnehmens und Erkennens. Nicht zu bestreiten ist, daß diese Einsicht sowohl auf physiologischer als auch auf diskursiver Ebene richtig ist, zu produktiven Untersuchungen anregen kann und nicht hintergangen werden darf. Doch Luhmann lädt diese Erkenntnis zusätzlich auf, überdehnt sie in einer Weise, daß sie problematisch wird. Einerseits wird sie dahingehend ausgedehnt, die prinzipielle Unzugänglichkeit der Welt, die Abgeschottetheit der Theorie von der Realität zu behaupten. Dagegen könnte man mit Luhmann selbst einwenden, daß zwar ein einfacher Zugriff auf die Welt, die Reduktion ihrer Komplexität auf eine letzte Unterscheidung, unmöglich ist, gegenüber dieser, weidlich unproduktiven, Frontstellung aber für die Theorie »das eigentliche Problem« vielmehr »in der Methodologie des Unterscheidens« liegt, bei der Erklärungen »über einen Prozeß des Unterscheidens und Kombinierens von Unterscheidungen gewonnen werden« müssen und können - und also »nicht durch einen Prozeß der Reduktion auf einfache Elemente und auf Gesetze ihres Zusammenhangs.« (1990d, 72)

Andererseits verbucht Luhmann die Einsicht in die notwendige Beschränktheit jeder Sicht in der Weise für seinen Theorieansatz, daß deren eigene Beschränktheit legitimiert, ja mitunter sogar zu einer Auszeichnung verkehrt wird. Denn wenn man als »Kybernetiker zweiter Ordnung« zwar weiß, daß man nicht weiß, was man nicht weiß, weil man *es* nicht weiß, heißt das nicht zugleich, daß man nicht sehen kann, was man nicht sehen kann, weil man *so* sieht: Es gibt also verschiedene Arten von blinden Flecken. Den einen kann man nicht sehen, was dann vielleicht jemand anderes sehen und feststellen kann; den anderen kann man, innerhalb bestimmter Grenzen, sehen und bezeichnen, zumindest könnte man sich darum bemühen. Durch die Vermengung des unterschiedlichen Stellenwerts und der verschiedenen Existenzweisen von blinden Flecken wird eine *falsche Einheit* blinder Flecke konstituiert. Wenn man diese auflöst, kann man ihre operationale Funktion in Luhmanns Theorie beobachten. Neben den genannten Stärken ist die Rede von der Notwendigkeit blinder Flecke insofern problematisch, als sie dazu verhilft, die Frage nach der Beschränktheit der eigenen Sicht aus dem Frageraum zu rücken und zugleich das Fehlen einer Antwort zu rechtfertigen. Dies ist dann der Fall, wenn die Existenz von Grenzen des eigenen Theorieansatzes zwar zugestanden wird, doch weder derart, daß sie thematisiert und reflektiert werden, noch derart, daß sie zu überschreiten versucht werden. In der Folge wird eine Erkenntnis auf das Konto der eigenen Theorie verbucht, ohne sie auf sich selbst anzuwenden, ohne tätige Einsicht in die Grenzen der eigenen Sicht zu bieten. Dieser Einwand fordert von Luhmann keine unmöglich zu gebende umfassende Antwort, sondern lediglich, die von ihm selbst angemahnte Frage zu stellen und daraufhin so weit als möglich zu antworten. So ist er nicht nur berechtigt, sondern drängt sich geradezu auf, wenn Luhmann den Universalitätsanspruch und die besondere Leistungsfähigkeit seiner Theorie auf die Beteuerung gründet, sie sei auf einmalige Weise in der Lage, in sich selbst als eines ihrer Objekte einzutreten - wodurch insbesondere gegenüber »der Dialektik« als dem großen Konkurrenzprojekt der Vorsprung an selbstreflexiver Kompetenz streitig gemacht wird. Statt also das Beobachten der Theorie in reflexiven Stufungen selbst zu beobachten, verbleibt es im Extremfall bei der Behauptung ihrer Überlegenheit - indem auf die Mächtigkeit der Theorie selbstreferentieller Systeme, die die Allpräsenz emergent gestufter und rekursiv verketteter realer Selbstreferenz nachbildet, verwiesen wird (vgl. 3.1.1, 3.1.2, 3.2). Das heißt, daß Luhmann in seiner eigenen Theorieproduktion mit der Unterstellung der Realitätskorrespondenz arbeitet. Diese Erkenntnis läßt sich nun mit der Beobachtung verknüpfen, daß Luhmanns Theorieanlage starke ontologische Züge enthält. Da dies, wenn auch in unterschiedlichem Maße, für die verschiedenen Phasen seiner Theorieentwicklung gilt, erscheint die konstruktivistische Konzeption einer Beobachtung von Beobachtungen mitunter als epistemologisch nicht konsequent ausgearbeitet und insofern als mehr diskursive Strategie.

Die Auflösung der falschen Einheit von blinden Flecken führt folglich zu einer Kritik, die den Kern von Luhmanns epistemologischem Universalitätsanspruch trifft. Immerhin ist als Nebeneffekt der Konzeption einer Beobachtungsbeobachtung mitsamt ihrer Zentralthese notwendiger blinder Flecken anzuerkennen, daß sie dazu ermuntert, Suchfragen zu stellen und Beobachtungssonden zu konstruieren, die sich gegen die Evidenz von Versicherungen, gegen die Blendwirkungen von Invisibilisierungen richten. In der Folge läßt sich daran die theorietechnische Problematik knüpfen - die mit mehr oder weniger starken politischen Implikationen angereichert ist -, Strategien des Verdeckens von Schwächen, des Verschiebens von Problemen, des Verschweigens von Unerwünschtem aufzuweisen. Schließlich kann man als Anspruchsniveau im Hinblick auf die Bewertung der epistemologischen Konsistenz der kritisierten Theorie sowie die Triftigkeit und Reichweite der Kritik angeben, daß es darauf ankommt, inwieweit man sehen und sagen kann, inwiefern und welcher Art es blinde Flecken oder Schwachstellen gibt, worin sie begründet sind, wodurch sie verdeckt werden, was deren Implikationen und Wirkungen sind und ob es Wege zu ihrer Beseitigung gibt.

6.4 »Funktionale Differenzierung«: zwischen soziologischer Aufklärung und Apologetik der Moderne

Das Prinzip funktionaler Differenzierung verbindet Luhmanns universaltheoretischen Ansatz mit seiner Theorie der modernen Gesellschaft. Es ist Ergebnis und Ausgangspunkt, Voraussetzung und Resultat unterschiedlich gelagerter Begriffsarbeiten. »Funktionale Differenzierung« ist gleichsam der Fluchtpunkt, in dem die disparaten Begrifflichkeiten zusammenlaufen, sich zu einem Netz verknüpfen, innerhalb dessen sie ihren spezifischen, auch politisch akzentuierten Sinn erhalten. In Luhmanns Theoriekomplex fungiert der Begriff der funktionalen Differenzierung als regulierendes Resultat, als diskursorganisierendes Zentrum nicht nur bei der Theorisierung der modernen Gesellschaft, sondern auch bei der Bestimmung von Perspektiven und Möglichkeiten politischen Handelns - bzw. deren Verneinung.

Die Theorie der modernen Gesellschaft wird nun im Spannungsfeld von reflexiver Distanzierung und ideologischer Identifizierung mit der zugrundeliegenden Gesellschaft entfaltet, und die theoretische Formulierung von Praxisansätzen im Spannungsfeld von Beharrung auf Überkommenem und grundlegendem Wandel. Die theoretische Partikularität wie die politische Partikularität müssen sich - unter dem Gebot wissenschaftlicher Unabhängigkeit und zum Zwecke ihrer universaltheoretischen bzw. allgemeingesellschaftlichen Rechtfertigung - als allgemein vorstellen. »Soziologische Aufklärung« ist das die moderne Gesellschaft begleitende intellektuelle Programm Luhmanns, das die spezifische Politik der theoretischen Position repräsentiert.[208] Es organisiert - im Medium

---

208 Dabei kann man feststellen, daß mit den Kontinuitäten der Programmatik soziologischer Aufklärung immer auch spezifische Akzentuierungen verbunden sind, deren Bedeutung sich entweder aus dem Wandel der historisch-gesellschaftlichen oder intellektuell-wissenschaftlichen Kontexte ergibt, oder daraus, wie Luhmann sich auf sie bzw. vorfindbare Konzeptionen soziologischer oder politischer Aufklärung bezieht. Hierbei ist die Relevanz dieser Akzente im Rahmen der Problematik Theorietechnik und Politik, also im Hinblick auf ihre theoretischen und politischen Bestimmungen sowie deren Zusammenhang, zu bewerten. In der Folge kann man recht verschieden akzentuierte Phasen in der Artikulation und Entfaltung des Programms soziologischer Aufklärung bei Luhmann ausmachen. So engagiert sich Luhmann in den sechziger Jahren in der Debatte über Begriff und Zweck politischer, vor allem verwaltungsmäßiger Planung - von wo der Vorwurf eines sozialtechnologischen Ansatzes

allgemeiner Theorie - auf spezifische Weise Erkennen und Verkennen, Kritik und Legitimierung der Grundeigentümlichkeiten der modernen Gesellschaft und projektiert die mit funktionaler Differenzierung denk- und realisierungsmöglichen Perspektiven.

Luhmanns Programmatik soziologischer Aufklärung postuliert, die Theorie an einer doppelten Frontstellung entlang zu entfalten: Einerseits an real fungierende Selbstbeschreibungen anzuknüpfen, Wirkungszusammenhänge verstehend zu rekonstruieren, andererseits sie zu reflektieren, als kontingent, auch anders möglich aufzuweisen. Dies bedeutet zunächst nur, zwei theorietechnisch sinnvolle Anforderungen, nämlich Praxislogik und Sprache, wie sie im Untersuchungsbereich selbst walten, zu beachten und zu analysieren sowie diese nicht einfach als gegeben hinzunehmen, sondern gerade auch in ihrer Gewordenheit und Ersetzbarkeit zu reflektieren. In der Art, wie diese beiden Anforderungen theoretisch realisiert werden, erschließt sich die politische Dimensionierung der Theorie.

Zugleich wird soziologische Aufklärung dazu angehalten, eine zweifache Grenzziehung einzuhalten: problematische Beobachtungen nicht mit negativ durchfärbter Bewertung aufzuladen, reflexive Distanzierung nicht in Vorhaben praktischer Veränderung zu überführen. Diese beiden sich theorietechnisch niederschlagenden Anforderungen sind nun wesentlich praktisch-politischer Natur; sie stellen, insofern sie berücksichtigt werden, Disziplinierungen der Theorie, Einschränkungen der theoretischen wie praktischen Entfaltung ihres soziologischen Aufklärungspotentials dar.

Diese Eingrenzung soll allerdings auch nur begrenzt gelten - sie zielt auf ein: nicht »zu viel«. Denn die beiden für sozialwissenschaftliche Theorie relevanten Aspekte - zu soziologischer Aufklärung beizutragen und praktisch relevant zu sein - erfordern, unabhängig von ihrer besonderen Positionierung und Akzentuierung, ein Mindestmaß an kritischer Analyse - in die Elemente negativer Bewer-

---

stammt; mit dem Übergang zu den siebziger Jahren wählt er eine soziologische Aufklärung, die sich als theoretische wie praktisch ambitionierte Kapitalismuskritik versteht, als Hauptfront, die über diese Zeit hinaus wichtig bleibt; in den achtziger Jahren befördert er die Kritik am Wohlfahrtsstaat (vgl. 1981j) und in der Folge für einige Bereiche neoliberal grundierte Politikparadigmen; ebenfalls in diesem Zeitraum attackiert er zunächst scharf die aus den neuen sozialen Bewegungen stammende, auch auf gesellschaftliche Grundstrukturen zielende, ökologische Kritik, um mit deren gesellschaftlicher Anerkennung im Übergang zu den neunziger Jahren den eigenen Einsatz in der ökologischen Kommunikation risikosoziologisch zu relativieren; Ende der achtziger Jahre nimmt er die postmoderne Vernunftkritik auf, mit der zum einen der erkenntnisrelativistische Zug des Konzepts der Beobachtung von Beobachtungen und zum anderen die Absage an systemrelativierende Perspektiven untermauert werden. Trotz der unterschiedlichen Fronten und Bezugspunkte sind dies insgesamt aber nur verschiedene Arten und Weisen, »funktionale Differenzierung« als paradigmatische Grundlage und Haupteinsatz in den Positionskämpfen um soziologische Aufklärung zu konstituieren.

tung unvermeidlicherweise eingehen - und an praktischer Bedeutsamkeit - die dann auch in nahegelegten mehr oder weniger tiefgreifenden Veränderungen bestehen kann. Dementsprechend darf nicht einfach der status quo - in Form bestimmter Institutionen oder herrschender Werte - verteidigt werden, sondern es muß theoretisch unterschieden werden zwischen dem, was verändert oder aufgegeben werden darf, und dem, woran unverändert festzuhalten ist. Folglich geht es praktisch hauptsächlich darum, funktionale Äquivalente für solche Strukturen, Mechanismen etc. zu finden, die sich als überlebt oder veränderungsbedürftig erwiesen haben, diejenigen aber rigoros zu schützen, für die das nicht gilt.

Soziologische Aufklärung, wie Luhmann sie gegenüber der modernen Gesellschaft veranschlagt, organisiert die Perspektiven der Wahrnehmung und Bewertung dessen, was zu bewahren oder zu verändern als notwendig oder als möglich gelten soll. Dafür werden Referenzrahmen, Suchraster und Kriterien entwickelt, in, mit bzw. nach denen funktionale Äquivalente überhaupt gesucht werden sollen oder bestimmt werden können. Dabei wird nicht nur entschieden, was zu kritisieren, sondern auch, worüber zu schweigen und was in positives Licht zu rücken ist (vgl. 4.1.2).

Luhmanns soziologische Aufklärung ist also ein Dispositiv theoretischer Produktion, in dem auf spezifische Weise theoretische Einsichten wie Ansätze praktischen Eingriffs artikuliert, Denk- und Handlungsmöglichkeiten aber auch vermittels Geboten desartikuliert werden. Strategisch für jedwede Aufklärung ist - was auch die hauptsächliche historische Konnotation nahelegt - das Verständnis von Latenz: Denn dieses bestimmt mit, wie gerade darüber aufzuklären ist, was nicht offensichtlich oder gar nicht sichtbar ist, was nicht oder falsch gewußt wird. Der Streit um die Position von Aufklärung ist so immer auch ein Streit um das Verständnis und den Umgang mit Latenz. Luhmanns Ansatz soziologischer Aufklärung tritt auf als Abklärung von Aufklärung, d. h. von Aufklärung, die sich »zu weitgehend« mit Latenz beschäftigt. Für diesen Kontext bestimmt und verwendet er einen eingeschränkten Begriff von Latenz.

Dieser ist exemplarisch und symptomatisch in Luhmanns Redeweise von Möglichkeiten des Erlebens und Handelns, die soziologische Aufklärung zugänglich zu machen hat, sichtbar. Das, was als Möglichkeit gilt, ist durch die Desartikulation bzw. Nichtentfaltung zweier Unterscheidungslinien eingeschränkt: der Unterscheidung zwischen manifesten und latenten Möglichkeiten und der Unterscheidung zwischen Denkmöglichkeiten und Realisierungsmöglichkeiten.[209] Folglich wird darauf orientiert, einerseits bestimmte Möglichkeiten als

---

209 An die Stelle der Unterscheidung manifest/latent setzt Luhmann die Unterscheidung operativer Latenzen im Modus der Kontingenz, die nicht mehr von strukturellen Latenzen abgehoben werden: »Also: wenn etwas der Fall ist, steckt auch etwas dahinter - nämlich die Unterscheidung von dem, was nicht bezeichnet wird, wenn etwas bezeichnet wird. Im Rahmen der Tradition könnte man daraus auf notwendige Latenz schließen. Aber es handelt sich nicht mehr um *strukturelle* Latenz, sondern

manifest, gegeben vorzustellen, dafür *Evidenz* zu organisieren, andererseits *latente* Möglichkeiten entweder auf die manifesten, und nicht gegen sie, *praktisch auszurichten* oder *überhaupt zu desartikulieren.* Zudem werden entweder *im Denken zugängliche* Möglichkeiten - also gegenüber den manifest gegebenen Möglichkeiten noch *faktisch latente* Möglichkeiten - nicht auf ihre *Realisierungsmöglichkeiten* hin durchdacht und praktisch entfaltet, oder von *nicht gegebener Realisierungsmöglichkeit* wird auf *Denkunmöglichkeit* bzw. *nicht denkbare andere Realisierungsmöglichkeit* geschlossen. So erweist sich »soziologische Aufklärung« darin, wie sie Möglichkeiten anordnet, als eine Anordnung mit Ordnungsfunktion.

»Funktionaler Differenzierung« gilt der Einsatz von Luhmanns soziologischer Aufklärung: Sie ist als gesellschaftliches Grundprinzip zu konstituieren, und für sie ist Evidenz zu organisieren, Latenz ist nur in ihrem Rahmen zuzulassen, und praktische Alternativen sind als daran gebundene funktionale Äqivalente vorzustellen. Ein diskursives Ergebnis ist in der Folge, daß »funktionale Differenzierung« - als in der Gesellschaft selbst identifizierte Realität - das Prinzip ist, das dem theoretischen Denken Platz und Perspektiven anweist. An die Stelle einer formkritischen Perspektive auf die moderne Gesellschaft tritt eine Perspektive, die die Unwahrscheinlichkeit des Vorhandenseins und Funktionierens dieses Gesellschaftstyps betont, so daß auch der Ansatz reflexiven Beobachtens von Beobachtungen durch die gesellschaftlich dominanten Codierungen diszipliniert wird.[210]

Diese Verfügung von Denkperspektiven geht über die Einschränkung hinaus, die aus der auch in anderen Ansätzen beschriebenen Dezentrierung der Gesellschaft resultiert, mit der archimedische Punkte der Weltbeschreibung unmöglich geworden seien. Denn die Vervielfältigung und Fragmentierung gesellschaftlicher Standpunkte bestimmt nicht einfach, daß die dementsprechenden Sichtweisen nicht auf ein Ganzes hin, wenn auch nicht bruchlos oder spannungsfrei, aggregiert werden können, daß die Formulierung von kleinmaschige Maßstäbe überschreitenden Alternativen obsolet geworden ist, und daß Konsens bezüglich gegenwärtigen oder zukünftigen Vergesellschaftungsmodellen zu erreichen, völlig unmöglich geworden ist. Diese Beschränkungen in dem, »was eine funktional differenzierte Gesellschaft über sich selbst aussagen kann«, werden von Luhmann mitunter in der krassen Weise artikuliert, daß es »nur Ratten im Labyrinth, die einander beobachten« gibt, die »nie aber zu Konsens kommen« können, so daß auch die »Theorie, die dies beschreibt, eine Rattentheorie«

---

um *operative* Latenz [...] Latenz wird damit in den Modus der Kontingenz versetzt: sie ist immer auch anders möglich, und man kann wissen, wovon dies abhängt, also auch: wie es zwar nicht vermieden, aber gesteuert werden kann.« (1993a, 257)

210 Symptomatische Hinweise dafür, wie systemkonform »soziologische Aufklärung« beobachten kann, wie eine ihrer Aufgaben geradezu darin bestehen kann, Konfusion zu erzeugen, beispielsweise dadurch, wie Kritik formuliert wird, gewinnt man bei der Beobachtung von Luhmanns Bestimmung und Kritik der Sprache der Preise als der Sprache des Wirtschaftssystems der modernen Gesellschaft (vgl. 4.2.3).

(1987a, 6) ist.[211] Gleichwohl reklamiert er für seinen Theorieansatz, an Stelle »alteuropäischer« Ansätze, »das Erbe der Vernunft« angetreten zu haben sowie »deren Firma unter der abstrakteren Bezeichnung ›Selbstreferenz‹ fort[zu]führen.« (1990a, 8)

Die Frontstellung gegen »alteuropäisches Denken« - das Luhmann allenfalls bei Parsons enden läßt - signalisiert den dominant politischen Akzent in der Rede eines Paradigmenwechsels. Die Beteuerung der Neuheit und Überlegenheit des eigenen Paradigmas konvergiert mit der schroffen Abgrenzung von all dem, wovon man sich rigoros zu verabschieden hat - theoretisch wie politisch. Unter die, zu weitgehende, theoretische und praxeologische Abklärung der Aufklärung fällt allerdings einiges, wovon sich zu verabschieden weitgehend anerkannt, sinnvoll ist: Dazu gehören all die - »humanistischen« - Konzeptionen, die für den Menschen eine herausragende Rolle im Aufbau der Welt vorgesehen haben - als Subjekt der Erkenntnis, Praxis, und Welteinheit (vgl. 1992c, 68). Ferner die damit zusammenhängenden Vorstellungen der Souveränität des Subjekts und der Transparenz der Welt - von Luhmann als alteuropäisches Rationalitätskontinuum bezeichnet und »im Hinblick auf zwei Unterscheidungen charakterisiert: als Übereinstimmung von Denken und Sein und als Übereinstimmung von Handeln und Natur« (ebd., 67).[212]

Symptomatisch für Luhmanns Anordnung soziologischer Aufklärung ist das Fehlen eines Begriffs des Intellektuellen. Intellektuelle - als gesellschaftliche Spezialisten für Kommunikationskompetenz - fallen in den blinden Fleck dieser Theorie, insofern sie für die Verbindung von Wissenschaftlichkeit und politisch eingreifendem Denken stehen. Diese Verknüpfung zu desartikulieren und zu diskreditieren, ist eine Aufgabe »soziologischer Aufklärung«. Statt dessen haben sie sich mit Beobachtungs- und Theorisierungsarbeit zu befassen, die sich mit systemeigenen Standpunkten und Perspektiven bescheidet - wodurch sie definitionsgemäß aber auch nicht mehr unter den Begriff des Intellektuellen fallen.

Immer dann, wenn das Artikulationsmuster »funktionale Differenzierung« ins Spiel kommt, ist darauf zu achten, unter welchen Voraussetzungen es entweder Plausibilität gewinnt oder verliert. Wichtig ist zu unterscheiden zwischen

---

211 Zum Bild des labyrinthischen Baus vgl. Soentgen 1992.

212 Auch wenn man Luhmanns Zu- oder Überspitzungen nicht teilen mag, wird man wohl viele seiner Fragen, die ungewohnte Akzente setzen, als sehr anregend erleben. Dazu zähle ich seine Infragestellung der folgenden Annahmen, insofern sie »aus der Tradition stammende epistemische Blockierungen, die ein Weiterkommen verhindern«, darstellen:

»1. daß *Erkenntnis* in sich selbst rational sei;

2. daß *Lernen* den Zustand des Systems, das lerne, und seine Anpassung an die Umwelt verbessere und nicht verschlechtere;

3. daß mehr *Kommunikation* und sozial reflektierte Kommunikation [...] zur Verständigung beitrage, statt den gegenteiligen Effekt zu haben;

4. daß *Rationalität* in der Form eines *Programms* erfaßt werden könne, zum Beispiel als Nutzenmaximierung oder als vernünftige Verständigung.« (Ebd., 66)

einem Verständnis, das spontan zu »funktionaler Differenzierung« die Evidenzen konnotiert, die aus der verbreiteten Erfahrung moderner Gesellschaften als komplex gegliederten, unübersichtlich funktionierenden und schwer zu prognostizierenden Gebilden entspringen,[213] und einem anderen Verständnis, das auf der Kenntnis des präzisen, aus bestimmten begrifflichen Verknüpfungen entspringenden Sinns beruht. Zur Problematik Theorietechnik und Politik gehört, daß Luhmann beide Verständnisebenen bedient, sie auch miteinander verbindet; für die Beurteilung von Luhmanns Theorie der modernen Gesellschaft hat man sich aber auf die genauen Bestimmungen und Artikulationsweisen funktionaler Differenzierung zu verlegen - will man nicht Konfusionen erliegen, die aus Interferenzen zwischen den beiden Verstehensweisen resultieren.

Die Bestimmungen, die Luhmanns Theorie der modernen Gesellschaft anleiten, zeigen diese in universalistischer Perspektive. Die moderne Gesellschaft ist *zeitlich* universalisiert - als sie *eine* Vergangenheit, *eine* Gegenwart und *eine* Zukunft besitzt. Sie ist *räumlich* globalisiert - zur Weltgesellschaft. Sie ist *funktional* generalisiert - insofern sie auf Selbstreferentialität ihrer Funktionssysteme, daraus resultierende wechselseitige Intransparenz und Nichtsteuerbarkeit festgelegt ist. Ihr grundlegendes Funktionsprinzip ist *gesellschaftlich* universalisiert - da es den gesamten gesellschaftlichen Raum durchstrukturiert und neben sich kein es durchbrechendes oder relativierendes Struktur- und Entwicklungsprinzip zuläßt. Der Knotenpunkt dieses vielschichtigen Universalismus - »funktionale Differenzierung« - wird mit einer Reihe von Argumenten besser zu verankern versucht.

Zentral ist die Behauptung exklusiver primärer Differenzierungsprinzipien. Diese theorietechnische Entscheidung wird nun an zwei historisch-systematischen Frontlinien zu stärken versucht. Die eine betrifft den historischen Vorläufer der modernen Gesellschaft, die stratifikatorisch differenzierte Gesellschaft, und die andere sozio-ökonomische Klassen als hauptsächlich in der Ökonomie gründendem, aber über diese hinauswirkendem Differenzierungsprinzip (vgl. 4.1.3). Gegen die Bedeutung stratifikatorischer Differenzierung in der modernen Gesellschaft wird angeführt, daß diese nicht mehr durch eine gesellschaftliche Spitze oder ein gesellschaftliches Zentrum strukturiert und nicht mehr in Form von, an Ritualen distinktiver Interaktion ablesbaren, Ranggliederungen gegeben und erfahrbar sei. Und gegen Klassen wird vorgebracht, daß mit der historischen Ersetzung von Hierarchien durch funktionsorientierte Systeme in die Beziehungen zwischen den Individuen Gleichheit eingekehrt sei - in Form sozialer Klassen. Geht es Luhmann darum, mit beiden Argumentationslinien Evidenz für sein Argument primär funktionaler Differenzierung zu gewinnen, gelingt ihm dies allerdings nur partiell: Weder in sozialen Differenzen fundierte distinktive Interaktion noch die Differenz von Zentrum und Peripherie sind in der moder-

---

213 Wobei allerdings anzumerken ist, daß es sich um keine notwendige Sinnbeziehung zwischen den genannten Bedeutungsaspekten moderner Gesellschaften und dem Theorem funktionaler Differenzierung handelt.

nen Gesellschaft funktionslos geworden; auch wenn die einzelnen modernen sozio-ökonomischen Klassen nicht wie ehedem Kasten angehören und ihre gegenseitigen Beziehungen unter bürgerlich-demokratischen Bedingungen durch rechtlich-politisch kodifizierte Freiheit und Gleichheit gekennzeichnet sind, so sind doch Klassen nicht einfach gesellschaftlich funktionslos geworden, wenn man sich etwa Korrelationen zwischen der Positionierung von Individuen in den global-gesellschaftlichen Verhältnissen und der systematischen Verteilung von Lebenschancen und Entwicklungsmöglichkeiten ansieht. Das grundsätzliche Problem von Luhmanns Argumentationsweise ist nun aber nicht, in welchem Maße es ihm gelingt, Evidenzen für funktionale Differenzierung und gegen stratifikatorische Differenzierung - sei es in Form von Hierarchien, Zentrum und Peripherie oder sozio-ökonomischen Klassen - zu organisieren, sondern daß sie auf einer vorausgesetzten Entweder/Oder-Schaltung beruht.[214] So greift die Kritik zu kurz, die lediglich innerhalb der Luhmannschen Unterscheidung der jeweils anderen Seite den Vorzug gibt. Demgegenüber ist die Unterscheidung selbst bzw. die Ausgangsfrage zurückzuweisen, was die Möglichkeit eröffnet, ein gesellschaftliches Ganzes als komplexe Verknüpfung unterschiedlicher und unterschiedlich gewichtiger Differenzierungsformen zu bestimmen - abhängig von der jeweiligen historisch konkreten Verfaßtheit.[215]

---

214 Im Falle der »Klassen« - deren herausgehobene Behandlung als Gegenfront sich wohl auch der Konnotation eines vermeintlich archimedischen Punktes der Weltbeschreibung und -veränderung verdankt - macht sich die Entweder/Oder-Entscheidung in der Form geltend, daß die den Klassen zugestandene paradoxe Existenz - eine Form der Ungleichheit darzustellen, die als Gleichheit auftritt - einer mehrstufigen diskursiven Derealisierung unterzogen wird. So folgt der nicht weiter diskutierten Anfangsvoraussetzung, Klassen seien weder Funktionsvoraussetzung noch Strukturbedingung der modernen Gesellschaft - was man als ihre *funktionale Derealisierung* bezeichnen kann -, die *faktische Derealisierung* von Klassen, wenn diese lediglich als *Faktum gesellschaftlicher Selbstbeschreibung* bestimmt werden, ihre Existenz gleichsam semantisiert wird. Das ermöglicht einerseits, die faktische Existenz von Klassen der Realität des 19. Jahrhunderts zuzuschreiben, so daß mit der *Semantisierung* auch eine *Historisierung* von Klassengegensätzen einhergeht, und sie andererseits als *Kampfbegriff* der anderen Seite, der nunmehr bar gegenwärtigen Realitätsgehalts ist, zu bekämpfen.
In anderer Artikulation taucht der Klassengegensatz an anderer Stelle symptomatisch wieder auf - als Komplementarität der ökonomischen Kreisläufe von Zahlungsfähigkeit und Zahlungsunfähigkeit (vgl. 4.2.4).

215 Auch wenn Gerhards (1991) grundsätzlich Luhmanns »Erstkennzeichnung« der modernen Gesellschaft als funktional differenzierter zustimmt, trifft er doch einige wichtige Einschränkungen systematischer oder historisch-empirischer Art, etwa hinsichtlich der Geltung funktionaler Autonomie, selbstreferentieller Geschlossenheit und binärer Codierung ausdifferenzierter Systemzusammenhänge - dabei aber milde über Luhmanns Rigorismus hinwegsehend. Zur Erörterung des Zusammenhangs von Differenzierung und Autonomisierung vgl. auch Mayntz u. a. 1988.

Theorietechnisch werden durch die dargestellten Operationen die *totalisierende Umschaltung* der Theorie der modernen Gesellschaft auf »funktionale Differenzierung« vorangetrieben und begründet und politisch die Verpflichtung soziologischer Aufklärung auf dieses Prinzip gerechtfertigt. Der theoriepolizeiliche Einsatz für diese Gesellschaftsform entzieht anderen Beschreibungsansätzen, abweichenden Bewertungen und alternativen Handlungsperspektiven die Grundlage. Insofern mit der Benennung der modernen Gesellschaft als funktional differenzierte die analytische Dimension mit der der Identitätsbildung kurzgeschlossen wird, werden diverse ihrer Eigentümlichkeiten entnannt - so daß das Erkennen notwendig das Verkennen anleitet. Das verstärkt den, teilweise ja bereits theoretisch vorausgesetzten, mehrdimensionalen Universalismus - mit all seinen Folgen für die Praxis.

6.5 »Risiko« als Chiffre der finalen Paradoxie der modernen Gesellschaft

In der Summe mündet die universalistische Logik »funktionaler Differenzierung« Luhmann zufolge in eine finale Paradoxie. Die Reproduktion der modernen Gesellschaft verläuft demnach in einer Weise, daß die Art, wie sie sich immer wieder neu hervorbringt, im selben Zug destruktive Tendenzen entfaltet, wodurch sie ihre eigenen Grundlagen untergräbt. Das historische Ergebnis ihres Wirkens verweist gleichsam auf einen zielgerichteten Willen, der hervorgebracht hat, was so keiner gewollt haben kann oder so zu wollen zugestehen mag. Positive und negative Aspekte sind auf unauflösbare Weise miteinander verknüpft,[216] trotz permanenten Gestaltwandels der modernen Gesellschaft kann man die ihr zugrundeliegenden Strukturbedingungen, die ihre Identität konstituieren und gewissermaßen unveränderbar sind, nur akzeptieren, ja kann angesichts der aufgelösten Differenz von Gegenwart und Zukunft, der auf merkwürdige Weise an ihr Ende gekommenen Geschichte, nach keiner prinzipiell andersartigen Zukunft mehr Ausschau halten (vgl. 4.1.4, 4.3.3).

Nach diesem durch »soziologische Aufklärung« selbst hervorgebrachten Befund hat diese in der Folge, gleich einem Diktat der wirklichen Verhältnisse,

---

Festzuhalten ist also die eigentümliche Macht, die das Theorem funktionaler Differenzierung im sozialwissenschaftlichen Denken besitzt. Diese reicht nun bis in Joas' Versuch hinein, das Primat der funktionalen Differenzierung zugunsten eines Primats der Demokratie auszuheben. Denn in seinem Vorschlag, Demokratisierungsprozessen zugänglich zu machen, ob, wo und wieweit funktional differenziert werden soll, bleibt, trotz der Infragestellung funktionalistischer Prämissen der Differenzierungstheorie, diese gleichsam vorausgesetzt (vgl. Joas 1990).

216 Das ambivalent zu bewertende Ineinander in der Realität wird zugleich in die Theorietechnik zurückgespiegelt, theorietechnisch fundiert: beispielsweise als unauflösbare Einheit von Symbolik und Diabolik von Kommunikationsmedien. Für das Geld vgl. 4.2.2.

sich selbst zu richten. Angesichts praxeologischer Ohnmacht sind praktische Energien in Beobachtungsarbeit umzulenken, um da herauszufinden, wie gegenüber der Dominanz morphogenetischer Evolution allenfalls kompensatorisch modernisiert werden kann (vgl. 4.3.1). Theoretisch wie politisch ist der Weg verbaut, soziologische Aufklärung in der Perspektive eines die Grundmängel vorfindbarer moderner Gesellschaften überwindenden Veränderungsprojekts voranzutreiben.

Nur in Form vielfältiger Risikoproblematiken kann die finale Paradoxie der modernen Gesellschaft entfaltet und bearbeitet, als historisches Schicksal aber nicht überwunden werden. »Risiko« wird zur Chiffre dafür, daß Alternativen immer gegeben und möglich sind, solange Entscheidungen zu treffen sind, daß aber eine generelle Alternative nicht denkbar ist, für die man sich entscheiden könnte. Der Dreh- und Angelpunkt von »Risiko« in allen gesellschaftlichen Praxisfeldern sind in der Folge nur noch Auseinandersetzungen und Abwägungen um Schadensarten, ihr Ausmaß und die Wahrscheinlichkeit ihres Eintritts (vgl. 5.1).

Die Problematik der finalen Paradoxie, und damit auch der globalen Überlebensfähigkeit der Menschheit, stellt sich insbesondere hinsichtlich des Naturverhältnisses der modernen Gesellschaft, ihrer Einbettungsformen in umfassendere ökologische Zusammenhänge. Die einzelnen ökologischen bzw. ökologierelevanten Problematiken Luhmanns ordnen sich dem Theorem funktionaler Differenzierung der modernen Gesellschaft unter - sowohl theorietechnisch als auch politisch.

Mit aus der allgemeinen Theorie sozialer Systeme stammenden begrifflichen Festlegungen - die ja zugleich Auffassungen der zugrundeliegenden Sachverhalte beinhalten - wird »ökologische Kommunikation«, welches die hauptsächliche Problematik ist, die über das gesellschaftliche Naturverhältnis der modernen Gesellschaft informiert, als kommunikative Problematik konstituiert. Die ökologische Selbstgefährdung der Gesellschaft, aufgrund der durch sie selbst bewerkstelligten Zerstörung der Naturgrundlagen, von denen ihre eigene Existenz abhängt, wird von einer übergreifenden ökologischen Problematik - den Gesellschaft/Natur-Verhältnissen - auf eine rein innergesellschaftliche Problematik eingeschränkt. »Ökologische Kommunikation« betrifft dann die »naturökologischen« Probleme nur, insoweit in der Gesellschaft über sie kommuniziert wird. Dabei bezeichnet sie die spezifische Art und Weise, wie gemäß dem Prinzip funktionaler Differenzierung über sie kommuniziert wird, welche Resonanz in ihrem Rahmen möglich ist. So betrifft sie auch die Möglichkeiten, nach der Logik binär codierter Selbstreferenz der Funktionssysteme Probleme lösen oder zu besseren Problembearbeitungen kommen zu können (vgl. 5.2.1.1). Schließlich wendet sie sich, den Standpunkt funktionaler Differenzierung als den einzig legitimen befördernd, aggressiv gegen innergesellschaftliche Positionen, die funktionale Differenzierung autopoietischer Systeme weder als Regelprinzip gesellschaftlicher Strukturbildung und Entwicklung noch als Grundprinzip gesellschaftlicher Kommunikation akzeptieren wollen, indem solche Positionen als gesellschaftsfeindliche und so als die eigentliche ökologische Gefahr für die Reproduktion der Gesellschaft vorgestellt werden (vgl. 5.2.1.2).

Allerdings müßte die Problematik ökologischer Kommunikation auch unter Luhmanns Prämissen nicht in genau dieser Weise entfaltet werden. Sind zwar einige Begriffe festgelegt und Begriffsverknüpfungen festgezurrt, was die weiteren Möglichkeiten theoretischer Arbeit einschränkt, so verbleibt doch ein Raum für andere Artikulationen und Akzentsetzungen, die in Luhmanns Theorietextur teilweise formuliert oder doch präformiert sind. So könnten die neuen sozialen Bewegungen an Stelle einer funktionalistisch negativen zumindest eine funktionalistisch positive Bewertung erfahren, so daß sie, statt als »Angstkommunikation« denunziert und aus der gesellschaftlichen Kommunikation ausgeschlossen zu werden, als »Frühwarnsystem« anerkannt, im Rahmen eines gesellschaftlichen »Immunsystems« integriert und dabei zur Kompensation gesellschaftlicher Reflexionsdefizite sowie zur Korrektur gesellschaftlicher Entwicklungsperspektiven fruchtbar gemacht werden. Oder die naturökologischen Probleme selbst könnten, etwa mithilfe des Sozial- und Sachdimension umgreifenden Technikbegriffs, breiter in die Analyse einbezogen werden (vgl. 5.2.4).

Gegenüber der vereinseitigenden Artikulation der Problematik ökologischer Kommunikation und der einseitigen Positionsnahme in ihr wird in Luhmanns risikosoziologischer Problematik eine reflexivere Form der Beobachtung gesellschaftlichen Umgangs mit ökologischen wie auch andersartigen Gefährdungen entfaltet. Zwar ist auch hier »funktionale Differenzierung« der grundlegende Analysekontext, doch wird sie im risikosoziologischen Zusammenhang weder als - wenn auch nur sehr beschränkt rationale - ultima ratio der Weltgeschichte präsentiert, noch mit einer vorgegebenen Verteilung legitimer und illegitimer Positionen gekoppelt. Statt dessen wird das Prinzip funktionaler Differenzierung nicht nur, wie schon in der »ökologischen Kommunikation«, als grundlegend beschränkt aufgewiesen, sondern nun vor allem auch als strukturell ergänzungsbedürftig - auf der Ebene bzw. in Form eines Gefährdungslagen fokussierenden Kommunikationsmediums - vorgestellt (vgl. 5.2.2.2). Darüber hinaus wird der theoretische Standpunkt nicht einfach auf die eine, »richtige«, Seite des Konflikts gelegt und von da aus die andere Seite, als »falsche«, bekämpft, sondern beide Seiten werden - gerade auch weil sie Positionen im Konflikt markieren - als notwendig verzerrt und keinesfalls als Repräsentanten besserer Einsicht oder adäquater Lösungsfähigkeit angesehen (vgl. 5.2.2.1).

Auch ins risikosoziologische Terrain setzen sich die kommunikationstheoretischen Einschränkungen fort. Denn die Beobachtung von Risikokommunikation und -politik dreht sich um das Problem der gesellschaftlichen Zurechnung, und Zurechenbarkeit, von Gefährdungen oder Schäden auf Entscheidungen - allerdings nicht, oder kaum, um die tatsächlichen Schäden oder Schadensmöglichkeiten, also nicht darum, was diese selbst ausmacht. Damit wird zwar eine relevante Problem- und Konfliktdimension erfaßt, darüber aber vernachlässigt, was dieser zugrunde liegt, dabei insgesamt auf dem Spiel steht - und vor allem auch, wie daraufhin wirksam gehandelt werden könnte.

Die im Rahmen einer »Ökologie des Nichtwissens« entfaltete Perspektive einer politischen Kultur nichtüberzeugter Verständigung fügt sich, wie die beiden anderen ökologierelevanten Problematiken Luhmanns, subaltern in die Strukturlogik funktionaler Differenzierung ein. Die letztgenannte Problematik unterstellt, daß parallel zur Generalisierung von Risiken ein Prozeß der Generalisierung von Nichtwissen verläuft - womit sich zu den bereits genannten noch ein *gnoseologischer* Universalismus gesellt (vgl. 5.2.3.1). Gegenüber der »ökologischen Kommunikation« setzt sich diese Problematik insofern ab, als sie die Notwendigkeit neuartiger gesellschaftlicher Auseinandersetzungs- und Verständigungsformen zum Ausdruck bringt (vgl. 5.2.3.2). Durch die Artikulation von generalisiertem Nichtwissen als unhintergehbare Grundbedingung allen Erkennens, Entscheidens und Handelns wird nun das in der Risikokommunikation verwandte Wissen generell desartikuliert - mit der Konsequenz, daß im Rekurs auf Wissen weder Konflikte beurteilt oder entschieden noch daß daraus politische Optionen abgeleitet werden können.

Ist allen drei Problematiken die Unterstellung gemein, daß weder Konsens noch wirkliche Problemlösungen zu erlangen sind, so unterscheiden sie sich über die genannten Punkte hinaus darin, wie - im Kontext des Umgangs mit Handlungszwängen und Wissen - Fragen der Verantwortung behandelt werden. In der »ökologischen Kommunikation« erhält man die Auskunft, daß die binären Codierungen - als der Wissensapparatur der Funktionssysteme - nur eine sehr beschränkte Resonanz und Rationalität gegenüber Problemen außerhalb ihrer zulassen, was heißt, daß ihnen gemäß zu handeln zwar nicht von der Verantwortlichkeit für entsprechende Entscheidungen, so doch von der Verantwortbarkeit nicht direkt systemirrationaler Entscheidungen und Handlungen freispricht. In der Risikosoziologie, die ja als Entscheidungsproblematik aufgebaut ist, geht es demgegenüber geradezu darum, Fragen der Verantwortung dahingehend zu regeln, daß Gefährdungen oder Schäden derjenige zu verantworten hat, dem sie sich in Form einer Entscheidung zurechnen lassen, daß aber verantwortlich eigentlich nur derjenige sein kann, der im Zeitpunkt der Entscheidung von der Schadensmöglichkeit wußte oder hätte wissen müssen. Im besonders brisanten Fall globaler Gefährdungslagen desartikuliert Luhmann in der Folge den Zusammenhang zu problematischen, in Verursachungszusammenhänge von Gefährdungen einbezogenen Entscheidungen - wodurch selbst die Möglichkeit des Nichtüberlebens der Menschheit nicht mehr ein zu vermeidendes oder vermeidbares Risiko, sondern allein eine drohende Gefahr ist. Die »Ökologie des Nichtwissens« kappt nun generell den Zusammenhang zwischen den Wissensgrundlagen und der Verantwortlichkeit für Entscheidungen und Handlungsweisen, indem sie alles Wissen zu bloß vermeintlichem Wissen macht. Sie ist die prononcierte Formulierung dafür, daß Verantwortung rational nicht eingefordert und Verantwortlichkeit nur im Rahmen provisorischer Verabredungen hergestellt werden kann.

Es fällt auf, daß es in den drei Problematiken ökologische Kommunikation, Risikosoziologie und Ökologie des Nichtwissens eine durchgängige Problemstelle gibt. So wird in der Problematik ökologischer Kommunikation eingehend argumentiert, daß es eine gesellschaftliche Thematisierung und Verhandlung ökologischer Probleme nur in der hochselektiven, oft geradezu bornierten Form der binären Codes der Funktionssysteme gibt, geben kann und geben soll, wodurch Möglichkeiten übergreifender oder aggregierender Resonanz und Rationalität prinzipiell ausgeschlossen werden. In der risikosoziologischen Problematik wird zwar die Rationalitätslogik funktionaler Differenzierung als ergänzungsbedürftig vorgestellt, aber nicht angegeben, in welcher Form ein dafür vorgesehenes risikobezogenes Kommunikationsmedium zu installieren und mit den anderen Kommunikationsmedien zu relationieren wäre. Die in der Problematik einer Ökologie des Nichtwissens vorgesehene Perspektive einer politischen Kultur nichtüberzeugter Verständigung, die Beschränkungen selbstreferentiell funktionaler Differenzierung durchbrechen und ergänzen soll, bleibt seltsam ortlos, da von Luhmann nicht gesagt wird, in welchen Foren und mit welchen Kompetenzen sie entfaltet werden soll.[217]

In der Folge kann im Rahmen aller drei Problematiken nicht gesagt werden, auf welche Weise denn die moderne Gesellschaft ihre Zukunftsfähigkeit nachhaltig gewinnen könnte. So gibt die »ökologische Kommunikation« dem generellen Pessimismus Ausdruck, daß die morphogenetische Entwicklungslogik funktionaler Differenzierung überhaupt bedeutsame Korrekturen in den Reproduktionsweisen moderner Gesellschaften zuläßt. Die risikosoziologische Problemanordnung verneint die Möglichkeit, den Horizont lediglich dilemmatischer, mehr oder weniger schlechter Alternativen im Hinblick auf bestimmte, zukunftssichernde Ziele überwinden zu können. Dies ist auch in der »Ökologie des Nichtwissens« der Fall, wobei die hier angedachten neuen Verständigungsformen zudem ganz entschieden von der Perspektive abgekoppelt werden, ein Wissen hervorzubringen, das für die Erlangung von Zukunftsfähigkeit notwendig oder nützlich sein könnte.

Als Ergebnis ist nun aber auch noch festzuhalten, daß Luhmanns Diagnose einer finalen Paradoxie, in die sich die Menschheitsentwicklung in zunehmendem Maße verstrickt hat, der Sache nach von vielen Seiten bestätigt wird. Trotz

---

217 Auch wenn bei van den Daele in bezug auf die gerade genannten Gesichtspunkte differenziertere oder weiterführende - nicht direkt auf Luhmann bezogene - Aussagen zu finden sind, fällt doch auf, daß auch er einem unterstellten Primat funktionaler Differenzierung folgt. Denn trotz seines reflektierten Beschreibungsmodus gesellschaftlicher Naturkonzepte ist das Theorem funktionaler Differenzierung vorgegeben und strukturiert wesentlich die scharfe Unterscheidung zwischen funktionalistischen und fundamentalistischen Naturkonzepten, und vor allem deren Bewertung (vgl. van den Daele 1992, insbesondere 537ff.).

der diesbezüglich aufgewiesenen Mängel und Leerstellen von Luhmanns Ansatz kann man gleichwohl die Interpretation stärken, daß sie auf weitgehend ungelöste Probleme in der Realität verweisen. Schließlich markiert die Tatsache, daß Luhmann die Schwachstellen zum Teil selber angeht, und die Richtung, in der er dies tut, Anknüpfungspunkte für weitergehende theoretische Modifikationen und politisch-institutionelle Innovationen.

6.6　　Politik des Nichtwissens und Theorie der Politik

Die einzelnen Momente des Luhmannschen Universalismus gehören zusammen und verstärken einander. Organisierendes Zentrum in der Anordnung von Theorie und Politik der modernen Gesellschaft ist das Prinzip funktionaler Differenzierung. Es strukturiert in allen relevanten Hinsichten ihre Grundlagen, Bewegungsformen und Perspektiven. In »funktionaler Differenzierung« verknüpfen sich die verschiedenen Universalismen: der funktionale Universalismus autopoietischer Selbstreferenz als dem determinierenden Regelungsprinzip der modernen Gesellschaft; der räumliche Universalismus ihrer globalen Ausdehnung zur Weltgesellschaft; der zeitliche Universalismus einer Vergangenheit, Gegenwart und Zukunft übergreifenden Identität; der gesellschaftliche Universalismus als Dispositiv der gesamtgesellschaftlichen Strukturierung und Kompetenzverteilung; der Risiko-Universalismus als verallgemeinerte Entscheidungsproblematik zwischen dilemmatischen Alternativen; der gnoseologische Universalismus in Form der Ökologie des Nichtwissens.

Bei allen Elementen des Luhmannschen Universalismus handelt es sich um Übergeneralisierungen. Jede dieser Übergeneralisierungen geht mit einem theorietechnischen Reduktionismus einher. Mit jeder Übergeneralisierung verbunden ist eine Dialektik von Politisierung und Depolitisierung. Das übermäßig Verallgemeinerte wird politisch akzentuiert, wenn es als gegeben, nicht anders möglich oder bewahrenswert vorgestellt, propagiert oder verteidigt wird. Dabei wird dieser Vorgang jedoch depolitisiert, insofern er erfolgreich Evidenz- oder Naturalisierungseffekte hervorbringt, sich selber also unsichtbar machen oder entnennen kann. Das durch die Übergeneralisierung Ausgeschlossene oder Vernachlässigte wird depolitisiert, wenn es gar nicht als Vorhandenes, Denkbares oder Wünschbares thematisiert wird. Dabei ist dieser Vorgang als solcher politisch, wenn Besagtes gar nicht als Wirklichkeit oder Möglichkeit erscheint; oder der Vorgang selbst wird politisch akzentuiert, insofern er als Vorgang sichtbar wird, gezeigt wird, wie das Ausgeschlossene aktiv ausgeschlossen oder bekämpft wird.

Die aus dem Theorie/Politik-Dispositiv »funktionaler Differenzierung« resultierenden abgeklärten analytischen und praxeologischen Perspektiven können - selbst oder gerade auch dann, wenn man sie in der Form nicht teilt - zumindest dafür nützlich sein, die Borniertheit, Eigensinnigkeit und Persistenz der vorherrschenden Systemlogiken nicht voluntaristisch zu verkennen und zu denken, daß man schon anders könnte, wenn man bloß wollte. Allerdings geht Luhmanns Botschaft noch darüber hinaus, meint er doch mehr als das: daß man auch gar nicht anders wollen sollte. Die durch die Eliminierung alternativer Politikoptionen bzw. die Abdunkelung alternativer Zukunftshorizonte - soweit sie denn nicht funktionale Äquivalente innerhalb des Rahmens funktionaler Differenzierung darstellen - funktionsbestimmte »soziologische Aufklärung« thematisiert Handlungsmöglichkeiten generell als beschränkt. Dies vor dem Hintergrund eines grundlagentheoretischen blinden Flecks von Konzepten individueller oder gesellschaftlicher Handlungsfähigkeit, die ermöglichten, etwa zwischen Restriktionen und Ausdehnungsmöglichkeiten von Handlungsfähigkeit zu unterscheiden. Nun sind die theoretischen Einschränkungen da sinnvoll als empirische Aussagen zu lesen, wo sie praktische Beschränkungen widerspiegeln. Als pauschale Voraussetzung und theorie-praktisches Gebot werden sie jedoch falsch. Die disziplinierende Bestimmung soziologischer Aufklärung, beschränkte Verhältnisse, Praxisformen etc. theoretisch eingeschränkt auszudrücken, blockiert in der Folge den Übergang zu einer »politischen Aufklärung«. Eine solche könnte, an Befunde soziologischer Aufklärung anknüpfend, versuchen, auf der Grundlage gegebener Bedingungen an der Bestimmung und Hervorbringung solcher Bedingungen zu arbeiten, die neue Denk- und Handlungsmöglichkeiten eröffnen, die vor allem auch gegenüber den vielfältigen und mitunter katastrophenträchtigen Problemlagen angemessener sind. Ein so ausgerichtetes Projekt der Verknüpfung soziologischer und politischer Aufklärung wird aber von Luhmanns Ansatz als alteuropäisch delegitimiert und verworfen. Dadurch werden wesentliche Bestimmungen soziologischer wie politischer Aufklärung beschnitten: kritische Analyse zwecks theoretischer Rekonstruktion, praktische Kritik zwecks gesellschaftlicher Reorientierung und praktischer Rekonstruktion zu sein.

Von der universalistisch übergeneralisierten Theorie der funktionalen Differenzierung der modernen Gesellschaft und den damit assoziierten Politikkonzepten wird vor allem zweierlei ausgeschlossen oder bekämpft: Eine Theorie und Politik staatlicher Steuerung; und eine Prozesse gesellschaftlicher Selbstorganisation befördernde Theorie und Politik, was vor allem als Front gegen zivilgesellschaftliche Ansätze artikuliert wird. Brennpunkte in der Debatte darum sind folglich unterschiedliche Konzeptionen der Gesellschaft und des Staates.

Die im Rahmen von Luhmanns theoretischer Konstruktion artikulierte prinzipielle Unmöglichkeit bereichsübergreifender Kommunikation bedeutet auch die Unmöglichkeit, sinnvoll in Systeme intervenieren oder sie erfolgreich steuern zu können. Es wird von einer Vielfalt wechselseitiger Abhängigkeiten und Beeinflussungen ausgegangen, wobei lediglich die Möglichkeit erhöhter Sensibilität für externe Störungen, die die Systeme nach ihren intern festgelegten Codes und Programmen wahrnehmen bzw. bearbeiten, vorgesehen ist.

Willke und Teubner, die mit Luhmann die kommunikationstheoretische Fundierung des Gesellschaftsbegriffs und die Beschreibung der modernen Gesellschaft als funktional differenzierter teilen, bestimmen jedoch die selbstreferentielle Operationsweise der gesellschaftlichen Funktionssysteme in differenzierterer Weise als Luhmann, so daß ihre Schlußfolgerungen bezüglich der Möglichkeit von Interventionen in und Steuerungen von Systemen anders lauten (vgl. 4.3.1). Durch die Einschränkung von autopoietischer Geschlossenheit auf ganz bestimmte Regelkreise werden für Teubner Interventionen und Steuerungen nicht prinzipiell unmöglich, sondern lediglich komplexer zu denken und zu praktizieren. Ähnliches gilt für Willke, der einerseits »jede Form der Systemsteuerung, sei sie intern oder extern«, darauf angewiesen sieht, »auf die autonome kommunikative Operationsweise zuzugreifen«, andererseits gerade darin die Ursache für die Schwierigkeiten von Steuerungen bestimmt, »daß dies ein Widerspruch in sich selbst ist.« (Willke 1992, 319) Originäre Steuerungskonzepte setzen nun als »Kontextsteuerung« oder einer Kombination von »distanziertem Engagement« und »Supervision« an.[218] Allerdings ist anzumerken, daß Luhmann neuerdings - mit starker Stoßrichtung gegen seine Schüler - überraschende Aussagen zur tatsächlichen Wirksamkeit und prinzipiellen Möglichkeit von Steuerung formuliert, zwar nicht im Sinne eines steuerungstheoretischen Steuerungsbegriffs, sondern in Entfaltung des »altkybernetischen«, die Regulierung der Differenz von gegebenem und angestrebtem Zustand betreffenden Kontrollbegriffs.[219]

Scharpf und Mayntz treiben ihre Kritik an Luhmanns Theorem funktionaler Differenzierung weiter und beziehen auch die Beschränkung auf Kommunikationssysteme mit ein. Strategisch für ihren Kritikansatz ist nun das Einklagen

---

218 Politik und Staat fallen die Aufgaben von Optionenpolitik (vgl. Willke 1992, 335) und Supervision zu, weil sie letztlich für die Produktion und Sicherung der für die Gesellschaft unabdingbaren kollektiven Güter - wie innere und äußere Sicherheit, ökonomische und soziale Sicherheit, inzwischen auch technologische und ökologische Sicherheit (vgl. ebd., 8) - verantwortlich sind (vgl. ebd., 335). Supervision soll dabei ansetzen als »Reflexionsprozeß, in welchem die unvermeidlichen blinden Flekken und Kurzsichtigkeiten des Entscheidungsprozesses in irgendeinem Funktionssystem deutlich gemacht und probeweise als kontingent behandelt werden. Voraussetzung für Supervision ist damit die gezielte Verwendung von Beobachtungen zweiter Stufe - also die Arbeit mit der Beobachtung von Beobachtungen.« (Ebd., 336) In der Tat »instruiert [Supervision] Praxis nicht als Korrektur, Ausbildung oder Belehrung, sondern in der ›Kunst‹-Form eines Spielens mit virtualisierten Möglichkeiten der Intervention.« (Ebd., 337) *»Für politische Supervision - und die darin implizierte Funktion des Staates - folgt daraus die Aufgabe, zum tragenden Bestandteil eines Steuerungsinstrumentariums zu werden, welches das paradoxe Verhältnis von Komplexität und Steuerung in entsprechend elaborierten Formen der Erarbeitung zukünftiger Identitäten der Gesellschaft aufhebt.«* (Ebd., 341)

219 Vgl. Luhmann 1991e sowie als Einordnung in die Diskussion und kritische Würdigung Nahamowitz 1992.

einer handlungstheoretisch validen Akteurstheorie (vgl. Mayntz 1987, Scharpf 1989).[220] Kritikziel ist mehr Luhmanns theoriekonstruktiv festgeschriebene Steuerungsverneinung, wonach die Effekte des Steuerungshandelns notwendig ungesteuert und unsteuerbar auftreten müssen, denn das Abstreiten empirischer Evidenzen. Durchaus kompatibel mit Luhmanns Unwahrscheinlichkeitsperspektive wird dagegen die Option vorgeschlagen, »gerade die *ungesicherte Handlungsfähigkeit* personaler und sozialer Systeme zum Bezugsproblem der Theoriebildung zu wählen« (Scharpf 1989, 13). Dadurch wird die, von Luhmann gepflegte, Unterstellung unterlaufen, jede Handlungs- oder Akteurstheorie befördere Akteursfiktionen (vgl. 1989d).[221] Statt dessen können Fragen nach den unterschiedlichen Bedingungen, Formen und Graden von Handlungsfähigkeit und damit auch der Kooperations-, Koordinierungs- und Steuerungskompetenz von Akteuren in den Aufmerksamkeitsfokus gerückt werden. Dabei wird empirisch nur ein recht schmaler Grad an Steuerungsmöglichkeiten veranschlagt. Prekär bzw. nicht gegeben sind sie immer dann, wenn singuläre Akteure gegen den »Rest der Welt« stehen, ein Mißverhältnis, das angesichts zunehmener Globalisierung sich auch gegenüber kollektiven, organisierten oder korporativen Akteuren geltend macht. Eher zu realisieren sind sie im Falle von Akteursnetzwerken oder Multi-Aktor-Konstellationen, wenn diese trotz unterschiedlicher Interessen und Situationsdeutungen in der Lage sind, verschiedenste Handlungsbezüge und sich wechselseitig zu berücksichtigen, dabei über bestimmte Anteile an den Steuerungsressourcen verfügen, die zielorientiert und kooperativ eingesetzt werden (vgl. Scharpf 1989, 14).[222] Im Anschluß daran wird die Unterschei-

---

220 »Politische Steuerung als Chance der zielstrebigen Selbstveränderung des Gemeinwesens läßt sich ohne Rückgriff auf Subjekte politischen Handelns nicht konzipieren« (Scharpf 1989, 12).

221 Vgl. auch Weyers Versuch (1993) der Verbindung von Akteurs- und Systemtheorie über die Unterscheidung von Akteurs-, System- und kommunikativer Rationalität, was zum einen erlaubt, deren konfliktreiches Zusammenspiel zu thematisieren, und zum anderen bedeutet, soziologische Theorie nicht auf einen Strukturierungs- und Rationalitätstypus zu reduzieren.

222 In der Folge können praktisch relevante Aspekte der symptomatischen Problematik von Luhmanns Begriff des partizipierenden Systems hinzugefügt werden. Die unter ihn subsumierten Individuen bzw. Organisationen sind theorietechnisch lediglich kompensatorisch in den Systemzusammenhang integriert, so daß sie in der Praxis gleichsam als Anhängsel der Systemlogiken fungieren, ohne über systemische und erst recht systemübergreifende Definitions- oder Handlungskompetenz zu verfügen. Derart der Strukturierungsmacht systemischer Selbstreferenz unterworfen, multi- und intersystemischer Kommunikationskompetenz beraubt, kann von den Akteuren dann auch nichts weiter erwartet werden als *subalterne Funktionserfüllung* oder *funktionsloser Ungehorsam*. Daß Luhmann Akteure nicht adäquat theoretisiert, verweist umgekehrt auf die Inadäquatheit der Theorie funktionaler Differenzierung autopoietischer Sozialsysteme. Denn würden Akteure anders als im Verlegenheitsbegriff partizipierende Systeme konzipiert, müßte gerade die Tatsache, daß sie in *mehrere Systemkontexte* und in *mehrfach bedeutsame Handlungszusammenhänge* involviert

dung zwischen Bedingungen der Steuerungsfähigkeit, insbesondere auf seiten des politischen Systems, und Bedingungen der Steuerbarkeit, auf seiten der je anderen Systeme, wichtig. Luhmanns Theorietechnik impliziert nun einerseits die Überschätzung der »Schwierigkeiten der *Steuerbarkeit*« (ebd., 16) - insofern selbst mit den von ihm dem politischen System hauptsächlich zugesprochenen Steuerungsmedien Recht und Geld erhebliche Steuerungseffekte erzielt werden können - und andererseits die Unterschätzung der »Probleme der *Steuerungsfähigkeit* der Politik*« (ebd., 17) - insofern etwa die Interaktionsstrukturen und -dynamiken zwischen den Akteuren sowie die Strukturierungen und Organisationsgrade der Handlungsräume berücksichtigt und »kontrolliert« werden müssen.[223] Wichtige Probleme sind dabei, wie die an politischen Prozessen beteiligten Akteure ihre Handlungsfähigkeit gewinnen und aufrechterhalten und wie die institutionellen und außerpolitischen Voraussetzungen von Politik bzw. des politischen Systems realisiert werden.

Insgesamt korrespondiert die systematische Überschätzung der Intransparenz und Unzugänglichkeit der gesellschaftlichen Funktionssysteme also mit der systematischen Unterschätzung des perzeptiven und kommunikativen Integrations- bzw. Koordinierungspotentials von Individuen und Organisationen. Luhmanns theorietechnische Konstitution der modernen Gesellschaft reduziert so nicht nur übermäßig ihre materielle Komplexität - indem die Sachdimension aus dem kommunikationstheoretischen Begriff von Gesellschaft ausgeschlossen wird -, sondern auch ihre soziale Komplexität - indem die gesellschaftlichen Verhältnisse unter und die sozialen Beziehungen zwischen den Akteuren, einschließlich ihrer Konstitution als handlungsfähige Subjekte, zugunsten der selbstreferentiellen Reproduktionslogiken der Funktionssysteme vernachlässigt werden. Festzuhalten ist, daß es in der Tat, im Hinblick sowohl auf die generellen Schwierigkeiten als auch die empirische Lage von Steuerungsversagen und -verzichten, keinen Anlaß für einen Steuerungsoptimismus, allerdings auch keinen für einen vor allem theorietechnisch fundierten pauschalen Steuerungspessimismus gibt. Angesichts der konkreten gesellschaftlichen oder globalmenschheitlichen Probleme besteht jedenfalls die Notwendigkeit, die Bedingungen der Möglichkeit erfolgreich problemlösender Steuerungsperspektiven aufzuklären und entsprechende Ansätze zu entwickeln.[224]

---

sind, theoretisch berücksichtigt und entfaltet werden. Das um »funktionale Differenzierung« rankende Artikulationsnetz ließe sich so, wie es vorfindlich ist, nicht halten.

223 »Die Steuerbarkeit bestimmter Sektoren schwindet also wegen einer zunehmenden Diskrepanz zwischen dem Kompetenzraum der nationalen Politik und dem Interaktionsraum der Steuerungsobjekte. Sie kann nur zurückgewonnen werden, wenn es auch der Politik gelingt, effektive Steuerungskompetenzen oberhalb der nationalstaatlichen [...] Ebene zu entwickeln« (ebd., 19f., Fn. 8).

224 Vgl. hierzu wiederum Nahamowitz 1992.

Kritik an Luhmanns Staats- und Gesellschaftskonzeption ist auch im Falle seiner pauschalen Abwehr all der Ansätze, die einen institutionellen Umbau und eine Verlagerung von Kompetenzen im Sinne stärkerer gesellschaftlicher Beteiligung und öffentlicher Diskussion vorschlagen, angebracht.[225] Hier soll auf seine Polemik gegen neue soziale Bewegungen und Partizipationsforderungen nicht noch einmal eingegangen werden, statt dessen nur sein Vorschlag einer auf einer Kultur des Nichtwissens aufbauenden Politik nichtüberzeugter Verständigung erneut aufgegriffen werden, da dieser jenseits der aufgewiesenen Beschränkungen auch unerwartete Ausbaumöglichkeiten enthält (vgl. 5.2.3, 6.5).

Das Paradigma der Universalität von Nichtwissen bedeutet - ins Feld des Politischen übersetzt -: Wissen kann als vermeintliches Wissen attackiert und desorientiert werden; davon betroffen sind alle Formen von Wissen, auch wissenschaftliches Wissen, das in politischen Positionen oder Theorien repräsentierte Wissen oder über Evidenzen oder Erfahrungen sicher Gewußtes. Das produktive Potential dieses Paradigmas besteht darin, daß aus der Dekonstruktion von Wissen Verunsicherung resultieren kann, die, führt sie nicht zu trotzigem Festhalten wider besseres Wissen, kognitive Verkrustungen aufbrechen und zum Ausgangspunkt vielfältiger Reorientierungsprozesse werden kann. Allerdings trifft man hier wiederum auf eine übermäßige Generalisierung dieses Paradigmas. Denn das reorientierende Hin- und Herwenden von Wissen führt so, wenn auch möglicherweise durch das Stadium von Nichtwissen hindurch, doch zu neuem und möglicherweise besserem Wissen mitsamt neuen Evidenzen. Politisch kontraproduktive Aspekte des Paradigmas zeigen sich dann, wenn Verunsicherung in Konfusion stecken bleibt, keine Suchprozesse gestartet werden oder diese ohne fruchtbare Ergebnisse bleiben, oder wenn Wissenspositionen und -bestände verworfen werden, die aufrechtzuerhalten oder zu bewahren wert wären. Besteht eine epistemologische Qualität von Luhmanns »Ökologie des Nichtwissens« darin, vielfältig und auch antagonistisch reklamierbar zu sein, so arbeitet dieses Paradigma politisch doch vor allem der Seite zu, die handelt oder handeln muß, ohne zu wissen, was genau sie tut und mit welchen Konsequenzen. Diese Tendenz wird durch die politisch akzentuierte Desartikulation des Zusammenhangs von Wissen und Verantwortung, in Form der Freisetzung von Unverantwortlichkeit vor dem Hintergrund zugrundegelegten allgemeinen Nichtwissens, verstärkt.

Demgegenüber könnte man dieses Paradigma durch seine Ausarbeitung in zweierlei Richtung sozialwissenschaftlich fruchtbarer machen. Erstens, indem

---

225 Für einen komprimiert idealtypischen Überblick über das »liberale« und »republikanische« Verständnis von Politik bzw. Demokratie im Hinblick auf das Konzept des Staatsbürgers, den Rechtsbegriff und politische Willensbildungsprozesse bzw. Gestaltungsmöglichkeiten vgl. Habermas 1992. Gehört Luhmann nach dieser Beschreibung zur liberalen Seite der Debatte, versucht Habermas demgegenüber in Kombination der beiden Positionen zu einer dritten Position, dem »deliberativen« Verständnis des Verhältnisses von Staat und Gesellschaft, zu gelangen.

man es als Spaltungsparadigma interpretiert. Denn da moderne Gesellschaften durch vielfältige und teilweise antagonistische Differenzierungslinien strukturiert sind, ist die Produktion, Rezeption und Reklamation von Wissen immer auch, mehr oder weniger, ein Streit darum, wo die Grenze zwischen Wissen und Nichtwissen, zwischen dem einen und dem anderen Wissen verläuft, wobei der Grenzverlauf durch das Kräfteverhältnis der an der Auseinandersetzung beteiligten Akteure mitbestimmt ist. Mit einer solchen Anordnung kann das sozialwissenschaftliche Beobachtungsinstrumentarium verfeinert werden - ohne die Universalität von Nichtwissen zu unterstellen.[226] Zweitens, indem man es, an das eben Gesagte anknüpfend, im Hinblick auf ein besseres Wissen der Gesellschaft über sich selbst ausarbeitet. Dafür kann auf die benannten produktiven Potentiale der Verunsicherung, Reorientierung und Neuproduktion von Wissen zurückgegriffen werden. Darüber hinaus kann, in der Perspektive der Reflexion und Aggregation von Wissenselementen, das Konzept der Beobachtung von Beobachtungen eingebracht werden. Ein besseres Wissen der Gesellschaft über sich selbst könnte in der Folge einen wichtigen Beitrag zur Gewinnung ihrer Zukunftsfähigkeit leisten.[227]

Nun kann die an das Paradigma einer »Ökologie des Nichtwissens« anschließende Perspektive einer politischen Kultur nichtüberzeugter Verständigung auch aus ihrem Status einer Notkonstruktion befreit werden, die auf die Begrenztheit des gesellschaftlichen Regelprinzips funktionaler Differenzierung antwortet, ohne aber ihm gegenüber institutionell verortet werden zu können, und aus ihrer Frontstellung gegen das, was Luhmann eine Kultur der Ziele suchenden Besorgnis, eine Kultur der gepflegten Angst bezeichnet, gelöst werden. Wenn Luhmann zwar die realen Nöte in einer Kultur nüchterner Abgeklärtheit entdramatisiert und auch keine Perspektiven ihrer Bewältigung skizziert, ist mit dem Konzept nichtüberzeugter Verständigungen gleichwohl ein wichtiges oder gar notwendiges Element einer Kultur politischen Pragmatismus bestimmt. Als offenes Problem bleibt allerdings, inwiefern - etwa im Hinblick auf die Notwendigkeit, reale Nöte wenden zu können - Übergänge zu einer Kultur überzeugter Verständigungen zu konzipieren sind und wie diese beschaffen sein könnten.[228] Wirken Luhmanns entschiedene Zurückweisung von Posi-

---

226 Eine solche Behauptung der Universalität des Nichtwissens ist strenggenommen paradox. Denn die Unterstellung der Universalität von Nichtwissen tritt ja selber als Wissen auf, müßte aber selber Nichtwissen sein. Auch das Wissen des Nichtwissens ist Wissen.

227 In ähnlicher Weise kommt Willke zu dem Schluß: »Die Fähigkeit komplexer Gesellschaften zur Selbstbeobachtung und zur Reflexion läßt sich als Folge und als komplementäre Seite ihrer Selbstgefährdung begreifen. In einer einzigen Ressource könnte dem destruktiven Potential dieser Gesellschaften ein Gegengewicht erwachsen: in besserem *Wissen* über sich selbst.« (Willke 1992, 105)

228 Luhmanns Perspektive einer politischen Kultur nichtüberzeugter Verständigung ist in drei sowohl theoretisch als auch praktisch bedeutsamen Hinsichten beschränkt: Weder Zivilgesellschaft noch - allgemeiner - demokratische Öffentlichkeit werden als

tionen, die auf gemeinsam geteilte oder zu teilende Werte rekurrieren oder höhere Mächte als Regelinstanzen anrufen, sowie deren Bezeichnung als beliebte Ausweichstrategien überzeugend, so sollten damit aber nicht die Fragen nach einem meta-politischen Konsens, nach dessen Realisierungsformen wie generell nach den Formen prozeduraler Verfahren und institutioneller Legitimierung erledigt sein.[229]

Um die Perspektive einer politischen Kultur nichtüberzeugter Verständigung weiter entfalten und ihre produktiven Potentiale stärker nutzen zu können, sind nun noch zwei kritische Anmerkungen zu Luhmanns Konzeption des Staates bzw. des Verhältnisses von Staat und Gesellschaft zu machen.[230] Wichtig wäre erstens eine Funktionsbestimmung staatlicher Aufgaben und Tätigkeiten, die über Luhmanns residuale Bestimmung des Staates als Auffangbecken ungelöster Probleme und abgeschobener Verantwortungen hinausgeht. In der Folge könnte der Staat nicht nur als überfordert, sondern auch als gestaltend und problemlösend konzipiert werden. Dafür wäre zweitens auch (zivil-)gesellschaftlichen Akteuren und Instanzen mehr Problemlösungskompetenz zuzutrauen und deshalb auf sie zu verlagern - was eine neue Verhältnisbestimmung zwischen Staat und Gesellschaft bzw. Verflechtungsformen zwischen Organisations- und Selbstorganisationskompetenzen implizierte.[231] In die gesellschaftliche Ordnung könnten so verstärkt diskursive Auseinandersetzungen an die Stelle von Positionen der Autorität einziehen. Perspektive wie Grundlage einer solchen Reorientierung könnte die »Zivilisierung« der im Gefolge gesellschaftlicher Entwicklun-

---

Medium oder als Ressource von gesellschaftlichen Prozessen der Konfliktmobilisierung und Konfliktaustragung, des Widerspruchs und der Verständigung, der Entselbstverständlichung und der Reorientierung, der Pflege des Dissenses wie des Konsenses in Betracht genommen - sondern schlicht als »alteuropäisch«, mit der Struktur moderner Gesellschaften inkompatibel, verworfen. Damit entfällt Zivilgesellschaft auch als mögliche Instanz und Substanz gesellschaftlicher Steuerung. Die Referenz auf Realprobleme, als Problemhorizont und Maßstab auch der eigenen Theorie, kommt - kurz gesagt zu kurz. Der Bezug auf ein bzw. die Suche nach einem Projekt der Veränderung der Gesellschaft im Sinne ihrer, sozial wie ökologisch, tragfähigen Entwicklung ist abgeschnitten.

229 So sieht Dubiel als historisch am weitesten getriebene Form der Legitimierung von Politik die »demokratisch-reflexive«, deren formal-inhaltliche Bestimmung an Luhmanns politische Kultur nichtüberzeugter Verständigung erinnert, allerdings deutlich auf *demokratische* Verfahren bezogen ist: Demokratisch-reflexive Legitimierung »repräsentiert den Grenzfall einer radikal-weltimmanenten Rechtfertigung von Politik, die überhaupt keine metapolitischen Gesichtspunkte mehr für sich reklamiert außer dem einen reflexiv gewendeten, daß unabschließbare demokratische Prozeduren die einzig modernen Formen politischer Letztrechtfertigung sind.« (Dubiel 1994, 181)
230 Für einen historischen Rückblick und eine aktuelle Problemdiagnose vgl. 1994b.
231 Daß in Luhmanns Theorie eine solche Perspektive nicht vorgesehen ist, spiegelt sich auch in der dreifachen Differenzierung des demokratischen politischen Systems nach »Verwaltung«, »Politik« und »Publikum« (vgl. 1987h, 148).

gen auftretenden Fortschrittskonflikte sein, welche zwar mit Luhmanns Konzept einer politischen Kultur nichtüberzeugter Verständigung kompatibel ist, darüber hinaus aber auf sich zivil engagierende Bürger bzw. Bürgervereinigungen nicht verzichten kann.[232]

Resümiert man Luhmanns Begriff von Politik, fällt als Widersprüchlichkeit auf, daß einerseits Politik in der modernen Gesellschaft auf ein, auf das Medium Macht zentriertes, Funktionssystem eingeschränkt wird, das, den anderen hauptsächlichen Funktionssystemen gleichgestellt, weder Spitze noch Zentrum der Gesellschaft darstellt, und daß andererseits Politik, ohne jedoch als »Politik« bezeichnet zu werden, in allen Bereichen der Gesellschaft vorkommt - einmal in Gestalt von Organisationen, die quer zur Struktur funktionaler Differenzierung Machtpositionen aufbauen und strukturieren, und dann in Form von Entscheidungen, die überall getroffen werden müssen, für die aber die Systemcodes der Ökonomie, des Rechts, der Ethik etc. nicht mehr als Entscheidungsvorgaben, keineswegs jedoch übergreifende Rationalitätskriterien liefern. Dementsprechend kann man sagen, daß Organisationen Repräsentanten von Macht und Orte der Politik sind[233] und daß in Entscheidungen - in oder außerhalb von Organisationen - über die möglichen Optionen wie über ihre Durchsetzung entschieden wird. Entscheidend ist demnach die Verteilung der Kompetenz, Entscheidungsnotwendigkeiten zu definieren, Entscheidungssituationen zu gestalten, Entscheidungen zu fällen und durchzusetzen. Entscheidungskompetenzen haben so ihre Basis in der Durchsetzungsfähigkeit und Überlegenheit von Macht. Erste gesellschaftliche Machtquelle ist dabei die »Kontrolle über sicher überlegene physische Gewalt« (1987e, 120), und Organisation ist die eigentliche Machtquelle in der modernen Gesellschaft, wobei es beträchtliche Differenzen zwischen wirklicher und zugeschriebener Macht geben und es so zu inflationären bzw. deflationären Tendenzen von Macht kommen kann (vgl. ebd., 119ff.).

---

232 »Wie es eine Zivilisierung der Gesellschaft gibt, so gibt es auch eine Zivilisierung des Bürgers. Im Begriff der Zivilisation lassen sich Mensch und Gesellschaft verknüpfen. In der heute maßgeblichen systemtheoretischen Beschreibung der modernen Gesellschaft als funktional differenzierter »Weltgesellschaft« kommt Zivilisation als Wert indessen nicht mehr vor. Gesellschaft wird nur noch abstrakt in system-, kommunikations- und evolutionstheoretischen Kategorien erfaßt und beschrieben. Dies sind legitime universaltheoretische Kategorien, die aber keine konkreten gesellschaftlichen Bestimmungen mehr enthalten. Eine Gesellschaftstheorie ohne Menschen ist jedoch im praktisch-philosophischen Sinne keine *volle* Gesellschaftstheorie, obwohl sie zweifellos eine lehrreiche Theorie ist, die unseren Zustand objektiviert. Zivilisation ist und bleibt eine menschliche Äußerung im weitesten Sinne.« (Kleger 1992, 59)

233 In Unternehmen beispielsweise geht es nicht nur um Wirtschaft, und so etwas wie Unternehmenskultur verweist auf die Bedeutung nicht marktbezogener Kommunikationen für die Vergesellschaftung in Unternehmen bzw. für die Handlungsfähigkeit von Unternehmen auf Märkten.

Eigentümlich ist nun, daß Luhmann Entscheidungsproblematiken über den ganzen gesellschaftlichen Raum streut - besonders relevant thematisiert im Kontext von Organisationen (vgl. 1981f, 1988c) und im Kontext von Risiken (vgl. 1991) -, sie jedoch als apart behandelt, nicht miteinander verknüpft. Theorietechnisch liegt das an der überspitzten Bestimmung funktional differenzierter oder emergenter Selbstreferenz sowie am Fehlen von Begriffen gesellschaftlicher Handlungsfähigkeit oder politikfähiger Akteure. Das heißt, daß die verschiedenen gesellschaftlichen Handlungssphären insofern theorietechnisch miteinander verbunden sind, als in ihnen gewissermaßen dieselben Problemstellungen und Termini zur Anwendung gelangen, daß aber weitergehende Begriffe ihres - beispielsweise föderalen, korporatistischen oder konkordanten - Verflechtungszusammenhangs fehlen, wie sie etwa »Verhandlungssysteme« oder »Politiknetzwerke« darstellen.

Luhmanns »schmittianischer« Politikbegriff - von Politik als Problem der Durchsetzungsfähigkeit von Macht - steht nicht nur als Echo auf verallgemeinerte binäre Codierung,[234] sondern auch für ein restringiertes Konzept von Politik - und politischer Wissenschaft.[235] In der Folge der Reduktion der Politik auf ein gesellschaftliches Teilsystem, in dem vornehmlich um die Erlangung und Erhaltung von Macht gekämpft wird, nicht aber um Ansätze der Organisation der Gesellschaft oder um Perspektiven gesellschaftlicher Entwicklung, wird auch die Komplexität politischer Wissenschaft übermäßig reduziert. »Folgte man Luhmann,« dann verlöre die Politikwissenschaft »ihren dreifachen Bezug auf die institutionelle Verfassung des politischen Gemeinwesens als der Selbstorganisation der Gesellschaft *(Polity)*, auf die sachlichen Gehalte politischer Programme zur Gestaltung gesellschaftlicher Verhältnisse *(Policy)* und auf den Prozeß der politischen Auseinandersetzung um Machtanteile *(Politics)*. Politik und die dar-

---

234 Als Differenz fest- und Luhmann zugute zu halten ist auf jeden Fall, daß an die Stelle von Schmitts Freund/Feind-Unterscheidung die Unterscheidung von Regierung und Opposition getreten ist, was - anderen Mängeln zum Trotz - für die politische Diskursivität wie für politische Praktiken doch einen erheblichen Unterschied macht. Überraschend und theoriegeschichtlich interessant ist nun, daß sich bei Schmitt binär strukturierte systemische Letztunterscheidungen und etwas Ähnliches wie die Unterscheidung von Codes und Programmen finden: »Das Politische muß [...] in eigenen letzten Unterscheidungen liegen, auf die alles im spezifischen Sinne politische Handeln zurückgeführt werden kann. Nehmen wir an, daß auf dem Gebiet des Moralischen die letzten Unterscheidungen Gut und Böse sind; im Ästhetischen Schön und Häßlich; im Ökonomischen Nützlich und Schädlich oder beispielsweise Rentabel und Nicht-Rentabel. [...] Die spezifisch politische Unterscheidung, auf welche sich die politischen Handlungen und Motive zurückführen lassen, ist die Unterscheidung von Freund und Feind. Sie gibt eine Begriffsbestimmung im Sinne eines Kriteriums, nicht als erschöpfende Definition oder Inhaltsangabe.« (Schmitt 1963, zitiert nach Scharpf 1989, 20, Fn. 10)

235 Für den weiteren Kontext von Luhmanns politischer Theorie vgl. Cohen/Arato 1992, insbesondere Kap. 7 und 9.

auf bezogene Wissenschaft reduzierte sich dann auf die Politics-Dimension - auf die selbstreferentielle Zirkulation der Eliten, auf Partizipation und Wählerverhalten, auf Parteien und ihre Wahlkampfstrategien, auf die Bildung und den Zerfall von Koalitionen und auf die ›bureaucratic politics‹ usf.« (Scharpf 1989, 12)

Luhmanns Systemtheorie ist zunächst nicht mehr als eine Theorietechnik. Allerdings eine Theorietechnik, die wissenschaftsgeschichtlich wie sozialwissenschaftlich belehrt und mit dem Anspruch auftritt, einen Paradigmenwechsel in der theoretischen Beschreibung von Strukturen, Eigentümlichkeiten und Entwicklungsperspektiven moderner Gesellschaften, und in der Folge auch im praktischen Umgang mit ihnen, anzuleiten. Als universalistische Theorietechnik operiert sie zunächst im Medium von Nichtwissen, behandelt Wirklichkeit als noch nicht gewußte, wobei sie durch ihre Betätigung sich notwendig mit Wirklichkeitsbedeutung anreichert, so daß sie sich im Ergebnis als wirklichkeitserfassende oder auch -blinde zeigt. Dies je nachdem, wie es ihr gelingt, Evidenz- oder Überzeugungseffekte bei ihren Rezipienten zu erzeugen, bzw. je nachdem, wie ihre Beobachter ihre Leistungsfähigkeit und Aussagekraft beurteilen.

Das Urteil von Beobachtern der Theorie divergiert nun vor allem in Abhängigkeit von deren eigenen theoretischen und politischen Standpunkten und, damit zusammenhängend, von den Unterscheidungen und Kriterien, die sie zur Anwendung bringen. Es ist aber auch abhängig von der Schärfe der Optik. So können verschiedene - oder selbst ein und derselbe - Beobachter zu ganz unterschiedlichen Einschätzungen etwa im zentralen Fall der Bezeichnung moderner als funktional differenzierten Gesellschaften kommen. Denn einerseits - mit gröberer Linse betrachtet - ist evident, daß moderne Gesellschaften in eine Gliederungsstruktur zerfallen, deren einzelne Bestandteile weder aufeinander reduzierbar noch durch einander ersetzbar sind, und die zwar irgendwie voneinander abhängig sind und miteinander interferieren, doch auch eigensinnig, kaum zu kontrollieren und zu prognostizieren sind. Andererseits aber - in mikrologischer Lektüre analysiert - erscheint das Artikulationsnetz zu funktionaler Differenzierung in ganz anderem Licht, mit all den aufgeführten theoretischen Mängeln und politischen Implikationen. Ist die Rede von funktionaler Differenzierung im einen Fall plausibel und zu verteidigen - abgesehen von der Frage, inwiefern denn »funktional« ein angemessenes oder besser zu ersetzendes Attribut darstellt -, so im anderen Fall hochproblematisch und zu verwerfen.[236] Als Hinweis auf

---

236 In ähnlicher Weise artikuliert dies Arato, wenn er einerseits die gesellschaftliche Differenzierung systemischer Bereiche zugesteht, andererseits aber ihre Abschottung unter der Prämisse der Unmöglichkeit bereichsübergreifender Kommunikationsinstanzen zurückweist: »Finally, while we in part accept the claim of subsystem differentiation between science, philosophy, and politics, we reject the notion à la Luhmann that there can be no communication between these spheres. Indeed, we insist on the possibility of communication among all specialized spheres where consequen-

die Wirksamkeit von Luhmanns Theorie ergibt sich, daß sie diese gerade auch aus ihrer Fähigkeit zieht, mit unterschiedlichen Blicken zu spielen, unterschiedliche Sichtweisen auf sich selbst zu organisieren.

Allerdings kann man nicht nur theorietechnische Schwächen von Luhmanns theoretischer Produktionsweise monieren, sondern auch, daß mögliche Stärken nicht entfaltet werden. Hierbei läßt sich bisweilen eine regelrechte *Strategie diskursiven Abbruchs* ausmachen. So behauptet Luhmann, eine adäquatere Beschreibung gegenwärtiger Modernität erlange man allein durch die »Ausformulierung des Begriffs der Autonomie funktionsspezifischer Teilsysteme«, räumt im selben Atemzug ein, daß damit »die Beweislast aber nur verschoben [ist] auf die umstrittene Frage, ob man funktionale Differenzierung wirklich als Einrichtung von autonomen, operativ geschlossenen Teilsystemen verstehen kann« (1992b, 30). Doch »statt in diese Frage weiter zu investieren« (ebd., 31), zieht er es vor, wie an allen anderen Stellen auch, irgend etwas anderes zu erörtern. Oder Luhmann kontert die bedrängende Frage: »Was wird aus der Menschheit, aus der Gesellschaft werden? Welche Lebensbedingungen werden die ›zukünftigen Generationen‹ vorfinden, von denen man jetzt so viel spricht - gesetzt den Fall, daß es sich dabei überhaupt noch um mit uns vergleichbare Menschen handeln wird und nicht um gentechnologisch veränderte, genormte und nach Programmen differenzierte humanoide Lebewesen?« (1992e, 135f.) mit dem Hinweis, daß »wie nie zuvor [...] in unserer Zeit die Kontinuität von Vergangenheit und Zukunft gebrochen« (ebd., 136) ist. Oder die brillant-ironische Skizzierung eines menschheitlichen Auslöschungsszenarios wird von Luhmann in die Erörterung der Paradoxie des Warnens übergeleitet, wobei die Kosten dieser über die von jenem gestellt werden: Wenn man auch sonst nichts weiß, »eines kann man heute sicher wissen: Die Evolution hat immer schon in hohem Maße selbstdestruktiv gewirkt. Kurzfristig und langfristig. Wenig von dem, was sie geschaffen hat, ist erhalten geblieben.« (1992f, 149) Nicht nur »nicht auszuschließen«, sondern, »genau betrachtet, wahrscheinlich [ist], daß die Menschen als Lebewesen wieder verschwinden werden. Vielleicht werden sie sich selbst durch genetisch überlegene, humanoide Lebewesen ersetzen. Vielleicht werden sie ihre Gattung durch selbsterzeugte Katastrophen dezimieren oder auslöschen.«

---

tial communication with respect to matters of common concern can take place. To be sure this requires the existence of non-differentiated, non-expert public spheres where consequential communication with respect to matters of common concern can take place. Luhmann himself conceded the existence of such a public for the period of the enlightenment. In different forms however, less totalized, more complex they continue to exist today in the media and the universities, to name two key contexts only. Such a public sphere is both a component and a key sociological presupposition for using the category of civil society today. We need to know much more about its structure, and its relationship to expert publics, as well as the publics of the political and economic society.« (Arato 1994, 6)

(Ebd.)[237] »Soll man also warnen und Vorkehrungen treffen?« (Ebd., 151) Nein, denn die »Paradoxie des Warnens, die, wenn sie erfolgreich ist, verhindert, daß festgestellt wird, ob das, wovor gewarnt wird, überhaupt eingetreten wäre.« (Ebd.) Das soll also heißen, daß das Wissen, das aus katastrophenträchtigen Realexperimenten zu gewinnen ist, mitsamt den Nutzen, die im Verlauf ihrer Dauer genossen werden können, höher zu bewerten ist als die Möglichkeit eines allgemein desaströsen Ausgangs. Angesichts dessen sollte aber der Umstand - genügt man sich nicht im Status eines zynischen Provokateurs -, daß »schon das (vielleicht unnötige) Warnen [...] Kosten und unvorhergesehene Folgen des Vermeidungsverhaltens« (ebd.) verursacht, nicht mehr bedeuten als ein lakonisches »Na und« und gegenteilige Anstrengungen bewirken.

Wenn in der Tat viel dafür spricht, daß Luhmanns Beschreibung richtig ist, wonach die moderne Gesellschaft sich in einer finalen Paradoxie verfangen hat, die Weichen auf Nichtüberleben der Menschheit gestellt sind, so spricht doch alles dagegen - will man den möglichen oder gar wahrscheinlichen Untergang nicht hinnehmen oder legitimieren -, sozialwissenschaftliche Theorie und gesellschaftliche Praxis auf die entsprechenden Sicht-, Bewertungs- und Handlungsweisen zu verpflichten. Demgegenüber ist es statt dessen notwendig, eine theoretische wie politische Praxis nach der Losung zu entwickeln: Pessimismus des Gedankens, Optimismus der Tat - auch in der Theorie. In anschauend apraktischer Haltung, wie Luhmanns soziologische Aufklärung sie disponiert, kann man nur den rasenden Stillstand beobachten, allenfalls einen gesellschaftlichen Transformismus diesseits einer für die globale Reproduktion entscheidenden Transformationsschwelle befördern, lediglich Einsicht in das Zerstörungspoten-

---

237 »Wie immer, jedenfalls werden künftige Gesellschaften, wenn es sie auf der Basis sinnhafter Kommunikation überhaupt geben wird, in einer anderen Welt leben, andere Perspektiven und andere Präferenzen zugrundelegen, und sie werden unsere Sorgen und unsere Hobbys allenfalls noch als Seltsamkeiten mit beschränktem Unterhaltungswert bestaunen - sofern Spuren davon und Spurenlesekompetenzen erhalten bleiben.« (Ebd., 150) »Eine solche Zukunft erscheint uns als unakzeptabel, als ein Horrorszenario, das wir nur in der Form von ›fiction‹ genießen können, weil wir annehmen, daß es so dann doch nicht kommen wird. Wer das Kommende ohne Zeichen des Entsetzens in Aussicht stellt, wird als Zyniker abgelehnt. In der Kommunikation wirkt diese Perspektive so, als ob sie zur Reizung der anderen erfunden worden sei und zum Genuß ihrer Empörung. Wer vom Eiffelturm herunterspringt, kann aber den Sturz nicht wirklich genießen, weil er weiß, wie es ausgehen wird.« (Ebd.) »Ganz anders, und doch ähnlich, liegt der Fall technisch ausgelöster Katastrophen, die, wenn überhaupt, überraschend eintreten. Hier erhält man derzeit auf die Frage, wohin renne ich dann?, die beruhigende Antwort: Rennen nützt dann auch nicht mehr. Deshalb liegt es nahe, das Problem überhaupt zu verdrängen. Auf den Katastrophenfall ist die Bevölkerung durch Unwissenheit, sind die Ministerien durch geheime ›Verschlußsachen‹ vorbereitet. Das gilt für den Kriegsfall, aber auch für sonstige Katastrophen. Das Problem wird damit ebenfalls wie ein langfristiges Problem behandelt mit der Maßgabe, daß die Katastrophe jederzeit möglich ist, aber höchst wahrscheinlich nicht schon morgen.« (Ebd., 150f.)

tial von Problemlagen markieren, ohne dagegen alle in der eigenen Verfügung stehenden theoretischen wie intellektuell politischen Ressourcen zu mobilisieren. Begnügt man sich damit, Problembewußtsein zu signalisieren, ohne es theorietechnisch zu verankern und intellektuell umzusetzen, kann nicht mehr gewonnen werden als ein aufgeklärtes Bewußtsein, das um die Tragik seiner Ohnmacht weiß und seine eigene problematische politische Wirksamkeit verdrängen muß.

7.   Literatur

Althusser, L., 1968: Marxismus und Humanismus, in: ders.: Für Marx. Frankfurt/M., 168-194.

Althusser, L., 1985: Philosophie und spontane Philosophie der Wissenschaftler. Berlin (Original: Paris 1974).

Anders, G., 1972: Endzeit und Zeitenwende. München.

Anderson, K. J., 1988: Kognitive Psychologie. Eine Einführung. Heidelberg.

Andrini, S., K. Dammann, A. Hanneforth, N. Jung, 1994: Gesamtverzeichnis der Veröffentlichungen Niklas Luhmanns 1958-1992, in: Dammann u. a. (Hg.), 282-382.

Arato, A., 1994: The Rise, Decline and Reconstruction of the Concept of Civil Society, and Directions for Future Research. Discussion paper, vorgelegt auf dem 16. Weltkongreß der International Political Science Association (IPSA), 21.-25.8.1994, Berlin.

Bachelard, G., 1974: Epistemologie. Ausgewählte Texte. Frankfurt/M., Berlin, Wien.

Beck, U., 1986: Risikogesellschaft. Auf dem Weg in eine andere Moderne. Frankfurt/M.

Beckenbach, F., 1989: Die Wirtschaft der Systemtheorie, in: Das Argument 178, 887-904.

Baecker, D., J. Markowitz, R. Stichweh, H. Tyrell, H. Willke (Hg.), 1987: Theorie als Passion. Niklas Luhmann zum 60. Geburtstag. Frankfurt/M.

Barthes, R., 1964: Mythen des Alltags. Frankfurt/M.

Barthes, R., 1983: Elemente der Semiologie. Frankfurt/M.

Bechmann, G. (Hg.), 1993: Risiko und Gesellschaft. Grundlagen und Ergebnisse interdisziplinärer Risikoforschung. Opladen.

Bendel, K., 1993: Funktionale Differenzierung und gesellschaftliche Rationalität. Zu Niklas Luhmanns Konzeption des Verhältnisses von Selbstreferenz und Koordination in modernen Gesellschaften, in: Zeitschrift für Soziologie, Heft 4, 261-278.

Benhabib, S., 1993: Feminismus und Postmoderne. Ein prekäres Bündnis, in: S. Benhabib, J. Butler, D. Cornell, N. Fraser: Der Streit um Differenz. Feminismus und Postmoderne in der Gegenwart. Frankfurt/M., 9-30.

Berger, J., 1987: Autopoiesis: Wie »systemisch« ist die Theorie sozialer Systeme?, in: Haferkamp/Schmid (Hg.), 129-152.

Bertalanffy, L. von, 1956: General System Theory, in: General Systems, vol. 1, 1-10.

Bertalanffy, L. von, 1971: General System Theory: Foundations, Development, Applications. London.

Beyme, K. von, 1991: Ein Paradigmawandel aus dem Geist der Naturwissenschaften: Die Theorien der Selbststeuerung von Systemen (Autopoiesis), in: Journal für Sozialforschung, Heft 1, 3-24.

Bourdieu, P., 1982: Die feinen Unterschiede. Frankfurt/M.

Brede, K., 1990: After Chernobyl: the relation of anxiety to technology in West Germany, in: Industrial Crisis Quarterly, Heft 4, 233-241.

Breuer, St., 1992: Adorno/Luhmann: Die moderne Gesellschaft zwischen Selbstreferenz und Selbstdestruktion, in: ders.: Die Gesellschaft des Verschwindens. Von der Selbstzerstörung der technischen Zivilisation. Hamburg, 65-102.

Bühl, W. L., 1987: Grenzen der Autopoiesis, in: Kölner Zeitschrift für Soziologie und Sozialpsychologie, Heft 2, 225-254.

Bystrina, I., 1989: Semiotik der Kultur. Zeichen - Texte - Codes. Tübingen.

Bystrina, I., 1989a: Ritus, Mythos, Ideologie: Entstehen und Vergehen von Codes, in: ders. 1989, 79-94.

Bystrina, I., 1989b: Codes und Codewandel, in: ders. 1989, 95-125.

Cohen, J. L., A. Arato, 1992: Civil Society and Political Theory. Cambridge/Mass., London.

Daele, W. van den, 1992: Concepts of Nature in Modern Societies and Nature as a Theme in Sociology, in: Dierkes/Biervert (Hg.), 526-560.

Dammann, K., D. Grunow, K. P. Japp (Hg.), 1994: Die Verwaltung des politischen Systems. Neuere systemtheoretische Zugriffe auf ein altes Thema. Opladen.

Dierkes, M., B. Biervert (Hg.), 1992: European Social Science in Transition. Assessment and Outlook. Frankfurt/M., Boulder/Col.

Dubiel, H., 1994: Zivilreligion in der Massendemokratie?, in: ders.: Ungewißheit und Politik. Frankfurt/M., 151-185.

Durkheim, E., 1984: Die Regeln der soziologischen Methode. Frankfurt/M.

Dux, G., 1994: Handlung, Handlungsstruktur und Gesellschaft in genetischer Perspektive, in: W. M. Sprondel (Hg.): Die Objektivität der Ordnungen und ihre kommunikative Konstruktion. Für Thomas Luckmann. Frankfurt/M., 121-139.

Dziewas, R., 1992: Der Mensch - ein Konglomerat autopoietischer Systeme?, in: Krawietz/Welker (Hg.), 113-132.

Eigen, M., 1971: Self-Organization of Matter and the Evolution of Biological Macromolecules, in: Naturwissenschaften 58, 465ff.

Eigen, M., P. Schuster, 1979: The Hypercycle. Heidelberg, Berlin, New York.

Eigen, M., R. Winkler, 1975: Das Spiel - Naturgesetze steuern den Zufall. München.

Ellrich, L., 1992: Die Konstitution des Sozialen. Phänomenologische Motive in N. Luhmanns Systemtheorie, in: Zeitschrift für philosophische Forschung, Heft 1, 24-43.

Engler, W., 1991: Kommunikative Selbstreferenz und diffuse Angst. Niklas Luhmanns Gesellschafts- und Wissenschaftskonzept, in: Krüger (Hg.), 61-82.

Esser, H., 1991: Aufklärung als Passion - (Zwischen-)Betrachtungen als Theorie, in: Soziologische Revue, Heft 1, 5-13.

Fischer, J. (Hg.), 1989: Ökologie im Endspiel. München.

Fischer, J., 1989a: Ökologischer Realismus. Die Definition des Unverzichtbaren, in: ders. (Hg.), 17-30.

Foerster, H. von, 1960: On Self-Organizing Systems and their Environment, in: M. C. Yovits, S. Cameron (Hg.): Self-Organizing Systems. London, 31-50.

Foerster, H. von, 1985: Sicht und Einsicht: Versuche zu einer operativen Erkenntnistheorie. Braunschweig.

Foerster, H. von, 1987: Erkenntnistheorien und Selbstorganisation, in: Schmidt (Hg.), 133-158.

Foucault, M., 1981: Archäologie des Wissens. Frankfurt/M.

Frankenberg, G., 1989: Unordnung kann sein. Versuch über Systeme, Recht und Ungehorsam, in: Honneth u. a. (Hg.), 690-712.

Ganßmann, H., 1986: Kommunikation und Reproduktion, in: Leviathan, Heft 1, 143-156.

Ganßmann, H., 1986a: Geld - ein symbolisch generalisiertes Medium der Kommunikation? Zur Geldlehre in der neueren Soziologie, in: Prokla 63, 6-22.

Gehlen, A., 1958: Der Mensch. Seine Natur und seine Stellung in der Welt. 6. Aufl., Bonn.

Gehlen, A., 1975: Urmensch und Spätkultur. 3. Aufl., Frankfurt/M.

Gerhards, J., 1991: Funktionale Differenzierung der Gesellschaft und Prozesse der Entdifferenzierung, in: H. R. Fischer (Hg.): Autopoiesis. Eine Theorie im Brennpunkt der Kritik. Heidelberg, 263-280.

Giddens, A., 1990: The consequences of modernity. Cambridge.

Glasersfeld, E. von, 1987: Siegener Gespräche über Radikalen Konstruktivismus, in: Schmidt (Hg.), 401-440.

Gumbrecht, H. U., K. L. Pfeiffer (Hg.), 1988: Materialität der Kommunikation. Frankfurt/M.

Habermas, J., 1971: Systemtheorie der Gesellschaft oder Kritische Gesellschaftstheorie?, in: Habermas/Luhmann, 142-290.

Habermas, J., 1981: Theorie des kommunikativen Handelns. Bd. 2, Zur Kritik der funktionalistischen Vernunft. Frankfurt/M.

Habermas, J., 1992: Drei normative Modelle der Demokratie: Zum Begriff deliberativer Politik, in: H. Münkler (Hg.): Die Chancen der Freiheit. Grundprobleme der Demokratie. München, Zürich, 11-24.

Habermas, J., N. Luhmann, 1971: Theorie der Gesellschaft oder Sozialtechnologie. Frankfurt/M.

Haferkamp, H., M. Schmid (Hg.), 1987: Sinn, Kommunikation und soziale Differenzierung. Beiträge zu Luhmanns Theorie sozialer Systeme. Frankfurt/M.

Haken, H., R. Graham, 1971: Synergetik - Die Lehre vom Zusammenwirken, in: Umschau in Wissenschaft und Technik 6, 191ff.

Haken, H., 1981: Erfolgsgeheimnisse der Natur - Synergetik: Die Lehre vom Zusammenwirken. Stuttgart.

Halfmann, J., K. P. Japp (Hg.), 1990: Riskante Entscheidungen und Katastrophenpotentiale. Elemente einer soziologischen Risikoforschung. Opladen.

Halfmann, J., H.-H. Knostmann, 1990: Parsons und die Entsubjektivierung der Soziologie, in: Sociologia internationalis, Heft 1, 1-17.

Haug, W. F., 1985: Vorlesungen zur Einführung ins »Kapital«. 3. Aufl., Berlin.

Hayek, F. A. von, 1978: Recht, Gesetzgebung und Freiheit. Regeln und Ordnung. München.

Hayek, F. A. von, 1979: Recht, Gesetzgebung und Freiheit. Die Illusion sozialer Gerechtigkeit. München.

Hayek, F. A. von, 1981: Recht, Gesetzgebung und Freiheit. Die Verfassung einer Gesellschaft freier Menschen. München.

Hayek, F. A. von, 1983: Evolution und spontane Ordnung. Sonderdruck der Bank Hofmann AG. Zürich.

Heidenescher, M., 1992: Zurechnung als soziologische Kategorie. Zu Luhmanns Verständnis von Handlung als Systemleistung, in: Zeitschrift für Soziologie, Heft 6, 440-455.

Hejl, P. M., 1982: Sozialwissenschaft als Theorie selbstreferentieller Systeme. Frankfurt/M., New York.

Hejl, P. M., 1987: Konstruktion der sozialen Konstruktion: Grundlinien einer konstruktivistischen Sozialtheorie, in: Schmidt (Hg.), 303-339.

Hinkelammert, F. J., 1976: Die Radikalisierung der Christdemokraten. Vom parlamentarischen Konservatismus zum Rechtsradikalismus. Berlin.

Holzkamp, K., 1984: Kritische Psychologie und phänomenologische Psychologie. Der Weg der Kritischen Psychologie zur Subjektwissenschaft, in: Forum Kritische Psychologie 14, 5-55.

Hondrich, K. O., 1987: Die andere Seite sozialer Differenzierung, in: Haferkamp/Schmid (Hg.), 275-303.

Honneth, A., Th. McCarthy, C. Offe, A. Wellmer (Hg.), 1989: Zwischenbetrachtungen. Im Prozeß der Aufklärung. Jürgen Habermas zum 60. Geburtstag. Frankfurt/M.

Jäger, M., 1985: Die Methode der wissenschaftlichen Revolution. Berlin.

Jäger, M., 1988: Keimform einer Politik wechselnder Mehrheiten. Die Buschhausresolution im Bundestag - mit kritischen Anmerkungen zu Luhmann und Fischer, in: Kommune, Heft 7, 37-41.

Jänicke, M., H. Mönch, 1988: Ökologischer und wirtschaftlicher Wandel im Industrieländervergleich. Eine explorative Studie über Modernisierungskapazitäten, in: Politische Vierteljahresschrift, Sonderheft 19, 389-405.

Jensen, S., 1984: Aspekte der Medien-Theorie: Welche Funktion haben die Medien in Handlungssystemen?, in: Zeitschrift für Soziologie, Heft 2, 145-164.

Jessop, B., 1987: The Economy, the State and the Law: Theories of Relative Autonomy, in: G. Teubner (Hg.): State, Law, Economy as Autopoietic Systems. Berlin.

Joas, H., 1990: Die Demokratisierung der Differenzierungsfrage. Die Krise des Fortschrittsglaubens und die Kreativität des kollektiven Handelns, in: Soziale Welt 41, 8-27.

Joas, H., 1992: Die Kreativität des Handelns. Frankfurt/M.

Jungermann, H., B. Rohrmann, P. M. Wiedemann (Hg.), 1991: Risikokontroversen. Konzepte, Konflikte, Kommunikation. Berlin u. a.

Kleger, H., 1987: Verrechtlichung und Verrechtlichungskritik als Frage nach dem Staatskonzept, in: H. Holzhey, G. Kohler (Hg.): Verrechtlichung und Verantwortung. Etat, Droit et Responsabilité. Studia Philosophica, Supplementum 13, 291-317.

Kleger, H., 1989: Lebenswelten und Systeme. Die Gesellschaft an den Grenzen ihrer Integration: Zur Kontroverse zwischen kritischer Theorie und Systemtheorie im Streit um die Position politischer Aufklärung. Zürich.

Kleger, H., 1990: Dezisionismus und »common sense«. Über die Zusammensetzung politischer Vernunft, in: Kohler/Kleger (Hg.), 61-116.

Kleger, H., 1992: Was ist Demokratie? Einige Überlegungen am Beispiel der Diskussion über zivile Widerstände, in: K. Gloy (Hg.): Demokratietheorie. Tübingen, 30-63.

Kleger, H., 1993: Der neue Ungehorsam. Widerstände und politische Verpflichtung in einer lernfähigen Demokratie. Frankfurt/M., New York.

Knorr-Cetina, K., 1992: Zur Unterkomplexität der Differenzierungstheorie. Empirische Anfragen an die Systemtheorie, in: Zeitschrift für Soziologie, Heft 6, 406-419.

Köck, W. K., 1987: Kognition - Semantik - Kommunikation, in: Schmidt (Hg.), 340-373.

Köck, W. K., 1990: Autopoiese, Kognition und Kommunikation. Einige kritische Bemerkungen zu Humberto R. Maturanas Bio-Epistemologie und ihren Konsequenzen, in: Riegas/Vetter (Hg.), 159-188.

Kohler, G., H. Kleger (Hg.), 1990: Diskurs und Dezision. Politische Vernunft in der wissenschaftlich-technischen Zivilisation. Herrmann Lübbe in der Diskussion. Wien.

Krawietz, W., M. Welker (Hg.), 1992: Kritik der Theorie sozialer Systeme. Auseinandersetzungen mit Luhmanns Hauptwerk. Frankfurt/M.

Krohn, W., G. Küppers, R. Paslack, 1987: Selbstorganisation - Zur Genese und Entwicklung einer wissenschaftlichen Revolution, in: Schmidt (Hg.), 441-456.

Krohn, W., G. Küppers (Hg.), 1992: Emergenz: Die Entstehung von Ordnung, Organisation und Bedeutung. Frankfurt/M.

Krohn, W., G. Krücken (Hg.), 1993: Riskante Technologien: Reflexion und Regulation. Einführung in die sozialwissenschaftliche Risikoforschung. Frankfurt/M.

Krüger, H.-P., 1990: Kommunikation, in: Europäische Enzyklopädie zu Philosophie und Wissenschaften (hg. von H. J. Sandkühler), Bd. 2. Hamburg, 829-841.

Krüger, H.-P. (Hg.), 1991: Objekt- und Selbsterkenntnis. Zum Wandel im Verständnis moderner Wissenschaften. Berlin.

Krüger, H.-P., 1991a: Wahrheit als Selbsterkenntnis. Zur Epistemologie Humberto R. Maturanas, in: ders. (Hg.), 42-60.

Krüger, H.-P., 1993: Perspektivenwechsel. Autopoiese, Moderne und Postmoderne im kommunikationsorientierten Vergleich. Berlin.

Künzler, J., 1986: Talcott Parsons' Theorie der symbolisch generalisierten Medien in ihrem Verhältnis zu Sprache und Kommunikation, in: Zeitschrift für Soziologie, Heft 6, 422-437.

Künzler, J., 1987: Grundlagenprobleme der Theorie symbolisch generalisierter Kommunikationsmedien bei Niklas Luhmann, in: Zeitschrift für Soziologie, Heft 5, 317-333.

Künzler, J., 1989: Medien und Gesellschaft. Die Medienkonzepte von Talcott Parsons, Jürgen Habermas und Niklas Luhmann. Stuttgart.

Latour, B., St. Woolgar, 1979: Laboratory life. The social construction of scientific facts. Beverly Hills.

Lockwood, D., 1969: Soziale Integration und Systemintegration, in: Zapf (Hg.), 124-137.

Lübbe, H., 1992: Im Zug der Zeit. Verkürzter Aufenthalt in der Gegenwart. Berlin, New York.

Luhmann, N., 1964: Funktionen und Folgen formaler Organisation. Berlin.

Luhmann, N., 1968: Zweck - Herrschaft - System. Grundbegriffe und Prämissen Max Webers, in: Mayntz (Hg.), 36-55.

Luhmann, N., 1968a: Lob der Routine, in: Mayntz (Hg.), 324-341.

Luhmann, N., 1969: Moderne Systemtheorie als Form gesamtgesellschaftlicher Analyse, in: Spätkapitalismus oder Industriegesellschaft? Verhandlungen des 16. Deutschen Soziologentages in Frankfurt 1968. Stuttgart, 253-266.

Luhmann, N., 1970: Soziologische Aufklärung 1. Aufsätze zur Theorie sozialer Systeme. Opladen.

Luhmann, N., 1970a: Funktionale Methode und Systemtheorie, in: ders. 1970, 31-53.

Luhmann, N., 1970b: Soziologische Aufklärung, in: ders. 1970, 66-91.

Luhmann, N., 1970c: Soziologie als Theorie sozialer Systeme, in: ders. 1970, 113-136.

Luhmann, N., 1970d: Gesellschaft, in: ders. 1970, 137-153.

Luhmann, N., 1970e: Wirtschaft als soziales System, in: ders. 1970, 204-231.

Luhmann, N., 1970f: Die Praxis der Theorie, in: ders. 1970, 253-267.

Luhmann, N., 1970g: Institutionalisierung: Funktion und Mechanismus im sozialen System der Gesellschaft, in: H. Schelsky (Hg.): Zur Theorie der Institution. Düsseldorf, 27-41.

Luhmann, N., 1971: Sinn als Grundbegriff der Soziologie, in: Habermas/Luhmann, 25-100.

Luhmann, N., 1971a: Politische Planung. Aufsätze zur Soziologie von Politik und Verwaltung. Opladen.

Luhmann, N., 1972: Knappheit, Geld und die bürgerliche Gesellschaft, in: Jahrbuch für Sozialwissenschaft 23, 186-210.

Luhmann, N., 1973: Zweckbegriff und Systemrationalität. Frankfurt/M.

Luhmann, N., 1975: Soziologische Aufklärung 2. Aufsätze zur Theorie der Gesellschaft. Opladen.

Luhmann, N., 1975a: Evolution und Geschichte, in: ders. 1975, 150-169.

Luhmann, N., 1975b: Einführende Bemerkungen zu einer Theorie symbolisch generalisierter Kommunikationsmedien, in: ders. 1975, 170-192.

Luhmann, N., 1975c: Systemtheorie, Evolutionstheorie und Kommunikationstheorie, in: ders. 1975, 193-203.

Luhmann, N., 1975d: Komplexität, in: ders. 1975, 204-220.

Luhmann, N., 1976: Generalized Media and the Problem of Contingency, in: J. J. Loubser, R. C. Baum, A. Effrat, V. M. Lidz (Hg.): Explorations in General Theory in Social Science: Essays in Honor of Talcott Parsons, Bd. 2. New York, 507-532.

Luhmann, N., 1977: Arbeitsteilung und Moral. Durkheims Theorie, in: E. Durkheim: Über die Teilung der sozialen Arbeit. Frankfurt/M., 17-35 (Einleitung).

Luhmann, N., 1977a: Funktion der Religion. Frankfurt/M.

Luhmann, N., 1980: Gesellschaftsstruktur und Semantik. Studien zur Wissenssoziologie der modernen Gesellschaft, Bd. 1. Frankfurt/M.

Luhmann, N., 1981: Soziologische Aufklärung 3. Soziales System, Gesellschaft, Organisation. Opladen.

Luhmann, N., 1981a: Erleben und Handeln, in: ders. 1981, 67-80.

Luhmann, N., 1981b: Unverständliche Wissenschaft: Probleme einer theorieeigenen Sprache, in: ders. 1981, 170-177.

Luhmann, N., 1981c: Geschichte als Prozeß und die Theorie sozio-kultureller Evolution, in: ders. 1981, 178-197.

Luhmann, N., 1981d: Symbiotische Mechanismen, in: ders. 1981, 228-244.

Luhmann, N., 1981e: Theoretische und praktische Probleme der anwendungsbezogenen Sozialwissenschaften, in: ders. 1981, 321-334.

Luhmann, N., 1981f: Organisation und Entscheidung, in: ders. 1981, 335-389.

Luhmann, N., 1981g: Organisationen im Wirtschaftssystem, in: ders. 1981, 390-414.

Luhmann, N., 1981h: Gesellschaftsstruktur und Semantik. Studien zur Wissenssoziologie der modernen Gesellschaft, Bd. 2. Frankfurt/M.

Luhmann, N., 1981i: Wie ist soziale Ordnung möglich?, in: ders. 1981h, 195-285.

Luhmann, N., 1981j: Politische Theorie im Wohlfahrtsstaat. München, Wien.

Luhmann, N., 1982: Liebe als Passion. Zur Codierung von Intimität. Frankfurt/M.

Luhmann, N., 1982a: Autopoiesis, Handlung und kommunikative Verständigung, in: Zeitschrift für Soziologie, Heft 4, 366-379.

Luhmann, N., 1983: Evolution - kein Menschenbild, in: R. R. Riedl, F. Kreuzer (Hg.): Evolution und Menschenbild. Hamburg, 193-205.

Luhmann, N., 1983a: Das sind Preise, in: Soziale Welt 34, 153-170.

Luhmann, N., 1984: Soziale Systeme. Grundriß einer allgemeinen Theorie. Frankfurt/M.

Luhmann, N., 1984a: Die Wirtschaft der Gesellschaft als autopoietisches System, in: Zeitschrift für Soziologie, Heft 4, 308-327.

Luhmann, N., 1984b: Der Staat als historischer Begriff. Rede, gehalten aus Anlaß der Verleihung des Ehrendoktorats durch die Reichsuniversität Gent, in: Kluwer Rechtswetenschappen. Antwerpen, 139-154.

Luhmann, N., 1985: Zum Begriff der sozialen Klasse, in: ders. (Hg.): Soziale Differenzierung: Zur Geschichte einer Idee. Opladen, 119-162.

Luhmann, N., 1985a: Die Autopoiesis des Bewußtseins, in: Soziale Welt 36, 402-446.

Luhmann, N., 1986: Ökologische Kommunikation. Kann die moderne Gesellschaft sich auf ökologische Gefährdungen einstellen? Opladen.

Luhmann, N., 1986a: The Autopoiesis of Social Systems, in: F. Geyer, J. van der Zouwen (Hg.): Sociocybernetic Paradoxes: Observation, Control and Evolution of Self-Steering Systems. London, Beverly Hills, 172-192.

Luhmann, N., 1986b: Kapital und Arbeit: Probleme einer Unterscheidung, in: J. Berger (Hg.): Die Moderne: Kontinuitäten und Zäsuren. Soziale Welt, Sonderband 4, 57-78.

Luhmann, N., 1986c: Die Lebenswelt - nach Rücksprache mit Phänomenologen, in: Archiv für Rechts- und Sozialphilosophie, Bd. 72, 176-194.

Luhmann, N., 1986d: Die Welt als Wille ohne Vorstellung. Sicherheit und Risiko aus der Sicht der Sozialwissenschaften, in: Die politische Meinung 229, 18-21.

Luhmann, N., 1986e: Alternative ohne Alternative, in: Frankfurter Allgemeine Zeitung vom 2.7.1986.

Luhmann, N., 1987: Soziologische Aufklärung 4. Beiträge zur funktionalen Differenzierung der Gesellschaft. Opladen.

Luhmann, N., 1987a: Vorwort, in: ders. 1987, 5-7.

Luhmann, N., 1987b: »Distinctions directrices«. Über Codierung von Semantiken und Systemen, in: ders. 1987, 13-31.

Luhmann, N., 1987c: Die Differenzierung von Politik und Wirtschaft und ihre gesellschaftlichen Grundlagen, in: ders. 1987, 32-48.

Luhmann, N., 1987d: Gesellschaftsstrukturelle Bedingungen und Folgeprobleme des naturwissenschaftlich-technischen Fortschritts, in: ders. 1987, 49-63.

Luhmann, N., 1987e: Gesellschaftliche Grundlagen der Macht: Steigerung und Verteilung, in: ders. 1987, 117-125.

Luhmann, N., 1987f: Die Zukunft der Demokratie, in: ders. 1987, 126-132.

Luhmann, N., 1987g: Enttäuschungen und Hoffnungen. Zur Zukunft der Demokratie, in: ders. 1987, 133-141.

Luhmann, N., 1987h: Machtkreislauf und Recht in Demokratien, in: ders. 1987, 142-151.

Luhmann, N., 1987i: Widerstandsrecht und politische Gewalt, in: ders. 1987, 161-170.

Luhmann, N., 1987k: Autopoiesis als soziologischer Begriff, in: Haferkamp/Schmid (Hg.), 307-324.

Luhmann, N., 1987l: Archimedes und wir. Interviews (hg. von D. Baecker und G. Stanitzek). Berlin.

Luhmann, N., 1987m: Tautologie und Paradoxie in den Selbstbeschreibungen der modernen Gesellschaft, in: Zeitschrift für Soziologie, Heft 3, 161-174.

Luhmann, N., 1987n: Die Richtigkeit soziologischer Theorie, in: Merkur 455, 36-49.

Luhmann, N., 1987o: Rechtssoziologie. 3. Aufl., Opladen.

Luhmann, N., 1988: Die Wirtschaft der Gesellschaft. Frankfurt/M.

Luhmann, N., 1988a: Frauen, Männer und George Spencer Brown, in: Zeitschrift für Soziologie, Heft 1, 47-71.

Luhmann, N., 1988b: Wie ist Bewußtsein an Kommunikation beteiligt?, in: Gumbrecht/Pfeiffer (Hg.), 884-905.

Luhmann, N., 1988c: Organisation, in: W. Küpper, G. Ortmann (Hg.): Mikropolitik. Rationalität, Macht und Spiele in Organisationen. Opladen, 165-185.

Luhmann, N., 1988d: Njet-Set und Terror-Desperados, in: tageszeitung vom 4.8.1988.

Luhmann, N., 1988e: Erkenntnis als Konstruktion. Bern.

Luhmann, N., 1988f: Macht. 2. Aufl., Stuttgart.

Luhmann, N., 1989: Gesellschaftsstruktur und Semantik. Studien zur Wissenssoziologie der modernen Gesellschaft, Bd. 3. Frankfurt/M.

Luhmann, N., 1989a: Ethik als Reflexionstheorie der Moral, in: ders. 1989, 358-447.

Luhmann, N., 1989b: Wahrnehmung und Kommunikation sexueller Interessen, in: R. Gindorf, E. J. Haeberle (Hg.): Sexualitäten in unserer Gesellschaft. Beiträge zur Geschichte, Theorie und Empirie. Berlin, New York, 127-138.

Luhmann, N., 1989c: Kommunikationsweisen und Gesellschaft, in: Jahrbuch Technik und Gesellschaft 5 (hg. von W. Rammert und G. Bechmann). Frankfurt/M., New York, 11-18.

Luhmann, N., 1989d: Politische Steuerung: Ein Diskussionsbeitrag, in: Politische Vierteljahresschrift, Heft 1, 4-9.

Luhmann, N., 1989e: Ökologische Kommunikation. Ein Theorie-Entscheidungsspiel, in: Fischer (Hg.), 31-37.

Luhmann, N., 1990: Soziologische Aufklärung 5. Konstruktivistische Perspektiven. Opladen.

Luhmann, N., 1990a: Vorwort, in: ders. 1990, 7-13.

Luhmann, N., 1990b: Identität - was oder wie?, in: ders. 1990, 14-30.

Luhmann, N., 1990c: Das Erkenntnisprogramm des Konstruktivismus und die unbekannt bleibende Realität, in: ders. 1990, 31-58.

Luhmann, N., 1990d: Haltlose Komplexität, in: ders. 1990, 59-76.

Luhmann, N., 1990e: Gleichzeitigkeit und Synchronisation, in: ders. 1990, 95-130.

Luhmann, N., 1990f: Risiko und Gefahr, in: ders. 1990, 131-169.

Luhmann, N., 1990g: Ich sehe was, was Du nicht siehst, in: ders. 1990, 228-234.

Luhmann, N., 1990h: Die Wissenschaft der Gesellschaft. Frankfurt/M.

Luhmann, N., 1990i: Paradigm lost: Über die ethische Reflexion der Moral. Rede anläßlich der Verleihung des Hegel-Preises 1989. Frankfurt/M.

Luhmann, N., 1991: Soziologie des Risikos. Berlin, New York.

Luhmann, N., 1991a: Am Ende der kritischen Soziologie, in: Zeitschrift für Soziologie, Heft 2, 147-152.

Luhmann, N., 1991b: Die Form »Person«, in: Soziale Welt 42, 166-175.

Luhmann, N., 1991c: »Ich denke primär historisch« - Religionssoziologische Perspektiven. Ein Gespräch mit Fragen von Detlef Pollack, in: Deutsche Zeitschrift für Philosophie, Heft 9, 937-956.

Luhmann, N., 1991d: Politik und Moral. Zum Beitrag von Otfried Höffe, in: Politische Vierteljahresschrift, Heft 3, 497-500.

Luhmann, N., 1991e: Steuerung durch Recht? Einige klarstellende Bemerkungen, Zeitschrift für Rechtssoziologie, Heft 1, 142-146.

Luhmann, N., 1992: Beobachtungen der Moderne. Opladen.

Luhmann, N., 1992a: Vorwort, in: ders. 1992, 7-9.

Luhmann, N., 1992b: Das Moderne der modernen Gesellschaft, in: ders. 1992, 11-49.

Luhmann, N., 1992c: Europäische Rationalität, in: ders. 1992, 51-91.

Luhmann, N., 1992d: Kontingenz als Eigenwert der modernen Gesellschaft, in: ders. 1992, 93-128.

Luhmann, N., 1992e: Die Beschreibung der Zukunft, in: ders. 1992, 129-147.

Luhmann, N., 1992f: Ökologie des Nichtwissens, in: ders. 1992, 149-220.

Luhmann, N., 1992g: Stellungnahme, in: Krawietz/Welker (Hg.), 371-386.

Luhmann, N., 1992h: Immer noch Bundesrepublik? Das Erbe und die Zukunft, in: O. Rammstedt, G. Schmidt (Hg.): BRD ade! Vierzig Jahre in Rück-Ansichten von Sozial- und Kulturwissenschaftlern. Frankfurt/M., 95-100.

Luhmann, N., 1993: Das Recht der Gesellschaft. Frankfurt/M.

Luhmann, N., 1993a: »Was ist der Fall?« und »Was steckt dahinter?« Die zwei Soziologien und die Gesellschaftstheorie, in: Zeitschrift für Soziologie, Heft 4, 245-260.

Luhmann, N., 1993b: Wirtschaftsethik - als Ethik?, in: Wirtschaftsethik und Theorie der Gesellschaft (hg. von J. Wieland). Frankfurt/M., 134-147.

Luhmann, N., 1993c: Bemerkungen zu »Selbstreferenz« und zu »Differenzierung« aus Anlaß von Beiträgen im Heft 6, 1992, der Zeitschrift für Soziologie, in: Zeitschrift für Soziologie, Heft 2, 141-146.

Luhmann, N., 1993d: Die Moral des Risikos und das Risiko der Moral, in: Bechmann (Hg.), 327-338.

Luhmann, N., 1994: Die Gesellschaft und ihre Organisationen, in: H.-U. Derlien, U. Gerhardt, F. W. Scharpf (Hg.): Systemrationalität und Partialinteresse. Festschrift für Renate Mayntz. Baden-Baden, 189-201.

Luhmann, N., 1994a: Die Herrschaft der Natur in ihren späten Tagen. Im frühen deutschen Staatsdenken steht das Recht an der Schwelle zur Geschichtlichkeit, in: Frankfurter Allgemeine Zeitung vom 21.11.1994, L 13.

Luhmann, N., 1994b: Metamorphosen des Staates, in: Information Philosophie, Heft 4, 5-21.

Luhmann, N., 1994c: Gesellschaft als Differenz. Zu den Beiträgen von Gerhard Wagner und von Alfred Bohnen in der Zeitschrift für Soziologie Heft 4/1994, in: Zeitschrift für Soziologie, Heft 6, 477-481.

Luhmann, N., 1995: Soziologische Aufklärung 6. Die Soziologie und der Mensch. Opladen.

Lyotard, J.-F., 1988: Ob man ohne Körper denken kann, in: Gumbrecht/Pfeiffer (Hg.), 813-829.

Lyotard, J.-F., 1989: OIKOS, in: Fischer (Hg.), 39-55.

Martens, W., 1995: Der verhängnisvolle Unterschied. Bemerkungen zu den Beiträgen von Gerhard Wagner und Niklas Luhmann in der ZfS 4 und 6/1994, in: Zeitschrift für Soziologie, Heft 3, 229-234.

Marx, K.: Einleitung zur Kritik der Politischen Ökonomie, in: MEW 13, Berlin/DDR, 615-642.

Marx, K.: Das Kapital. Kritik der Politischen Ökonomie. Bd. 1, Der Produktionsprozeß des Kapitals, MEW 23. Berlin/DDR.

Marx, K.: Das Kapital. Kritik der Politischen Ökonomie. Bd. 3, Der Gesamtprozeß der kapitalistischen Produktion, MEW 25. Berlin/DDR.

Maturana, H. R., 1982: Erkennen: Die Organisation und Verkörperung von Wirklichkeit. Ausgewählte Arbeiten zur biologischen Epistemologie. Braunschweig, Wiesbaden.

Maturana, H. R., 1987: Kognition, in: Schmidt (Hg.), 89-118.

Maturana, H. R., 1987a: Biologie der Sozialität, in: Schmidt (Hg.), 287-302.

Maturana, H. R., 1988: Elemente einer Ontologie des Beobachtens, in: Gumbrecht/Pfeiffer (Hg.), 830-845.

Maturana, H. R., 1990: Gespräch mit Volker Riegas und Christian Vetter, in: Riegas/Vetter (Hg.), 11-90.

Maturana, H. R., F. J. Varela, 1987: Der Baum der Erkenntnis. Die biologischen Wurzeln des menschlichen Erkennens. Bern, München, Wien.

Mayntz, R. (Hg.), 1968: Bürokratische Organisation. Köln, Berlin.

Mayntz, R., 1987: Politische Steuerung und gesellschaftliche Steuerungsprobleme. Anmerkungen zu einem theoretischen Paradigma, in: Th. Ellwein, J. J. Hesse, R. Mayntz, F. W. Scharpf (Hg.): Jahrbuch zur Staats- und Verwaltungswissenschaft, Bd. 1. Baden-Baden, 89-110.

Mayntz, R., 1991: Naturwissenschaftliche Modelle, soziologische Theorie und das Mikro-Makro-Problem, in: Die Modernisierung moderner Gesellschaften. Verhandlungen des 25. Deutschen Soziologentags in Frankfurt/M. 1990 (hg. von W. Zapf). Frankfurt/M., 55-68.

Mayntz, R., 1992: The Influence of Natural Science Theories on Contemporary Social Science, in: Dierkes/Biervert (Hg.), 27-79.

Mayntz, R., 1995: Zum Status der Theorie sozialer Differenzierung als Theorie sozialen Wandels, in: H.-P. Müller, M. Schmid (Hg.): Sozialer Wandel. Modellbildung und theoretische Ansätze. Frankfurt/M., 139-150.

Mayntz, R., B. Rosewitz, U. Schimank, R. Stichweh, 1988: Differenzierung und Verselbständigung. Zur Entwicklung gesellschaftlicher Teilsysteme. Frankfurt/M.

Mocek, R., 1990: Anmerkungen zur Autopoiesis, in: Deutsche Zeitschrift für Philosophie, Heft 4, 354-363.

Müller, K., 1992: »Katastrophen«, »Chaos« und »Selbstorganisation«. Methodologie und sozialwissenschaftliche Heuristik der jüngeren Systemtheorie, in: Prokla 88, 340-373.

Münch, R., 1982: Theorie des Handelns. Zur Rekonstruktion der Beiträge von Talcott Parsons, Emile Durkheim und Max Weber. Frankfurt/M.

Münch, R., 1984: Die Struktur der Moderne. Grundmuster und differentielle Gestaltung des institutionellen Aufbaus der modernen Gesellschaften. Frankfurt/M.

Nahamowitz, P., 1988: Autopoiesis oder ökonomischer Staatsinterventionismus?, in: Zeitschrift für Rechtssoziologie, Heft 1, 36-73.

Nahamowitz, P., 1992: Steuerung durch Recht und Steuerung des Rechts (Zu den Beiträgen von N. Luhmann und W. Kargl, ZfRsoz 1/91), in: Zeitschrift für Rechtssoziologie, Heft 2, 271-293.

Nassehi, A., 1992: Wie wirklich sind Systeme? Zum ontologischen und epistemologischen Status von Luhmanns Theorie selbstreferentieller Systeme, in: Krawietz/Welker (Hg.), 43-70.

Neckel, S., J. Wolf, 1988: Die Faszination der Amoralität. Zur Systemtheorie der Moral, mit Seitenblicken auf ihre Resonanzen, in: Prokla 70, 57-77.

Nemitz, R., 1986: Der neue Spiritualismus. Über Capras »Wendezeit«, in: Das Argument 155, 43-56.

Odum, H. T., 1971: Environment, Power and Society. New York.

Offe, C., 1971: Bürgerinitiativen und Reproduktion der Arbeitskraft im Spätkapitalismus, in: H. Grossmann (Hg.): Bürgerinitiativen - Schritte zur Veränderung? Frankfurt/M., 152-165.

Offe, C., 1972: Klassenherrschaft und politisches System. Die Selektivität politischer Institutionen, in: ders.: Strukturprobleme des kapitalistischen Staates. Aufsätze zur Politischen Soziologie. Frankfurt/M., 65-105.

Offe, C., 1989: Bindung, Fessel, Bremse. Die Unübersichtlichkeit von Selbstbeschränkungsformeln, in: Honneth u. a. (Hg.), 739-774.

Papcke, S., 1990: Gesellschaft ohne Subjekt? Über die Systemästhetik von Niklas Luhmann, in: Vorgänge, Heft 6, 88-103.

Parsons, T., 1975: Gesellschaften. Evolutionäre und komparative Perspektiven. Frankfurt/M.

Parsons, T., 1978: Media of Interchange, Categories of Orientation, and Standards of Evalutation, in: ders.: Action Theory and the Human Condition. New York, 392-414.

Parsons, T., 1980: Sozialstruktur und die symbolischen Tauschmedien, in: ders.: Zur Theorie der sozialen Interaktionsmedien. Opladen, 229-259.

Paslack, R., P. Knost, 1990: Zur Geschichte der Selbstorganisationsforschung. Ideengeschichtliche Einführung und Bibliographie 1940-1990. Bielefeld.

Perrow, Ch., 1987: Normale Katastrophen. Die unvermeidbaren Risiken der Großtechnik. Frankfurt/M., New York.

Peters, B., 1993: Die Integration moderner Gesellschaften. Frankfurt/M.

Polanyi, K., 1977: The great transformation. Wien (Original: New York 1957).

Prigogine, I., P. Glansdorff, 1971: Thermodynamic Theory of Structure, Stability and Fluctuation. London, New York, Sydney, Toronto.

Prigogine, I., 1979: Vom Sein zum Werden. München.

Probst, G. J. B., R. W. Scheuss, 1984: Die Ordnung von sozialen Systemen: Resultat von Organisieren und Selbstorganisation, in: Zeitschrift für Führung und Organisation, Nr. 8, 480-488.

Rapoport, A., 1968: General Systems Theory, in: International Encyclopaedia of the Social Sciences (IESS), hg. von D. L. Sills, vol. 15. New York, 452-458.

Reese-Schäfer, W., 1992: Luhmann zur Einführung. Hamburg.

Riegas, V., Chr. Vetter (Hg.), 1990: Biologie der Kognition. Ein Gespräch mit Humberto R. Maturana und Beiträge zur Diskussion seines Werkes. Frankfurt/M.

Robinson, J., 1969: Anmerkungen zur Theorie der wirtschaftlichen Entwicklung, in: Zapf (Hg.), 269-285.

Rorty, R., 1989: Kontingenz, Ironie und Solidarität. Frankfurt/M.

Roth, G., 1987: Autopoiese und Kognition: Die Theorie H. R. Maturanas und die Notwendigkeit ihrer Weiterentwicklung, in: Schmidt (Hg.), 256-286.

Roth, G., 1987a: Die Entwicklung kognitiver Selbstreferentialität im menschlichen Gehirn, in: Baecker u. a. (Hg.), 394-422.

Rucht, D., R. Roth, 1992: »Über den Wolken ...«. Niklas Luhmanns Sicht auf soziale Bewegungen, in: Forschungsjournal Neue Soziale Bewegungen, Heft 2, 22-33.

Scharpf, F. W., 1989: Politische Steuerung und Politische Institutionen, in: Politische Vierteljahresschrift, Heft 1, 10-21.

Schmidt, S. J. (Hg.), 1987: Der Diskurs des Radikalen Konstruktivismus. Frankfurt/M.

Schmidt, S. J., 1987a: Der Radikale Konstruktivismus: Ein neues Paradigma im interdisziplinären Diskurs, in: ders. (Hg.), 11-88.

Schmitt, C., 1963: Der Begriff des Politischen. Berlin (Original 1932).

Schurig, V., 1976: Die Entstehung des Bewußtseins. Frankfurt/M., New York.

Serres, M., 1981: Der Parasit. Frankfurt/M.

Shapin, St., 1982: History of Science and its Sociological Reconstructions, in: History of Science, vol. 20, 157-211.

Soentgen, J., 1992: Der Bau. Betrachtungen zu einer Metapher der Luhmannschen Systemtheorie, in: Zeitschrift für Soziologie, Heft 6, 456-466.

Spencer Brown, G., 1971: Laws of Form. London.

Starnitzke, D., 1992: Theoriebautechnische Vorentscheidungen, Differenzhandhabung und ihre Implikationen, in: Krawietz/Welker (Hg.), 71-85.

Stephan, A., A. Beckermann, 1994: Emergenz, in: Information Philosophie, Heft 3, 46-51.

Teubner, G., 1987: Hyperzyklus in Recht und Organisation. Zum Verhältnis von Selbstbeobachtung, Selbstkonstitution und Autopoiese, in: Haferkamp/Schmid (Hg.), 89-128.

Teubner, G., 1987a: Episodenverknüpfung. Zur Steigerung von Selbstreferenz im Recht, in: Baecker u. a. (Hg.), 423-446.

Teubner, G., 1989: Recht als autopoietisches System. Frankfurt/M.

Tjaden, K. H. (Hg.), 1971: Soziale Systeme. Materialien zur Dokumentation und Kritik soziologischer Ideologie. Neuwied, Berlin.

Twenhöfel, R., 1992: Zum Vergleich von Theorie sozialer Systeme und Handlungstheorie. »Fruchtbarkeit« als Kriterium der Beurteilung von Theorien, in: Schweizerische Zeitschrift für Soziologie, Heft 2, 461-489.

Ulrich, H., G. J. B. Probst (Hg.), 1984: Self-Organization and Management of Social Systems. Insights, Promises, Doubts, and Questions. Berlin, Heidelberg, New York.

Varela, F. J., 1987: Autonomie und Autopoiese, in: Schmidt (Hg.), 119-132.

Wagner, G., 1994: Am Ende der systemtheoretischen Soziologie. Niklas Luhmann und die Dialektik, in: Zeitschrift für Soziologie, Heft 4, 275-291.

Wagner, G., H. Zipprian, 1992: Identität oder Differenz? Bemerkungen zu einer Aporie in Niklas Luhmanns Theorie selbstreferentieller Systeme, in: Zeitschrift für Soziologie, Heft 6, 394-405.

Wagner, G., H. Zipprian, 1993: Antwort auf Niklas Luhmann, in: Zeitschrift für Soziologie, Heft 2, 144-146.

Wagner, P., 1990: Sozialwissenschaften und Staat. Frankreich, Italien, Deutschland 1870-1980. Frankfurt/M., New York.

Wagner, P., 1994: A sociology of modernity. Liberty and discipline. London, New York.

Wagner, P., 1995: Sociology and contingency. Historicizing epistemology, in: Social Science Information 2, 179-204.

Weber, M., 1975: Wirtschaft und Gesellschaft. Grundriß der verstehenden Soziologie. 5. Aufl., Tübingen.

Wehling, P., 1992: Die Moderne als Sozialmythos. Zur Kritik sozialwissenschaftlicher Modernisierungstheorien. Frankfurt/M., New York.

Weyer, J., 1993: System und Akteur. Zum Nutzen zweier soziologischer Paradigmen bei der Erklärung erfolgreichen Scheiterns, in: Kölner Zeitschrift für Soziologie und Sozialpsychologie, Heft 1, 1-22.

Wiener, N., 1948: Cybernetics, or Control and Communication in the Animal and the Machine. Cambridge/Mass. (erweiterte Neuauflage 1961; davon deutsche Übersetzung 1963: Kybernetik. Regelung und Nachrichtenübertragung im Lebewesen und in der Maschine. Düsseldorf, Wien.).

Williams, R., 1983: Keywords. A vocabulary of culture and society. 2. Aufl., London.

Willke, H., 1987: Differenzierung und Integration in Luhmanns Theorie sozialer Systeme, in: Haferkamp/Schmid (Hg.), 247-276.

Willke, H., 1987a: Vorwort, in: Baecker u. a. (Hg.), 9-13.

Willke, H., 1987b: Strategien der Intervention in autonome Systeme, in: Baecker u. a. (Hg.), 333-361.

Willke, H., 1987c: Systemtheorie. Eine Einführung in die Grundprobleme. 2. Aufl., Stuttgart, New York.

Willke, H., 1992: Ironie des Staates. Grundlinien einer Staatstheorie polyzentrischer Gesellschaft. Frankfurt/M.

Willke, H., 1993: Bereichsrezension: Selbstorganisation, in: Soziologische Revue 16, 92-95.

Wittgenstein, L., 1963: Tractatus logico-philosophicus. Frankfurt/M. (Original 1921).

Zanetti, V., 1988: Kann man ohne Körper denken? Über das Verhältnis von Leib und Bewußtsein bei Luhmann und Kant, in: Gumbrecht/Pfeiffer (Hg.), 280-294.

Zapf, W. (Hg.), 1969: Theorien des sozialen Wandels. Köln, Berlin.

Zeleny, M. (Hg.), 1980: Autopoiesis, Dissipative Structures, and Spontaneous Social Orders. AAAS Selected Symposium 15. Boulder/Col.

Zeleny, M. (Hg.), 1981: Autopoiesis. A Theory of Living Organization. New York.

Zinn, K. G., 1985: Dezentrale Marktproduktion oder Planung? - Eine falsche Fragestellung, in: K.-E. Lohmann (Hg.): Sozialismus passé? Berlin, 151-166.

Aus unserem Programm
Sozialwissenschaften

Niklas Luhmann
Beobachtungen der Moderne
1992. 220 S. Kart.
ISBN 3-531-12263-0
Wir mögen gern konzedieren, daß es keine verbindliche Repräsentation der Gesellschaft in der Gesellschaft gibt. Aber das wäre dann nicht das Ende, sondern der Beginn einer Reflexion der Form von Selbstbeobachtungen und Selbstbeschreibungen eines Systems, die im System selbst vorgeschlagen und durchgesetzt werden müssen in einem Prozeß, der seinerseits wieder beobachtet und beschrieben wird.Die hier publizierten Texte gehen von der Überzeugung aus, daß darüber etwas ausgesagt werden kann, ja, daß Theoriematerialien schon verfügbar sind, die nur auf dieses Thema der Beobachtungen der Moderne hingeführt werden müssen.

Niklas Luhmann
Die Realität der Massenmedien
2., erw. Aufl. 1996. 219 S. Kart.
ISBN 3-531-12841-8
Was wir von der Gesellschaft und ihrer Welt wissen, wissen wir fast ausschließlich durch die Massenmedien. Gleichzeitig haben wir jedoch den Verdacht, daß dieses Wissen manipuliert wird. Zumindest kommt es extrem selektiv zustande, gesteuert zum Beispiel durch wenige Faktoren, die den Nachrichtenwert von Informationen bestimmen oder Unterhaltungssendungen attraktiv erscheinen lassen. Aber dies Gegenwissen wirkt sich nicht aus. Die Realität ist so hinzunehmen, wie sie von den Massenmedien präsentiert und rekursiv, auf sich selbst aufbauend, reproduziert wird. Der aus einem Vortrag in der Nordrhein-Westfälischen Akademie der Wissenschaften hervorgegangene Text versucht, diesen Widerspruch zu klären und ihn in einer allgemeinen Theorie operativ geschlossener Sozialsysteme aufzuheben.

Peter Fuchs
Niklas Luhmann - beobachtet
Eine Einführung in die Systemtheorie
2. durchges. Aufl. 1993. 219S. Kart.
ISBN 3-531-12352-1
Systemtheorie, insbesondere diejenige Spielart, die Niklas Luhmann entwickelt hat, ist sehr abstrakt, labyrinthisch verfaßt und so geartet, daß Leser/innen u. a. eine umfassende (leider nicht nur soziologische) Vorbildung haben müssen, um sie zu verstehen.Der Autor versucht, in diese 'widerborstige' Theorie einzuführen,ohne ihr Niveau fahrlässig zu unterschreiten. Dabei wird ein Trick benutzt: Die Theorie wird in einer Simulation von Kommunikation (von der sie ja handelt) entfaltet. Der Text realisiert, wovon er spricht, er ist sein eigenes Beispiel und darin autologisch. Und weil er sich an Kommunikationen entwickelt, an denen sehr verschiedene Personen beteiligt sind, unterläuft er die Gefahr des Dogmatismus und verwirklicht – versuchsweise – ein Stück Wissenschaftsliteratur, das mit dem belehrenden Einführungscharakter ein spielerisches Moment verbindet, was wohl heißt: Offenheit für mögliche Anschlüsse.

WESTDEUTSCHER VERLAG
Abraham-Lincoln-Str. 46 · 65189 Wiesbaden
Fax 0611/ 78 78 420

Aus unserem Programm
Sozialwissenschaften

Niklas Luhmann

Soziologische Aufklärung 4
Beiträge zur funktionalen Differenzierung
der Gesellschaft
2. Aufl. 1994. 276 S. Kart.
ISBN 3-531-11885-4
Dieser Band setzt eine Reihe fort, die im Interesse an „soziologischer Aufklärung" gesellschaftstheoretische Grundlagen mit Analysen sehr verschiedenartiger Probleme der modernen Gesellschaft zu vermitteln sucht. Er enthält Aufsätze und Vorträge des Verfassers aus den Jahren 1981 - 1986 mit der Absicht, schwer zugängliche Publikationen sowie unpublizierte Arbeiten im Zusammenhang sichtbar zu machen. Die Auswahl konzentriert sich auf Arbeiten zu den Funktionssystemen für Politik, Erziehung und Religion. Ihre Themen reichen von soziologischen Analysen des Staatsbegriffs und Problemen der rechtsstaatlichen Demokratie über Fragen der Ausdifferenzierung eines besonderen Systems für Erziehung in Schulen und Universitäten bis hin zu Problemen, die die Kontinuierung der Gottesvorstellung in der modernen Gesellschaft betreffen.

Soziologische Aufklärung 5
Konstruktivistische Perspektiven
2. Aufl. 1993. 234 S. Kart.
ISBN 3-531-12094-8
Aus konstruktivistischer Sicht behandelt der Autor unterschiedliche philosophische und soziologische Probleme. Sie reichen vom Konzept der ontologischen Weltbeschreibung über theologische Definitionen bis zur gesellschaftlichen Kommunikation und Strukturen innerhalb des Sozialsystems Familie. Die Leitfrage ist durchgehend: Wie betrachten Systeme Systeme?

Soziologische Aufklärung 6
Die Soziologie und der Mensch
1995. 275 S. Kart.
ISBN 3-531-12727-6
Das Thema des Verhältnisses von Individuum und Gesellschaft begleitet die Soziologie seit ihren Anfängen, aber es scheint immer noch eine „soziologische Aufklärung" zu bedürfen. Gegenwärtig geht der Streit hauptsächlich um die Frage, ob das Individuum auf der Unterseite des Begriffs der Handlung in die Gesellschaft eingeschmuggelt werden könne oder ob es mit Hilfe der Unterscheidung von System und Umwelt resolut aus der Gesellschaft auszuschließen sei. Das eine Argument lautet: nur Menschen können handeln, das andere: wenn man Individuen empirisch ernst nehmen will, könne man sie gerade nicht als Komponente von Handlung, als Handelnde, in die aus Handlungen bestehende Gesellschaft einführen. Der angekündigte Band stellt Beiträge des Verfassers zu diesem Thema zusammen. Die Aufsätze legen die Differenz von System und Umwelt zugrunde und plädieren gerade auf dieser Grundlage dafür, den Menschen als empirisches Einzelwesen und zugleich die große Zahl der gleichzeitig lebenden und handelnden Menschen angemessen zu berücksichtigen. Dabei geht es auch um die Frage, ob und wie traditionsträchtige Begriffe wie „Subjekt" und „Person" in heutigen Theoriezusammenhängen weiterverwendet werden können.

WESTDEUTSCHER VERLAG
Abraham-Lincoln-Str. 46 · 65189 Wiesbaden
Fax 0611/ 78 78 420

MIX
Papier aus verantwortungsvollen Quellen
Paper from responsible sources
FSC® C105338

If you have any concerns about our products,
you can contact us on
ProductSafety@springernature.com

In case Publisher is established outside the EU,
the EU authorized representative is:
Springer Nature Customer Service Center GmbH
Europaplatz 3, 69115 Heidelberg, Germany

Printed by Libri Plureos GmbH
in Hamburg, Germany